세계자본주의의 위기와 좌파의 대안

이 도서의 국립중앙도서관 출판시도서목록(CIP)은 e-CIP홈페이지(http://www.nl.go.kr/ecip)와 국가자료공
동목록시스템(http://www.nl.go.kr/kolisnet)에서 이용하실 수 있습니다. (CIP제어번호: CIP2013005000)

세계 자본주의의

위기와

좌파의

대안

I 맑스코뮤날레 집행위원회 엮음 I

The Crisis of World Capitalism
and the Left Alternative

한울
아카데미

차례

3부. 한국사회와 반자본주의(사회주의) 대중화 전략

머리말

이 책은 2013년 5월 10일에서 12일에 걸쳐 열리는 6회 맑스코뮤날레 대회의 발표 논문 중 일부를 엮은 것이다. 맑스코뮤날레는 '맑스'＋'코뮤니스트'＋'비엔날레'의 합성어로서, 2003년 5월 이후 2년에 한 번씩 개최되어온 국내 최대의 진보좌파 연합학술문화제다. 맑스코뮤날레는 대회 때마다 하나의 슬로건을 중심으로 전체회의를 조직하고, 각 회의에서 발표되는 논문을 엮어 단행본을 펴내왔는데, 이 책에는 이번 6회 대회의 슬로건인 '세계자본주의의 위기와 좌파의 대안'을 위해 집필된 논문 중 13편을 실었다.

'자본주의의 위기'는 19세기 말 이후 마르크스주의의 역사에서 중심적인 자리를 차지해온 주제였다. 게다가 2007년에 시작된 세계경제위기는 지금도 6년째 계속되고 있다. 그런데도 맑스코뮤날레는 그동안 한 번도 '자본주의의 위기'라는 주제를 대회 슬로건으로 다루지 못했다. 그리고 이는 '좌파의 대안'이라는 주제 또한 마찬가지인데, '좌파의 대안'을 모색하는 것은 진보좌파의 해묵은 레퍼토리지만, 이 역시 대체로 케인스주의·개혁주의의 관점에서 접근되었고, 이를 세계자본주의의 위기 분석과 결합하거나 마르크스주의·반자본주의의 시각에서 구체화하려는 시도는 드물었다. 최근 세계경제위기가 계속되고 있는데도 여전히 '자본주의적 현실주의'가 지배하고 진보좌파는 오히려 갈수록 주변화하는 역설은, 마르크스주의의 관점에서 세계자본주의의 위기를 분석하고 이에 기초해 '좌파의 대안'을 구체화하려는 노력이 불충분했던 것에도 크게 연유한다. 따라서 이번 6회 맑스코뮤날레 대회는 '세계자본주의의 위기와 좌파의 대안'이라는 슬로건을 중심으로 오늘날 한국의 다양한 진보좌파 이론과 정치가 연대하고 결합할 수 있는 장을 제공함으로써 반자본주의·탈자본주의 급진 좌파 정치의 부활에 기여할 목적으로 준비되었으며, 이 책은 그 부산물 중 하나라 할 수 있다.

주지하듯이 마르크스 사상의 핵심은 경제학 비판을 통한 '아래로부터의 사회주의' 사상을 구체화한 것이며, 이는 마르크스 자신이 1848년 『공산당선언』에서 천명하고 1857~1858년 『경제학비판요강』의 경제학 비판 플랜에서 정식화한 '세계자본주의-세계시장공황-세계혁명' 테제로 집약된다. 그러나 이와 같은 마르크스의 핵심 테제는 마르크스 이후 마르크스주의의 주류에서 '일국자본주의-일국공황-일국사회주의'와 같은 일국적 문제 설정으로 대체되었으며, 이는 오늘날 마르크스주의의 위기와 좌파의 위기를 불러온 요인 중 하나다. 하지만 2007년 이후 계속되고 있는 세계경제위기와 '오큐파이(Occupy)' 등 세계적으로 분출하고 있는 대중적 저항, 그리스의 시리자(SYRIZA)와 같은 급진좌파의 부활 등은 그동안 마르크스주의의 역사에서 주변화되었던 마르크스의 '세계자본주의-세계시장공황-세계혁명' 테제의 현재성을 보여주고 있다. 따라서 6회 맑스코뮤날레는 '세계자본주의의 위기와 좌파의 대안'이라는 슬로건을 중심으로 '세계자본주의-세계시장공황-세계혁명'이라는 마르크스의 핵심 테제를 오늘날 세계자본주의의 위기 국면에 적용하고 전개함으로써 진보좌파 이론과 정치의 새로운 돌파를 시도하며, 이 책은 그러한 시도의 일환이다.

최근에는 보수 언론들까지 '마르크스 르네상스'를 운운할 정도로 마르크스주의에 관한 관심이 고조되고 있다. 이는 1989~1991년에 구소련·동유럽 블록이 붕괴한 이후 득세했던 '자본주의 이외 대안부재론'(TINA), 시장근본주의, 세계화 담론이 2007년 발발한 세계경제위기 이후 파산하면서 자본주의 시장경제에 대한 믿음이 땅에 떨어진 것에 기인한다. 또한 양극화의 심화, 불안정 비정규직 노동자·청년 실업자·도시 빈민의 급증, 기후변화·생태위기·식량위기의 격화, 미래에 대한 기대의 상실 등을 배경으로 한다. 이러한 점에서 2007년 세계경제위기 이후 다시 시작되고 있는 '마르크스 르네상스'는 제2차 세계대전의 종전 이후 장기 호황의 정점에서 산업사회의 물질문명과 소외에 대한 상부구조적·문화적 이의 제기가 위주였던 1968년 혁명, 1980년대에 시작된 신자유주의 거품경기가 막바지에 이르렀던 1999년 시애틀 반세계화운동의 국면에서 잠시 출현한 '마르크스의 귀환' 논의, 1987년을 전후한 한국의 '마르크스주의의 봄' 등과는 달리 세계자본주의의 구조적 모순이 폭발함으로써 등장한 총체적 위기라는 견고한 물질적 토대를 지니고 있다. 따라서 6회 맑스코뮤날레와 이 책은 '세계자본주의의 위기와 좌파의 대안'을 화두로 한국에서 '마르크스 르네상스' 시대의 도래를 앞당기기 위해 기획되었다.

　이 책에서 '세계자본주의의 위기와 좌파의 대안'은 '최근 세계경제위기의 마르크스주의적 분석'-'적녹보라 연대를 중심으로 한 대안적 좌파 이념 검토'-'한국에서 반자본주의 대중화 전략 모색'이라는 3개 차원으로 구체화되어, 상호 독립적이면서도 연관된 3부 13편의 논문으로 제시된다. 먼저 1부 '세계자본주의의 위기: 마르크스주의적 분석'에서는 「세계대공황의 글로벌 확산 메커니즘: 불균등발전, 금융자립화의 연관과 모순」(장시복), 「중국, 자본주의의 구원투수인가, 또 다른 진앙지인가?」(이정구), 「경제위기와 제국주의」(김어진) 등 3편의 논문을 통해 경제적 측면을 중심으로 최근 세계경제위기에 대한 경험적 분석이 수행된다. 2부 '자본주의와 가부장체제, 적-녹-보라, 새로운 주체형성'에서는 「가부장체제와 적녹보라 패러다임」(고정갑희), 「적-녹-보라 연대의 이론적 쟁점과 과제」(심광현), 「자본주의의 내·외부와 대안주체의 형성」(박영균), 「여성주의, 생태주의, 녹색사회주의는 불편한 동거인가, 새로운 패러다임인가?」(서영표), 「음란과 혁명: 색을 얻지 못한 자들과 색스러운 자들」(권명아) 등 5편의 논문을 통해 마르크스주의-페미니즘-생태주의의 연대를 중심으로 좌파의 대안 이념과 새로운 주체형성 전략을 논의한다. 마지막으로 3부 '한국사회와 반자본주의(사회주의) 대중화 전략'에서는 「한국자본주의에서 위기와 축적의 절대적 일반법칙」(정성진), 「정규직/비정규직의 분할과 단결 가능성」(장귀연), 「당 건설 전략」(고민택), 「반자본주의 대중화 전략을 위한 지역운동과 정치개혁 방안」(배성인), 「사회운동의 새로운 주체형성을 위한 전략: 조직문화/운동문화의 혁신과 대중화 방안」(이원재) 등 5편의 논문을 통해 오늘날 한국의 위기와 노동자계급을 분석하는 동시에 반자본주의 주체형성 및 대중화 전략을 제시한다.

이 책에서 제시된 세계자본주의의 위기 분석과 좌파의 대안 논의를 실마리로 삼아 다양한 진보좌파 이론과 정치의 상호 교류와 연대가 촉진되고, 이를 통해 지난 연말 대선을 전후로 지리멸렬해서 '멘붕' 상태에 빠졌던 한국의 진보좌파가 바닥을 치고 화려하게 부활하기를 기대한다. 그리고 이와 같은 기대가 주관적 환상이기는커녕 오히려 조만간 현실화될 것임은 이번 6회 맑스코뮤날레 대회 슬로건인 '세계자본주의의 위기와 좌파의 대안'에 호응해 발표를 신청한 논문 수가 무려 104편이나 되어 사상 최대를 기록했다는 사실에서도 예감할 수 있다.

끝으로 이 책의 출판을 위해 도움을 주신 여러 분, 특히 지난 2년 동안 아홉 차례의 집행위원회를 통해 6회 맑스코뮤날레 대회의 슬로건이 '세계

자본주의의 위기와 좌파의 대안'으로 '좌선회'해 수렴될 수 있도록 도와주신 주관단체와 개인 집행위원들께 감사의 마음을 전한다. 그리고 이 책의 3개 부의 토대인 6회 맑스코뮤날레의 3개 전체회의를 기획하고 조직하신 고정갑희(지구지역행동네트워크) · 심광현(≪문화/과학≫) · 고민택(노동자혁명당추진모임) · 이정구(경상대 사회과학연구원) 선생님, 옥고를 주신 필자 여러분, 이 책의 출판을 맡아준 도서출판 한울, 원고 수합과 편집을 위해 수고하신 하태규 · 이황재 선생님께 감사드린다.

2013년 5월 10일
6회 맑스코뮤날레 집행위원회를 대신하여 정성진

1부 세계자본주의의 위기: 마르크스주의적 분석

세계대공황의 글로벌 확산 메커니즘

불균등발전, 금융자립화의 연관과 모순

장시복(목포대학교 경제학과)

1. 들어가는 말

지금 우리는 어디에 있으며 어디로 향해 가고 있는가? 세계대공황이 발발한 지 4년이 훨씬 넘는 시간이 지난 현재 이 질문은 우리에게 가장 중요하다. 그런데 이 질문에 대한 대답은 이미 너무 많이 제출되었다. 당장 이번 대공황의 전개과정에서만도 우리는 무수히 많은 대답을 들었다. 대공황은 왜 일어났고, 공황의 모순은 어떻게 전이했으며, 향후 자본주의의 미래는 어떻게 될 것인지에 대한 수많은 논리와 주장을 목도한 것이다.

대공황의 원인과 관련해 보자면 하이예크주의에서 포스트케인스주의, 마르크스주의에 이르는 수많은 논자들이 다양한 논증을 내놓았다. 또한 이번 대공황이 어떤 방식으로 전개되고 어떻게 전이되었는지를 우리는 이해하고 있다. 2008년 9월 금융 시스템의 붕괴 직전 상황과 그 이후 역사상 유례를 찾아볼 수 없는 막대한 금융구제의 물결이 휩쓸고 가면서 자본주의체제가 붕괴되지 않을 수 있는 조건들과 이를 가능케 하는 방식들을 우리는 경험했다. 그리고 그 조건들과 방식들이 체제 자체의 붕괴가 아니라 체제의 작동원리를 변형시키면서도 자본주의체제의 생존의 가능성을 크게 높였다는 점을 이해하고 있다.

　지금 우리가 목도하고 있는 세상은 마르크스가 청년기에 기대해 마지 않았던 그런 시대, 즉 '혁명의 시대'는 아닌 듯하다. 또한 자본주의체제 자체가 붕괴하면서 대혼란 속에 새로운 사회로 나아가는 '이행의 시대'도 아닌 듯하다. 신자유주의를 어떻게 평가할 것인가를 둘러싸고 벌였던 논쟁이 별다른 의미를 지니지 못할 정도로 지금의 세상은 여전히 신자유주의 이데올로기가 현실에서 관철되고 있는 상황이다. 게다가 신자유주의에 대한 수많은 담론을 비판하며 제기된 자본주의 자체의 전환, 즉 탈자본주의화에 대한 전망도 불확실한 실정이다.

　이런 모든 상황을 종합해서, 다시 지금 우리 모두는 어디에 있으며 어디로 향해가고 있는가를 묻는다면 과연 어떤 대답을 할 수 있을까? 이 질문과 관련해 어쩌면 쉬운 대답이 가능할 수는 있다. 당장 전 세계 민중들이 고통당하고 있다는. 아프리카는 이 대공황 이전에도 이미 일상 속에서 죽음을 경험하고 있었다. 매일매일 죽음과 벌인 투쟁으로 수많은 사람들이 패배해 죽어가고 있는 이 땅에서 공황은 항상적일 뿐이었다. 그리고 이 생존의 사투가 벌어지는 땅에서 이번 대공황은 불을 보듯 뻔히 상황을 더 악화시켰을 것이다. 공간을 옮겨 다른 곳을 보더라도 아프리카의 현실만큼 참혹하지는 않겠지만 이번 대공황이 낳은 결과는 민중들의 삶을 나락에 빠뜨리고 있다. 심지어 선진국이라는 미국, 유럽에서도 삶은 시체처럼 뻣뻣해지고 있지 않은가!

　인류의 비참을 이해하고 대안을 만드는 데 영감을 얻을 수 있는 수많은 논리들 속에서 우리는 여전히 마르크스의 관점의 유효성을 확인할 수 있다. 그리고 우리가 어디에 있고 어디로 향해 가고 있는지에 대한 대답도 여전히 마르크스의 관점에서 제시될 수 있다. 그러나 지금까지 우리가 보아왔던 수많은 논리를 비교·평가해 현실과 관련짓는 방식을 채택해 이번 공황에 대한 마르크스주의 해석을 새롭게 내놓는 일은 힘들다. 이미 이와 관련한 문헌이 여럿 있기 때문이며 이러한 방식으로는 이번 대공황의 특징을 종합하기 어렵기 때문이다.

따라서 이 글은 그동안의 분석에서 공백으로 남아 있던 문제를 포착해 내 이번 세계대공황의 직접적 원인을 넘어서서 구조적 요인의 중요성을 강조한다. 특히 이 글은 이번 대공황을 생산과 금융의 유기적 연관 속에서 전세계적 차원의 자본축적과 금융운동의 특징을 통해 재검토하려 한다. 이와 관련해 이 글은 세계적 규모의 생산의 불균등발전(uneven development)과 금융자립화 간의 연관과 모순을 구조적으로 해명하는 데 집중한다. 이 글의 주장은 자본주의의 불균등발전이 세계시장에 투영되고 이를 반영하는 화폐흐름의 불균형이 금융자립화의 토대를 형성했다는 것이다. 그리고 이것이 이번 대공황을 촉발하는 구조적 요인으로 작용했다는 점이다.

2. 불균등발전과 금융자립화, 그리고 세계대공황

1) 복구해야 할 시각들

이번 대공황의 원인에 대한 논의는 매우 많다. 공황의 원인과 관련해 보자면 하이에크주의자들의 '잘못된 투자' 분석[1]에서부터 금융 시스템의 모순을 지적하는 케인스주의의 분석,[2] 민스키(H. Minsky)의 금융불안정가

---

1 하이에크주의자들에 따르면, 이번 공황은 연준의 인위적인 낮은 이자율 정책이 잘못된 투자를 초래했기 때문에 발생했다. 따라서 공황은 산업구조가 현실과 맞지 않게 왜곡되어 있으므로 경제를 재조정하는 과정을 뜻한다(김이석, 2008).
2 대표적인 케인스주의 분석은 스티글리츠(2010)를 참조하기 바란다.

설'을 활용한 포스트케인스주의의 분석,[3] 대차대조표의 시각으로 불리는 미시적 분석들,[4] 마르크스주의자들의 분석[5] 등 다양한 논의가 있었다.

그런데 이들 논의는 주로 이번 공황의 원인을 미국경제에 초점을 맞춰 찾는 경향이 있다. 다시 말해 이들 논의는 미국 연준의 인위적인 저금리 정책, 서브프라임시장의 문제점, 부채를 기반으로 한 미국 금융 시스템의 모순, 파생금융상품을 이용한 월스트리트의 사기극 등을 이번 공황의 원인으로 분석하며 미국경제에 주로 초점을 맞춘다. 예를 들어, 포스터와 맥도프(2010: 37~38)의 다음과 같은 진술은 이를 잘 보여준다.

우리는 세계금융위기를 미국경제의 맥락에서 살펴보는 데 초점을 맞추었고, 필요한 경우에만 제한적으로 선진 자본주의 경제, '신흥'국가의 경제, 저개발국가의 경제, 그리고 세계경제를 언급했다. …… 우리가 이러한 제한을 둔 이유는 자본주의의 주요 모순을 이해하기 위해서는 자본주의 발전의 특정 단계에서 가장 주도적인 자본주의 경제의 관점에서 보아야 한다고 확신하기 때문이다. 그뿐만 아니라 의심의 여지없이 미국은 현재의 경제적 불벼락의 진원이다.

---

3 금융불안정가설에 따르면, 자산가치의 상승이 멈춰 거품이 터지면 폰지형 경제단위는 몰락하고 이 부정적 효과가 이자지불 능력을 가진 투기형 경제단위와 건전한 위험회피형 경제단위마저 궁지에 몰아넣음으로써 금융위기가 발생한다(Minsky, 1992). 이러한 민스키의 논의를 기반으로 포스트케인스주의자들은 금융시장에서 자산가치가 폭락하는 시점을 가리키는 '민스키 모멘텀(Minsky's momentum)'을 강조하며 금융위기를 설명한다(쿠퍼, 2009).

4 대차대조표의 시각은 자산가격 하락에 따른 은행 대차대조표의 디레버리지 효과가 이번 공황의 주요 요인이라 설명한다(Adrian and Shin, 2009). 이를 거시경제에 적용한 분석은 쿠(2010)를 참조하기 바란다.

5 마르크스주의 분석에 대한 논평은 정성진(2012)을 참조하기 바란다. 정성진은 이 글에서 이윤율 저하 경향의 채택 여부를 기준으로 이론을 분류하고 이에 대한 비판적 평가를 내놓고 있다.

이러한 논의는 이번 대공황의 원인을 미국경제에서 찾는 '일국공황론'에 기반을 둔 것으로 이해할 수 있다. 그러나 비록 공황의 방아쇠가 미국경제에서 당겨진 것이 사실이고 '세계동시공황'의 형태로 공황이 전개된 것은 아니기는 하지만, 그 원인과 이후의 파급경로를 보면 이번 세계대공황은 세계적 규모에서 벌어진 대사건이다. 따라서 이번 공황의 구조적 요인을 세계적 차원에서 찾음으로써 더 확장된 시각에서 이번 공황을 이해할 수 있는 지평을 열 수 있다(정성진, 2012).

세계적 차원에서 공황의 원인을 찾으려는 것은 공황의 원인이 '세계적 규모의 자본주의체제'의 모순이 폭발한 것에 있다는 측면에서 바라보려는 시도다. 다시 말해 이번 세계대공황의 원인을 그 출발부터 '세계적'인 차원에서 분석함으로써 자본주의체제가 가진 더 근본적이고 구조적인 요인을 포착하려는 것이다. 그리고 이러한 분석을 통해 오늘날 세계자본주의의 특징과 세계대공황 간의 연관과 모순을 더 잘 이해할 수 있음을 강조하려는 것이다.

다른 한편 이번 세계대공황을 금융위기로 한정하는 것은 제한적인 분석일 뿐만 아니라 마르크스주의적 분석에 입각했다고 보기 어렵다. 많은 분석은 이번 대공황이 금융부문의 문제로 발생했다는 점을 강조하면서 대공황을 금융위기로 규정하며 생산과 금융 간의 연관과 모순이라는 측면의 단절을 주장한다. 예를 들어, 고언(2010: 18~19)의 다음 언급은 이를 잘 보여준다.

신용경색을 이해하기 위해 우리는 실물경제의 변화가 금융 상부구조의 결과를 추동한다는 일반적인 생각을 뛰어넘어야 한다. …… 우리는 분석의 출발점으로 지난 25년 동안 전개된 미국 금융 시스템의 구조적 변화를 분석할 필요가 있다. 나는 이 기간에 새로운 행위자와 관행, 그리고 새로운 동학

을 창출한 월스트리트 시스템이 등장했다고 주장할 것이다. 그 결과로 나타
난 금융구조와 주체가 현 위기의 주요한 동인이었다.

이러한 대공황의 원인을 금융으로 한정하는 논의와는 달리 공황에 대
한 마르크스주의 분석의 핵심은 무엇보다도 공황이 일어나는 원인을 금융
영역의 문제만으로 규정하지 않는다는 점이다.[6] 다시 말해 마르크스주의
의 관점에서는 생산과 금융의 유기적 연관 속에서 이번 대공황을 평가할
필요가 있다.

자본주의는 상품을 생산하고 유통해 이윤을 실현한다. 또한 이 상품의
생산과 유통은 다양한 자본의 뒤얽힘 속에서, 그리고 다양한 자본의 기능
속에서 이루어진다. 이러한 자본의 뒤얽힘 속에서 상이한 기능을 담당하
는 자본은 크게 상업자본, 화폐자본, 산업자본으로 구성된다. 한편으로 이
러한 상이한 자본분파들은 자본축적과정에서 서로 얽혀 상이한 기능을 수
행한다. 특히 상업자본과 화폐자본은 모두 사회 전체 자본의 순환 영역에
꼭 필요한 일부다(마르크스, 2004a, 2004b).

전체적인 거시경제의 수준에서 자본의 운동은 생산의 측면을 완전히
무시하고 금융의 측면으로만 이루어질 수는 없으며, 반대로 금융의 측면
을 완전히 무시하고 생산의 측면으로만 이루어질 수도 없다. 특히 미국경
제뿐만 아니라 세계경제의 차원에서 이번 공황을 해석하려면 세계자본주
의의 특징과 생산과 금융이 맺는 연관이라는 두 가지 측면을 동시에 고려

---

6 마르크스주의 분석에서도 금융문제로 발생한 공황을 완전히 배제하고 있는 것은 아니다. 엥겔
스가 지적하는 것처럼 "모든 일반적 산업·상업 공황의 특수한 국면으로 규정되고 있는 화폐공
황은 다음과 같은 특수한 종류의 공황 — 즉, 화폐공황이라고 부르기는 하지만, 상업의 공황과
는 독립적으로 나타나 그 여파로 산업과 상업에 영향을 미치는 특수한 종류의 공황 — 과는 엄
밀히 구분되어야 한다. 후자의 화폐공황에서는 화폐자본이 그 운동의 중심이며, 따라서 은행·
증권거래소·금융계가 그 직접적 영향을 받는다"(마르크스, 2005: 176).

해야 한다. 다시 말해 이번 대공황에 대한 평가를 위해서는 전 세계적 차원에서의 자본축적과 금융운동 간의 연관과 모순에서 드러나는 특징을 포착할 필요가 있는 것이다(맥널리, 2011; 김성구, 2012; 정성진, 2012).

2) 불균등발전과 금융자립화의 변증법

(1) 세계적 규모의 불균등발전

마르크스주의의 관점에서 자본주의는 세계시장을 전제로 발전한다.[7] 카를 마르크스(Karl Marx)와 프리드리히 엥겔스(Friedrich Engels)는 『공산주의자당 선언(Communist Manifesto)』에서 대공업이 세계시장을 만들어냈고 세계시장은 상업, 해운 및 육운에 헤아리기 어려운 발전을 가져다주었으며 이러한 발전이 다시 공업 신장에 거꾸로 영향을 미쳐 공업·상업·해운·철도가 신장되는 것과 같은 정도로 부르주아지가 발전해왔다고 주장한다. 또한 마르크스·엥겔스(1997: 403~404)는 부르주아지가 역사에서 수행한 혁명적 역할에 대해 다음과 같이 서술하고 있다.

자신의 생산물의 판로를 부단히 확장하려는 욕구는 부르주아지를 전지구 상으로 내몬다. 부르주아지는 도처에서 뿌리를 내려야 하며, 도처에서 정착해야 하고, 도처에서 연계를 맺어야 한다. 부르주아지는 세계시장의 개발을 통해서 모든 나라들의 생산과 소비를 범세계적으로 탈바꿈시켰다. …… 부르주아지는 모든 민족들에게 망하고 살지 않으려거든 부르주아지의 생산양식을 채용하라고 강요한다. 그들은 이른바 문명을 도입하라고, 즉 부르주아지가 되라고 강요한다. 한마디로 부르주아지는 자신의 모습대로 세계를 창

---

7 마르크스의 세계시장에 관한 자세한 분석은 박승호(2004)를 참조하기 바란다.

조하고 있는 것이다.

『공산주의자당 선언』에서 마르크스와 엥겔스는 자본주의에서 새롭게
전면에 등장한 부르주아지가 자본주의적 생산양식과 교류양식을 전 세계
곳곳에 확산시키는 과정을 유려한 필치로 묘사한다. 이 주장에서 마르크
스와 엥겔스는 세계시장을 전제로 자본주의가 발전하는 과정에서 부르주
아지가 세계적 차원에서 수행한 역할을 강조한다.

『공산주의자당 선언』에서 제기한 주장은 이후 마르크스가 정치경제학
을 비판하는 연구를 수행하면서 더욱 정교화되었다. 특히『정치경제학 비
판 요강(Grundrisse)』에서 마르크스는 자본의 본성에서 비롯된 세계시장
의 창출을 설명하면서 자본운동이 어떻게 세계시장을 확대·심화시키는
지를 해명한다.

마르크스에 따르면, 자본은 늘 세계시장을 전제로 하며 세계시장의 확
대를 통해 증식한다. 잉여가치의 창출은 유통영역의 끊임없는 확장을 조
건으로 한다. 따라서 마르크스는 다음과 같이 주장한다.

자본이 한편으로 끊임없이 더 많은 잉여노동을 창출하는 경향을 가지듯
이, 다른 한편으로는 더 많은 교환점들을 창출하는 보완적인 경향을 가진다.
…… 세계시장을 창조하는 경향은 자본 개념 자체에 이미 직접적으로 주어
져 있다(Marx, 1973).

그리고 이러한 자본의 경향을 마르크스는 다음과 같이 설명한다.

자연숭배와 기존 욕구의 일정한 한계 내에서의 자급자족적 충족과 낡은
생활양식의 재생산뿐만 아니라 국민적 제약들과 편견들도 뛰어넘는다. 자

본은 이 모든 것에 대해서 파괴적이고 끊임없이 변혁시키며, 생산력의 발전, 욕구의 확대, 생산의 다양화, 자연력과 정신력의 착취 및 교환을 방해하는 모든 제약을 무너뜨린다(Marx, 1973).

그런데 자본의 경향으로 나타나는 세계시장은 하나의 단일한 공간으로 구성되지 않는다. 자본은 그 본성에서 세계시장을 지향하며 이를 통해 단일한 세계시장을 창출하고 동질화, 균등화, 전면화의 경향을 가진다. 다시 말해 한편으로 자본은 전(前)자본주의 영역에 빠르게 침투해서 새롭게 자본-임노동 관계를 창출하며 축적을 수행한다. 다른 한편으로 자본은 기존의 자본주의 생산관계를 재편하며 내포적 통합을 추진한다. 그리고 그 결과는 자본주의가 세계적 규모에서 균등화, 동질화, 전면화하는 경향으로 나타난다(장시복, 2012a).

그러나 시장의 확장성과 범세계성, 그리고 균등화와 동질화 경향은 현실에서 일방적으로 관철되지는 않는다. 그것은 무엇보다도 생산영역의 양태가 세계시장의 모습을 규정하기 때문이다. 특히 자본주의 발전과정에서 생산이 불균등하게 이루어진다는 점으로 말미암아 현실의 세계시장에서 나타나는 운동은 상당히 불균등하며, 이는 자본의 초국적화가 진행되면서 더 강화되고 있다.[8] 따라서 세계시장은 생산의 불균등발전을 반영할 수밖에 없으며 이러한 측면에서 불균등발전의 형태를 포착하는 일은 세계자본주의 분석에서 중요하다.

마르크스주의의 관점에서 불균등발전은 마르크스에서 블라디미르 레닌(Vladimir Lenin), 레온 트로츠키(Leon Trotsky)를 거쳐 종속이론까지 중

---

8 자본의 초국적화가 자본주의의 불균등 강화로 이어진다는 주장은 장시복(2012a)을 참조하기 바란다.

요한 이론적 진전을 보았다.[9] 그러나 이 이론들은 충분한 분석을 제시하지 못해 발전이 담보되었거나, 종속이론처럼 중심부와 주변부의 이분법적 분할 속에서 주변부의 '저발전 심화(development of underdevelopment)' 테제의 유효성이 떨어져 새롭게 해석되지 못했다.

그런데 최근 들어 불균등발전은 자본의 세계화와 맞물려 여러 형태로 논의가 제기되고 있다.[10] 윅스(Weeks, 1999)는 세계적 규모에서 자본주의의 불균등발전을 경쟁이 강제하는 자본의 사회적 관계에 내재한 자본주의 나라들 간에 나타나는 '1차 불균등발전'과 지배적인 나라들 간에 나타나는 '2차 불균등발전'으로 구분했다. 그리고 윅스는 1961~1997년에 걸쳐 저개발국가와 OECD 국가들을 지리적으로 분류하고 평균 경제성장률의 표준편차를 이용해 불균등발전을 실증 분석했다.

또한 브레너(Brenner, 1998)도 명시적으로 이론을 제시하지는 않았지만 전후 세계자본주의의 발전과정에서 국가 간 불균등발전을 분석했다. 브레너는 자본 간 경쟁과 국가 간 불균등발전을 결합해 미국, 일본과 독일, 동아시아 국가들의 경쟁이 이윤율의 장기저하를 가져온 원인을 실증으로 명쾌하게 해명했다.

불균등발전과 관련한 최근 논의에서 가장 눈에 띄는 연구는 하비(2005, 2007)가 수행했다. 하비는 마르크스주의 관점에서 공간편성의 개념을 도입해 자본주의의 '지리적 불균등발전'을 제시했다. 하비에 따르면, 지리적 불균등발전은 자본축적의 확장과정에서 발생하는 "경쟁과 독점 간, 집적

---

9 레닌(Lenin, 1915)은 「유럽합중국의 슬로건에 대하여(On the Slogan for a United States of Europe)」라는 논문에서 "경제적 및 정치적 발전의 불균등성은 자본주의의 무조건 법칙"이라고 주장했다. 레닌이 제시한 불균등발전은 『제국주의론(Imperialism)』에서 구체화되었다. 트로츠키 또한 불균등결합발전을 강조하며 연속혁명의 가능성을 타진했다. 레닌, 트로츠키, 그리고 종속이론의 기여는 Howard and King(1989, 1992)을 참조하기 바란다.

10 콕스(Cox, 2008)는 마르크스주의 관점에서 제시된 불균등발전 논의를 비판적으로 평가한다.

과 분산 간, 집중화와 탈집중화 간, 고정성과 이동성 간, 역동성과 관성 간, 활동의 상이한 규모들 간의 긴장들"을 타파하려는 '공간적 조정(spatial fix)'을 통해 이루어진다.

이러한 최근 논의들은 마르크스주의 관점을 유지하면서 오늘날 자본주의의 특징을 포괄적으로 포착하려 했다는 점에서 의의가 있다. 이 글은 이러한 논의들을 수용하면서 오늘날 자본주의의 특징을 '세계적 규모의 불균등발전'이라 규정한다. 사실 불균등발전은 일국 내 불균등과 국가 간 불균등을 포괄하는 개념이다.[11] 그러나 이 글에서는 국가 간 불균등발전에 초점을 맞춰 논의를 전개한다.

국가 간 불균등이라는 측면에서 세계적 규모의 불균등발전은 지역별·국가별 성장의 격차로 나타난다. 〈표 1-1〉은 1950년 이후 세계자본주의의 발전을 보여준다. 우선 이 표에서 가장 눈에 띄는 현상은 1970년대 이후 세계경제는 이른바 자본주의 황금기라 불리는 1950~1973년보다 저성장했으며 불균등발전이 심화되고 있다는 점이다. 1950~1973년 사이에 OECD 국가들은 3.33% 성장했으나 그 이후 1%대의 저성장을 기록했다. 그러나 이러한 서구 자본주의 국가들의 저성장에도 아시아 국가들은 높은 경제성장을 구가했다. 아시아 국가들은 1980년대에는 2%대의 성장률을 기록했지만, 1990년대 들어 5.08%, 2000년대 들어 6.85%의 성장률을 보였다.

이와 관련해 1990년대 이후 자본주의의 불균등발전에서 나타나는 가장

---

11 "일반적으로 자본주의에서는 기업과 기업, 산업부문과 산업부문, 공업과 농업, 도시와 농촌 간에 발전의 불균등이 존재한다. 이것은 자본주의의 기본 모순(생산의 사회적 성격과 소유 사적 성격 간의 모순) 및 이윤획득을 위한 무정부적 경쟁을 본질로 하는 경제체제 그 자체로부터 생기는 현상이다. 이와 같이 일국 내에서 발생하는 자본주의의 불균등발전은 제국주의 단계에 들어서면 안팎으로 더 격렬하게 전개된다"(풀빛 편집부, 1988: 284).

<표 1-1> 1950~2005년 지역별·국가별 1인당 GDP 증가율(단위 : %)

	1950~1973	1974~1979	1980~1989	1990~1999	2000~2005
세계	2.93	1.46	1.58	1.13	1.73
OECD	3.33	1.92	1.91	1.83	1.46
동유럽	3.82	2.13	0.22	-2.70	4.00
남미	2.67	2.78	0.35	1.32	1.24
아프리카	2.02	0.33	-0.76	-0.49	1.86
중동	4.73	1.61	0.68	2.30	1.96
아시아	3.68	2.82	2.34	5.08	6.85
중국	2.95	3.59	5.95	7.87	8.63
일본	8.13	2.35	2.13	1.19	1.57

자료: O'Hara(2007).

두드러진 특징은 중국의 부상이다. 1990년대 이후 세계경제의 성장에서 중국이 기여한 바는 상당히 크다. 중국의 1인당 GDP는 1974~1979년에 2.35%였으나 1980년대 5.95%, 1990년대 7.87%였으며, 2000년대 들어 세계대공황이 발생하기 직전까지 8.65%를 기록했다.

이러한 성장으로 중국은 세계경제에서 중요한 지위를 차지하게 되었다. 1973년 미국은 세계 GDP의 22.1%를, 서유럽은 25.6%를 차지했다. 그러나 2003년 이 비중은 각각 20.7%, 19.2%로 감소했다. 이에 반해 중국은 세계 GDP에서 차지하는 비중이 1973년 4.6%에서 2003년 15.1%까지 크게 증가했다(Maddison, 2007).

1990년대 이후 중국이 자본주의에 편입해 세계경제의 중심축으로 떠오르면서 세계경제의 불균등발전은 더욱 심화했다. 이에 관해 리민치(2010: 132~133)는 중국의 경제성장이 전 세계에 가지는 몇 가지 함의를 다음과 같이 정리한다.

첫째, 중국이 자본주의 세계경제에 깊숙이 편입되면서 전 지구적으로 저렴함 산업예비군의 규모가 크게 증가했다. …… 둘째, 중국의 저비용 제조업 수출품이 많은 산업 투입재의 가격을 낮췄다. …… 셋째, 중국은 세계 GDP 생산에서 차지하는 비율이 증가하면서 글로벌 경제가 빠르게 발전하는 데 직접적으로 기여했을 뿐 아니라 글로벌 경제의 심장이 되었다. 넷째, 최근 들어 중국은 수출 호황에 힘입어 막대한 외환보유고를 축적했다.

리민치에 따르면, 중국의 자본주의로의 편입은 산업 및 노동, 그리고 금융부문에 중대한 영향을 주었다. 주요 선진국의 저성장과는 달리 중국은 높은 성장세를 유지하고 있으며 산업예비군의 증가로 인한 비용하락은 전 세계적으로 노동자들의 '위협효과'로 작용하면서 임금하락과 노동조합의 무력화를 낳고 있다. 나아가 저가의 생산물이 세계시장에 유통되면서 산업의 이윤율 하락을 저지하고 노동자들의 임금인하를 상쇄하는 요인으로 작용했다. 생산이라는 측면에서 보면 중국의 성장은 자본주의 불균등발전의 심화를 상징적으로 보여주는 현상으로 자본주의의 발전에 중대한 변수로 작용한다고 평가할 수 있을 것이다.

다른 한편 역설적으로 들리겠지만 1990년대 이후 불균등발전의 심화에서 주목할 만한 또 다른 요인은 유럽의 통합이다. 유럽통합은 국민국가의 권력을 초국적기구로 이전함으로써 새로운 지역통합을 이루기 위한 시도다. 다시 말해 유럽통합은 국민국가에서 초국적기구로 주권을 공동출자했음을 의미한다. 예를 들어, 그동안 국민국가의 기본적인 역할로 간주되던 화폐 발행이나 통화정책은 이미 초국적기구인 유럽중앙은행(ECB)이 통제한다(장시복, 2007).

그러나 유럽통합에 참여한 국민국가들 간의 불균등은 유럽통합에 그대로 반영되어 있다. 유럽통합으로 단일화폐인 유로(Euro)가 도입되었지만, 생산이나 노동력의 통합이 이루어지지 않은 상황에서 각국의 생산력과 임금격차로 '통합 속에서 양극화'가 진행되었다. 아일랜드와 그리스, 스페인

등 유로존 변방국들의 경제는 독일, 프랑스, 네덜란드, 핀란드 등 북유럽 중심의 핵심국 수준으로 수렴되지 못하고 산업부문의 취약한 경쟁력으로 국제경쟁에 덜 노출된 부동산 및 서비스 등 비교역 산업에 집중되었다. 그리고 환율조정이 어려운 상황에서 두 지역 간의 비교우위가 발생하고 변방국에서 탈산업화가 진행되면서 유로존의 양극화는 심화되었다(유승경, 2012).

중국의 세계시장으로의 편입과 유럽통합은 1990년대 이후 세계자본주의가 발전하면서 불균등발전을 심화시키는 중요한 요인으로 작용했다. 이로 인해 오늘날 세계자본주의에서는 '세계적 수렴(convergence)'이 아니라 '세계적 분기(divergence)'가 발생하고 있다(Weeks, 1999).

(2) 불균등발전과 금융 간의 연관과 모순

자본주의의 불균등발전은 세계적 규모의 금융흐름에도 중대한 영향을 미친다. 자본축적과 금융운동이 상호 연관되어 있다는 점에서 불균등발전은 금융운동과도 깊은 연관이 있다. 이와 관련해 마르크스(2004b: 626)는 다음과 같이 언급했다.

> 진정한 축적이 끊임없이 확대되는 경우 화폐자본의 축적 증대는 부분적으로는 진정한 축적의 확대의 결과일 수 있고, 부분적으로는 [진정한 확대에 수반하지만 그것과는 전혀 다른 요소들의 결과일 수 있으며, 그리고 또 부분적으로는 진정한 축적의 정체의 결과일 수도 있다.

세계시장의 관점에서 진정한 축적의 결과로 나타나는 화폐축적은 국제무역의 불균형에 따른 자본흐름의 불균형 문제로 나타난다. 이른바 '글로벌 불균형(global imbalance)'으로 불리는 이 문제는 자본주의 발전의 불균등을 국제수지의 측면에서 나타낸 것이다. 이 문제의 핵심은 한편으로 수출지향적 산업화를 추진하는 중국이 국제수지에서 막대한 흑자를 내고 있다는 것이다. 특히 미국과 관련한 중국의 흑자는 상당한 규모에 이른다. 미국이 중국을 상대로 기록한 무역수지 적자는 2000년 820억 2,900만 달러, 2005년 2,005억 7,700만 달러, 2011년 2,800억 4,300만 달러로 크게 증가했다(BEA Website).

그런데 경상수지 적자는 미국 국내경제의 어떤 부문에서 부채를 짊어지고 있다는 것을 의미한다. 정의상 경상수지는 국내의 저축과 투자의 차이와 같다. 따라서 경상수지 적자는 국내에서 저축보다 지출이 더 많기 때문에 발생하는 현상이라고 할 수 있다. 그러면 결국 국내가 아닌 해외에서 차입을 할 필요가 있으며 국내 주체 가운데 누군가는 부채를 져야 한다.

이와 관련해 미국의 경상수지 적자가 중국 등 아시아 국가들이 수출로 벌어들인 막대한 달러의 재환류를 통해 보충되고 있다는 점에 주목할 필요가 있다. 특히 중국 등 아시아 국가들은 미국의 재무성채권을 다량으로 보유하면서 미국의 경상수지 적자를 보전하는 데 크게 기여하고 있는 실정이다. 예를 들어, 중국의 외환보유고는 2001년 말 2,120억 달러였으나 2011년 3월에는 무려 3조 달러에 이르렀다. 이 가운데 많은 부분은 미국의 재무성채권으로 구성되어 있다(이강국, 2012).

다른 한편 국제무역의 불균형에 따른 자본흐름의 불균형 문제는 유로존 국가들에서도 나타나고 있는 현상이다. 앞서 언급했듯이 유로존의 핵심국과 변방국의 경제적 격차로 변방국들은 대부분 유로존 가입 이후 심각한 경상수지 적자를 경험했다. 재정위기로 구제금융을 받은 그리스, 포르투갈, 아일랜드, 그리고 재정위기 위험국인 스페인과 이탈리아의 경우 유로존 가입 후 경상수지가 흑자에서 적자로 돌아섰거나 경상수지 적자가 더욱 악화되었다. 이와는 달리 독일, 오스트리아 등의 회원국은 유로존 가입 후 오히려 경상수지 흑자를 경험하며 국제수지의 불균형을 심화시키고 있다.

(3) 금융자립화와 가공금융

나아가 진정한 축적에 따른 글로벌 유동성 증가는 금융자립화의 토대를 형성했다. 다시 말해 생산의 불균등에 따른 국제수지의 불균형으로 발생한 막대한 글로벌 유동성은 진정한 축적과 관련 없이 금융부문의 급격한 팽창에 중요한 기반이 되었다. 메이슨(2009: 126)이 적절하게 표현하고 있듯이 "세계의 불균형 문제와 거듭되는 금융거품은 동전의 양면과 같다".

글로벌 유동성 증가에 따라 세계적 자본이동도 크게 증가했다. 예를 들어, 해외직접투자는 1994년 2,700억 달러에서 2005년 9,300억 달러로 증가한 데 비해, 해외포트폴리오투자는 같은 기간 동안 3,400억 달러에서 2조 5,000억 달러로 무려 7배 이상 증가했다. 이에 따라 1994년 총 해외투자에서 해외직접투자가 차지하는 비중은 30.9%였으나 2005년 14.5%로 이 비중은 점차 하락했다. 이에 비해 해외포트폴리오투자는 1994년 39.1%에서 1998년 50.5%, 2005년 39.3%를 기록했다. 경기순환에 따라 변동이 있기는 하지만 이러한 비중의 변화는 세계경제에서 자본이동이 급격하게 증가했음을 명확하게 보여준다(IMF, Balance of Payment Statistics, On-Line).

이러한 거대한 자산을 바탕으로 투자은행, 보험회사, 연기금과 뮤추얼 펀드, 헤지펀드 등의 기관투자자들은 전 세계 금융시장과 자본시장을 돌아다니며 채권, 주식, 파생금융상품에 투자했다. 심지어 이들은 '차익을 내는 거래(arbitrage)'에 그치지 않고 각 나라의 금융규제를 회피하면서 고위험에 노출된 고수익 금융상품을 창출하며 대규모로 투기를 벌였다.

그런데 막대한 글로벌 유동성의 이동은 축적과는 관련이 없는 금융자립화의 토대로 작용했다. 금융자립화란 금융자본이 상대적 독자성을 가지고 생산영역에서 수익을 얻는 활동 이외의 활동이 강화되는 것을 뜻한다. 다시 말해 전통적인 금융활동인 산업신용과 상업신용 공급에서 벗어나 '가공금융(fictitious finance)'을 통해 비생산적인 금융활동을 강화해 독자적인 이윤기반을 마련하는 것을 뜻한다(장시복·박관석, 2012).[12]

가공금융은 1980년대 이후 새롭게 확장된 금융영역이다. 이 가공금융 영역에는 가공신용을 제공하고 자산을 유동화하거나 여기서 파생된 새로운 금융상품을 만듦으로써 이득을 얻는 금융자본들이 참여한다. 이 금융 자본들은 금융혁신을 통해 유통시장에서 주식거래, 채권거래, 부동산대출, 신용카드대출 등을 통한 대출채권의 유동화, 파생상품거래, 외환거래 등 가공금융영역 내에서만 이루어지는 독자적인 금융활동을 벌임으로써 금융이익을 극대화하려 한다. 또한 비금융자본도 가공금융영역에 참여해 금융투자를 늘리거나 금융자회사를 만듦으로써 금융활동을 강화하고 금융수익을 얻는다. 마지막으로 소비자들도 가공금융영역에 참여해 금융활동을 하며, 국가도 국채 발행을 통해 이 금융영역에 참여한다.

이러한 가공금융의 발전으로 상징되는 금융자립화는 진정한 축적과는 별개로 금융을 전 세계적으로 팽창시키고 금융자본의 운동을 크게 강화시키는 현상으로 이해할 수 있다. 그리고 이러한 금융자립화는 금융의 불안정성을 심화시키고 금융 시스템뿐만 아니라 자본주의체제의 모순까지 극대화하는 기능을 수행했다.

---

12 "금융화는 은행이 산업·상업자본을 지배하는 것이 아니다. 오히려 금융부문의 자율성이 증대되는 것이다. 산업자본과 상업자본은 공개 금융시장에서 차입할 수 있게 되고 그 과정에서 금융 거래에 더 깊숙이 관여하게 된다. 한편, 금융기관들은 수익성의 새로운 원천을 개인소득과 금융시장 중개에서 찾았다"(Lapavitsas, 2008).

3) 불균등발전, 금융자립화, 그리고 세계대공황

불균등발전, 이를 화폐적으로 표현하는 글로벌 불균형, 그리고 이로 인해 발생한 막대한 글로벌 유동성에 기반을 둔 금융자립화는 이번 대공황의 구조적 요인의 핵심을 이룬다. 다시 말해 서브프라임 모기지 사태로 촉발한 공황이 생산과 금융에 미친 영향, 그리고 이것이 유럽의 재정위기로 번진 구조적 요인을 이 세 가지 요소에서 찾을 수 있는 것이다.

이러한 관점에서 무엇보다도 이번 공황의 직접적 요인이라고 할 수 있는 서브프라임 모기지 사태는 세계경제의 구조적 요인이 미국경제에서 발현된 형태 가운데 하나라고 할 수 있다. 중국이 대규모 경상수지 흑자를 기록하면서 발생한 유동성은 전 세계, 특히 미국으로 재환류되었고 이 과정에서 미국 이자율은 인위적으로 낮게 책정되어 미국의 주택담보 대출자들에게 많은 혜택을 주었다(자크, 2010). 그리고 낮은 이자율로 인해 서브프라임 모기지가 팽창되자 이 대출을 근거로 월스트리트의 투자은행들은 금융자립화를 강화하고 증권화와 파생금융상품을 판매하며 고수익을 누릴 수 있었다.

이러한 상황은 2006년 서브프라임 모기지 사태가 발생하면서 뒤바뀌었다. 서브프라임 모기지 연체가 증가하고 이를 근거로 판매한 금융상품의 가치가 폭락하면서 미국은 신용공황과 은행공황을 경험했고 2008년 9월 중순 5대 투자은행이 모두 사라질 정도의 엄청난 금융 시스템 붕괴 직전에 이르렀다. 이로 인해 발생한 이번 대공황이 전 세계로 확산되면서 자본주의 자체가 붕괴되기 직전의 상황에까지 이르게 된 것이다.

그러나 이러한 파국에 가까운 상황은 연준의 막대한 비관행적 통화정책과 각국 정부의 적극적 개입으로 벗어날 수 있었다. 그런데 이러한 조치들을 통해 단기적으로 금융시장의 안정을 되찾기는 했지만 미국은 여전히 대공황의 여파에서 벗어나지 못하고 있는 실정이다. 특히 미국 실물부문의 더딘 회복과 정부의 재정적자 심화는 문제의 해결을 가로막는 중요한 요인으로 작용하고 있다(장시복, 2012b).

무엇보다도 더딘 실물경제의 회복이 미국경제의 발목을 잡고 있다. 공황의 직격탄을 맞으면서 미국의 실질경제성장률은 2008년 -0.3%, 2009년 -3.9%로 마이너스를 기록했다. 그러나 이후 미국 정부의 재정지출 확대로 경제성장률은 2010년 2.4%, 2011년 1.8%, 2012년 2.2%를 기록했다(BEA Website). 그러나 미국의 경제성장이 회복되었다고 보기는 아직 이르다. 경제성장을 이끌 모멘텀이 여전히 존재하지 않으며 실업률 또한 높은 상황이다. 게다가 재정지출을 통한 내수 진작과 같은 조치는 재정적자의 심화로 인해 제한적인 수단으로 기능하고 있다.

또한 미국의 재정적자는 연방정부와 주정부, 지방정부를 가리지 않고 커다란 문제를 양산하고 있다. 연방정부의 재정적자는 2006년 서브프라임 모기지 사태로 촉발한 세계대공황 이후 엄청난 규모로 늘어나 2007년 1,600억 달러에서 2011년 1조 5,423억 달러로 급증했다. 게다가 국가부채도 크게 증가해 2010년 미국의 국내총생산에서 국가부채가 차지하는 비중은 93%였으며, 추정치이기는 하지만 2012년까지 이 비중은 105%까지 상승할 것으로 예상된다(Economic Report of President Website).

연방정부의 재정적자 증가와 함께 부동산 시장이 침체되고 실업률이 높은 상황에서 세수가 급격하게 줄면서 주정부의 재정위기도 심화되고 있다. 캘리포니아 주의 재정적자는 세계대공황 이전에도 심각한 상황이었지만 세계대공황의 여파로 더욱 심화되고 있다. 이에 따라 예산절감을 위한 노력이 진행되면서 공교육 시스템은 거의 붕괴되었으며 사회보장 지출도 큰 폭으로 삭감되었다.[13]

2013년 3월 1일 미국 정부는 2011년 8월 연방정부의 부채상한을 최소 2

조 1,000억 달러 증액하는 대신 국방예산, 학자금 융자, 메디케어(medicare) 등에서 향후 10년간 2단계에 걸쳐 2조 4,000억 달러의 지출을 자동 삭감하는 '자동예산감축 조치(시퀘스트)'를 단행했다. 이 조치로 연방정부는 대규모 긴축을 시행해야 하는 문제에 직면했으며 이는 미국경제 회복의 발목을 잡을 공산이 크다.

다른 한편 유럽발 재정위기와 국가채무위기도 세계경제의 불균등이 낳은 구조적 산물로 이해할 수 있다. 유럽발 위기는 근본적으로 유럽통합 이후 회원국 간 경제력 격차가 대외경쟁력 격차를 확대시킨 구조적 불균등 발전에 유래한 것이며, 이는 글로벌 유동성에 기반을 둔 유로존 지역의 금융자립화와 맞물려 있다.[14]

이 불균등과 금융자립화는 공황이 유럽을 강타하면서 표면화되기 시작했다. 우선 은행에 대한 막대한 구제금융이 재정위기를 촉발했다. 그리고 단일통화체제를 사용하면서도 부채에 대한 최종 부담은 각국 정부가 져서 발생한 금리격차로 재정 상태는 더 악화되었다. 나아가 경쟁력, 투자, 단위노동비용 등에서 나타난 생산력 격차로 국제수지 불균형이 나타났는데도 단일통화체제로 인해 자국 통화평가 절하가 불가능한 상황이었기에 문제는 더 심각한 수준에 이르렀다(유승경, 2012).

이로 인해 유로존에서는 재정위기가 현실화되었다. 2009년 10월 그리스에서는 재정위기가 발생했고, 2010년 11월에는 아일랜드에 850억 유로에 달하는 구제금융이 지원되었다. 또한 2011년 5월에는 포르투갈에 780억 유로의 구제금융이 지원되었으며, 이탈리아와 스페인의 신용등급이 강등되면서 유럽의 재정위기는 확산되고 있는 실정이다.

---

13 미국의 재정적자가 미국사회에 미친 영향에 대해서는 워커(2010)를 참조하기 바란다.
14 유럽통합 이후 유럽의 금융자본은 대규모 집중을 강화하며 유럽지역의 환율격차를 활용할 뿐만 아니라 미국 금융자본과의 경쟁을 통해 금융자립화를 심화시켰다.

그런데 유로존이 재정위기에 대처하기 위한 방안으로 제시되고 있는 긴축은 유럽의 문제를 더욱 악화시키는 요인으로 작용하고 있다. 현재 유로존 전체는 긴축으로 인해 시체처럼 뻣뻣하게 경직되고 있다. 긴축에 따른 공공부문의 정리해고, 임금삭감, 노동조합의 약화, 퇴직연금의 감소와 퇴직연령의 증가, 공공투자의 급격한 감소, 소비세 인상, 노동시장의 유연화 증대, 국부의 사유화 등으로 경제는 크게 위축되고 있는 실정이다. 또한 긴축을 통해 국민들은 고통을 받고 있으나 은행들은 공적 구제금융, 금리격차를 이용한 돈벌이로 배를 불리고 있다(장시복, 2013).

마지막으로 수출 주도 전략과 연관되어 있는 중국경제의 급격한 성장에 따른 불균등 강화도 세계대공황 이후 새로운 국면에 접어들었다. 세계시장의 관점에서 보면 중국의 경제성장은 자본주의 발전의 불균등을 강화하는 요인이지만, 다른 한편으로 이 자체는 세계시장의 편입과 장악을 통해 이루어진 것이다. 그러나 세계경제가 위축되는 상황에서 중국의 수출 주도를 통한 경제성장은 일정한 한계를 가질 수밖에 없다(이정구, 2009).

이러한 상황에서 당분간 중국은 소비지출과 투자지출의 확대를 통한 내수 진작으로 경제성장의 부진을 만회하는 전략을 추구할 수밖에 없을 것이다. 그러나 소비지출을 통한 내수 진작은 단기에 급격하게 진행될 수 없다는 데 문제가 있다. 중국의 민간소비율은 2000년 62%에서 2010년 47%까지 하락했다. 게다가 가격소득 증가가 둔화되면서 소득불균형이 심화하고 있는 상황이라 소비지출을 늘리는 일은 간단해 보이지 않는다.

그리고 국내소비가 뒷받침되지 않는 상황에서 투자지출을 늘릴 경우 공급과잉과 무역흑자 누증이 심화되고 자본집약적 성장과 서비스산업 낙후로 고용창출이 저하될 것이며, 건설과 부동산에 대한 투자 집중은 부동산가격 버블 형성, 지방부채 확대, 소득분배 악화 등 경제 불균형과 사회 불안을 증폭시킬 것이다. 나아가 재정지출을 늘리는 방안도 재정적자를 누적시키는 부정적 영향을 미칠 것이다(임호열, 2012).

지금까지 살펴본 것처럼 자본주의 발전과정에서 발생한 불균등과 이를 반영해 발생한 금융의 변화는 이번 공황을 촉발한 직접적인 원인이라고 할 수는 없겠지만, 공황을 촉발한 구조적 요인으로 파악할 수 있다. 또한 이러한 구조적 요인은 자본주의가 발전하는 과정에서 형성된 구조적 모순으로, 이는 공황을 촉발하는 데 중요한 역할을 했으며 이후 공황의 전개과정과 공황의 폭발로 나타난 모순의 근본적인 구도를 형성하는 데 중요한 기능을 했다고 할 수 있다. 그리고 이러한 구조적 요인은 자본주의의 앞날에 중요한 걸림돌로 작용할 가능성이 매우 높다.

3. 결론

세계대공황이 촉발한 이후 4년도 훨씬 지난 현재, 우리는 여전히 대공황의 모순 속에서 살아가고 있다. 현재 공황은 국가재정위기와 채무위기라는 새로운 형태로 전이되었고 이 과정에서 '긴축'이라는 이데올로기가 중심에 떠올랐다. "국가가 부도났으니 국민들이 책임져야 하고 허리띠를 졸라매라는 것은 당연하다"라는 목소리가 큰 힘을 얻고 있는 것이다. 그리고 세계대공황으로 신자유주의 이데올로기는 파산했다고 말하는 사람들도 있었지만, 우리는 위기의 해법이 여전히 '신자유주의적'이라는 역설적인 상황에 처해 있다. 무언가 엄청난 대사건을 겪었으면서도 우리는 여전히 그 사건 이전의 담론과 질서 안에서 고통 받고 있는 실정이다.

또한 되살아난 신자유주의의 처방전은 부자와 금융자본을 살찌우고 대다수 국민을 핍박하는 방식이다. 이에 대한 분노는 미국의 '월스트리트를 점령하라(Occupy Wall Street)' 운동, 스페인의 '인디그나도스(Indignad@s)'

운동, 영국의 예산 삭감과 세금 면제에 대항하는 직접행동인 '언컷(Uncut)' 등으로 표출되고 있다. 그러나 이러한 운동이 현재의 처방전을 바꿀 수 있을 만큼 큰 영향력을 행사하고 있다고 평가하기는 어렵다. 이러한 운동의 에너지가 현실정치를 극복하는 지점까지 이르지는 못한 것이다.

우리가 현재 서 있는 곳에서는 세계대공황의 구조적 모순이 크게 변화하지 않고 다시 부자와 금융자본을 살찌우는 신자유주의 처방이 난무하고 있다. 그리고 세계대공황이 현재진행형이고 커다란 변화가 없는 상황에서 우리가 나아가야 할 길은 험난한 고통을 수반할 수밖에 없다. 이러한 조건 하에 우리는 힘을 모아 탈자본주의 대안모델을 만들어 자본주의체제를 바꾸는 거대한 실험을 향해 나갈 수밖에 없다. 다수가 행복한 체제를 만드는 꿈이 지금보다 더 절실했던 적은 없다.

참고문헌

고언, 피터(Peter Gowan) 외. 2010. 「심장 지대의 위기: 새로운 월스트리트 시스템의 결과」. 『뉴레프트리뷰』. 이강국 옮김. 길.

김성구. 2012. 「신자유주의적 국가독점자본주의와 주기적 과잉생산공황」. 『정치경제학의 대답』. 사회평론.

김수행·장시복 외. 2012. 『정치경제학의 대답』. 사회평론.

김이석. 2008. 「국제금융위기의 원인과 해법, 한국의 대처방안」. 자유기업원. ≪CFE Report≫, 69호.

리민치(李民騏). 2010. 『중국의 부상과 자본주의 세계경제의 종말』. 류현 옮김. 돌베개.

마르크스, 카를(Karl Marx). 2004a. 『자본론』 2권. 김수행 옮김. 비봉출판사.

_____. 2004b. 『자본론』 3권. 김수행 옮김. 비봉출판사.

_____. 2005. 『자본론』 1권. 김수행 옮김. 비봉출판사.

마르크스·엥겔스(Karl Marx and Friedrich Engels). 1997. 『칼 맑스 – 프리드리히엥겔스 저작선집』 1권. 김세균 감수. 박종철출판사.

맥낼리, 데이비드(David McNally). 2011. 『글로벌 슬럼프』. 강수돌·김낙중 옮김. 그린비.

메이슨, 폴(Paul Mason). 2009. 『탐욕의 종말』. 김병순 옮김. 한겨레출판.

박승호. 2004. 『좌파 현대자본주의론의 비판적 재구성』. 한울.

브레너, 로버트(Robert Brenner). 2001. 『혼돈의 기원』. 전용복·백승은 옮김. 이후.

스티글리츠, 조지프(Joseph Stiglitz). 2010. 『끝나지 않은 추락』. 장경덕 옮김. 21세기북스.

워커(R. Walker). 2010. 「표류하는 황금주(州), 캘리포니아」. 마이크 데이비스 외. 『뉴레프트리뷰』. 정병선 옮김. 길.

유승경. 2012. 「유로존 위기의 원인, 전개과정 그리고 전망」. 김수행·장시복 외. 『정치경제학의 대답』. 사회평론.

이강국. 2012. 「글로벌 불균형과 글로벌 금융위기」. 김수행·장시복 외. 『정치경제학의 대답』. 사회평론.

이정구. 2009. 「세계 경제위기 하의 중국경제」. ≪마르크스주의연구≫, 6권, 3호.

임호열. 2012. 「중국경제의 현실과 대응」. 경기개발연구원. ≪경기도경제동향≫, 185호.

자크, 마틴(Martin Jacques). 2010. 『중국이 세계를 지배하면』. 안세민 옮김. 부키.

장시복. 2007. 「유럽통화통합의 정치경제학적 해석」. 서울대학교 경제학과 정치경제학 발표회.

_____. 2012a. 「세계자본주의의 불균등발전과 초국적 자본가계급의 구성」. ≪마르크스 주의 연구≫, 제9권 제2호.

_____. 2012b. 「미국 금융시장과 연준의 비관행적 통화정책」. 김수행·장시복 외. 『정치 경제학의 대답』. 사회평론.

_____. 2013.3.1 "금융 자본도, 구좌파도 믿을 수 없다!". ≪프레시안≫.

장시복·박관석. 2012. 「1980년대 이후 미국경제의 가공자본과 허구적 성장」. 한국사회경 제학회 겨울학술대회 발표문.

정성진. 2012. 「2007~2009년 글로벌 경제위기와 마르크스주의 공황론」. 김수행·장시복 외. 『정치경제학의 대답』. 사회평론.

쿠, 리처드(Richard Koo). 2010. 『대침체의 교훈』. 김석중 옮김. 더난출판사.

쿠퍼, 조지(George Cooper). 2009. 『민스키의 눈으로 본 금융위기의 기원』. 김영배 옮김. 리더스하우스.

포스터·맥도프(John Bellamy Foster and Fred Magdoff). 2010. 『대금융위기』. 박종일 옮 김. 인간사랑.

풀빛 편집부. 1988. 『경제학사전』. 풀빛.

하비, 데이비드(David Harvey). 2005. 『신제국주의』. 최병두 옮김. 한울.

_____. 2007. 『자본의 한계』. 최병두 옮김. 한울.

Adrian, T. and Hyun Song Shin. 2009. "The Shadow Banking System: Implication for Financial Regulation." *Federal Reserve Bank of New York Staff Reports*, No. 382, Federal Reserve Bank of New York.

Marx, K. 1973. *Grundrisse*. Vintage Books.

Wainwright, J. 2008. "Uneven Developments: From The Grundrisse To Capital." *Antipode*, Vol. 40, No. 5.

BEA Website. www.bea.gov.

Cox, K. 2008. "Globalization, Uneven Development, and Capital: Reflections on Reading Thomas Friedman's The World Is Flat." *Cambridge Journal of Regions, Economy and Society*, Vol. 1, No. 3.

Economic Report of President Website. www.gpoaccess.gov/eop.

Howard, M. C. and J. E. King. 1989. *A History of Marxian Economic*, Vol. I. Macmillan.

_____. 1992. *A History of Marxian Economic*, Vol. II. Macmillan.

IMF. Balance of Payment Statistics On-Line.

Itoh, M. and C. Lapavitsas. 1999. *Political Economy of Money and Finance*. Palgrave Macmillan.

Lapavitsas, C. 2008. "Financialized Capitalism: Direct Exploitation and Periodic Bubbles." from http://www.leftlibrary.com/lapavitsas1.pdf.

Lenin, V. I. 1915. "On the Slogan for a United States of Europe." *Lenin Collected Works*. Progress Publishers.

Maddison, A. 2007. *Contours of the World Economy, 1-2030 AD: Essays in Macroeconomic History*. Oxford University Press.

Minsky, H. 1992. "The Financial Instability Hypothesis." Working Paper No. 74, Jerome Levy Economics Institute of Bard College.

O'Hara, P. A. 2007. "Uneven Development, Global Inequality and Ecological Sustainability: Recent Trends and Patterns." *Clim. economia*, No. 10.

Weeks. 1999. "The Expansion of Capital and Uneven Development on a World Scale." CDPR Discussion Paper 0999. SOAS.

중국, 자본주의의 구원투수인가, 또 다른 진앙지인가?

이정구(경상대학교 사회과학연구원)

2008년 미국에서 시작된 세계경제위기가 6년째로 접어들었지만 해결될 기미를 보이지 않고 있다. 오히려 위기는 미국, 유로존, 일본 등의 선진국을 넘어서 중국, 한국 등 개도국으로 확산되는 상황이다.

미 연준의 양적완화와 유럽중앙은행의 국채 무제한 매입 같은 케인스주의적 경기부양책 덕분에 각국 경제 및 세계경제가 급락하는 사태는 나타나고 있지 않지만 회복다운 회복의 조짐 역시 아직 보이지 않는다. 이런 상황은 중국경제의 경우도 마찬가지다.

2012년 중국경제는 13년 만에 최저의 경제성장률을 기록했고, 3년 만에 8% 성장공식이 무너졌다. 특히 2012년 4분기의 7.8% 성장을 기록하기 이전까지는 7분기 연속해서 경제성장률이 둔화되었다. 중국경제가 세계경제를 견인해 구원하기는커녕 '나 홀로 성장'을 할 수조차 없다는 점은 최근 분명해졌다. 그러자 중국 사회과학원 금융연구소의 이셴룽(易憲容)처럼 성장률 8%를 지키기에 연연해서는 안 된다는 주장도 나오고 있다.

2012년에 경제성장이 둔화된 원인으로 꼽을 수 있는 요소는 외부수요의 급감이다. 즉, 지금까지 중국의 성장을 이끌어온 수출 주도형 경제성장

방식이 더는 통하지 않게 되었다는 것이 가장 중요한 원인이라 할 수 있다. 2012년 중국의 수출입규모는 연초에 설정했던 10% 성장목표를 달성하지 못했다. 2012년 중국의 수출입은 6.2% 증가하는 데 그쳐서 2011년에 비하면 16.3%나 낮았다. 이는 당초 목표인 10%에도 못 미칠 뿐 아니라 2001년 WTO 가입 이후 평균 20%에 달하던 수출입규모 성장률보다도 크게 떨어지는 수치다.

저조한 수출로 인해 이와 관련된 제조업과 산업생산도 타격을 받았다. 2012년 고정자산투자는 명목상으로 20.6% 증가했지만 그 속을 들여다보면 실상 인프라나 부동산투자가 대부분이었다. 즉, 전반적으로 경제성장의 동력이 이전에 비해 약화되었거나 고갈되었다고 볼 수 있다. 이것은 기업의 투자나 중장기 대출이 거의 없다는 데서도 그 일면을 엿볼 수 있다. 2013년 1~2월 확인된 산업생산의 침체는 이런 우려가 현실로 드러나고 있음을 말해준다. 2013년 1~2월 중국의 산업생산량은 지난해 같은 기간보다 9.9% 증가해 예상치(10.6%)보다 밑돌았는데, 이는 2012년 10월 이후 가장 낮은 수치다.

1. 고성장의 원인과 한계[1]

최근까지 진행된 중국의 놀라운 경제성장은 선진국을 시장으로 한 수출과 이를 위한 제조업 생산, 그리고 저임금 농민공들의 무제한적 공급 등을 기반으로 한 것이었다. 중국의 저임금노동자들을 겨냥한 세계 다국적기업들의 중국 진출이 늘어나고 이에 따른 설비투자가 증가하는 등 수출

---

1 이 절의 내용은 이정구(2012)에서 수정·보완한 것이다.

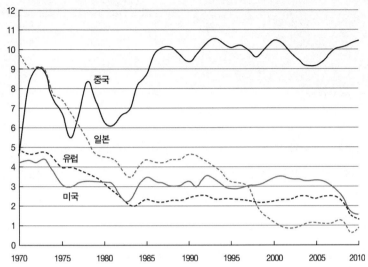

〈그림 2-1〉 1970~2010년 중국, 일본, 미국, 유럽의 실질 GDP 변화율(단위: %)

자료: WDI database for China, Japan, and the European Union(http://databank.worldbank.org); St. Louis Federal Reserve Database(FRED) for the United States(http://research.stlouisfed.org/fred2).

주도 경제가 확립되면서 중국은 세계의 공장이 되었다. 2000년대 들어 급격하게 이루어진 중국의 경제성장은 미국이나 일본 또는 EU 국가들의 지지부진한 경제실적과 비교했을 때 뚜렷이 대비되는 현상이었다. 이 과정에서 중국은 미국과 유로존 국가들에 수출하고 미국과 유로존 국가들은 거품 경제를 기반으로 한 자산효과 때문에 더 많은 소비(특히 중국산 제품의 소비)를 하는 구조가 형성되었다. 이 덕분에 중국은 미국과 더불어 세계 경제의 동학으로 여겨졌다.

중국이 세계 자본축적의 핵심적인 고리가 되면서 해외직접투자 중 중국 유입액이 급격히 증가했다. 2010년 한 해 중국에 유입된 해외직접투자의 규모는 1995년부터 2004년까지 유입된 평균 금액의 두 배에 달했다. 〈표 2-1〉은 중국에 유입되는 해외직접투자의 흐름과 그 누적액의 세계 비중을 보여준다. 〈표 2-1〉에서 드러나듯이, 중국으로 유입되는 해외직접투

<표 2-1> 전 세계 해외직접투자에서 중국이 차지하는 비중(단위: %)

		2008	2009	2010
해외직접투자 흐름(flow)	중국 유입	6.2	8.0	8.5
	중국 유출	2.7	4.8	5.1
해외직접투자 누적액(stock)	중국 유입	2.5	2.6	3.0
	중국 유출	0.9	1.2	1.5

자료: UNCTAD(2011).

자가 급격히 증대할 뿐 아니라 중국의 해외투자(走出去)도 함께 증대하고 있음을 알 수 있다. 중국의 해외진출은 국부펀드인 중국투자공사(CIC)를 통해 주로 이루어지며, 중국 민간기업의 해외진출은 세계 전체의 0.6%에 지나지 않는다. 그럼에도 중국 기업의 해외진출은 두드러지게 증가하고 있는데, 2005년에는 난징자동차가 영국의 자동차기업인 로버(MG Rover)를 인수했고, 2010년에는 중국 최대 자동차기업인 저장지리그룹(浙江吉利集團)이 포드 사의 볼보부문을 인수했으며, 2011년에는 비록 실패하긴 했지만 팡다(PangDa)자동차가 사브를 인수하려 했다. 이에 한 경제 논평가는 "중국이 적어도 자동차산업에서는 세계의 공장으로서의 역할을 넘어 세계의 은행과 투자자 역할을 하고 있다"(Robinovitch, 2011)라고 지적하기도 했다. 하지만 해외직접투자 누적액 가운데 중국이 차지하는 비중은 상대적으로 낮은데, 그 이유는 여전히 미국(2009년 기준 22%)과 EU(35%)가 해외직접투자의 대부분을 차지하고 있기 때문이다.

1978년 개혁개방 이후 세계경제에 편입된 중국에 성공을 가져다준 비결이 이제는 중국경제에 족쇄가 되고 있다. 모건스탠리아시아의 비상임 회장인 스티븐 로치(Stephen Roach)는 수출 주도 경제인 중국이 최근 두 가지 위기에 직면해 있다고 말했다. 하나는 세계경제위기의 발화점인 미국의 경기침체이고, 다른 하나는 유럽에서 위기가 지속되고 있다는 점이다. 그는 "중국에 가장 거대한 두 수출시장이 심각한 어려움을 겪고 있어서 외부의 안정적인 수요 원천에 의존하기가 더는 어렵게 되었다"(Roach, 2011)라고 지적했다.

예를 들어, 정보통신산업에서 중국이 직면한 어려움은 중국경제가 수출을 통해 계속 성장할 수 없는 구조적인 문제를 잘 보여준다. 중국은 PC, 노트북, 소비재 전자제품과 같은 정보통신 제품들의 주요 수출국이다. 하지만 이 분야는 마이크로프로세서나 메모리칩 같은 고부가가치 부품들을 해외에서 수입한 뒤 이를 조립하는 중국의 저임금노동자들에게 의존하고 있는데, 그것도 주로 외국인투자기업들이다. 예를 들면, 2009년 중국에서 아이폰을 생산하는 데에는 179달러가 들었지만 미국에서는 아이폰이 500 달러에 팔렸다. 미국 아이폰 소매상이 지불하는 179달러 중에서 단지 6.5 달러만 중국의 조립비용이며 나머지 172.5달러는 다른 나라에서 생산되는 부품의 비용이다. 따라서 중국의 정보통신산업에서 발생한 수출이라고 해서 모두 중국경제가 산출한 부가가치로 잡히는 것은 아니다. 또한 2005 년을 기준으로 보면 중국에 있는 정보통신기업 가운데 70%는 외국계 기업(주로 대만기업)이었으며, 중국의 해외수출 가운데 절반 이상은 외국계 기업이 담당했다(Hardy and Budd, 2011).

중국의 수출 주도 경제가 직면한 또 다른 문제는 국제적 불균형이 증대되고 있으며, 이로 인해 국제적 무역분쟁이 일어나고 국내 경제에도 악영향을 미치고 있다는 점이다. 중국의 수출 증가로 인한 무역수지 흑자폭의 증대는 선진국과 특히 미국의 거센 반발을 초래하고 있는데, 미의회가 중국을 환율조작국으로 지정하려는 시도가 그 한 예다.

중국의 무역수지 흑자는 외환의 누적적인 증대를 초래했고, 이것은 국내통화의 증대로 이어졌다. 2007년 협의통화(M1)의 연간증가율은 21%에 이르러 1998년 이래 최대 증가율을 보였다. 이것은 중국 수출기업들이 자신들이 벌어들인 외환을 위안화로 전환해 시중에 위안화가 그만큼 증가했기 때문이다. 보통 중앙은행은 무역흑자로 인한 통화 증가에 대비해 통화 긴축 정책을 구사하는데(불태화정책), 협의통화가 21%나 증가했다는 것은 중국 인민은행이 불태화정책을 통해 국내통화를 통제하기 힘들어졌다는 것을 의미한다.[2]

중국경제의 대외불균형으로 인한 부작용은 중국의 국내경제에 두 가지 영향을 미쳤는데, 하나는 자산거품이고 다른 하나는 인플레이션 증가다. 2007년 위기 이전까지 중국의 부동산 시장은 초호황을 누렸다. 2004년부터 2009년까지 중국의 35개 주요 도시의 평균 부동산가격은 세 배나 상승했다. 예를 들어, 베이징에 있는 신규 아파트의 평당 가격은 2004년의 1만 5,665위안에서 2009년의 4만 5,537위안으로 상승했다(Knight and Wang, 2011). 상하이종합주가지수도 2005년 7월 998P에서 2007년 10월 6,212P를 기록했다. 다른 한편 2006년부터 시작된 인플레이션은 중국 당국이 석유와 전기에 대해 가격을 통제했음에도 급격히 상승했다. 2007년 실질이자율이 마이너스인 점이 인플레이션과 투자를 더욱 자극했다. 그리고 이러한 물가상승의 기조는 2011년에도 이어져, 2011년에는 물가상승률이 6.5%에 이르렀다.[3]

---

2 최근 중국이 금융자유화를 추진하면서 자본시장의 자유화도 함께 증대되었다. 하지만 중국 정부의 의도와는 달리 단기성 투기자금(보통 포트폴리오 투자라고 한다)의 유출입에 따른 외환시장 불안정성이 커졌고, 이 때문에 자본시장과 외환시장에 대한 중국 정부의 통제력이 급속히 줄어들었다.

3 물가상승은 대중의 실질소득 감소로 나타난다. 유가상승에 항의하는 상하이 트럭기사들의 시위처럼 물가상승으로 인한 대중의 고통이 분노로 표출되는 경우가 최근 부쩍 증가했다.

2. 세계경제의 또 다른 뇌관인 중국

2011년에 중국의 신규 취업자 수는 1,200만 명을 넘어섰다. 신규 취업자들을 위한 일자리가 계속 창출되고 사회적 안정이 유지되려면 중국의 경제성장률이 8%를 넘어야 한다는 것이 중국경제에 관한 불문율이었다. 그러나 2011년 하반기가 되면서 2012년 중국경제의 성장률이 8%를 넘기가 어렵게 되었다는 우려의 목소리가 여기저기서 나왔다. 그리고 앞에서 언급했다시피 2012년에는 결국 8%의 성장률을 달성하지 못했다.

〈표 2-2〉를 보면 중국의 경제성장률이 계속 하락하고 있음을 알 수 있다. 중국의 경제성장률은 2009년 1분기에 세계경제위기의 타격으로 6.2%를 기록했지만 정부의 대규모 경기부양책에 힘입어 곧 회복되었다. 그러나 최근 중국 경제성장률이 다시 하락하고 있는 것은 위기가 선진국에서 신흥공업국들로 확산되고 있음을 나타낸다.

2008년 말 세계경제위기의 조짐이 뚜렷이 나타나자 중국 정부는 4조 위안에 이르는 대규모 경기부양책을 폈고, 4대 국유상업은행을 통해 9조 위안이 넘는 대출을 시행했다. 그 덕분에 2009년 4분기부터는 10% 이상의 성장률을 달성할 수 있었다. 그러나 중국 정부의 대규모 경기부양책은 몇 가지 부작용을 낳았다.

첫째, 낮은 금리의 돈이 시장에 많이 풀리면서 과잉투자가 나타났다. 중국경제가 호황을 누리던 2005년에도 이미 과잉의 조짐이 나타났지만 2009년의 경기부양책 이후 그 조짐이 더욱 뚜렷해졌다. 최근 중국에서는 한적한 공항과 고속철도, 텅 빈 아파트를 쉽게 볼 수 있다. 이는 2009년부터 투자가 급격히 증가한 결과다. 이에 뉴욕 대학교의 누리엘 루비니(Nouriel Roubini) 교수는 다음과 같이 지적했다.

<표 2-2> 중국의 경제성장률 추이(단위: %)

연도	2009				2010				2011				2012			
분기	1Q	2Q	3Q	4Q	1Q	2Q	3Q	4Q	1Q	2Q	3Q	4Q	1Q	2Q	3Q	4Q
성장률	6.2	7.9	9.1	10.7	11.9	10.3	9.6	9.8	9.7	9.5	9.1	9.2	8.1	7.8	7.7	7.8

자료: China Statistical Yearbook(http://www.stats.gov.cn).

중국은 심각한 침체를 겪지 않았다. …… (그러나) 당연히 문제는 GDP의 50%를 신규 자본스톡에 재투자하고도 엄청난 과잉생산 문제, 믿기 어려울 만큼 엄청난 부실채권 문제를 겪지 않은 나라가 없었다는 점이다. 중국에서는 실물자본, 사회기반시설, 자산에 과잉투자가 넘쳐난다. …… 아마도 2013년 이후에는 중국경제는 경착륙할 것이다. 1990년대 동아시아를 포함해 역사적으로 과잉투자가 나타났던 사건들은 모두 금융위기나 장기침체로 귀결되었다(Roubini, 2011).

홍도 국제결제은행의 보고서를 기초로 다음과 같이 지적했다. "중국에서 주요한 관심사는 잘못 할당된 자본이 궁극적으로는 이윤의 저하로 드러날 것이냐 아니냐 하는 점과 이어서 이것이 은행체계, 재정당국, 성장 전망에 어떤 영향을 미칠 것이냐 하는 점이다"(Hung, 2008).

둘째, 값싼 자금이 부동산으로 흘러들면서 거품이 형성되었다. 2011년 가을부터는 부동산 거품이 무한정 유지될 수는 없다는 사실이 현실로 드러났다. 베이징과 상하이의 부동산 가격이 30% 이상 하락했고, 건설 붐을 타고 대거 건설된 지방의 중소도시는 유령도시처럼 변해갔다. 2011년 8월 중국의 10대 부동산 개발업자들은 500억 달러어치의 부동산이 미처분 상태에 있다고 밝혔는데, 이는 전년도보다 46%나 증가한 수치다. 중국의 부동산 개발업자들은 보통 자기자본보다 훨씬 더 많은 자금을 빌려서 투자하는데, 부동산 가격이 하락하면 이들에게 자금을 공급한 대출자들이 연쇄적으로 부도를 맞을 수 있다.

셋째, 정부의 대규모 경기부양책이 낳은 부동산 거품이 꺼지면서 금융시장이 불안정해지고 지방정부들이 파산할 위험이 높아지고 있다. 중국 기업대출의 80% 이상을 담당하는 4대 국유상업은행(공상은행, 건설은행, 중국은행, 농업은행)은 2009년부터 정부의 경기부양책에 동조해 낮은 금리로 9조 위안 이상을 기업들에 대출해줬지만, 암울한 경기전망 때문에 기업들은 설비투자를 하지 않고 대출받은 자금의 일부를 더 높은 이자로 민간 사채시장에 제공했다. 이 때문에 이른바 그림자 금융이라 불리는 민간 사채시장의 규모가 17조 위안으로 커졌다. 따라서 그림자 금융에서 부실이 터지면 그 부실은 민간기업을 거쳐 4대 국유상업은행으로 전이될 수 있다.

이런 구조에서 문제가 어떻게 폭발할 수 있는지는 은행-보증기관(담보공사)-중소기업의 연결고리가 위기를 전파시킨 원저우(溫州) 사태에서 잘 드러났다. 중국이 시장을 개방하면서 가장 성공한 향진기업(鄕鎭企業)의 사례로 '원저우 모델'이라는 명성까지 얻었던 원저우가 시장 개방의 결과로 몰락했다는 것은 아이러니다.

원저우 사태는 2011년 9월 21일 중국 100대 기업 가운데 하나인 안경 제조업체 신타이(信泰)그룹의 회장 후푸린(胡福林)이 미국으로 야반도주하면서 언론에 알려졌다. 신타이그룹은 은행과 사채업자들에게 돈을 빌려 태양전지, 부동산 개발 등에 투자했다가 자금난에 빠졌다. 후푸린이 도주하면서 남긴 부도금액은 10억 위안을 넘었다. 원저우 사채시장의 전체 규모는 8,000억~1조 위안이므로 신타이그룹 사건은 빙산의 일각에 지나지 않았다. 사태의 심각성을 느낀 원자바오(溫家寶)는 10월 3일 인민은행장 저우샤오촨, 은행감독원장 류밍창(劉明康), 재무장관 쉐쉬런 등을 대동하고 긴급히 원저우에 와서 신용자금을 공급해주기로 약속할 수밖에 없었다. 그런데 그림자 금융의 위기는 비단 원저우에서만 나타난 문제가 아니다. 허난성(河南省)의 정조우(鄭州)나 장쑤성(江蘇省)의 롄윈강(連雲港) 등지에서도 파산과 야반도주의 사례가 생겨나고 있다.

중국 정부의 부담을 가중시키는 또 다른 요소는 지방채와 융자 등으로 지방정부의 부채가 급격히 증가하고 있다는 점이다. 중국 지방정부는 부동산 거래세로 재정수입의 30% 이상을 충당하기 때문에 사실상 부동산 개발업자와 함께 부동산 거품을 키우는 구실을 했다. 지방정부는 많은 자금을 끌어들여 부동산을 개발하고 여기서 재정수입을 얻다 보니 몇 년 사이에 부채가 급격히 증가했는데, 부동산 가격이 하락하자 이를 상환할 능력은 급속히 줄어들었다. 2007년 지방정부의 부채규모는 4조 위안을 약간 웃돌았으나 2010년에는 11조 위안을 넘어섰는데, 이는 지방정부 GDP 규모에 버금가고 지방정부 예산의 세 배에 이르는 규모다. 즉, 지금 중국의 지방정부들은 미국의 일부 주정부나 남유럽 국가들과 마찬가지로 부도 위기에 몰려 있다. 지방정부의 부채도 결국에는 중앙정부가 최종 담보자 구실을 해야 하므로 중국의 국가부채가 GDP의 60~70%에 이른다는 보고까지 나오고 있다.

중국 정부가 중국의 성장 모델을 수출 중심에서 내수 위주로 변경하고자 하는 이유도 바로 이 때문이다. 그러나 내수 위주의 성장 모델로 전환하는 것은 중국에 거의 불가능한 과제다.

3. 내수 위주의 성장은 가능한가

2013년에 새로 출범한 시진핑(習近平)-리커창(李克强) 체제도 이전의 후진타오(胡錦濤)-원자바오 체제와 마찬가지로 중국경제의 방향을 수출주도형 성장에서 내수 중심의 성장으로 바꾸고자 노력하고 있다. 사실 중국 정부는 세계경제위기의 여파가 중국경제에 미치기 전부터 내수 위주의 성장전략을 꾀했다고 볼 수 있다. 2006년에 시작된 제11차 5개년계획(이른바 11·5규획)은 투자-소비의 부조화와 자본집약적 공업투자 중심의 생산구조 고착화를 문제로 지적하며 경제성장 모델의 전환을 모색했다. 또한 소득격차의 확대에 대처해 사회보장건전화를 통한 조화사회[小康社會] 건설을 목표로 했다. 그러나 2011년에 시작된 12·5규획에서도 2006년의 11·5규획에서 강조되던 내용들이 반복되었다는 사실을 보면 11·5규획의 목표가 제대로 달성되지 못했음을 알 수 있다. 12·5규획은 임금인상과 소비부양책을 계속 추진하는 등 내수 비중을 확대한다는 목표를 밝혔지만 중국의 수출 주도 경제가 내수 위주 경제로 바뀔지는 미지수다. 우선, 이번 세계경제위기에 대처한 중국 정부의 대응은 11·5규획의 방향과 다르게 나아갔다. 세계경제위기로 민간투자가 움츠러들자 국가가 나서서 민간부문의 투자를 대체했는데, 이것은 민간부문의 내수 확대를 통한 성장이라는 전략과 모순되는 일이었다.

더욱이 중국의 내수는 지금까지와 같은 성장세를 유지하기에는 턱없이 모자랄 뿐 아니라 그마저도 점점 줄어들고 있다. 소비가 GDP에서 차지하는 비중은 2001년 45%에서 2010년 35%로 10% 포인트나 줄었다. 어떤 사람들은 중국의 소비지출이 감소된 원인이 저축이 증가되었기 때문이라고 설명하지만, 사실 대다수 국민들의 저축능력(가계저축률)은 오히려 감소했으므로 그러한 분석은 그다지 설득력이 없다. 1993년부터 2008년 사이에 국유부문의 구조조정 때문에 해고된 국유부문 노동자만 6,000만 명에 이른다. 딴웨이(單位)로 알려진 국유기업의 복지(면직급여, 사회보장, 연금, 보건 및 교육혜택)도 2000년대 들어 급격히 줄어들었다. 이로 말미암아 생긴 국유기업 노동자들의 불만 때문에 생산성 증대를 독려하던 전국총공회(總工會)는 노동자들의 목소리를 대변하는 태도를 조금씩 보이고 있다.

GDP에서 소비 비중이 줄어든 것은 저축증가 때문이 아니다. 소비 비중의 감소는 주로 국민소득에서 가계로 가는 몫(임금, 정부 이전, 투자소득의 형태)이 급격히 하락한 사실로 설명할 수 있다. 반면, GDP에서 이윤과 정부 예산이 차지하는 비중은 증가했다. 가장 극적인 것은 GDP에서 임금이 차지하는 비중이 하락했다는 점이다. 세계은행은 이 수치가 1998년 53%에서 2005년 41%로 하락했다고 추정한다. 소비가 줄어든 가장 핵심적인 이유는 빈부격차가 증대되었기 때문이다. 아시아개발은행은 중국이 동아시아(22개국)에서 네팔 다음으로 빈부격차가 심한 나라라고 지적했다. 빈부격차가 확대되는 상황에서는 소비 주도적인 경제로 이행하기가 어렵다.

4. 내부 갈등을 외부로

2012년 하반기 중국과 전 세계 언론의 집중 조명을 받았던 보시라이(薄熙来) 사건은 중국 자본주의의 경제위기와 중국경제의 진로 등을 둘러싼 지배계급 내의 갈등이라는 맥락에서 이해할 수 있다. 정치국 상무위원 후보였던 보시라이가 낙마한 것은 공청단과 태자당-상하이방의 분파갈등의 결과로 이해할 수도 있지만, 다른 한편으로는 마오쩌둥(毛澤東) 시절을 연상시키듯 지방정부의 경제 개입을 강화하는 충칭모델과 시장 개방을 강조하는 광둥모델 간의 대립으로도 볼 수 있기 때문이다.

2013년 3월에 열린 전인대에서 지배계급 내의 갈등이 무마되긴 했지만 중국경제의 위기상황에 따라 이와 비슷한 지배분파 내부의 갈등이 권력투쟁의 형태로 표출될 수도 있다.

다른 한편으로 중국 지배자들은 자신들을 결속하고 또 노동자와 농민들을 자신들의 영향력하에 묶어주는 요소로 대외정책을 활용하고 있다.

최근 갈등의 초점이 되고 있는 남사군도 영토분쟁이 대표적인 사례다. 이 것은 중국 자본주의가 발전하면서 국제적으로 중국자본을 지켜주는 국가의 역할이 증대한 결과라고 할 수 있다. 특히 중국은 세계 2위의 무역대국으로 성장하면서 무엇보다 해군력 강화에 초점을 맞추어 군비증강을 꾀해왔다. 중국으로서는 대외무역과 그 항로를 보호해야 할 필요성이 증대되었기 때문이다. 중국경제가 발전하면서 에너지 수입 또한 증대했는데, 이런 에너지는 중동과 아프리카 지역에 주로 의존하고 있다. 또한 최근에는 미얀마에 가스 파이프라인을 신설했으며 러시아와 카자흐스탄으로부터는 송유관을 통해 원유를 수입하고 있다.

중국 지배자들은 자국 산업에 필수적인 에너지를 안정적으로 확보하기 위해서라도 남사군도를 포함한 동남아 항로를 지킬 필요가 있다. 또한 중국은 산업 원자재의 주요 공급처인 중앙아시아 지역과 아프리카 지역, 그리고 남미 지역에 대한 영향력 확대도 꾀하고 있다. 중국의 이런 행보는 동아시아 지역에서 미국 중심의 질서와 충돌할 가능성이 높다. 최근 미국이 남사군도 갈등에서 일본 편을 든 것은 바로 중국의 국외진출을 저지하기 위한 목적의 일환이다.

최근 미국의 북한 압박과 중국-일본의 남사군도 갈등과 같은 일들이 벌어지는 이유는 동북아시아에서 제국주의 패권을 둘러싸고 제국주의 열강들(미국과 일본, 그리고 중국)이 경쟁을 벌이고 있기 때문이다. 이에 동북아 지역은 군비증강의 속도가 세계에서 가장 빠른 곳 가운데 하나가 되었다. 가까운 미래에 중국과 일본(또는 미국)이 전면전을 벌일 가능성은 낮지만 제국주의적 이해관계를 둘러싼 갈등이 이런 가능성을 점차 높여주고 있는 것은 사실이다.

5. 일촉즉발의 사회가 된 중국

보시라이 사건이 중국 지배계급 내의 갈등을 보여주었다면, 천광청(陳
光誠) 인권변호사 사건은 중국의 정치적·시민적 권리가 얼마나 위협받는
지를 보여준다. 노벨평화상을 받은 류샤오보(劉曉波)의 가택연금 사례나
반대파 세력들에 대한 조직적 탄압은 중국의 억압체제가 얼마나 심각한지
를 보여준다. 하지만 이 현상을 뒤집어보면 중국 지배자들이 물리력을 동
원해 탄압하지 않으면 안 될 정도로 불만이 누적되어 있다는 의미이기도
하다. 사실 시장개혁의 결과로 빈부격차가 심해졌고 이 때문에 아래로부
터 일어나는 저항이 급속히 증가하고 있는 것이 중국의 현실이다. 앞서 지
적했듯이, 중국 공산당에 가장 골치 아픈 문제 중의 하나는 인터넷의 발전
으로 투쟁과 저항 소식이 급속히 퍼진다는 점이다. 중국 지배자들은 자신
들의 내분보다 아래로부터의 저항을 더 두려워하고 있다.

중국 선전(深圳)의 팍스콘 노동자들은 애플의 아이패드와 아이폰을 생
산하는데, 2010년 초부터 18~25세 노동자 18명이 자살을 시도해 14명이
죽고 나머지 4명은 중태에 빠지는 사건이 일어나면서 중국의 열악한 노동
현실이 만천하에 드러났다. 팍스콘 노동자들의 연쇄 자살 사건은 중국의
경제성장 이면에 살인적인 노동강도와 체벌, 구타를 포함한 병영식의 비
인간적 노동관리가 만연해 있음을 알리는 사건이었다. 결국 팍스콘은 기
본급을 900위안에서 2,000위안으로 인상했다. 한편, 혼다자동차 포산(佛
山)공장은 노동자들의 파업투쟁으로 임금을 34% 인상할 수밖에 없었다.
팍스콘과 혼다자동차 노동자들의 투쟁은 중국 노동계급의 잠재력을 보여
줬다. 중국 사회노동보장국의 발표를 보면, 노동 쟁의건수가 2005년 31만
4,000여 건에서 2009년에 68만 4,000여 건으로 두 배 이상 증가했다.

조셉 퓨스미스(Joseph Fewsmith)는 최근 중국에서 '대중 분규(mass incidents)'가 급증했다고 지적한다. 그는, 수치가 정확하지 않을 수 있다는 점을 전제로, 1993년에는 대중 분규가 8,700여 건이었지만, 2005년에는 8만 7,000여 건으로 10배 증가했고, 2010년에는 18만여 건으로 폭증했다고 지적했다. 더욱 중요한 점은 1만 명 이상이 가담한 대규모 분규 건수도 날로 증가하고 있다는 점이다. 신화사(新華社) 장쑤성 지부의 부편집자인 궈빙성은 "우리의 기본적인 생각은 중국사회가 거대한 위험에 처해 있다는 것"이라고 지적했다(Fewsmith, 2012). 한편, 집단 돌발사건은 2003년 3만 건에서 2005년 8만 7,000건으로 증가했다. 그 뒤로 중국 정부는 이 통계를 발표하지 않고 있지만 홍콩 잡지 ≪청밍(爭鳴)≫은 중국 공산당 고위 관료의 말을 인용해 2008년 집단사건의 발생 횟수가 12만 7,000여 건이라고 보도했다(김용욱, 2011). 이는 2005년보다 50% 가까이 증가한 것이다. 대규모 분규에 대한 정의가 시점에 따라, 또 중국 정부에 대한 태도에 따라 들쑥날쑥하지만 어떤 기준으로 분류하든 간에 최근 대규모 분규가 급격히 증대하고 있다는 것은 공통된 지적이다.

　노동자 저항에는 국유기업 노동자들도 포함되어 있다. 2009년에는 통화(通化)철강 노동자들의 사유화 저지투쟁이 있었으며, 비록 투쟁에 나서지는 않지만 페트로차이나, 차이나텔레콤, 안산철강, 상하이자동차 등 국유기업의 핵심 전략 산업 노동자들도 막강한 잠재력을 갖고 있다.

　한편, 중국의 노동자들 중 저항의 초점이 되는 쪽은 바로 농민공이다. 2010년 들어 중국에서는 '신세대 농민공'이라는 신조어가 등장했다. 신세대 농민공은 주로 1980년대 이후에 태어난 세대로 혼다 포산공장이나 팍스콘 노동자들이 여기에 속한다. 이들의 특징은 교육수준이 높다는 점, 농사일을 거의 해보지 않았다는 점, 구세대 농민공에 견줘 직업구성에서 제조업 비중이 높다는 점이다. 중국의 신세대 농민공들은 갈수록 급진화할 뿐 아니라 투쟁경험을 공유하고 있으며, 일손 부족에 따른 교섭력의 증대로 자신감도 높아지고 있다.

현재 중국에서는 노동자투쟁 외에도 토지 몰수에 항의하는 농민들의 운동(광둥성 우칸촌 주민들의 투쟁), 소수민족 차별에 맞선 운동(여전히 중국의 식민지인 네팔의 독립운동) 등이 존재한다. 중국사회는 빈부격차의 확대, 경제위기로 말미암은 실업률 증가, 물가상승으로 인한 생활수준 하락 등으로 일촉즉발의 사회가 되고 있다.

이런 경제적 불안정성은 지배계급의 내분을 격화시키는 근본 원인으로 작용하고 있다. 최근 보시라이 사건으로 불거진 지배계급 내 갈등이 어떻게 봉합되든 간에 세계경제위기로 인한 타격, 시장개혁이 낳은 결과로 인한 대중적 불만을 어떻게 무마시킬지를 두고 지배계급 사이에서는 갈등이 지속될 것이다. 어쩌면 중국 지배자들은 1989년 천안문항쟁 이후 최대의 위기를 맞이하고 있는지도 모른다.

참고문헌

김용욱. 2011. 「오늘날 중국의 저항운동」. ≪마르크스21≫, 12호(2011년 겨울).

이정구. 2012. 「중국의 정치경제적 위기와 계급갈등」. ≪내일을 여는 역사≫, 47호(2012년 여름).

Knight, John and Wei Wang. 2011. "China's Macroeconomic imbalances: Causes and consequences." *BOFIT*(Bank of Finland Institute for Economies in Transition). Discussion Papers, No. 15.

Roubini, Nouriel. 2011. "China's Bad Growth Bet." Retrieved April 14, from http://project-syndicate.org.

Fewsmith, Joseph. 2012. "'Social Management' as a Way of Coping With Heightened Social Tensions." *China Leadership Monitor*, No. 36.

Hardy, Jane and Adrian Budd. 2011. "China's Capitalism and the crisis." *International Socialism*, Issue 133. Bookmarks.

Hung, Ho-fung. 2008. "Rise of China and the Global Overaccumulation Crisis." *Review of International Political Economy*, Vol. 15, No. 2.

Roach, Stephen. 2011. "China's Landing—Soft Not Hard." Retrieved Sep 30, from http://project-syndicate.org

Robinovitch, Simon. 2011. "China to take shot at aircraft duopoly." *Financial Times*, Aug 5.

UNCTAD. 2011. "Country Fact Sheet: China." *World Invest Report*.

경제위기와 제국주의

김어진(경상대학교 사회과학연구원)

1. 들어가며

21세기는 전쟁으로 시작되었다. 사실 아프가니스탄 전쟁과 이라크 전쟁은 냉전 해체 이후 벌어진 제국주의 전쟁의 속편이었다. '깡패국가·이슬람근본주의·테러리즘'은 패권 유지를 위한 명분에 불과했다. '제국'의 십자포화를 받은 1991년의 이라크와 1996년의 발칸은 경제적이고 지정학적인 필요가 중첩된 과녁이었는데, 아프가니스탄은 20세기 말 브레진스키의 표현대로라면, 거대한 체스판의 핵심 과녁이었다. 21세기는 세계의 최빈국이기도 한 그 과녁에 토마호크 미사일 세례를 퍼붓는 것으로 화려하게 전쟁의 시대를 열어젖혔다. 그리고 이 전쟁은 2013년 현재까지 13년째 계속되고 있으며 그 전장은 이제 아프리카로 이동 중인 듯 보인다. 한편 2003년 발발한 이라크 전쟁은 종전되었지만 그 여파는 계속되어 중동의 전운은 식지 않고 있으며 도리어 팔레스타인 공격과 시리아 폭격 등을 통한 이스라엘의 준동 수위는 높아가고 있다.

그러나 21세기의 시작과 함께 발발한 전쟁은 20세기 후반 펼쳐진 냉전 이후의 냉전의 양상을 재연하는 데 그치지 않았다. 남오세티야를 놓고 벌어진 조지아와 러시아 사이의 군사적 충돌은 군사적 긴장이 미국과 다른 주요 열강 사이의 중심부 내에서의 군사적 충돌로까지 삽시간에 번질 수 있음을 보여준 사건이었다. 또한 우리는 중국의 급부상 이래 동아시아의 해상 무역로 주변에서 미·일·한과 중국 사이의 위험천만한 해군력 증강 '치킨게임'이 벌어지고 있는 상황을 목도하고 있다. 동중국해 주변에서는 중국과 일본의 군사적 충돌수위도 높아져가고 있다.

게다가 정치·외교·군사적인 긴장의 저변에는 시장과 자원을 둘러싼 치열한 경쟁이 더욱 격화되고 있다. 해외무역·환율·자본수출·금융 그물망과 IMF·WTO·세계은행의 삼위일체 기구를 따라 전 세계에서 생산된 잉여가치가 급성장한 준제국주의 국가들을 포함한 자본주의의 중심부로 집중되는 구조야말로 제국주의의 혈관이다. 이 혈관이 2008년 경제위기 이후 근본적인 문제를 낳고 있다. 이제는 사람들이 유럽의 재정위기와 세계경제의 경기둔화 불확실성에 만성화될 정도다.

21세기는 깊어지는 경제위기와 지정학적 경쟁격화를 통해 내핍·살육·지구적 환경파괴를 동반하는 악순환의 한계가 어디까지인지를 우리에게 시험하는 세기가 될지도 모른다. 그러나 두려움과 공포를 넘어서려면 경제위기와 제국주의의 내적 동력과 유기적 관계 및 그 관계의 변화과정을 이해해야 한다. 이것은 이 글의 목적이기도 하다.

이 글에서 필자가 주장하려는 바를 정리하면 다음과 같다. 첫째, 제국주의 전쟁은 경제위기를 해결하기 위한 유용하고도 구조적인 야만적인 행위이지만 그조차도 매우 일시적이다. 제국주의 전쟁은 일정한 시점 이후로 일시적으로 경제위기를 완화하는 구실조차 하지 못할 뿐 아니라 제2차 세계대전 이후에는 경제위기를 더 심화시키고 있다. 둘째, 제국주의 전쟁은 위기의 뇌관이 되고 있지만 자본주의 주요 국가들은 그 뇌관에 더욱 의존하고 있다. 그래서 갈수록 제국주의의 모순이 증폭되고 있다. 셋째, 그

에 따라 전쟁은 제국주의 중심부의 상황보다는 다른 요인들(공격대상지역
의 정치세력, 전쟁 동맹국 내에서의 균열 등)로부터 영향을 받아 반제국주의
적이고 반자본주의적인 세력에게 새로운 기회를 제공하고 있다.

2. 이윤율 하락의 상쇄와 제국주의

1) 그로스만의 자본수출론

    실제로 자본주의가 1929년 대공황에서 벗어나기 위해서는 제2차 세계
대전이 필요했다. 21세기에 벌어진 '테러와의 전쟁'은 미국이 추락하는 경
제적 위상을 만회하려는 과정에서 비롯했다. 미국 지배자들은 2001년 발
발한 9·11 테러가 미국의 거대기업이 지배하는 '새로운 세계질서'를 확립
할 '기회의 창'이 될 것이라 여겼다. 끔찍한 파괴와 살육을 낳는 전쟁을 기
회로 여긴 것이다.

    마르크스가 말했듯이 '경쟁하는 다수 자본'은 경쟁에서 이기려고 안간
힘을 쓴다. 이것은 결코 평화롭지 않은 과정이다. 자본은 판매시장과 원자
재 확보, 생산기지 장악, 투자협정 체결 등 경쟁에서 우위를 점하기 위해
서는 수단과 방법을 가리지 않는다. 이런 이윤을 놓고 벌이는 경쟁이 군사
적 경쟁으로 이어지며 결국 전쟁을 낳는다.

    그런데 이런 전쟁에 대한 유혹은 경제위기 시대에 더 강력하다. 일찍이
마르크스는 경제위기를 극복하는 자본가들의 방식에 대해 말한 바 있다.
마르크스는 가치창조의 원천인 노동력보다 기계를 더 많이 늘리는 자본가
들의 경쟁적 축적 때문에 이윤율 저하 경향이 나타난다고 지적했다. 그에
따르면, 자본주의에서는 경쟁적 축적 압력 때문에 생산수단에 대한 투자

가 소비수단에 대한 투자보다 빠르게 증가해서 과잉생산 위기가 나타날 수밖에 없다. 과잉생산과 과소소비 간의 격차는 자본가들이 새로운 생산수단에 계속 투자함으로써 메울 수 있다. 그러나 신규 설비투자는 빠르게 증가하고 노동자를 고용하는 데 들어가는 투자는 느리게 증가하면, 총투자 대비 잉여가치의 비율인 이윤율은 갈수록 낮아진다. 잉여가치를 창출하는 것은 기계가 아니라 노동자들의 노동이기 때문이다. 마르크스는 이를 상쇄하는 요인도 있다고 설명했는데, 그중 가장 중요한 것은 자본의 가치파괴다. 자본이 망하지 않고서는 새로운 역동적인 축적환경이 마련되지 않는다는 것이다.

20세기 초 오스트리아의 마르크스주의자인 헨리크 그로스만은 제국주의 팽창과 연관 속에서 전쟁은 자본파괴를 통해 이윤율의 경향적 저하를 늦추는 효과를 낸다고 잘 지적했다. 세계경제위기가 깊어질수록 세계시장에서는 경쟁자를 배제하고 가치의 이전, 즉 이윤을 독차지하려는 경쟁이 더욱 치열해지며, 국가는 국내 독점체들에게 유리한 환경을 조성하기 위해 사용하는 각종 수단을 더욱 경쟁적으로 활용한다. 수입관세 부과, 통화가치 하락 등의 무역장벽 강화가 그로스만이 든 사례다. 그로스만은 궁극적으로 군비지출을 통해 경제적 경쟁을 폭력을 통해 해결하는 방식을 택하게 된다고 역설했다.

사실 제국주의 이론은 19세기 말부터 20세기 초반에 이르는 자본주의의 중요한 변화를 체계적으로 이론화시키는 데서 출발했다. 그중에서도 그로스만의 제국주의론은 그 변화에 대한 매우 중요한 통찰(Kuhn, 2007)을 보여준다. 그 통찰의 핵심은 자본의 유기적 구성 고도화와 이윤율 저하 경향이라는 자본축적의 한계를 극복하려는 과정에서 생겨난 현상이 제국주의라는 것이다.

자본수출이 제국주의 확장의 절정기였던 자본주의를 대공황에서 벗어나게 할 수 있었는가 하는 점에 관해서는 힐퍼딩뿐 아니라 레닌과 부하린도 제대로 해명하지 못했던 반면, 그로스만은 로자 룩셈부르크와 바우어를 모두 비판하는 저작(Grossman, 1992)에서 제국주의가 경제위기의 일시적 완화와 어떤 연관이 있는지를 분석했다. 그로스만은 이 저작에서 자본의 유기적 구성을 낮추고 이윤율 하락을 어느 정도 상쇄하는 자본수출과 해외무역의 효과를 논증했다.

그로스만의 제국주의론은 이윤율 저하를 상쇄시키는 자본축적과의 연관체계를 가짐으로써 세계시장에서의 자본순환 운동과 가치법칙의 국제적인 적용으로 승화되었다는 평가를 받는다. 그로스만에 따르면, 세계적 이윤율의 형성은 무역이 덜 발전된 나라들로부터 더 발전된 나라들로 잉여가치가 이전된다는 것을 포함한다. 더 낮은 자본의 유기적 구성으로 생산된 상품들은 가치 이하로 판매되고 더 높은 자본의 유기적 구성으로 생산된 상품들은 가치 이상으로 판매된다. 이것이 바로 1970년대에 제국주의론이라는 개념이 유행하기 오래 전에 그로스만이 사용했던 용어인 부등가교환이론이다(Kuhn, 2007).

발달된 축적단계에서 거대하게 축적된 자본을 가치증식하는 것이 점점 더 어려워질 때 (저개발국으로부터 선진국으로의) 이전은 자본주의의 사활이 걸린 문제가 된다. 그리고 이것이 자본축적의 후기단계에서 발생하는 제국주의적 팽창의 격렬함을 설명해준다는 것이 그로스만 제국주의론의 핵심 요지다(Grossman, 1992: 172).

사실 실증적으로도 입증된 그로스만의 이론은 19세기 말 제국주의의 전성기에 이뤄진 경제발전의 실제패턴을 이해할 수 있게 해준다. 만약 영국 해외투자의 절반이 국내에 투자되었다면 노동 대 투자의 비율(자본의 유기적 구성)이 증가했을 것이고, 그러면 이윤율은 하락했을 것이다. 제국주의적 팽창에 따른 해외투자가 급속히 늘어난 1880~1890년대 전후의 자

〈표 3-1〉 자본주의의 유기적 구성도와 이윤율 추계(1855~1989년, 영국)

연도	자본의 유기적 구성(k/v)	이윤율(%) p' = 100p/(v + k)	연도	자본의 유기적 구성(k/v)	이윤율(%) p' = 100p/(v + k)
1855	6.52	7.5	1933	5.53	11.4
1860	5.73	9.2	1934	5.05	13.1
1865	5.44	11.7	1935	5.00	14.8
1870	5.20	13.5	1936	4.92	15.2
1875	4.73	12.3	1937	5.05	12.2
1880	5.01	11.1	1938	5.02	11.2
1885	4.60	10.5	1948	3.50	17.8
1890	3.77	12.7	1949	3.44	17.1
1895	3.56	13.9	1950	3.48	10.4
1900	4.16	13.0	1951	3.61	10.6

자료: Cockshott·Cottrell·Michaelson(1995).

본산출계수 변화는 영국 자본주의에서 일어난 중요한 변화를 보여준다. 실제로 1875~1883년(첫 번째 대공황 시기)에 2.16이었던 자본-산출 비율은 1891~1901년에 1.82까지 떨어졌고, 1860년대부터 1880년대까지 떨어졌던 이윤율은 1890년대 초 다시 상승했다(Harman, 1999: 155).

1855년부터 1980년까지의 마르크스 비율을 추계한 한 연구(Cockshott, Cottrell and Michaelson, 1995)에 따르면, 영국 자본주의의 유기적 구성은 1855년 6.52였는데 1880년에는 5.01, 1890년에는 3.77로 급격하게 낮아졌다. 유기적 구성도의 저하에 따라 이윤율 저하는 회복되어 1855년 7.5%였던 이윤율은 1880년에는 11.1%, 1890년에는 12.7%로 상승했다. 이런 변화는 세계자본주의에 영향을 미쳐 독일·미국·프랑스의 자본주의를 추동했고 세계시장에서 격렬한 경쟁과 투자경쟁을 불러일으켰다.[1] 〈표 3-1〉

---

1 미국과 독일에서 계속된 자본의 유기적 구성의 상승은 이윤율이 결국 압박을 받게 될 수밖에 없다는 것을 뜻했고, 자본가들은 독일에서 그랬듯이 1890년대에 경험했던 실질임금의 상승을 저지함으로써, 그리고 증대된 생산성에 기초한 새로운 기술로 전환함으로써 이를 보상하려고 시도했다. 그러나 이들은 영국의 해결책, 즉 해외에 자신들의 경제적·정치적 특권 지역을 만

에서 굵게 표시한 부분(1885~1890)은 제국주의적 팽창과 전쟁이 과잉축적된 자본의 일부를 방출시키고 높아진 자본의 유기적 구성도를 낮추는 구실을 했음을 잘 보여준다.

2) 상시군비경제

사실 자본주의에서 무기생산 및 군비지출의 영향에 관한 언급은 그다지 새로울 게 없다. 사실 무기생산은 초기 자본주의를 성립하는 데 있어서도 중요한 산파역할을 했다(만델, 1985: 168). 1793년 이후 영국의 산업성장, 나폴레옹 정복 기간 동안 프랑스에서의 이루어진 무기생산, 영국 및 프랑스와 러시아 간의 크리미아 전쟁, 메이지시대 일본에서 산업화의 중요한 지렛대였던 군사력 등이 그러한 사례에 해당될 것이다. 제국주의 시기가 본격화된 이후에도 군비지출은 제1차 세계대전 이전의 20년 동안 가속화된 산출량 확대에 실질적으로 기여했다.

그러나 무기생산이 매년 총 산출량 중 상당 부분을 장기적으로 계속 흡수하는 경향은 1941년 이래 본격화되었다. 이러한 사실은 〈표 3-2〉에서 아주 분명하게 드러난다. 1940년에는 미국 국내총생산의 2.7%에 지나지 않았던 군사비가 1941년에는 11.1%로 대폭 늘어났다.

빌머(Vilmar)의 계산에 따르면, 1년간 군비에 대한 범세계적 지출을 10억 달러 단위로 표시하면 1901년부터 1914년 기간에는 평균 40억 달러였

들기 위해 국민국가의 힘을 사용하는 것에 관심을 가질 수밖에 없었다. 그래서 1890년대 이후에 독일과 미국은 영토 확장과 전쟁에 열을 올리기 시작했다. 탕가니카와 남서아프리카의 독일 식민지들, 동부유럽에 대한 독일의 패권 추구, 터키제국과의 동맹, 스페인과 미국 간의 전쟁 등이 그 결과였다. 그러나 이런 외부로의 팽창은 영국과 프랑스 같은 기존 열강과의 충돌을 낳을 수밖에 없었다(Harman, 1999: 53).

〈표 3-2〉 미국의 GNP 대비 군사비 지출 비중(단위 : %)

연도	비중	연도	비중	연도	비중
1939	1.5	1950	5.7	1961	9.3
1940	2.7	1951	13.4	1962	9.4
1941	11.1	1952	13.5	1963	8.8
1942	31.5	1953	13.6	1964	8.1
1943	42.8	1954	11.5	1965	7.6
1944	42.5	1955	9.9	1966	7.9
1945	36.6	1956	9.8	1967	9.1
1946	11.4	1957	10.2	1968	9.7
1947	6.2	1958	10.4	1969	9.0
1948	4.3	1959	9.7	1970	8.3
1949	5.0	1960	9.1	1971	7.5

자료: 만델(1985).

으나 1945년부터 1955년 기간에는 130억 달러로 증대했다. 만델에 따르면, 1961년에 무기생산은 전 세계 총 투자의 거의 절반에 달했다.

이런 막대한 군비지출이 세계경제에 미친 효과에 관한 분석이 중요한데, 〈표 3-1〉의 1938~1949년 동안 자본의 유기적 구성에서 나타난 중요한 변화는 상시군비경제와 전후 호황 분석의 중요한 실마리가 된다.

앞서 지적했듯이 마르크스는 자본가들이 어떤 이유에서 투자에 쓸 수 있는 잉여가치의 일부를 다른 어떤 곳으로 돌린다면 압력이 감소해 비용을 절감할 기술혁신을 추구하는 데 이용될 수 있는 새로운 자본이 더 적어지고 이로 인해 자본집약적 투자의 추세가 줄어들 것이라는 점을 지적했다. 마르크스는 이에 대해 다음과 같이 언급하고 있다.

자본의 전개된 운동 속에는 예를 들어 기존 자본 중 일부의 부단한 평가절하처럼 공황에 의하지 않고도 이 운동을 지체시키는 계기들이 있다. 바로 자본의 큰 부분이 직접 생산의 동인으로 복무하지 않는 고정자본으로 전화하는 것, 자본의 큰 부분이 비생산적으로 낭비되는 것 등이다. 자본의 비생산적 소비는 한편에서는 그것을 보전하고 다른 한편에서는 그것을 근절시킨다(Marx, 1973: 750~751).

마르크스는 이런 비생산적 소비가 위기를 지연하는 구실을 한다는 점을 강조한 것이다. 노동생산성 증가, 실질임금 삭감, 지배계급의 소비를 위한 사치품 생산 등은 이윤율 저하 경향을 상쇄하는 아주 중요한 요인인데, 1930년대 이래에는 이윤의 많은 부분을 생산적 투자가 아닌 무기에 사용하는 것이 주로 이러한 요인으로 작용했다. 모든 주요 자본주의 열강이 가담한 제2차 세계대전과 이 전쟁으로 인한 재무장 덕분에 세계는 불황에서 빠져나올 수 있었다. 제2차 세계대전 이후 지속된 군비지출(상시적 무기경제) 덕택에 자본주의는 위기를 피할 수 있었을 뿐 아니라 자본주의 역사에서 가장 오랫동안 탄탄한 호황이 지속될 수 있었다. 이러한 상황은 그로스만의 표현을 빌리자면 다음과 같다.

전쟁으로 말미암은 파괴와 가치저하는 (자본주의가) 금방 붕괴하지 않도록 막아주는 수단이고, 자본축적의 숨통을 틔게 해주는 방편이다. …… 전쟁과 이에 따른 자본가치 파괴는 (자본주의의) 붕괴 정도를 완화하고, 따라서 새로운 자본축적을 자극한다. …… 군국주의는 비생산적 소비의 영역이다. 가치가 쌓이지 않고 파괴된다(Grossman, 1992: 157~158).

제국주의의 논리에 대한 그로스만의 이와 같은 결론은 현대적인 함의를 가지는데, 특히 그로스만은 자본의 해외확장이 선진 자본주의 국가들 사이의 경쟁격화와 군국주의를 조장한다고 봤다. 특히 그로스만이 보기에 과잉축적의 한계를 파괴하는 것 중 하나는 전쟁이다. 이것은 마이클 키드런 등의 영구무기경제이론에 중요한 아이디어를 제공해주었다.

영국의 마르크스주의 경제학자였던 키드런은 이 비생산적 낭비에 주목했던 사람들 중 하나였다. 그는 자본가들이 잉여가치가 생산수단의 확대에 사용되는 것을 막으면서 그것을 사용하는 한 가지 방법, 즉 그들이 잉여가치를 자신들의 소비를 위한 사치재로 사용하는 방식이 항시 존재했다면서, 20세기에 거대하게 확대된 국가의 무기에 대한 지출도 같은 방식을 이해되어야 한다고 주장하면서 상시군비경제이론의 기초를 닦았다.

클리프는 "군비생산은 경제를 안정시키는 속성이 있어서" 소련의 국가자본주의는 시장경제와 달리 "호황과 불황의 경기변동을 겪지 않았다"라고 지적했는데, 이것이 상시군비경제론으로 넘어가는 징검다리였다.

군비생산은 자본가들이 생산수단에 투자할 자원을 '비생산적 소비'로 전용하게 만들어서 결과적으로 이윤율 저하 경향을 완화시키는 효과가 있으며 이것이 전후 서방의 장기호황을 뒷받침한 경제적 메커니즘이라는 것이 키드런 주장의 핵심이다.

〈표 3-3〉과 〈표 3-4〉에서 드러나듯이 1938년 이후의 급격한 유기적 구성도의 하락은 1930년대 후반의 군사적 팽창 및 군비투자의 거대한 물결과 관련이 있다. 1938년까지 기존 제국들은 국방에 국민소득의 1% 이상을 지출하지 않았다(Harman, 1999: 71).

한편 1929년 대공황 이래 대만과 조선이라는 소제국을 지니고 있던 일본과 제국이 전혀 없던 독일은 군사적 조치를 취해 국경을 확장할 때에만 공황으로부터 벗어나 경제적으로 팽창할 수 있다는 사실을 깨달았다. 그리하여 군사적 팽창의 길로 나아갈 것을 결정하고 제국주의적 모험의 길로 나아가 결국 일본의 만주 접수, 독일의 오스트리아 및 체코슬로바키아 합병 등이 시작되었으며, 이러한 군사적 팽창은 자기 자신을 먹고 자랐다. 이것은 기존 제국주의 강대국들과의 충돌로 이어질 수밖에 없었다. 파열점은 물론 독일의 서부 폴란드 강점, 일본의 진주만 공습이었다.

<表 3-3> 국민총생산 대비 통상가격에 의한 국방비 지출 비율(단위 : %)

	1950	1955	1960	1965	1970
영국	6.3	7.7	6.3	5.9	4.9
프랑스	5.8	4.9	5.4	4.0	3.3
서독	4.5	3.3	3.2	3.9	3.2
이탈리아	3.2*	2.8	2.5	2.5	3.6

주: *1951년.
자료: 만델(1985).

<표 3-4> 1950~1970년 고정가격에 의한 군사비 지출의 연평균 성장률(단위 : %)

국가 명	성장률	국가 명	성장률	국가 명	성장률
미국	+6.2	영국	+1.3	서독	*5.8
일본	+3.9**	프랑스	+4.2	이탈리아	*4.1**

주: *1951년, ** 1951~1970년.
자료: 만델(1985).

한마디로 1930년대의 세계대공황은 제2차 세계대전 시기의 영구 군비 경제의 작동을 통해서만 종식될 수 있었다. 이것은 파괴를 통해서만 성장할 수 있는 자본주의의 야만적·모순적 본성이라고 할 수 있다.

그 결과 독일은 세계에서 가장 큰 무기생산국이 되었고, 제2차 세계대전 직전 독일의 군사적 생산량은 1940~1941년의 세 배 수준으로 급상승했다. 미국은 1939년까지는 무기에 거의 지출하지 않았다. 미국에서도 이 비용은 국민총생산의 1% 이하 수준이었다. 그러나 제2차 세계대전 도중 이 수치는 1943년과 1944년의 4.5%에 달할 정도로 급격히 상승했다. 1948년에는 전쟁경비가 국민총생산의 4.6%였고 간접적인 지출까지 고려한다면 9.8%였다. 평화 시에 전쟁에 대한 지출이 4배에 달하는 모순적인 상황이 벌어진 것이다. 그리고 냉전의 도래로 이 수치는 다시 상승해 1951년에는 14.4%에 이르렀다. 여기에 간접적인 지출까지 고려하면 21.1%였다(Harman, 1999: 79~80). 1940~1950년대에는 미국의 총 해외투자가 무기비 지출을 초과한 적이 없었다. 한국전쟁 발발 이전의 군비축소 기간에도

"군사비는 총계가 1년에 약 150억 달러에 달했다. 그것은 사적 자본수출 총액의 무려 25배에 달할 뿐 아니라 해외원조 총액의 몇 배에 해당했다. 당시 마샬 원조의 총계가 한 해 50억 달러를 넘지 않았"을 정도였다.

키드런은 이와 같은 체제의 막대한 무기비 지출이 생산적 생산에 대한 세계적인 투자를 감소시키고 유기적 구성의 상승 및 이윤율 저하라는 세계적인 경향을 감소시켰다고 지적했다. "1950년과 1965년 사이의 경제는 1913년과 1950년 사이보다는 두 배 빠르게, 그리고 그 이전 세대 동안에 비해서는 거의 한 배 반 빠르게 성장했다"(Kidron, 1961: 11).

이것이 서구 자본주의에만 적용되는 것은 결코 아니었다. 대규모 무기비 지출의 효과는 동구에서도 뚜렷했다. 1940년대와 1950년대 동안 동구 국가들은 과거 투자에 대한 잉여가치의 비율에 관계없이 기존의 잉여가치를 대부분 무기에 투자함으로써 아주 높은 성장률을 유지할 수 있었다.[2]

군수산업이 민간경제의 대량생산에 미치는 효과도 막대했다. 제2차 세계대전 이후의 생산력 증대는 전시경제의 기술이 민간부문으로 확대됨으로써 지속되어왔다고 해도 과언이 아니다. 특히 제2차 세계대전 이후 군대의 이동과 군수물자의 이동은 석유정제산업의 발전에 중요한 진전을 가져왔다.

그러나 이런 효과는 지속되지 않았다. 상시군비경제론의 요지 중 하나는 나라마다 불균등한 군비부담 때문에 불안정성과 모순이 심화될 것이라는 가정인데, 이는 군비부담이 다른 미국과 일본·서독 사이의 경제적 경

---

2 존 벨라미 포스터도 군비경제가 1950년대 높은 고용수준, 교통 및 통신기술의 발전이라는 효과를 내면서 전후호황을 일으킨 주요 원인이라고 분석하면서 특히 미국의 독점자본에 가져다준 막대한 이익에 대해서 논증했다. 그는 폴란드 경제학자 칼렉키(Kalecki)의 이론이 이 점에 관한 체계적인 실증을 담고 있다고 소개했다. 비록 과소소비이론에 근거하고 있기는 하지만 바란, 스위지, 칼렉키, 맥도프 등도 미국의 냉전 이데올로기에 반대해서 군비지출이 독점자본에 가져다준 이득에 대해 논증했다.

쟁이 치열해지고 세계경제의 불안정성이 심화하다가 1970년대 초에 결국 세계적 불황이 찾아온 것에서 입증되었다. 1973~1974년 석유가격 인상은 이윤율 하락으로 허덕이던 자본가들이 마침내 투자를 멈추게 된 결정타였을 뿐이다. 1974~1975년의 위기가 모든 곳에 고르게 영향을 미치지는 않았다. 그러나 세계경제가 회복되기 시작하자마자 또다시 1979~1981년, 위기가 경제를 강타했다. 1970년대 중반 이래 작동을 멈춘 상시무기경제는 1980~1990년대 다시 작동하는 듯 보였다. 그러나 그 효과는 미약한 군사적 케인스주의 효과라고 부를 정도에 그쳤다. 미국이 세계의 경찰 구실을 하고 독일과 일본이 민간경제 투자에 집중하면서 무기경제의 효과는 이전에 비해 확연하게 떨어졌다. 1990~1992년에도 세계경제위기가 엄습해 대량 실업과 낮은 성장률은 상시화되었고, 급작스런 경기후퇴는 1997년 동아시아를, 1998년 브라질과 러시아를, 2001~2002년에는 라틴아메리카를 강타했다.

3. 군비경제의 모순과 군사적 케인스주의의 미미한 효과

앞서 지적한 군비경제의 효과가 지속되지 않은 주된 이유는 자본주의 주요 국가들, 특히 미국경제 전체에서 전쟁에 수반된 군비지출이 차지하는 비중이 이전에 비해 훨씬 낮아졌기 때문이다.

〈표 3-3〉, 〈표 3-4〉, 〈표 3-5〉에 따르면, 국민총생산이나 국내총생산에서 군사비가 차지하는 비중은 제2차 세계대전을 전후로 급격하게 늘어났다가 1948~1949년에 급격하게 줄어들었으며, 한국전쟁 때 다시 늘어났다가 1960년대에 급격히 줄어들었다. 이후 베트남 전쟁 때 다시 늘어났지만 1973년 이후 급격하게 줄어들기 시작해 지금은 전체 경제의 4% 수준이다.

〈표 3-5〉 1960~2013년 미국의 GDP 대비 군사비 추이(단위 : 10억 달러, %)

연도	GDP	군사비	군사비 비중	연도	GDP	군사비	군사비 비중
1960	526.4	41.3	7.85	1987	4736.4	280	5.95
1961	544.8	43.0	7.91	1988	5100.4	290	5.69
1962	585.7	52.3	8.94	1989	5482.1	300	5.54
1963	617.8	53.3	8.64	1990	5800.5	290	5.16
1964	663.6	54.7	8.25	1991	5992.1	270	4.56
1965	719.1	50.6	7.04	1992	6342.3	290	4.70
1966	787.7	58.1	7.38	1993	6667.4	290	4.37
1967	832.4	71.4	8.58	1994	7085.2	280	3.98
1968	909.8	81.8	9.00	1995	7414.7	270	3.67
1969	984.4	82.5	8.38	1996	7838.5	260	3.39
1970	1038.3	81.7	7.87	1997	8332.4	270	3.25
1971	1126.8	78.8	7.00	1998	8793.5	260	3.05
1972	1237.9	79.2	6.40	1999	9353.5	270	2.94
1973	1382.3	76.7	5.55	2000	9951.5	290	2.96
1974	1499.5	79.3	5.29	2001	10286.2	300	2.96
1975	1637.7	86.4	5.28	2002	10642.3	340	3.27
1976	1824.6	89.5	4.91	2003	11142.2	400	3.63
1977	2030.1	97.2	4.79	2004	11853.3	450	3.85
1978	2293.8	104	4.56	2005	12623.0	490	3.92
1979	2562.2	116	4.54	2006	13377.2	520	3.90
1980	2788.1	134	4.81	2007	14028.7	550	3.93
1981	3126.8	157	5.04	2008	14369.1	610	4.29
1982	3253.2	185	5.70	2009	13939.0	660	4.74
1983	3534.6	209	5.94	2010	14508.2	690	4.78
1984	3930.9	227	5.79	2011	14958.6	700	4.72
1985	4217.5	252	5.99	2012	15601.5	710	4.59
1986	4460.1	273	6.13	2013	16335.0	700	4.30

자료: http://www.usgovernmentspending.com

　　물론 1980년대에 새로 강화된 냉전하에서 다시 군비가 증강되자 제한된 정도로나마 상시군비경제가 다시 효과를 냈는데, 특별히 이 시기의 상시군비경제를 두고 '군사적 케인스주의'라고도 부른다. 그러나 소련 몰락과 냉전 종식 이후 상시군비경제는 더 이상 효과를 내지 못했다. 미국의 군사적 독주(여전히 전 세계 군비의 40% 이상을 차지)가 계속되고 있긴 하지만 미국경제의 상대적 규모 자체가 많이 줄었고 미국이 세계경제위기에서 벗어나지 못하고 있는 상태이기 때문이다.

더 중요한 것은 상시무기경제의 효과가 약화되거나 멈춘 이유를 자본주의의 근본동학과 연결해 이해하는 것이다.

이는 첫째, 미국과 소련의 막대한 군비부담과 일본과 당시 서독의 군비지출의 감소가 낳은 모순적 효과 때문이다. 전후 장기호황은 무기생산에 갈수록 많은 자원을 투입함으로써만 유지될 수 있었다. 초강대국이던 미국과 소련이 서로 긴장 상태에서 가장 큰 부담을 졌다. 물론 군비지출 부담은 체제 전반에 고르게 적용되지 않았다. 일본과 서독이 무기경제에 대한 지출을 대폭 줄였기 때문에 제2차 세계대전 전후와 같은 대규모 군비지출이 체제 전체의 일반적인 현상은 아니었다. 일본과 독일의 군비지출액은 아주 적었다. 그러나 이 덕택에 독일과 일본의 경제는 장기호황 동안 급성장했다. 초강대국들과 달리, 심지어 영국과 프랑스와도 달리 독일과 일본은 높은 수준의 군비지출 부담이 없었다. 그 결과 일본은 노동자 1인당 생산적 투자수준이 서구의 산업화된 국가들의 평균 비율의 두 배 이상 성장했다(Harman, 1999: 99). 그러나 이들 개별 나라에서 자본의 유기적 구성의 상승이 이윤율 저하로 즉각 표현되지는 않았던 이유는 이들이 수출을 증가시킬 수 있었기 때문이다. 당시 서독과 일본은 자본의 유기적 구성의 상승이 평균 이윤율을 감소시키더라도 그러한 유기적 구성의 상승을 도입한 첫 번째 자본가의 이윤은 증대한다는 것을 보여줬다.

그러나 결과적으로 일본과 서독은 자본집약적 형태의 투자에 열중함으로써 고정자본의 양을 국제적으로 증대시켰다. 1960년대 말쯤에는 생산에 필요한 자본의 양이 다시 증가하면서 이윤율은 떨어지기 시작했다.

일본과 서독은 미국시장을 포함해서 세계시장에서 자신의 몫을 더 늘리는 데 혈안이 되어 있었다. 그러나 미국의 지배계급은 떨어지는 경제력을 만회하기 위한 가장 효과적인 방법이 군사적 지배력을 통해 자신들이 세계의 경찰임을 입증하는 것이라고 확신했다. 그 결과 국제적인 경쟁력을 약화시킨 군사적 지배력에 매달리려는 미국자본주의에 시도가 계속되었다. 그리하여 미국은 거대한 재정적자에 허덕였고, 미국 정부와 미국 기업은 막대한 부채에 시달렸다. 이것은 악순환의 연속이었다. 일본과 독일이 경제전선에서 미국에 굴복하게 하려면 미국이 세계 경찰임을 입증해야 하지만 자신들이 세계 경찰임을 입증하려 할수록 경제적 지위가 하락한다는 일종의 덫에 빠졌다.

그 모순의 결과 미국은 장기화되고 비용이 많이 드는 전쟁을 두려워하게 되었다. 전쟁을 포함한 군사적 팽창은 미국경제에 아주 일시적인 호황을 가져다줄지는 모르지만, 그것은 재정적자를 더 늘리는 대가를 감수해야 한다는 것을 뜻한다.

미국의 목적은 아주 짧은 전쟁에서의 승리다. 그리고 그것은 경제의 일부분에 오로지 작은 호황만 가져다줄 뿐이다. 그러나 지금은 그 목적조차 수행하기가 매우 어려운 지경이 되어버렸다.

마이클 키드런이 지적했듯이 상시무기경제는 자본주의의 위기에 일시적인 안식처를 제공할 뿐이다. 사실 상시무기경제의 핵심 결론은 무기경제가 자본주의의 모순을 해결한다고 주장하는 데 있는 것이 아니라 되레 일시적 해결책이 종국에는 더 큰 위기의 뇌관이 될 수 있음을 경고하는 데 있다.

이것은 그로스만의 주장과도 맥락을 같이한다. 그로스만은 전쟁 같은 "이윤율 저하의 반경향들은 위기가 총체적인 붕괴로 귀결되지 않도록 이윤율 저하 경향을 일시적으로 상쇄하고 위기를 완화시킬 수 있지만 그 반경향들은 점차적으로 약해진다"라고 지적한다. 앞에서 살펴봤듯이 그로스만의 이러한 진술은 실제 통계로도 입증된다. 제국주의적 팽창과 전쟁으로 1890년 이후 이윤율은 1865년 수준(11.7%)으로 회복되었지만(1890년 12.7%, 1900년 13.0%, 1910년 12.0%), 1920년에는 5%대로 다시 떨어졌다.

앞에서 언급한 폴 콕샷(Paul Cockshott), 앨린 크로텔(Allin Cottrell), 그레그 마이클슨(Greg Michaelson)의 자료에 따르면, 제국주의적 팽창과 전쟁은 일시적으로 자본의 유기적 구성도를 낮추면서 이윤율 하락을 상쇄하는 역할을 하지만 전쟁 이후 다시 유기적 구성도가 높아지고 이윤율이 다시 하락하는 추이를 확인할 수 있다.

둘째, 전쟁의 형태도 상시무기경제의 작동이 변화하는 데 영향을 미친 하나의 요인이다. 전쟁과 군사작전을 계량화한 통계 시스템[Correlates of War(COW) and by the Uppsala Conflict Data Program(UCDP)]에 따르면, 158개의 전쟁이 1970년과 2000년 사이에 일어났고, 이 158개의 전쟁 가운데 128개의 전쟁이 국가 내에서 내전 형식으로 일어났으며, 26개의 전쟁이 국가 사이에서, 4개의 전쟁이 비국가 세력들 사이에서 일어났다. 전쟁 가운데 23%는 1년 정도만 지속되었고, 77%는 1년 이상 지속되었다. 충돌한 국가들을 보면 16%는 선진국 사이에 벌어진 전쟁이었고, 84%는 후진국에서 발발한 전쟁이었다. 한마디로 1970년대 이후의 군사적 충돌은 주로 저발전국에서 벌어졌고, 대부분 내전 형식이었으며, 저강도 장기간의 전쟁이었다.

그런데 이런 전쟁은 미국이 두려워하는 전쟁, 즉 장기화되고 비용이 많이 드는 결과를 낳는 데 일조했다. 냉전 체제하에서 열강들 사이의 전면전은 없었으나 이와 같은 전쟁의 형태 변화가 가져온 비용(간접비용을 포함해) 증가는 체제 중심부, 특히 미국과 소련에 커다란 부담이 되었다. 예를 들어, 1979년 소련이 아프가니스탄을 침공한 이후 1989년 철수에 이르기까지 10년 동안의 점령비용은 소련연방의 해체에 결정적인 구실을 했다.

셋째, 1970년대 이래 무기경제가 민간경제에 미친 효과를 상시무기경제가 작동했던 시기와 비교해보면 매우 큰 차이가 있다. 첨단무기의 정보테크놀로지가 민간경제에 미치는 효과는 정보통신 분야에서는 두드러지지만, 고용확대와 내수 진작에 미치는 효과는 크지 않다. 1980년대 이후 무기 생산에서의 기술발전은 민간부문에 사용되지 않았고, 이 때문에 전쟁산업의 부수적 효과는 의문시되어왔다(Coulomb, 2008). 스톡홀름국제평화연구소(SIPRI)는 2000년대 이후로는 각국의 무기생산 기술에 대한 투자가 정부 주도가 아닌 사적 대기업이 주도하는 경향이 지배적임을 강조하면서 제2차 세계대전 전후의 국방지출이 민간경제의 고용과 산업발전에 미치는 영향을 찾아보기 힘들다고 분석하고 있다(Jackson, 2011: 231). 특히 스톡홀름국제평화연구소 분석가들은 국가가 주요 대기업에게 무기경제 기술에 투자하도록 지원 및 강제하는 구조를 가지고 있으며 이를 미국과 공유하는 국제적인 시스템을 연구하고 있는데, 그 핵심 국가로 이스라엘, 남한, 터키를 든다.[3]

4. 경제위기를 심화시키는 21세기 이후의 전쟁과 제국주의

전쟁과 제국주의는 경제위기를 어느 정도 막거나 지연시키는 효과를 내지 못할 뿐 아니라 위기를 증폭시키는 뇌관이 되고 있다.

제2차 세계대전 직후에 비해서는 국방비 비중이 확연히 줄었지만 절대 액수 자체는 계속 늘어나고 있을 뿐 아니라 그 비용이 대중의 소비와 생산

---

3 특히 잭슨은 한국의 91개 무기생산 관련 기업과 관련 하청기업 4,000개를 분석하면서 이들이 어떻게 재벌기업 및 미 국방부와 연계되어 있으며 이 기업들이 생산한 무기가 어떻게 동남아시아로 수출되는지를 흥미롭게 분석했다(Jackson, 2011: 240~244).

에 부정적인 영향을 미치고 있다.

존 벨라미 포스터(2009)는 미국의 2007년 국방예산은 GDP의 4%를 넘는 5,530억 달러 수준이었으나 공식적인 군비 이외의 비용까지 합하면 미국의 실제 군비지출은 1조 달러(GDP의 7.3%)에 이른다는 수치를 제시했다. 그런데 이 통계는 2007년 연방 비국방비 소비투자의 절반에 이르는 수치다.

포스터가 2007년 G7 회원국 및 스웨덴의 자료를 비교한 〈표 3-6〉에 따르면, GDP 대비 정부 최종소비는 미국이 가장 낮다. 게다가 GDP 대비 정부지출 및 사회보장 이전에서도 미국이 최하위이며 2007년 미국 정부 소비지출에서 군비지출을 뺀 값은 GDP 대비 11.8%다. 이는 미국이 비국방비 지출과 사회보험 이전을 위해 예산을 늘릴 여지가 충분하다는 것을 의미한다.

심지어 2008년 위기 이후 군비지출은 더 늘어났다. 2008년에 견줘 미국은 2009년에 군비지출을 450억 달러나 늘렸다. 이는 전 세계 군비지출 상승액의 54%에 이르는 수치다. 이는 오바마 행정부가 2009년 아프가니스탄 주둔 병력을 2배로 늘렸기 때문이다. 미국만 군비를 늘린 것도 아니다. 전 세계 절반 이상(65%)의 나라가 전년보다 군비를 늘렸다. 특히 아시아-오세아니아 지역의 국가들은 8.9%의 상승률을 기록, 다른 지역보다 군비의 증가속도가 빠른 것으로 나타났다(www.sipiri.org).

전 세계은행 부총재인 조지프 스티글리츠(Joseph Stiglitz)는 『3조 달러 전쟁(The Three Trillion Dollar War)』을 통해 이라크 전쟁이 세계경제와 미국 사회보장제도에 끼친 영향을 분석했다. 그는 2017년까지 아프가니스탄·이라크 전쟁에 투여될 금액인 3조 달러는 앞으로 50년 동안 미국의 사회보장제도를 강화하는 데 사용할 수 있는 액수라며, 이 돈이면 800만 채의 주택을 무상으로 공급하거나 공립학교 교사 1,500만 명을 신규 채용할

<표 3-6> 2007년 G7 회원국 및 스웨덴의 GDP 대비 정부지출 구성요소

	GDP 대비 정부지출*	GDP 대비 정부 최종소비**	GDP 대비 사회보장 이전	GDP 대비 국방비(2006)
스웨덴	52.6	25.9	15.3	1.5
프랑스	52.4	23.1	17.4	2.4
이탈리아	48.5	19.8	17.3	1.8
영국	44.6	21.6	12.8	2.6
독일	43.9	18.0	17.3	1.3
캐나다	39.3	19.3	9.9	1.2
미국	36.6	16.0	12.1	4.0
일본	36.0	17.7	11.4	1.0

주: 1) * 캐나다, 일본, 미국의 OECD 자료는 2006년 기준임. ** 정보 최종소비에는 군사 소비비용도 포함됨.
　　2) 전체 정부지출은 전체 총계에 직접 합산되는 정부직접구매와, 소득과 자본을 재분배하는 지출, 이자, 사회보험 이전 지출, 농업보조금, 투자보조 등을 모두 포함.
자료: OECD, SIPRI.

수 있다고 분석했다. 또한 그는 그 돈으로 5억 3,000만 명의 어린이가 건강보험을 적용 받거나 4,300만 명의 고교 졸업생이 4년제 대학 학사 자격을 취득하도록 지원할 수 있다며 미국 정부가 이 돈을 전쟁비용으로 쓰는 바람에 경제위기가 더 깊어지고 있다고도 지적했다. 그에 따르면, 이라크 전쟁이 초래한 불안정 때문에 전쟁 전에 25달러였던 유가가 100달러 넘게 급등했다. 또 미국 연준은 전쟁이 미국경제에 끼치는 부정적 효과를 최소화하기 위해 금리를 낮췄고, 이것은 서브프라임 위기를 낳은 배경이 되었다. 게다가 미국 정부는 매달 220억 달러를 이라크와 아프가니스탄에 쏟아 붓느라 경기부양책도 제대로 펴지 못했다(Stiglitz, 2008: 165).

이와 같은 현상은 소비를 진작하기는커녕 그나마 열악한 복지재정까지 삼켜버리며 경제를 더욱 위축하는 효과만 낼 것이다.

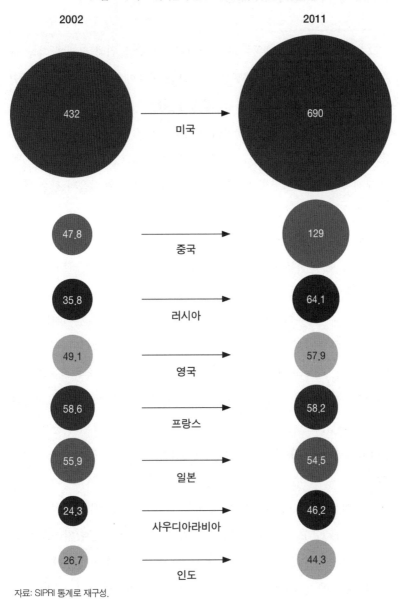

〈그림 3-1〉 주요 국가들의 군비지출 규모(단위: 10억 달러)

2002

2011

432

690

미국

47.8

129

중국

35.8

64.1

러시아

49.1

57.9

영국

58.6

58.2

프랑스

55.9

54.5

일본

24.3

46.2

사우디아라비아

26.7

44.3

인도

자료: SIPRI 통계로 재구성.

5. 현대 제국주의의 네 가지 특징

그런데도 21세기의 제국주의가 경제위기 해결을 위해 전쟁에 더욱 의존하는 까닭은 냉전 해체 이후부터 2011년 현재까지 자본주의적 제국주의의 구조적인 특징과 관련 있다. 경제적 경쟁이 격화됨에 따라 경제위기에 대한 자본주의 각국의 대응책이 불발로 끝나거나 한층 높은 군사적 긴장고조로 이어지고 있는 악순환적인 구조가 바로 그것이다. 이 구조는 냉전 해체 이후 경제적 경쟁과 지정학적 경쟁이 복합되어 다음과 같은 특징을 갖는다.

첫째, 세계경제위기와 자본주의 중심부 내에서의 지위변동으로 인한 혼란이다. 현재 자본주의적 제국주의는 국내 자본이 과잉축적된 위기를 타개하기 위한 방편으로 갈수록 공간적-시간적 조정을 추구하게 되었고 다변화된 자본축적의 중심지에서의 경쟁을 강화시켰지만 깊어지는 경제위기 때문에 공간적-시간적 조정 추구는 좀처럼 애초의 목표를 달성하기 어려워졌다. 세계적 과잉축적 문제를 진정시키기 위해 중국이 유휴자본을 흡수했고 그에 따라 세계 곳곳으로 유휴자본이 다시 유출되었지만 미국과 EU가 긴축경제로 나아가고 대중적 소비가 급속하게 위축되는 순간 1930년대의 공황보다 더 파장이 큰 위기가 도래할 객관적 가능성이 노정되고 있다.

현재 자본주의 주요 강국들 내에서 중국의 급부상은 매우 핵심적인 변화요인이다. GDP, 상품수출, 해외직접투자, 금융지위, 군비지출을 중심으로 제국주의 지표를 재구성해(가중치 부여) 232개 국가에 대한 지위를 실증분석한 한 연구에 따르면, 중국은 1994년의 10위에서 2001년에 7위로, 2011년에는 2위로 급부상했다. 물론 중국의 경우, 특히 수출의 경우 무역을 통한 순무역수익의 규모가 수출량에 비해 매우 적을 것임을 감안하면 국가계정 산출에 한계가 있다. 그렇지만 FDI나 은행 소유 채권, 군사력 등의 순위에서도 중국은 급격한 상승속도를 보였다. 중국은 군사력에서 세계 2위일 뿐 아니라 은행 소유 채권의 비중도 세계 9위다. 특히 중국의 FDI 증가세는 매우 뚜렷하다. 1994년 당시 중국의 FDI는 전 세계에서 0.15%에 지나지 않았다. 그러나 2011년에는 1.73%(전 세계 15위)로 그 비중이 10배로 급상승했다. 이는 세계 10위권 내에서 가장 높은 증가세다.[4]

반면, 미국은 1위를 유지하긴 했지만 그 내용 면에서 중요한 변화가 보인다. 미국은 232개국에 대한 GDP 합산 규모에서 1994년에는 26%를 차지했지만 2011년에는 18.3%로 급격하게 낮아졌다. 수출 면에서도 1994년에 13%였다가 2011년에는 8.8%로 낮아졌다. 은행 소유 채권의 규모는 1994년 15.1%에서 2001년 19.8%로 높아졌다가 2011년에는 16.9%로 다시 낮아졌다(그러나 미국의 FDI 규모는 2001년(21.2%)에서 2011년(29.9%)로 상승했다).

중국이 부상하면서 독일과 일본을 제치고 (금융지수에서는 2위이지만) 영국의 순위가 떨어지는 가운데 미국의 경제적 지위가 급격하게 하락한 추세는 제국주의를 현대자본주의의 국제관계 정치경제학으로 재구성한 레닌의 불균등발전이론으로 우리를 인도한다.

많은 논자가 지적한 바와 같이 필자의 생각에도 중국이 각 경제지표에서 급부상한 것은 레닌의 불균등발전이라는 제국주의이론의 합리적 핵심

---

4 특히 중국의 수출과 FDI 증가세가 가장 두드러진 곳은 바로 아프리카 지역이다. 중국의 아프리카 공략은 중국이 미국과 EU, 러시아와 벌이는 경제적 경쟁뿐 아니라 군사적 경쟁에서도 매우 중요한 촉수역할을 하고 있다. 2005년에는 1980년 대비 중국과 아프리카 간 무역이 50배 증가했고, 2006년에는 2000년 대비 무역량이 5배 증가했으며, 중국 기업 900여 개 아프리카에 진출해 있다. 2007년 중국은 프랑스를 제치고 아프리카 제2의 무역국이 되었다 1989년 톈안먼 사태 직후 중국은 유엔총회에서 4분의 1 이상의 투표권을 갖고 있는 아프리카에서 다수의 표를 얻어야 했다. 이에 1995년 권력을 장악한 장쩌민은 "해외로 진출하라[走出去]" 슬로건을 강조하면서 이를 실행해나갔다.

을 고려했을 때 매우 중요한 함의를 갖는다. 그것은 바로 급속하게 제국주의의 '중심부'에 포함된 '후발국'의 추격이 군사적 긴장과 충돌을 포함한 격렬한 경쟁을 야기한다는 논점과 직결된다. 20세기 초, 영국, 프랑스, 미국과의 경쟁에서 이기기 위한 후발국 독일의 추격이 제1차 세계대전의 원인이었다는 점을 감안한다면 중국의 급부상이 세계자본주의체제에 가져올 지정학적 경쟁의 방향은 20세기 초와 비교해볼 필요가 있다.

둘째, 경제적 경쟁격화와 지위변동이 선진 자본주의 국가들과 해당 지역 내의 정치·외교·군사적 긴장을 고조시키는 요인으로도 작용하고 있다. 이 점이 분명하게 입증된다면 제국주의를 선진 자본주의 국가들 사이의 경제적 경쟁과 군사적 경쟁(또는 지정학적 경쟁의 결합)으로 정의하는 현대 제국주의 이론들(Callinicos, 2009 등)의 현실 적합성은 더욱 뚜렷해질 것이다. 이 점은 중국의 부상과 미국의 중국에 대한 견제, 그리고 그에 대한 동아시아 주요 국가들의 군비증가를 통해 분명하게 드러난다.

셋째, 제국주의 중심부뿐 아니라 준제국주의적 국가군들도 상황 변화에 영향을 미치는 변수로 고려되어야 하는 상황이 되었다. 아류제국주의적 현상으로 인해 제국주의적 자본주의가 더욱 불안정해졌고 이는 제국주의 중심부에 주요 변수는 아닐지라도 무시할 수 없는 하나의 변수로 작용하고 있다. 특히 떨어진 경제력을 만회하려는 군사력으로 미국의 계획인 대테러전쟁 10년이 사실상 실패하고 2008년 미국발 경제위기까지 불거져 미국의 패권이 약화되자 미국은 중국을 견제하기 위해 아시아에서 아류제국주의 국가들과의 동맹을 강화하는 데 주력하고 있다. 아류제국주의는 현 체제의 불안정성이 확대 재생산되는 또 다른 중층화된 구조다.

이른바 아류제국주의 국가들(sub-Imperialism)[5]도 지역 내에서 경제적

---

5 아류제국주의 또는 준제국주의라는 명칭과 이 국가군의 지표에 관해서는 김어진(2012)을 참조

〈표 3-7〉 2008년 주요 국가의 군비증가율 현황(단위 : %)

순위	국가	군비증가율(1999년 대비)
1	중국	194.0
2	러시아	173.0
3	사우디아라비아	81.5
4	미국	66.5
5	남한	51.5
6	인도	44.1
7	오스트레일리아	38.6
8	스페인	37.7
9	캐나다	37.4
10	브라질	29.9

자료: SIPRI.

〈그림 3-2〉 지역별 군비 비중(단위: 10억 달러)

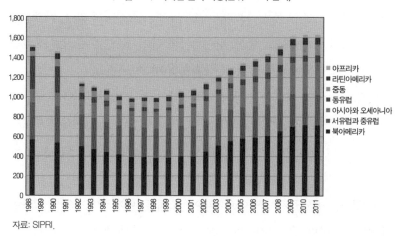

자료: SIPRI.

패권을 행사하기 위해 지역경제동맹체를 창립하고 있으며 이를 통해 이들 역시 시장에서 우위권을 확보하기 위한 경쟁 드라이브의 일부가 되었다.

브라질은 역내 무역과 투자에서 가장 패권적인 영향력을 미치는 아류

하기 바란다.

제국주의 국가 중 하나다. 브라질의 주변국 중 하나인 우루과이를 보면 10대 수출대기업 가운데 5개가 브라질 자본이다. 또한 브라질은 볼리비아의 가스산업과 대두 생산 등에 막강한 영향력을 미치면서 볼리비아 GDP의 20%가량을 통제하고 있다. 브라질이 주도하고 있는 남미공동시장 메르코수르(Mercosur)는 자국 산업의 발전과 역내 확장을 도모하는 중요한 수단이다. 브라질, 아르헨티나, 우루과이, 파라과이가 포함되어 있는 이 경제공동체를 통해 브라질 지배층은 자신들의 영향력을 강화하려 한다.

한편 남아프리카공화국은 지역 내에서 경제 패권과 정치군사적 패권을 동시에 추구하는 전형적인 아류 제국주의 국가라고 할 수 있다. 남부아프리카개발공동체(SADC)의 틀을 이용해 주변국들과 수직적 경제통합을 이루고 있는 남아공의 경우 아프리카 GDP의 25%를 점하고 있다. 세계 2위의 보츠와나 다이아몬드 광산, 나미비아의 다이아몬드와 우라늄 광산은 모두 남아공 자본에 의해 통제된다(Bond, 2007: 13~16).

터키도 자국의 경제적 영향력을 확대하기 위해 중앙아시아와 중동에 지역협력체 등을 창설해 주도하고 있다. 흑해 연안국 간 경제협력 확대를 위해 1992년 결성한 흑해경제협력기구(Black Sea Economic Cooperation: BSEC)는 러시아, 그리스 등의 견제를 받으면서도 터키가 주도적인 구실을 하고 있다. 이 협력체에는 아르메니아, 조지아, 아제르바이잔, 우크라이나, 몰도바, 루마니아, 알바니아, 불가리아, 세르비아, 몬테네그로 총 12개국이 포함되어 있다. 인도도 파키스탄, 방글라데시, 스리랑카, 몰디브, 네팔, 부탄 등 남아시아 7개국과 결성한 남아시아지역 공동연합(South Asian Association for Regional Cooperation: SARRC)을 통해 남아시아 국가들에 대한 경제적 영향력을 행사해왔다. 호주는 남태평양에서 자신의 영향력을 획득하기 위한 수단으로 제국주의 중심부가 행한 고전적 방식인 원조라는 방법을 이용해왔다. 2009년에 호주 정부는 10조 800억 달러의 원조와 소프트 차관을 14개 국가로 구성된 태평양 섬 포럼에 제공했다. 이 원조를 제공한 대가로 호주는 군사적 개입을 할 수 있는 근거를 만들면서 남태평양 섬나라들을 호주의 영향력 아래 묶어두었다. 한국의 경우 대기업이 동남아시아를 비용절감을 위한 국제적 생산네트워크의 주요 기지로 활용하고 있다.

이와 같이 아류제국주의 국가들이 더 치열해진 경제적 경쟁에 뛰어들수록 지정학적인 경쟁구도도 복잡해지고 있다. 무엇보다 이와 같은 국가군들의 군비증가 추세가 두드러지고 있다.

2011년 스톡홀름 국제평화연구소의 2010년 세계 군사력 순위를 보면 제국주의 열강 이외의 나라들이 더 많이 포함되었으며 순위도 상승했다. 인도가 4위, 브라질이 8위이고, 터키 10위, 이스라엘 11위, 한국 12위, 인도네시아 14위, 파키스탄 15위, 대만 16위, 이집트 17위, 이란이 18위 등이다. 특히 군비증가율에서 미국(66.5%), 중국(194%), 러시아(173%)를 제외하고 보았을 때 급격한 증가세를 보이는 국가군이 있는데, 사우디아라비아(81.5%), 인도(44.1%), 한국(51.5%), 브라질(29.9%), 호주(38.6%) 등이 여기에 해당한다.

남아공은 군비지출 규모 자체는 30위권이지만 남아프리카 내에서 노골적인 군사작전을 통해 주변국들에 대한 패권을 행사해왔다. 21세기 들어서도 남아공은 미국과 함께 소말리아와 라이베리아에 대한 군사작전까지 벌였으며, 아프리카뿐 아니라 페루나 터키에도 무기 수출을 늘리고 있다. 브라질도 경제력에 걸맞은 군사력을 확보하기 위해 다양한 수단을 동원하고 있다. 브라질은 중남미 지역에서 군비지출 규모가 가장 크다. 터키는 지속적으로 군비지출을 늘리고 있을 뿐만 아니라 2007년에는 인접국의 쿠르드족이 터키의 생존을 위협한다는 오랜 지배 이데올로기를 내세워 이라크 내 석유 매장량의 절반이 집중되어 있고 쿠르드족이 분포해 있는 이

<표 3-8> 2010년 전 세계 군비지출 현황

순위	국가 명	군비지출액	전 세계 지출 총계에서 군비가 차지하는 비율(%)	GDP에서 군비가 차지하는 비율 (%)	1999년 대비 2009년 군비 증가율
1	US	607	41.5	4.0	66.5
2	China	[84.9]	[5.8]	[2.0]	194
3	France	65.7	4.5	2.3	3.5
4	UK	65.3	4.5	2.4	20.7
5	Russia	[58.6]	[4.0]	[3.5]	173
Sub-total top 5		882	60		
6	Germany	46.8	3.2	1.3	-11.0
7	Japan	46.3	3.2	0.9	-1.7
8	Italy	40.6	2.8	1.8	0.4
9	Saudi Arabia	38.2	2.6	9.3	81.5
10	India	30.0	2.1	2.5	44.1
Sub-total top 10		1,084	74		
11	South Korea	24.2	1.7	2.7	51.5
12	Brazil	23.3	1.6	1.5	29.9
13	Canada	19.3	1.3	1.2	37.4
14	Spain	19.2	1.3	1.2	37.7
15	Australlia	18.4	1.3	1.9	38.6
Sub-total top 15		1,188	81		

자료: SIPRI 2010년 통계.

라크 북부 지역을 침공하기도 했다. 터키 군대는 북대서양조약기구에서 미국 군대 다음인 두 번째로 규모가 크다. 터키는 인지를리크 공군기지에 B61 핵폭탄을 90기 배치하고 있으며 합동 전폭기(JSF)를 세 번째로 많이 소유하고 있는 나라이기도 하다. 호주도 지역에서 경제적 패권과 열강과의 동맹관계 속에서 군사적 패권을 동시에 구사하는 전형적인 아류제국주의 국가라고 할 수 있다. 한국도 군비지출 12위 국가로, 2012년 기준 17개국에 1,416명을 해외에 파견하고 있다.

이와 같이 경제적·지정학적 경쟁의 양상이 복잡해질수록 아류제국주의들의 군사패권 추구는 지역의 분쟁과 갈등을 더욱 크게 조장하는 역할

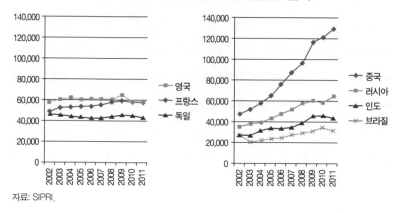

〈그림 3-3〉 전통적 강대국과 신흥개도국의 군사비 지출 비교

자료: SIPRI.

을 한다. 특히 미국의 패권이 전에 비해 약화되고 있고 중국을 견제하기 위해 해당 지역의 국가들을 '이간질'하고 '분열'시키는 방식이 노골적으로 추진되고 있는 상황에서는 더욱 그러하다. 동아시아에서 미국이 중국을 견제하기 위해 베트남·필리핀과 군사훈련을 전개하고 미국의 동맹국이 아니었던 미얀마 같은 국가들과 동맹관계를 맺으려 시도하는 것이 그러한 사례에 해당한다. 이는 동아시아 내의 정치·외교적 긴장을 고조시키는 구실을 하고 있다.

넷째, 이와 같은 중심부와 준중심부 사이의 복잡한 경제적·지정학적 경쟁구도는 긴장을 고조시킬 뿐만 아니라 일련의 전쟁으로 이어지는 경향을 낳았다. 1990년대 이후 인도주의적 개입을 위한 전쟁과 2001년 이후 대테러전쟁이 바로 그것이다. 1990년대에 서방열강들이 이라크, 소말리아, 세르비아를 대상으로 군사적 공격을 벌인 데 이어 2001년 아프가니스탄과 2003년 이라크를 침공한 것은 '문제가 있는 독재국가 또는 테러국가를 열강이 손본다'라는 이데올로기를 동원해 벌인 제국주의 전쟁이었다.

대테러전쟁은 미국이 아프가니스탄에서 철수한 것으로 끝난 게 아니다. 오히려 대테러전쟁은 아프리카로 확대될 조짐을 보이고 있다. 프랑스의 말리 침공이 그러한 사례다.

지금은 아프리카 전역이 서방 제국주의 열강에 중요한 곳으로 부상하고 있음을 유념해야 한다. 이는 아프리카의 천연자원을 개발하려는 열풍에서 비롯되었다. 특히 아프리카의 땅 및 아프리카의 바다에 매장된 석유와 천연가스는 점점 더 매력적인 요소가 되고 있기 때문이다. 최근에는 남아프리카의 빈국 모잠비크에서도 석탄과 천연가스 채굴권을 둘러싸고 다국적 기업들이 쟁투를 벌이는 사태가 벌어졌다. 자본주의 선진국들이 아프리카에 개입해야 할 이해가 증대되고 있는 것이다. 프랑스는 옛 아프리카 식민지들에 군사적 개입을 해온 오랜 역사를 지니고 있다. 중앙아프리카 지역에서는 영국이 르완다 투치족 정권의 후원자가 되었다. 비록 최근에는 르완다 정부가 천연자원이 풍부한 이웃나라 콩고를 불안정하게 하려고 너무 노골적으로 나서서 거리를 두고 있기는 하지만 말이다. 아프리카에 식민지를 가져본 역사가 없는 미국도 최근 들어 아프리카에서 훨씬 적극적으로 움직이고 있다. 미 국방부는 아프리카사령부를 설치하고 바삐 움직이고 있다.

다섯째, 경제위기가 깊어질수록 제국주의의 약한 고리는 도처에서 등장한다. 제국주의가 약해질수록 군사적 충돌의 기간은 단지 미국에 의해서가 아니라 저항세력의 내부 상황, 동맹세력들 간의 관계, 국내 정치 등여러 변수에 의해 좌우된다. 21세기 이후의 두 개의 큰 전쟁은 미국이 전쟁의 수렁에서 발을 빼는 것이 왜 그다지도 어려운지를 잘 보여주었다.

무엇보다 제국주의의 약한 고리는 경제위기와 중심부 내의 갈등 및 긴장고조가 가져온 결과 그 자체에서 배양된다. 이것은 미국의 중동전쟁 패배가 가져온 효과와 2008년 세계경제위기가 결합되어 아랍혁명에 지대한 영향을 미친 데에서도 입증된다. 경제위기에서 성장한 전쟁은 그 위기를 가중시킨다. 그러나 더 중요한 사실은 이러한 위기가 적어도 어떤 나라에서는 혁명적인 변화의 기회를 더 높인다는 것이다. 우리가 주목해야 할 점은 바로 이것이다.

필자는 다시 그로스만으로 돌아가고자 한다. 그로스만은 제국주의의 모순은 자본주의의 과잉축적이라는 근본적인 모순을 제거함으로써만 해결될 수 있다고 보았다. 제국주의 모순은 "내수시장을 확장시킴으로써 위기를 극복할 수 있다는 피상적인 해결책"도 대안이 아니며 힐퍼딩이 말한 바대로 총 카르텔을 통해 전체 경제를 지배하는 중앙은행의 형성으로써 해결될 수도 없다. 자본주의는 "개별국가에서 효과적인 계획을 불가능하게 하는 전 세계적 체계"이기 때문에 "조직자본주의는 근본으로 문제를 해결할 수 없다"(Kuhn, 2007: 157). 이것이 바로 갈수록 반자본주의적인 반제국주의적 전략이 중요해지는 까닭이다.

참고문헌

김어진. 2012. 「제국주의 이론을 통해 본 한국자본주의의 지위와 성격에 관한 연구」. 경상
　　대학교 정치경제학과 대학원 박사학위 논문.

레닌, 블라디미르(Vladimir Lenin). 1986. 『제국주의론』. 남상일 옮김. 백산서당.

만델, 어네스트(Ernest Mandel). 1985. 『후기자본주의』. 이범구 옮김. 한마당.

부하린, 니콜라이(Nikolai Bukharin). 1987. 『제국주의와 세계경제』. 김정로 옮김. 지양사.

캘리니코스, 알렉스(Alex Callinicos). 2009. 『제국주의의와 국제정치경제』. 천경록 옮김.
　　책갈피.

하트-랜스버그, 마틴(Martin Hart-Landsburg). 2012. 「자본주의 세계화와 그 결과」. 『세계
　　화와 자본축적 체제의 모순』. 경상대학교 사회과학연구총서 37.

힐퍼딩, 루돌프(Rudolf Hilferding). 1994. 『금융자본론』. 김수행 옮김. 새날.

BIS Quarterly Review. 1994~2012.

Bond, P. 2007. "South African Subimperialism." Looting Afica, London, Zed Books.

Cockshott, Paul, A. Cottrel and G. Michaelson. 1995. "Testing Marx: Some New Results
　　from U.K. Data." Capital and Class, 55.

Coulomb, Fanny and Renaud Bellais. 2008. "The Marxist Analysis of War and Military
　　Expenditures, Between Certainty and Uncertainty." Defence and Peace
　　Economics, Routledge, Vol. 19(5), Ekim, pp. 351~359.

Feffer, John. 2011. "Economic Crisis, Strategic Opportunity: Implications for US Global
　　Military Strategy in the Asia-Pacific." The Second International Workshop for
　　Peace and Disarmamentin the Asia-Pacific Region.

Foster, B and W. McChesney. 2009. "A New New Deal under Obama?" from http://
　　monthlyreview.org/2009/02/01/a-new-new-deal-under-obama.

Grossman, H. 1992. The Law of Accumulation and Breakdown of the Capitalist System.
　　Pluto Press.

Harman, C. 1999. Explaining the crisis: A Marxist Re-Appraisal. Bookmarks.

Jackson, S. 2011. "Arm Production." SIPRI Year Book 2011. Oxford University Press.

Kidron, M. 1961. "Reform and Revolution." International Socialism, Old Series 7.

Kuhn, R. 2007. *Henryk Grossman and the Recovery of Marxism*. Illinois.

Singer, P. 2012. "Separating Sequestration Facts from Fiction: Sequestration and What It Would Do for American Military Power, Asia, and the Flashpoint of Korea." Brookings Institute.

Stiglitz, J. 2008. *The Three Trillion Dollar War: The True Cost of the Iraq Conflict*, W. W. Norton & Company.

www.oecd.org

www.sipiri.org

www.usgovernmentspending.com

2부 자본주의와 가부장체제, 적–녹–보라, 새로운 주체 형성

가부장체제와 적녹보라 패러다임[*]

고정갑희(한신대학교 및 지구지역행동네트워크)

이 글은 우리 시대의 체제 규정과 운동의 문제설정을 염두에 두었다. 이 글에서는 우리 시대의 체제를 가부장체제로 규정하고 운동의 문제설정을 위해 적녹보라 패러다임을 제안한다. 이 글은 크게 두 가지의 내용을 담는다. 하나는 자본주의와 가부장제를 넘어 가부장체제를 제시하는 것이고, 다른 하나는 가부장체제를 넘어서기 위한 행동철학을 위해 적녹보라 패러다임을 제시하는 것이다.

1. 자본주의, 가부장제, 가부장체제: 자본주의 - 가부장체제

1) 가부장제, 자본주의에서 가부장체제로

가부장체제[1]를 개념화하고 역사화하고 분석하려는 것은 기존의 가부장

---

* 이 글의 2절을 제외한 1절과 3절은 「가부장체제의 생산 - 노동 비판: 가부장체제론과 자본주의적 생산 - 노동 다시보기」, 《마르크스주의연구》, 봄호(2013), 49~80쪽의 내용을 부분적으로 수정한 것이다.

가부장체제와 적녹보라 패러다임[*]

제론의 한계를 극복하려는 시도인 동시에 기존의 자본주의론의 한계를 극복하기 위한 것이다. 기존 자본주의론은 본격적으로 가부장제를 문제 삼지 않았고, 기존 가부장제론은 자본주의적 생산을 건드리지 않은 채 가부장적 생산을 이야기하거나 자본주의적 생산의 일부로서 여성의 노동을 재생산으로 이야기한다. 이러한 입장은 가부장제를 자본주의와는 다른 생산관계이자 양식이라고 정의하면서 자본주의를 정면으로 건드리지 않거나 자본주의를 여전히 중심에 두는 한계를 보여준다. 이런 한계하에서는 지금 삶의 질곡에 대한 돌파구를 찾기 어려워진다. 현재의 문제를 직면하고 넘어서는 새로운 운동과 새로운 삶의 방향을 찾아나가기 위해서는 지금을 어떻게 규정하는지가 상당히 중요하다. 우리가 살고 있는 이 시대를 어떻게 바라보며 문제설정을 하는지는 우리 삶의 방향과 직결되기 때문이다. 이 글은 이 시대를 가부장제나 자본주의를 넘어 가부장체제로 규정하려는 시도를 담고 있다.

지금까지 자본주의를 문제 삼아온 자본주의론은 자본주의를 중심문제로 보면서 자본주의의 부분성을 전체인 것처럼 이야기해온 과오가 있다. 마르크스주의자들은 자본주의를 문제로 보고 문제설정을 해왔지만 그 문제설정 자체가 부분적이라는 것을 인정하지 않고 있다. 기존 페미니스트

---

1 가부장제라 부르지 않고 가부장체제라고 부르는 이유는 제도라는 개념이 사회 속에 깊숙이 스며들어 있다는 느낌이 강한 반면, 체제는 좀 더 확실하게 그 윤곽을 드러내는 개념이라 생각하기 때문이다. regime 또는 system이라고 번역되는 이 체제는 정치·경제·군사체제적 성격을 드러내는 것이다. 가부장제라고 할 때 system의 의미가 없는 것이 아니지만 체계나 체제로 말하면 경제적이고 정치적이고 군사적인 체제와 동급의 범주를 갖는다는 것을 의미한다. 체제라는 말을 사용하면 군사체제, 정치체제, 경제체제인 신자유주의체제, 자본주의체제, 제국주의체제, 분단체제, 냉전체제, 한국의 87년 체제 등을 연상하고 그것들과 연관된 지점을 생각하게 한다. 그리고 무엇보다도 가부장체제라는 개념을 사용하는 이유는 가부장체제가 자본주의체제나 신자유주의체제, 세계체제보다 훨씬 오랜 역사를 갖고 있는 체제라는 것을 말하기 위함이다. 문제는 가부장체제에 대해서는 아직 역사성을 설명하지 못했다는 것이다. 이는 그만큼 많은 사람들이 이 문제를 놓고 씨름해오지 않은 것에 연유한다.

들의 가부장제론은 가부장제를 자본주의와는 다른 그 어떤 것으로 놓거나 자본주의와 연결하려 했다. 독자적으로 놓을 때는 자본주의와 가부장제를 병렬적인 것으로 놓았고, 자본주의와 연동시킬 때는 가부장적 노동을 재생산노동으로 놓았다. 이렇게 되면 페미니즘은 기존 자본주의론자들의 자본주의론을 벗어날 수가 없다. 또한 임금노동 중심 사상을 벗어날 수도 없다. 그리고 성적 생산과 노동을 전면화할 수도 없다.

상품생산과 임금노동 중심의 사상을 벗어나기 위해, 그리고 성적 생산과 노동을 전면화하기 위해서는 자본주의와 가부장제 논의를 재구성할 필요가 있다. 그것이 자본주의로 이야기되면 자본주의론을 확장해서 이야기할 수 있을 것이고, 가부장제로 이야기되면 가부장제론을 확장하면 된다. 그러나 지금까지의 역사성이 있기 때문에 현재로서는 기존의 자본주의론과 가부장제론을 재구성해야 한다. 하지만 필자는 지금 이 단계에서는 기존 자본주의론을 확장하거나 가부장제론을 확장하는 것이 아니라 '가부장체제론'을 구축하는 것이 좋겠다고 판단했다.

가부장체제론을 구축하기 위해서는 기존 가부장제론의 한계와 자본주의론의 한계를 넘어서야 하는 과제를 안게 된다. 한계를 넘어선다는 것은 기존 가부장제론과 자본주의론을 동시에 확장하는 것이기도 하다. 그리고 특히 가부장체제론은 기존 가부장제론의 한계를 벗어난다는 것을 의미한다. 왜냐하면 기존 가부장제론은 기존 자본주의론을 완전히 뛰어넘지 못하고 있기 때문이다.

이 글은 기존 가부장제론의 한계를 자본주의론과 연결해 살펴본다. 그리고 기존 자본주의론과 가부장제론의 한계를 지적하며 가부장체제론을 제시하고자 한다. 그리고 가부장체제론의 구축을 시도하면서 가부장체제적 생산과 노동을 살펴보고, 그에 대한 비판과 함께 새로운 생산의 가능성을 타진하는 것으로 구성하고자 한다. 기존 가부장제론을 살펴보기 위한 하나의 방법으로 생산과 관련된 지점을 살피려고 한다. 즉, 생산, 생산관계, 생산양식, 그리고 생산과 관련된 노동을 중심으로 살펴보고자 한다. 생산을 중심으로 살펴보고자 하는 것은 기존 가부장제론을 자본주의 논의와 연결하기 위한 것이고, 기존 가부장제론만이 아니라 자본주의론을 비판하고 자본주의론을 재구성하기 위한 것이기도 하다. 이 재구성을 통해 가부장체제론을 구축하고자 한다.

가부장제와 자본주의를 넘어 가부장체제로 현 시대를 규정하기 위해서는 기존의 자본주의와 가부장제의 관계설정을 파악하는 작업이 필요하다. 이 관계를 파악하는 방법은 다양하겠지만 이 글에서는 가부장제를 생산과 노동의 관점으로 접근하면서 자본주의와의 관계설정을 시도했던 페미니즘 이론을 중심으로 살펴보고자 한다. 이 문제와 관련된 기존 페미니즘은 가부장제를 자본주의와 다른 생산-노동으로 정의하거나 가부장제를 자본주의의 일부로 정의했다고 볼 수 있다. 가족적 생산양식, 재생산, 비가치/비노동/비등가교환으로 가부장제를 정의한 것을 중심으로 자본주의와 가부장제의 관계설정을 살펴보고, 이 관계설정의 한계를 파악한 뒤 가부장체제론을 제안하는 것으로 나아가고자 한다.

생산을 중심으로 볼 때 기존 가부장제론 중 일부는 가부장제를 자본주의와는 다른 생산양식으로 보는 관점을 제시했다. 페미니즘에서는 마르크스주의가 생산관계를 자본과 노동의 관계로 본 것을 넘어 생산에 대한 논의가 진행되었다. 1970년대 이후의 페미니즘 논의는 가부장적 생산양식과 생산관계를 제시하는 데까지 나아갔다. 이는 막스 베버(Max Weber)가 가부장제를 아버지의 지배와 경제생산을 연결시켜 정의한 것에서 나아가 자본주의적 생산양식과 생산관계와는 다른 생산양식과 생산관계를 제시하는 것이었다. 그러니까 이 논의는 자본주의적 생산양식이 '산업적 생산양식'이라면 가부장적 생산양식은 '가족적 생산양식'이라는 주장과 남성과 여성이 임노동과 계급구조에 다르게 포섭되는 물질적 관계가 가족-가구 체계에 있다고 제시했다. 이는 자본주의와 가부장제를 각각 다른 생산양식과 생산관계의 형태로 본 것이다.

페미니즘 진영이 가부장제의 물적 토대와 이데올로기를 설명하기 위해 생산양식과 생산관계를 제시한 것은 기존 정치경제학이나 자본주의론에서 자본주의적 생산관계나 생산양식을 정의하는 것과는 상당히 다르다. 마르크스는 『자본론』에서 자본주의적 생산양식의 특징을 크게 보아 생산물을 상품으로 생산하는 것, 이 생산의 노동이 임금노동으로 나타나는 것, 그리고 잉여가치의 생산이 생산의 직접적인 목적이라고 본다.[2] 이러한 정의를 볼 때 우리는 페미니스트들이 마르크스의 자본주의적 생산관계와는 다른 내용을 말하고 있음을 알 수 있다.

가부장적 관계를 어떻게 설정하는가에 따라 가부장제와 자본주의적 생산과의 관계는 밀착 또는 분리의 입장을 드러낸다. 단순화시켜 급진적 페미니즘을 분리의 입장이라 본다면 사회주의 페미니즘은 분리와 연결을 동시에 시도한다. 마르크스주의 페미니즘은 밀착 또는 연결을 주장하는 셈이 된다. 가부장제의 독자적 생산관계와 생산양식을 강조한 입장은 크리스틴 델피(Christine Delphy)에게서 찾아볼 수 있다. 델피는 두 개의 분리된 생산양식이 있다고 보고 생산양식을 산업적 생산양식과 가족적 생산양식으로 나눈 뒤 가부장제는 가족적 생산양식을 취하며 남편이 아내를 착취

2　"자본주의적 생산양식은 생산물을 상품으로서 생산한다. 상품을 생산한다는 사실이 이 생산양식을 다른 생산양식으로부터 구별하는 점은 아니지만, 그 생산물의 지배적이고 규정적인 성격이 상품이라는 것은 이 생산양식을 다른 생산양식으로부터 구별하는 점이다. 이것은 먼저 노동자 자신이 오직 상품의 판매자로서만 — 그리하여 자유로운 임금노동자로서만 — 나타나는 것, 즉 노동이 일반적으로 임금노동으로서 나타나는 것을 포함하고 있다"(마르크스, 2005b: 1,067). "자본주의적 생산양식을 특징짓는 두 번째 것은 잉여가치의 생산이 생산의 직접적인 목적이고 결정적인 동기라는 점이다. 본질적으로 자본이 자본을 생산하는데, 그것은 오직 자본이 잉여가치를 생산하는 한에서이다"(마르크스, 2005b: 1,069).

하는 것으로 정의한다(Delphy, 1984). 델피는 여성억압의 물질적 토대는 자본주의 생산관계가 아니라 가부장적 생산관계에 있다고 본다. 그리고 가족-가구체계라는 개념을 제시하면서 가부장제를 이론화하려는 입장 또한 가부장제의 독자적 체제를 보려 한 것이다. 그 한 가지 예로, 미셸 바렛(Michell Barrett)은 성차와 여성억압을 가능하게 하는 기반을 가구체계에서 찾고 있다(월비, 1996: 28 참조). 이는 여성을 가정과 모성에 제한하는 가족 이데올로기와 남성과 여성이 임노동과 계급구조에 다르게 포섭되는 물질적 관계가 가구체계라고 보는 것이다.

이와는 다소 다르게 가부장제가 물질적 기반을 가졌다고 주장하는 입장이 있다. 이 입장을 견지하는 하이디 하트만(Heidi Hartmann)은 가부장제란 물질적 기반을 갖춘 남성 사이의 계급제도적 관계와 남성으로 하여금 여성의 지배를 가능하게 하려는 남성 사이의 결론이 존재하는 일련의 사회관계라고 본다(하트만, 1990). 이는 가부장제의 물질적 기초를 남성에 의한 여성 노동력의 지배로 보는 입장이다. 이 지배는 여성이 경제적으로 필요한 생산자원에 다가가는 것을 배제함으로써, 그리고 여성의 성적 기능을 통제함으로써 유지된다. 이와 같이 하트만은 가부장제를 여성 노동력에 대한 남성의 역사적인 지배에 물적인 근거를 갖는 사회 내의 관계구조로 파악한다. 그리고 하트만이 이처럼 가부장제에 대해 유물론적인 분석을 하게 된 것은 전통적인 마르크스주의자들이 여성 억압을 주로 또는 전적으로 여성과 생산의 관계로 해석하려는 경향에 대해 불만을 느꼈기 때문이다(고정갑희, 2011b).

페미니즘은 구체적으로 여성의 가사노동이 자본을 위한 것인지, 남성을 위한 것인지를 놓고 논쟁했다. 여성의 가사노동이 자본을 위한 것이라고 보는 입장은 자본주의적 생산에 종속된 여성노동의 양상을 설명하고, 자본주의 타파를 목적으로 한다. 반면, 여성의 가사노동이 남성을 위한 것이라면 가부장제를 타파하는 것이 우선이라 생각하는 입장이 된다. 자본주의와 가부장제를 독자적 영역으로 놓거나 서로 연결된 것으로 놓더라도 페미니스트들의 입장이 자본주의적 생산을 가부장적 생산과는 다른 것으로 놓은 것은 확실하다. 그리고 좀 더 나아가 가부장제를 중심에 놓고 자본주의가 가부장제에 종속된 것으로 보는 입장은 새로운 논의의 가능성을 열어둔다고 볼 수 있다. 우에노 치즈코(上野千鶴子)는 가부장제를 강조하는 입장에서 자본주의 역시 가부장제에 종속된 하나의 제도적 변종에 불과하며 노동이라는 장에서 성지배로부터 이익을 얻는 것은 자본가만이 아니라고 보았다. 남성노동자도 그로부터 이익을 얻는다는 것이다. 우에노는 남성이 주도하는 노동조합이 일치단결해 이제까지 여성을 배제하고 억압해왔으며 마르크스주의 페미니스트들이 이를 비난했다고 본다(우에노, 1994).[3]

가부장적 생산관계와 생산양식에 대한 페미니즘의 이론화와는 다르게 일군의 마르크스주의 페미니즘은 자본주의적 생산과 재생산을 구분하면서 여성노동을 기반으로 하는 재생산이 생산적이라는 생각까지 밀고 갔다. '생산'은 아니지만 '생산적'이라는 것이다. 그리고 재생산은 생산을 받쳐주는 역할을 한다고 보았다. 이는 자본주의와 가부장제를 구분하고 가부장적 생산양식과 생산관계를 따로 둔 입장에 대한 비판을 전제로 한다. 마르크스주의 페미니스트들은 이렇게 두 개를 따로 둘 경우 가부장제는 하나의 섬으로서 기존 자본주의와는 다른 영역으로 쉽게 간주될 수 있다는 논지를 편다. 여기에서 필자는 생산과 재생산의 논의를 통해 자본주의적 생산-노동의 범주를 확장시키고자 시도하는 한편 그에 대한 비판을

---

3 가부장제의 독자적 생산관계와 생산양식을 강조한 입장과 그에 대한 견해는 필자의 『성이론』(2011), 36~42쪽을 참조하면서 생산에 초점을 맞추어 재구성했다.

가하면서 생산과 노동에 대한 생각을 전개시키고자 한다.

마르크스주의 페미니스트들이 말하는 재생산은 기존 정치경제학이나 경제학에서 말하는 재생산과는 아주 다르다. 『재생산의 비밀』에서 레오폴디나 포르투나티(Leopoldina Fortunati)는 자본주의하에서 재생산은 생산으로부터 분리된다고 보면서 "자본주의 아래에서 재생산은 많은 다양한 부문으로 이루어진다. 가족과 매춘이 주요 부문이고 전 과정의 중추"라는 인식을 드러낸다(포르투나티, 1997: 37). 포르투나티는 가족과 매춘에서 근본적인 노동과정은 각각 "①노동력의 생산 및 재생산과정과, ②남성 노동력의 특정하게 성적인 재생산과정이다"(포르투나티, 1997: 37~38)라고 말한다. 재생산에 대한 이러한 정의는 기존 경제학의 정의와는 다르다. 기존 경제학에서는 인간은 생산한 소비재나 생산재를 소비함으로써 생산과정에서 소모한 노동력이나 생산수단을 경신해 다시 새로운 생산을 하는 과정을 계속적으로 되풀이하며 살고 있다고 보면서 이 소비와 생산의 반복을 재생산으로 정의한다. 그리고 생산이 연속되고 반복되어 행해질 때 이것을 재생산이라고 정의하기도 한다. 재생산을 이렇게 정의하고 단순 재생산, 확대 재생산, 축소 재생산 등 생산규모와 관련해 재생산을 말하는 것은 포르투나티 같은 이론가의 정의와는 거리가 있다. 자본의 운동으로서 자본의 순환과 회전을 재생산과정으로 정의하는 것 또한 포르투나티의 정의와는 거리가 있다.

여기에서는 생산과 재생산의 비교과정을 가치, 교환, 노동의 문제로 정리해보기로 하겠다. 먼저 가치 문제로 들어가 보면, 외관상으로 생산과 재생산은 가치와 비가치로 나타나지만 실제로는 가치 창출의 차이로 드러난다는 것이 포르투나티의 생각이다. 그녀는 자본주의 생산양식은 재생산을 생산과 연결하는 확고한 결합에 기초하고 있는데 이는 생산이 재생산의 전제조건이자 존재조건이기 때문이라고 주장한다(포르투나티, 1997: 24).

그녀는 상품생산이 가치의 창출로 나타나고 재생산이 비가치의 창출로 나타나는 것은 역설적으로 생산과 재생산이 모두 가치생산으로 기능할 수 있도록 하는 것이라고 본다. 다시 말해 외관상으로는 재생산을 비가치로 설정해야만 실질적으로는 재생산이 가치생산으로 기능하게 된다는 것이다(포르투나티, 1997: 26).

생산과 재생산의 차이는 노동과 비노동의 차이로 드러나기도 한다. 이에 대해 포르투나티는 노동은 상품생산에 관련된 노동(임금노동)으로 설정되는 반면, 재생산노동은 사회적 노동의 자연적 힘으로 설정된다고 비판한다. 그리고 재생산노동은 개인 서비스로 나타나지만 실제로는 노동력의 재생산에 관여함으로써 간접적으로 임금을 받는 노동이라고 본다(포르투나티, 1997: 24). 그녀는 재생산노동으로 가사노동과 매춘노동을 제시한다.

그녀는 재생산이 비노동으로 제시되는 측면을 재생산노동의 이중적 성격으로 설명한다. 가사노동은 자본에게는 사회적 노동의 자연적 힘으로 간주되어 비노동으로 설정되고, 임금(남성)노동자에게는 개인적 서비스로 간주되어 직접적으로 임금을 받지 않는 비노동으로 설정된다. 매춘은 자본에게는 사회적 노동의 비자연적 힘이며 노동자에게는 화폐로 지불되지만 직접적으로 임금으로 지불되지는 않는 개인적인 서비스다(포르투나티, 1997: 44). 여성은 임금노동자에게 자신을 가정주부로 설정하지만 실제로는 간접적으로 임금을 받는 가사노동자이고, 또한 "남성 노동력을 성적으로 재생산하는" 매춘여성은 자본에는 사회적 노동의 비자연적 힘으로, 그리고 그 결과 비노동자로 나타나지만 자본으로부터 간접적으로 임금을 받는 성노동자이며 남성노동자에게는 매춘부가 된다(포르투나티, 1997: 45). 따라서 포르투나티에 따르면, 재생산영역 안에는 두 개의 주요한 계급이 있다. 하나는 자본가 계급이고 다른 하나는 가사노동자/성노동자 두 개의 분파로 구성된 계급이다(포르투나티, 1997: 45).

가치와 비가치, 노동과 비노동은 교환의 문제를 불러온다. 포르투나티에 따르면 생산영역에서의 교환과 재생산영역에서의 교환은 형식적으로는 대등한 것 사이의 등가물의 교환과 비등가물의 교환으로 나타난다. 재생산에서의 교환은 대등하지 않은 것 사이의 비등가물의 교환이다. 그리고 형식적으로도 자본주의적 방식으로 조직되는 교환으로 나타나지 않는다. 이는 남성노동자와 여성 사이에 발생하는 교환으로 보이지만 실제로는 남성노동자를 매개자로 자본과 여성 사이에 발생하는 교환이다. 여기서 마르크스주의 페미니즘의 입장이 확실히 드러난다. 결국 재생산은 자본과 여성 사이의 교환이라는 것이다. 교환의 주체와 관련해보면 가사노동이나 매춘노동, 그리고 임금노동은 "실제로는 자본으로 모두 기능하는 노동력과 화폐"가 된다(포르투나티, 1997: 37~38).

포르투나티는 재생산노동으로 놓았던 두 가지 축인 가사노동과 매춘노동을 교환의 양상으로 비교한다. 그녀에 따르면, 여성가사노동자와 자본 사이의 교환은 성노동자와 자본 사이의 교환이 그런 것보다 남성노동자와 자본 사이의 교환과 훨씬 다른데, 왜냐하면 성노동자와 자본 사이의 교환은 가격으로 나타나므로 적어도 임금관계와 공통적인 어떤 것을 갖고 있기 때문이다. 그러나 모든 재생산노동은 실제로는 임금을 받지 않는 노동이고, 이것은 재생산노동의 가장 두드러진 특징으로 남아 있다(포르투나티, 1997: 61). 또한 포르투나티는 자본주의적 상품생산의 노동자가 교환하는 화폐는 합법적이지만 여성이 교환하는 매춘노동은 합법적이지 않고 불법적이므로 상품생산노동과 재생산노동은 다르게 취급됨을 지적한다. 그리고 가사노동자 또한 남성노동자와 불평등한 관계를 형성하는데 매춘부는 그 관계에 의해 범죄시되기 때문에 더욱 불평등한 관계를 갖는다고 비판한다.

포르투나티가 재생산이 생산적이라고 주장하는 것은 마르크스의 정의와는 다르다. 마르크스는 "생산적 노동은, 자본주의적 생산에 대한 의미에서 보자면, 자본의 가변 부분(임금으로 지출된 자본 부분)에 비추어 교환되어 자본의 이 부분(또는 그 자신의 노동력의 가치)을 재생산할 뿐만 아니라 덧붙여 자본가들을 위해 잉여가치를 생산하는 임금노동이다. 그렇게 함으로써만 상품이나 화폐는 자본으로 변형되고 자본으로 생산된다. 자본을 생산하는 임금노동만이 생산적"이라고 보았다(마르크스, 1991: 640). 이와 같이 상품생산이 자본주의적 생산의 근본적인 지점으로 설정되며, 상품생산을 지배하는 법칙이 자본주의 자체를 특징짓는 법칙으로 설정되는 지점을 파악한 포르투나티는 재생산이 자연적인 생산으로 설정되는 것을 비판한다. 재생산노동, 특히 가사노동이 생산적이지 않다는 것은 자본의 관점에서 자본과 결합된 노동만을 생산적 노동이라고 보는 인식에서 나온 것이다. 마르크스주의는 생산적 노동 개념을 자본과 결합해서 자본의 잉여가치를 생산하는 것이라는 입장을 갖고 있었지만 1970년대 여성운동이 제기한 논쟁에서 이 생산적 노동개념은 바뀌게 되었다. 생산적 노동을 꼭 자본과 결합된 노동이라고 생각하지 않고 이 개념을 확장시킨 것이다. 자본의 입장에서 정의되던 것이 여성의 입장에서 다시 정의된 것이다.

생산과 재생산 사이의 이러한 외관상의 차이(임금노동/비임금노동, 공장/가정)는 다양한 방식으로 해석되어왔다. 그 차이는 발전이 덜 된 결과로 보였거나, 차라리 재생산 부문 안에 강력한 전자본주의적 흔적이 계속 남아 있기 때문인 것으로 파악되었다. 재생산 부문은 심지어 그 자체로 하나의 생산양식으로 보였고, 이 생산양식은 재생산 부문을 자본의 심장부에 존재하는 비자본주의적인 '섬'으로 만들곤 했다. 또한 재생산은 자본주의적 생산과 양립할 수 있는 틀 속에서 그래도 점증적으로 조직화되고 있는 자연적인 생산으로 해석되기도 했다고 포르투나티는 파악했다(포르투나티, 1997: 26).

포르투나티는 마르크스주의적 분석이 "생산과정의 반쪽 — 상품생산 — 만을 서술하므로 그 자체로 재생산을 포괄할 수 있도록 확장될 수 없다는 것, 나아가 생산의 순환 전체에 대한 분석은 재생산도 분석될 때까지 이루어질 수 없다는 것은 분명해진다. 이 재생산 분석은, 마르크스주의적 범주들을 도식적으로 사용하지 않고 페미니즘의 비판과 결합시킬 때만 이루어질 수 있을 것이다"(포르투나티, 1997: 26)라고 지적한다.

포르투나티와 같은 마르크스주의적 페미니스트는 자본주의와 가부장제가 어떻게 자본주의적으로 연동되어 있는지, 그리고 어떻게 다른 것으로 보이게 되는지를 세밀하게 분석한다. 더불어 이성애는 "자본주의적 대인관계 조직의 구체적인 산물"이라고 본다. 사랑이나 가족애, 그리고 이성애 같은 것이 "특정하고 정확한 물질적 과정의 결과"임을 분석한다(포르투나티, 1997: 48). 따라서 오늘날 자본주의적 사랑을 막는 일이 남성과 여성 모두의 비착취를 위한 것임을 주장한다. 여성은 자신이 사랑하는 개인들을 통해 자본을 위해 노동할 수밖에 없다. 여성의 사랑은 결국 남성과 여성의 개인으로서의 자기 부정에 대한 확인이다. 오늘날 상품이 아닌 개인으로서 자신이나 타인을 재생산하는 유일하게 가능한 방법은 이러한 자본주의적 사랑 — 착취라는 섬뜩한 얼굴을 가리고 있는 사랑 — 의 경향을 막고, 여성과의 관계에서 국가와 자본을 대표하는 매개자로서 남성이 하는 역할을 파괴하면서 남성과 여성 사이의 관계를 변형시키는 것이다. 성평등을 위한 유일한 현실적 강령은 둘 모두의 비착취를 위한 것이다.

포르투나티는 생산과 재생산, 여성의 가사노동과 매춘노동이 자본과 남성과 갖는 관계를 찬찬히 분석했다. 이러한 분석은 생산, 노동, 그리고 성을 연결해 자본주의를 설명하려는 시도로서는 의의를 갖지만 동시에 필자의 생각과는 몇 가지 다른 지점이 있다. 포르투나티는 생산과 재생산을 구분함으로써 여전히 상품생산과 자본주의에 우위를 두는 결과를 가져온다. 그리고 무엇보다도 여성이 생산하는 가장 중요한 지점 중 하나인 인간생산이 빠져 있다. 따라서 생산의 내용이 달라져야 하고 재생산의 정의가 달라져야 한다. 지금까지 경제학에서의 생산관계는 상품(재화)생산관계임을 확인하는 한편 상품생산관계 자체에 대해서도 재정의가 필요하다. 이러한 재정의는 포르투나티의 재정의와도 달라야 할 것이다.

필자가 말하는 성관계는 마르크스주의의 생산관계에 버금가는 개념이다. 마르크스주의는 세계를 이해하는 하나의 틀을 만들었다. 거기에는 생산관계라는 개념이 존재한다. 이 생산관계에서는 생산수단의 소유 여부에 따라 자본가와 노동자계급이 나누어진다. 자본주의를 해석하는 틀에서 중요한 개념 가운데 하나가 이 관계다. 성의 이론화를 겨냥하며 가부장제를 자본주의보다 더 오래되고 끈질긴 제도와 체제로 보는 필자는 가부장적 성적 관계와 성관계를 분석하는 것이 중요하다는 입장을 갖는다. 가부장제가 여러 형태를 거쳐 자본제적 가부장제로 자리한 근대 이후의 성관계를 다룰 때는 성관계가 바로 자본제적 가부장제의 문제도 포함하는 그런 개념이 될 것이다.

성의 생산관계를 논하는 일은 기존의 생산론을 바꾸는 것이기도 하다. 그리고 생산과 재생산이 불평등하게 사용되고 있음을 드러내는 일이기도 하다. 따라서 생산만을 재구성하는 것이 아니라 재생산도 재구성하는 일이 될 것이다. 남성중심적 가부장적 생산론에서는 사회적 상품 또는 재화를 생산하는 것을 생산이라 했다. 이 영역을 '생산'으로 놓음으로써 인간을 생산하는 일은 자연히 '재생산'이라는 말로 대치되었다. 생명공학을 논하면서 재생산기술을 말하거나 재생산권을 요구하는 논의는 모두 현재의 생산/재생산 개념 정의를 문제 삼지 않고 받아들이는 것이다. 따라서 이 글에서는 마르크스주의를 포함한 기존 경제학의 생산/재생산론과 생산중심주의뿐만 아니라 페미니즘의 재생산론 역시 비판의 대상이 된다. 페미니즘은 그동안 재생산이라는 용어를 사용해왔다. 재생산의 비밀, 재생산권, 재생산기술 등으로 인간생산을 재생산으로 정의해온 것이다. 그러니까 필자가 문제 삼는 것은 기존의 생산중심주의가 재생산을 재화의 재생산과 재화의 생산을 위한 재생산으로 나누고 있다는 점이다. 생산과 재생산이 상품(재화)생산 중심이고 인간생산과 쾌락생산이 모두 재생산의 영역에 포함되어버린다는 점에 대한 문제제기다.

성적 생산관계는 기존 생산관계의 범위를 드러내고 생산관계를 재조정한다. 성적 생산관계라는 개념을 내놓음으로써 기존 생산관계는 상품생산관계로 재정의되는 것이다. 성관계 중 성적 생산관계는 인간생산, 쾌락생산, 상품생산, 가사생산으로 나누어볼 수 있다(고정갑희, 2011b). 다시 말해 상품생산관계 또한 성관계의 내용이 될 수 있다. 성관계가 섹스관계만이 아니라 젠더-섹슈얼리티관계를 의미하고 그것을 다른 말로 하면 성별과 성애관계라고 할 때, 인간생산과 쾌락생산도 성별-성애적 관계이고, 상품생산 역시 성별-성애적이다. 물론 인간생산, 쾌락생산, 상품생산, 가사생산 사이에는 성관계적 특성의 차이가 있다. 이 네 가지 생산관계의 특성, 차이, 연결고리를 살펴보는 것이 필요하다.

앞에서 살펴본 대로 가부장체제론은 자본주의와의 관계를 놓고 독자적 생산양식을 강조한 입장과 자본주의의 틀 안에 포함되는 재생산으로서 여성노동을 설정한 입장을 넘어서는 것을 의미한다. 기존의 자본주의론과 가부장제론을 넘어서서 가부장체제론을 새롭게 구축하는 것은 새로운 개념의 제안, 범주화, 정의를 필요로 한다. 새로운 개념, 범주화, 정의는 세상을 해석하는 틀의 문제이고 세상을 변화시키기 위해서는 해석의 틀을 변화시키는 것 또한 중요하다는 것을 의미한다.

2) 가부장체제를 구축하기 위한 개념, 범주, 정의:
성체계＋군사-제국-자본주의로서의 가부장체제

이 글에 들어서며 말한 대로 가부장체제론은 자본주의론과 기존 가부장제론이 현실을 해석할 틀을 제대로 제시하지 못한다는 데서 출발한다. 따라서 가부장체제를 이론화하는 것은 관련된 개념을 생산하는 것을 의미한다. 즉, 가부장체제를 이론화한다는 것은 군사주의적 가부장체제, 신자유주의적 가부장체제, 자본주의적 가부장체제, 근대적 가부장체제, 제국주의적 가부장체제 등의 개념어와 그 내용을 구체화하는 것을 의미한다. 그리고 가부장적 노동, 가부장적 거래, 가부장적 생산, 가부장적 착취, 가부장적 국가, 가부장적 인종주의, 가부장적 시장, 가부장적 폭력, 가부장적 장치 등의 개념어를 새롭게 제시하고 그 내용을 현실에서 찾아 제시하는 것을 의미한다. 예를 들어, 가부장적 노동은 노동의 성별화/성애화가 그 내용으로 포함되고, 앞에서 말한 광범위한 의미의 여성/남성, 그리고 다른 성적 존재의 성노동이 포함되며, 제국주의적이고 자본주의적인 성격을 띤 성노동을 의미한다.

가부장적 관계는 앞에서 말한 성관계를 자본주의-군사주의-제국주의와 연관시켜 정의되는 관계를 의미한다. 가부장적 생산양식에는 자본주의적 생산양식도 역사적 국면의 일부로 들어가지만 가부장적 생산양식은 그보다 더 오래된 범위와 역사성을 띠고 있다. 가부장적 시장은 결혼시장, 성산업시장, 가사노동시장과 각각의 산업의 형태를 띠면서 기존의 자본제적 시장의 성별화되고 성애화된 영역을 포함한다. 이 시장의 거래에는 남성과 여성 사이의 거래가 포함된다. 가부장적 국가는 구성원을 성별화하고 성차별하는 국가를 의미한다. 다시 말해 군대, 감옥, 경찰 등의 강제적 장치가 (남성 중심적으로) 성별화되어 있고 (이성애 중심적으로) 성애화되어 있는 국가를 의미한다.

가부장적 경제 또한 가능한 개념으로 생각할 수 있다. 가부장적 생산, 노동, 가치 등이 가능한 개념이라면 경제 또한 가능하다. 가부장적 폭력이라는 개념은 성폭력과 중첩될 수도 있고 성폭력과 중첩되지 않는 측면이 있을 수도 있다. 가부장적 폭력은 국가-자본-군사적 폭력으로 드러날 수도 있기 때문이다. 물론 국가-자본-군사적 폭력이 성적 폭력의 성격을 띠고 나타날 때 이는 가부장적 폭력이 될 것이다. 가부장적 착취 또한 성 착취의 지구지역적 성격 및 군사주의-자본주의-제국주의적 착취와 연동되는 것으로 생각할 수 있다. 가부장적 노동 또한 군사주의적이고 제국주의적이며 자본주의적인 성격을 띠는 성적 노동을 의미할 수 있다. 가부장적 관계는 성관계를 자본주의-군사주의-제국주의와 연계시킬 때 생산되는 관계일 수 있다. 가부장적 장치는 성장치를 자본주의-군사주의-제국주의와 연계시킬 때 발견되는 장치일 수 있다. 그리고 가부장적 생산양식은 자본주의적 생산양식을 포함하지만 그보다 범위와 역사가 넓고 오래된 생산양식이라 정의할 수 있다.

필자가 말하는 가부장체제는 자본-군사-제국주의적 성체계를 의미한다. 이는 성과 자본주의, 성과 군사주의, 성과 제국주의가 연동되어 돌아간다는 의미로, 전 지구적 가부장체제는 자본주의 세계체제와 무관하게 움직이는 것이 아니라는 말이다. 다시 말해 가부장적 모순은 자본주의적 모순을 그 일부로 포함한다는 의미다. 이를 설명하기 위해 성-생산-노동의 관계를 살펴볼 필요가 있다.

가부장체제는 가부장적 성체계를 기반으로 한다. 성체계는 성관계-성노동-성장치라는 삼각구도를 갖는다. 가부장체제가 지배하는 시대에는 성관계, 성노동, 성장치가 서로 연동되어 가부장체제를 유지하고 재생산하는 역할을 한다. 성관계는 생산, 거래, 권력, 계급관계로 분류될 수 있다. 성노동은 성별(젠더)노동과 성애(섹슈얼리티)노동으로 구분될 수 있으며 이 둘이 서로 혼재되어 있기도 한다. 성적 생산관계를 중심으로 노동을 보았을 때 인간생산은 모성노동으로, 가사생산은 가사노동으로, 쾌락생산은 매춘노동, 상품생산은 임노동으로 나눌 수 있다. 성장치는 성 이데올로기를 유지하고 재생산하는 장치로서 시대마다 다를 수 있다. 현대에는 국가, 시장, 몸, 서사, 미디어가 부각된다. 가족은 여전히 성장치로 작동하며 종교와 교육 또한 중요한 장치로 작동한다. 장치는 영어로 'apparatus'라는 단어로 번역되며 가부장적 성노동을 가능하게 한다(고정갑희, 2011b).

성장치와 관련해 본다면 시대가 변함에 따라 주요 장치는 변해왔다. 예를 들어, 서구에서는 종교장치로서 기독교가 주요한 역할을 해왔다. 그러나 지금은 시장과 미디어가 더 큰 역할을 한다고 할 수 있다. 만약 사회가 가부장적이지 않은 사회로 이행하고 변해간다면 이 장치들은 가부장적이지 않은 장치로서의 역할을 할 수도 있다. 하지만 국가나 시장이나 서사는 그 규모 자체가 간단하지 않아 쉽게 변하기 어려운 것으로 보인다. 몸의 경우 몸에 체화된 아비투스와 세대에서 세대로 이어진다는 점에서 가장 끈질긴 성장치가 된다. 가족 또한 마찬가지다. 인간재생산의 기제인 가족이 변하고 있지만 또한 변하지 않는 부분도 있으며, 그것이 가부장적 성관계와 성노동을 지속시키고 있다. 필자는 이것을 가부장적 성체계로 본다.

또한 역사적 지구지역체계로서의 가부장체제는 자본주의-제국주의-군사주의의 성격을 띤다. 가부장체제는 정치·경제·군사·문화체제다. 현재로서는 자본주의적 체제, 군사주의체제, 남성 중심 권력체제 모두 가부장체제다. 가부장체제는 공간으로 보면 지구적 차원의 체제이며 시간으로 보면 오랜 역사성을 띤다. 가부장체제는 그 역사적 국면으로 보면 근대와 현대에서는 자본주의적 성격, 제국주의적 성격, 군사주의적 성격을 동시에 띤다. 가부장체제가 자본주의적 성격을 띤다는 것은 이상할 것이 없다.

근현대의 경제체제는 자본주의적 체제가 중심이 되기 때문에 근현대로 들어오면서는 가부장체제도 상당부분 자본주의적 성격을 띠게 되고, 자본주의적이지 않던 세계의 곳곳이 상당부분 자본의 힘에 굴복하기 시작한다. 가부장체제는 전 지구적 차원에서도 작동하므로 전 지구적 자본주의-군사주의-제국주의의 면모를 갖는다(고정갑희, 2011a).

지금 자본주의 논의는 세계화와 전 지구적 자본주의 논의로 전개되고 있으며, 신자유주의라는 새로운 자본주의적 국면의 위기에 대한 논쟁으로도 전개되고 있다. 그런데 신자유주의 논의가 여전히 남성 중심의 담론인 이유는 그 논의에 젠더, 섹스, 섹슈얼리티 논의가 다 빠져 있기 때문이다. 이것은 수정될 필요가 있으며, 수정은 개념을 새롭게 정의하는 것으로 연결된다. 신자유주의가 가부장체제의 한 국면으로 인식된다면 성과 관련된 문제를 배제하지 않으면서 신자유주의를 이야기할 수 있게 될 것이다. 전 지구적 자본주의, 세계화, 신자유주의 시대로 규정되는 현재 젠더와 섹슈얼리티 문제는 여전히 다른 세상처럼 이야기되고 있지만, 이들 문제는 결코 그처럼 구분되어 있지 않다. 이것은 성모순 설정과 성체계의 역사성 및 경제성을 고려할 때 자명한 일이다. 가부장체제는 자본주의나 기존의 생산양식 구획범위를 넘는 큰 범주다. 가부장체제는 역사적으로 오랫동안 지속되어왔다. 세계체제론이 16세기 자본주의의 태동기, 서구 근대체제에서 이야기를 시작한다면 가부장체제론은 그보다 훨씬 이전부터 시작되어야 할 것이다. 그러나 이러한 역사적 논의를 하기 어려운 이유는 지금의 모든 사고가 근대자본주의적·남성 중심적으로 형성된 지식체계를 따르고 있기 때문이다. 그래서 역사의 시기 구분이나 역사에 대한 해석, 생산양식에 대한 해석 등은 다 다르지만 성체계를 누락시킨다는 점에서는 모두 동일하다.

성과 계급의 문제설정, 성과 인종의 문제설정, 성과 종의 문제설정은 가부장체제에서 중요하다. 성과 인종의 문제를 미국 흑인 페미니즘의 시각이나 제3세계 페미니즘의 시각에서 고려할 것이 아니라 근본적으로 인종주의가 자본주의에 어떻게 활용되며, 인종주의적 제국주의가 자본주의에 어떻게 활용되는지, 더 나아가 인종주의가 가부장체제에 어떻게 활용되어 왔는지를 보아야 할 것이다. 인종의 토대가 성이라고 본다면, 그리고 그 성이 자본에 활용되었다면 인종문제는 근대체제만의 문제가 아니라 장기적으로는 가부장체제의 문제이며 단기적으로는 자본주의-가부장체제의 문제다. 이러한 인종, 인종주의의 문제는 민족, 민족국가와의 관계 속에서 중요하다. 특히 전 지구적 이동이 더 강화된 현재의 시점에서 볼 때 이주와 인종, 민족국가의 문제는 가부장체제를 유지하는 것과 관련이 있다.

성과 종의 문제 또한 가부장체제와 연관된다. 남성, 여성, 서구근대체제 이 모두는 종의 구조적 문제를 담고 있다. 자연을 어떻게 보고 자연에 대한 수탈과 착취를 어떻게 보며 종들 간의의 조화로운 삶은 어떻게 가능한지를 생각하는 것은 가부장체제론에서 중요한 문제다. 성과 계급, 성과 인종, 성과 종의 문제가 전 지구적으로 확장되는 순간은 제국주의/식민주의가 작동할 때다. 제국주의를 성과 계급, 인종, 종의 문제로 본다면 지금까지 제국주의에 대한 싸움과 그 싸움의 내용이 달라질 것이다.

가부장체제적 생산과 노동의 개념을 제시하는 것은 자본주의적 생산과 노동의 범위의 확장으로서 또는 기존의 경제학, 마르크스주의 경제학을 포함해 경제학이 제시하는 자본주의적 생산과 노동이 은폐하거나 배제한 생산과 노동을 끌어들이는 틀로서의 의미를 갖는다. 이는 부분적으로 이제까지의 자본주의적 생산과 노동의 범주를 확장하는 것이기도 하고, 가부장적 정치경제학에 대한 비판이기도 하다. 가부장체제는 노동현장의 문화적 현상에 그치는 것이 아니라 물적 토대 그 자체다. 이를 증명하기 위해 자본주의적 가부장체제 또는 가부장체제 형태로서의 자본주의를 볼 필요가 있다.

이는 앞에서 본 생산/재생산의 관계로 설명된 부분을 비판적으로 수정하는 것을 의미한다. 포르투나티는『재생산의 비밀』에서 자본주의를 재생산에 토대를 둔 생산체계라고 본다. 그러나 필자는 재생산의 영역으로 간주된 것이 생산의 영역임을 강조하고자 한다. 그리고 생산-재생산의 틀로 보는 것은 자본주의를 중심에 두고 이론을 전개한 결과라 할 수 있다. 그러나 가부장체제를 중심에 두고 생산관계를 제시하면 달라진다. 생산을 받쳐주는 재생산의 영역으로 여성의 노동을 보는 것이 아니라 이들의 노동을 생산적 노동으로 보게 된다. 여성은 생산을 하는 주체가 되는 것이다. 이렇게 되면 인간의 상품생산, 재화생산이 현재 남성 중심의 가부장적 (정치)경제학이 제시하는 것보다 부분적임이 드러난다.

상품생산이 비대해진 현재의 경제 시스템은 자본주의적 성격을 띤다. 그리고 이 자본주의적 상품생산은 인간이 행하는 다양한 생산의 부분인데, 여기에는 여성의 노동을 아예 노동이나 생산으로 보지 않거나, 성을 생산과 연관시키지 않거나, 자연의 생산을 생산으로 보지 않는 사고가 포함된다. 자본주의적 생산은 자연을 자원으로 놓거나 여성의 생산을 자연적인 것으로 놓고 자연과 여성의 생산을 인정하지 않은 채 이들을 수탈하거나 착취한다. 이런 자본주의적 생산관이 바로 가부장체제적 생산관이라 할 수 있다. 우리는 이러한 가부장체제적 생산 너머를 볼 수 없도록 속박되어 있다.

가부장체제론은 현재 자본주의적 경제체제를 벗어날 가능성을 던지기 위한 이론이다. 그리하여 이를 통해 운동의 새로운 지평을 열고자 한다. 그리고 남성 중심적-자연파괴적인 가부장적 정치경제학을 비판하고자 한다. 또한 자본주의적 생산과 노동은 가부장적 생산과 노동이라는 생각에 준한다. 현재 우리가 살고 있는 시대는 자본주의와 가부장제가 따로 가는 것이 아니다. 따라서 가부장적 생산과 노동을 보지 않는 자본주의 비판론은 자본주의 비판론이 되기 어렵다. 가부장체제의 생산과 노동을 비판하는 것은 자본주의적 생산과 노동을 비판하는 것이다. 이 둘의 관계를 언급하지 않으면서 금융자본, 자본의 축적, 자본의 착취를 말하는 것은 부분적이다. 이 주장을 받쳐줄 이론적 근거는 자본주의적 생산이라는 현재 이론에서는 상품생산을 의미한다. 인간 삶에는 상품생산만 있는 것이 아니라 다양한 생산이 존재한다. 이 생산들과 자본 간의 관계를 규명하는 일이 필요하다. 그중 하나가 성과 자본의 관계, 성과 생산-노동의 관계를 규명하는 일이다. 성 또는 성적 모순은 가부장적 모순으로 자본주의적 모순과는 다르며, 성적 모순은 페미니즘 또는 여성이 담당하는 것이라는 논리는 잘못되었다. 그리고 다른 하나는 자연과 자본, 자연과 성, 자연과 생산의 관계를 규명하는 일이다. 생태주의에서만 이것을 담당한다는 논리 또한 잘못되었다.

자본주의와 가부장체제는 현재의 지구화, 지구지방화와 연관된다. 성의 경계, 성의 구분을 따라 움직이는 자본과 노동이 있는데, 그중에서 새롭게 산업으로 부상하는 영역 중 하나가 성적 영역이라 할 수 있다. 성노동자들의 이동이 진행된다. 몸이 지역적으로 공간적으로 이동하기도 하고, 몸의 일부가 이동하기도 한다. 결혼계약과 거래 또는 매춘계약과 거래로 몸이 이동하며, 베이비산업의 선을 따라 난자와 아이가 이동한다. 과거에는 입양을 통해 아이의 이동이 진행되었다면 현재는 대리모산업을 통해 난자의 이동이 진행된다. 가사노동자와 돌봄노동자는 국경을 넘어 다른 지역으로 이동한다. 이러한 이동은 성적 관계의 재편성이 초국가적으로 일어남을 보여준다. 정보사회는 〈구글베이비〉라는 영화에서 보여주듯이 이러한 교환, 매매, 계약의 중심에서 작동하기도 한다. 따라서 가부장체제로서 성적 생산·거래·계급·권력·노동관계의 지구적 변환의 성격을 살피는 일이 긴요해진다.

지구적 차원의 변환이 일어나고 있는 이 시점에서 성관계, 성노동, 성거
래에서도 변환이 일어나고 있다. 성적 관계와 성적 노동이 국가와 시장 같
은 성장치와 연결되어 작동한다면 성적 관계가 지구지역성과 연결되는 지
점이 나온다고 할 수 있다. 미디어는 지구적 차원에서 시공간을 압축하고
있다. 국가의 경계를 넘어 전 지구적으로 자본이 이동하고 있으며 이 이동
은 성적 노동, 성적 거래, 성적 생산과 연결된다. 초국가적인 시장관계가
가부장적 성체계의 재배치와 변화를 가져온 것이다. 여기에는 지구지역적
축이 이러한 재배치와 변화를 설명하는 한 축으로 작동할 수 있을 것이다.
지구지역성의 인식소로는 지역, 남반구/북반구, 제국/신식민, 종·인종·
민족·계급·종교 등을 들 수 있으며 이러한 인식소는 성적 관계의 변화를
설명하는 축으로 작동할 수 있을 것이다.

가부장적 생산-노동의 지구적 회로의 한 예로 인간생산을 보자. 인간
생산은 인류가 존재한 이래로 양성생식적 생산양식과 모태생식적 생산양
식을 지속해왔다고 할 수 있다. 인간생산의 양식은 지금까지 젠더화, 식민
화, 계급화의 양상을 띠었으며, 지금은 세계화, 자본화, 산업화의 형태를
덧붙이게 되었다고 할 수 있다. 결혼산업의 초국화, 국제화로 인해 여성교
환의 체계가 달라지고 있다. 여성 자체의 교환을 넘어 정자, 난자, 배아,
수정, 착상의 유통과정이 지구적 회로로 변환되고 있다. 부족, 종족, 민족,
국가, 자본, 노동이 개입되면서 인간생산이 진행된다.

지금 인간생산과 관련해 자본주의적 생산력-생산관계의 모순을 포함하
는 가부장체제적 생산력과 생산관계는 어떤 모순에 처하게 되었다. 여기서
생산력이란 상품생산을 중심으로 하는 생산력만을 의미하지 않는다. 인간
생산의 생산력 가운데 일부인 출산은 이른바 저개발국, 개발도상국, 선진국
이라는 국가적 차이에 따라 다르며, 인종적 차이, 인종-문화적 차이에 따

라서도 달라진다. 그중 입양문제는 인간생산의 지역적 이동과 연결된다. 또한 상품생산의 자본주의적 생산력 중심주의는 인간생산, 노동력 생산과 밀접하게 연관된다. 현재 한국사회에서는 저출산고령화 사회에 대비하는 형식으로 국가가 출산율을 높이고자 한다. 저출산 고령화 사회에서는 성장력이 떨어진다는 통계에 의해 국가 중심의 생산성과 성장력을 기준에 둔다.[4] 이 기준 자체는 현재의 자본주의 사회의 기준이다.

저출산으로 인한 생산가능인구의 감소를 우려하는 목소리에는 생산의 내용과 생산가능인구의 연령에 대한 단견이 들어 있다. 현재의 자본주의적 가부장체제하에서는 생산이 상당히 한정된 개념이다. 산업사회의 생산 개념이 달라지고 있고 산업의 변화가 진행되는 상황에서 생산가능인구를 특정 연령대로 잡는 것 자체가 문제가 있다. 생산의 내용과 주체를 한정시킨 것은 변화하는 사회의 면모를 따라가지 못한 판단으로 보인다. 현재는 근대적 산업사회에서 다른 사회로의 변화가 진행되고 있다. 그것이 서비스산업이든 정보산업이든 간에 변화를 다양하게 바라보면서 생산의 가능성과 생산의 개념을 확장해야 하는데, 미래를 예측하는 방식이 근대적이고 제한되어 있는 것이다. 따라서 앞으로는 생산가능인구의 정의를 달리해야 할 것이다. 또한 성장제일주의적 사고와 경쟁체제를 중심으로 사회의 방향을 설정하는 것 자체를 문제 삼아야 할 것이다.

가사생산 또한 지구적 회로를 따라 움직인다. 가사생산의 양식에서는

---

4 한국의 제1·2차 저출산·고령화 기본계획안은 저출산을 고령화와 연동시킨다. 계획안은 저출산으로 인한 생산인구의 감소를 예측하는데, 생산가능인구 중 50~64세의 인구비중이 향후 10년에 25%로 증가, 2050년에 41%가 된다고 예측한다. 반면, 전체 인구는 2017년부터 연평균 42만 명씩 감소한다고 예측한다. 이렇게 감소하면 공적연금과 건강보험제도 자체의 지속가능성이 저해되고, 의료와 교육 같은 사회보장지출 확대로 재정수지가 35조 원으로 악화된다고 한다. 그리고 은퇴와 저출산으로 내수가 위축되어 잠재성장률이 2040~2050년에는 1.4% 수준으로 하락할 것으로 예측한다.

혈연중심 공동체로서의 가족 내 자가/타가생산, 상품화되는 가사생산(상품, 산업 범주에 포함), 가정, 사회의 구분선이 흐려지고 있다. 가사노동은 현재 지구지역적 차원의 여성 이주노동과 밀접하게 연관되어 있다(고정갑희, 2009 참조). 가사노동은 임금노동 여성이 늘어남에 따라 국가경계를 넘어 이동하고 국제적 분업의 형태로 드러난다. 이 형태는 여성들 사이의 차이를 보여준다. 상품생산을 하는 임금노동 여성과 인간생산과 연관된 가사노동 여성, 그리고 국가 간 생산력의 차이에 따른 여성의 차이, 한 국가 내에서 국경을 넘은 이주가사노동 여성과 그 자리를 대체하는 여성 등 다양한 분업의 선을 보여준다. 여성을 보내는 국가 내에서 빈자리를 메꾸는 여성, 여성을 받아들이는 나라의 중간계급 이상의 여성, 그리고 직접 이주하는 여성으로도 나누어진다. 가사노동은 현재 제국주의, 자본주의, 인종주의가 연결되어 작동하는 장이다. 페미니즘이 반자본주의적·반인종주의적·반젠더편향적인 성격을 갖고 있다면 가사노동의 현장은 이러한 운동이 실현되어야 할 장이다. 그리고 지구지역적 페미니즘은 이를 위한 이론과 운동의 기반을 마련해야 할 지점이기도 하다.

상품생산의 지구적 회로는 초국적 자본과 초국적 노동의 선을 따라 움직인다. 근대체제 이후 임금가부장제의 확산, 식민적 차이에 의한 생산, 시초축적 과정에서 임노동으로부터 여성의 배제가 연동되어 일어났다. 다시 말하면 제국주의, 식민주의, 군사주의를 배경으로 삼아 전 지구적 자본의 확대재생산이 일어났다. 금융상품이나 인지적 영역의 상품, 성적인 상품이 지구적 회로를 따라 이동한다. 쾌락생산의 지구적 회로 또한 제국-군사-자본주의적 성격을 띠는 동시에 인종주의적 성격을 띤다. 지금은 한 지역 내에서의 섹스의 생산 자체가 국가경계를 넘어 글로벌 차원의 섹스로 변환되는 과정인데 이는 많은 문제를 안고 있다. 섹스산업의 초국화 과정에서는 섹스노동자에 대한 정치·경제·문화적 억압이 일어난다. 성거래 자체가 지구지역적으로 이동하고 확장되는 지금과 같은 상황에서는 네 가지 생산과 그에 준하는 노동 사이의 역학관계를 살펴보면 이러한 문제의 실마리를 찾아낼 수 있을 것으로 보인다.

필자는 앞에서 제기된 가부장체제와 전 지구적 가부장체제에 대한 대응·대항·대안의 움직임으로 적녹보라 패러다임에 입각한 운동을 제안한다. 전 지구적 가부장체제에 대해서는 운동의 적녹보라적 전환뿐만 아니라 지구지역적 전환이 필요하다. 지구지역적 전환에 대한 설명은 다음 기회로 미루고 이 글에서는 적녹보라적 전환을 위해 적녹보라 패러다임의 구축을 시도해본다. 가부장체제는 성체계의 군사-제국-자본주의적 성격을 띠며 여성과 자연의 수탈을 그 근저에 깔고 있다. 계급적이고 성적이고 생태적인 수탈과 착취를 전제로 한다는 점에서 반가부장체제적 움직임과 대안적 움직임은 적녹보라 패러다임에 입각한 움직임의 성격을 갖출 필요가 있다.

2. 반가부장체제적 행동을 위한 패러다임으로서 적녹보라[5]

적녹보라 패러다임은 현재 운동의 내용과 형식이 관련된 문제다. 하나

---

5 필자는 「적-녹-보라에 대한 몇 가지 생각」, ≪진보평론≫, 10주년 심포지엄 발표 글(2009); 「적녹보라의 패러다임은 여성에게 어떤 의미인가?」, 진보신당 2009년 하반기 여성당원 워크숍 강의; 「성, 노동, 계급" 적/보라 패러다임의 재구성」, 2009년 학술단체협의회 연합심포지엄 발표 글; 「페미니즘 관점에서 본 한국의 진보와 패러다임의 전환: 적, 녹, 보라의 관계 설정을 위한 시론」, 『맑스주의와 정치』(2009)와 더불어 수원 지역운동 포럼, 작은책 강연, 성공회대 노동대학 강의, 2010~2012년 글로컬 페미니즘 학교 강의를 통해 적, 녹, 보라에 대한 생각과 적녹보라 패러다임의 가능성을 생각해보았으나 아직 패러다임으로서의 성격을 제대로 구축하는 단계로까지는 나아가지 못하고 있다. 이 글에서 제시하는 적녹보라 패러다임에 대한 단편적인 생각은 앞에서 언급한 강의와 글을 통해 나온 것이다.

의 부문 운동을 중심으로 하는 운동이 갖는 운동이론의 보수성을 고려할 때 현재의 적, 녹, 보라 각각의 패러다임을 다시 살펴볼 필요가 있다. 마르크스주의, 생태주의, 페미니즘은 각각 진보적 의식을 갖는다고 스스로 간주한다. 그러나 각각이 갖는 진보적 의식이라는 것이 어떤 한계를 지니는지를 인식해야만 세상의 변화도 가능할 것이다. 지금은 운동들의 운동이 필요한 시기다. 이는 자본주의, 인간중심주의, 가부장제에 대한 새로운 이해가 필요하며 이들이 어떻게 작동하는지 다시 살펴야 한다는 것을 의미한다. 자본주의, 인간중심주의, 가부장제는 연동되어 작동하기 때문이다.

적/녹/보라 각각의 행동이론적 입장과 그것이 정의하는 모순을 단순화시켜 말하면, 적은 행동이론의 근간으로 마르크스주의를 주요 모순으로 삼아 계급모순을 제기하는 운동을 의미한다. 이때 운동이란 이론적이고 실천적인 것을 모두 의미한다. 다시 말해 마르크스주의도 운동을 의미하고, 그에 입각한 노동운동도 운동을 의미한다. 녹은 생태주의와 생태환경 모순 또는 종모순을 주요 모순으로 간주하는 운동을 의미한다. 보라는 페미니즘과 성모순을 주요 모순으로 간주하는 운동을 의미한다. 적, 녹, 보라는 이론과 현장운동 두 가지를 모두 포함하는 개념이다. 이 점에서 상징성을 띤 개념어가 될 수 있다. 그리고 이러한 성격은 현재 운동과 이론의 관계설정에 적합하다. 이제 지구지역적 차원의 변혁을 위해서는 이론가/연구자는 현장 활동가의 정체성을 향하고 현장 활동가는 이론가/연구자의 정체성을 향하려는 시도를 해야 한다고 생각한다. 복잡하게 분화된 세상, 중층적으로 얽혀 있는 세상, 끊임없이 변화하는 세상을 이해하고 분석하기 위해서는 이론과 현장 활동이 만나야 한다.

적, 녹, 보라는 그 자체로 완결적인 의미는 아니지만 범주를 형성하는 개념이다. 그리고 동시에 그 안에 교차점을 안고 있는 개념이다. 적 안에 녹과 보라가 포함될 수 있고, 녹 안에 적과 보라가 포함될 수 있으며, 보라

안에 적과 녹이 포함될 수 있다. 적이 설정하는 모순을 계급모순으로, 녹이 설정하는 모순을 환경·생태적 모순으로, 보라가 설정하는 모순을 성적 모순으로 본다면 여성이 계급의 문제를 안고 있기도 하고, 환경이 계급의 문제를 안고 있기도 하다. 그리고 성별이 계급이 될 수도 있고, 여성과 노동의 문제가 환경의 문제이기도 하다. 하지만 현재 주요 모순을 상정하고 그 모순에 명칭을 붙인 지점이 각각 다르고 각각의 운동에 있는 중심성이 다르므로 적과 녹과 보라는 그 자체의 범주를 갖는다고 볼 수 있다. 마르크스주의, 생태주의, 페미니즘은 각기 자본주의, 인간중심주의, 가부장제를 문제로 설정하고 있다.

적-녹-보라가 갖는 이론으로서의 성격과 현장운동으로서의 성격이 반드시 일치되는 것은 아니다. 즉, 적이 상징하는 노동운동이 바로 마르크스주의라는 이론의 현실적 실천인 것은 아니다. 또한 보라가 상징하는 여성운동이 지금까지의 페미니즘과 본격적으로 연계를 맺은 것이 아닐 수도 있다. 지금까지 한국의 여성운동은 다양하게 전개되었으며 어떤 운동은 페미니즘이라는 이론과 연계되어왔지만 여성이라는 정체성에서 출발된 운동으로서의 여성운동은 이론과는 거리가 있기도 했다. 현장에서는 이론을 탁상공론이라고 일축하는 경우가 있고, 이론의 관점에서는 운동이 충분히 그 관점을 담고 있지 않은 것으로 보이기도 하는 경우가 이를 설명한다. 적-녹-보라의 접점을 찾는 일은 이론적 지점과 현장운동의 거리 좁히기는 일이기도 하다. 예를 들면, 노동조합 중심의 노동운동과 정치적 노동운동이 다른 데다가 노동운동 진영 내에서도 다른 이론적 토대 위에 세워져 서로 생각하는 방향이 다를 수 있다.

적, 녹, 보라라는 개념을 운동과 이론에 끌어들이고 사용하려는 이유는 이론과 현장 사이의 접점 찾기뿐만 아니라 운동들 사이의 접점 찾기가 필요하기 때문이다. 부문운동 사이의 접점을 찾음으로써 현 사회의 변혁에 한발 다가가자는 뜻이다. 적-녹-보라의 접점 찾기는 현 시점의 운동(노동, 환경, 여성, 성소수자, 청소년, 장애, 지역)이 각각의 중심성을 가지면서도 다른 운동과 새로운 운동에 열려 있기 위함이다. 이 점에서 적녹보라는 패러다임의 성격을 갖는다. 적녹보라가 패러다임으로 작동한다는 것은 성-계급-생태적 모순에 직면해 그에 대한 대안적 제시를 한다는 것을 의미한다. 이는 성-계급-종의 패러다임이라 할 수도 있고, 성-계급-생태환경 패러다임이라 할 수도 있다.

따라서 적, 녹, 보라 각각을 의미하는 빗금으로 표시된 '적/녹/보라', 빗금을 없애고 연결선을 넣은 '적-녹-보라', 아예 연결선조차 없앤 '적녹보라'라는 세 가지 다른 개념어를 사용하는 것은 각 행동이론 및 운동이 중심성을 갖는 단계에서 보이는 단계적 변화를 표시하기 위함이다. 적/녹/보라적 생산, 적-녹-보라적 생산, 적녹보라적 생산은 각각 차이가 있을 것이다. 적녹보라적 생산은 어느 시점에서는 아예 다른 언어로 바뀔 수밖에 없는 시간제한적인 언어라 할 수 있다. 현재로서는 적녹보라 패러다임을 모색하고 구축하기 위해 이 세 가지 단계적 언어를 사용해야 할 것으로 보인다. 그리고 적, 녹, 보라 각각의 패러다임이 아니라 적녹보라적 생산, 적녹보라적 노동, 적녹보라적 가치, 적녹보라적 정의, 적녹보라적 주체 등 다양하게 사용하면서 그 자체의 내용성이 논의되는 과정에서 적녹보라가 패러다임으로 작동한다는 사실을 발견하게 될 것이다.

내용으로서 적/녹/보라는 노동/환경생태/성 또는 계급/자연/성으로 표현될 수도 있고, 마르크스주의/생태주의/페미니즘 또는 반자본주의/반인간중심주의/반가부장제로 표현될 수도 있다. 운동으로서 적/녹/보라는 반자본주의/반인간중심주의/반가부장제의 운동 테제와 운동 주체를 의미할 수 있다. 그러나 적/녹/보라가 흔히 생각하듯이 노동운동/환경운동/여성운동을 의미하지는 않는다. 앞에서 언급한 세 가지 운동뿐만 아니라 성소수자운동, 장애운동, 교육운동 등 다양한 운동이 노동의 문제를, 성의 문제를, 그리고 환경의 문제를 안고 있고, 그런 지점을 찾아내고 그것에 대한 문제설정을 하고 그에 대한 대응과 대안적 움직임을 한다면 그러한 문제설정과 관련해 적녹보라가 패러다임으로서 역할을 할 수 있을 것이다.

적녹보라 패러다임이란 노동, 생태환경, 성을 함께 고려하면서 운동의 전환이 일어나는 것을 기대하는 패러다임이라 할 수 있다. 적녹보라 관점에서 보면, 적은 노동운동의 범주와 방식의 변화를 의미할 것이다. 녹은 자연의 노동이라는 노동을 끌어들여올 것이며, 보라는 여성, 성적 노동이라는 노동을 끌어들여올 것이다. 또한 적녹보라는 노동운동의 방식을 변화시킬 수 있을 것이다. 노동조합 중심의 노동운동, 지구적 환경생태를 생각하는 노동운동, 여/성노동을 생각하는 노동운동이 되면 노동운동 주체의 확장 또는 변화가 가능해진다. 노동운동 안에서 여성에게 가해지는 성적 폭력이나 할당제에 머물지 않는 운동을 상상하고 실천하게 될 것이다. 노동운동 범주의 변화는 노동 범주의 변화를 의미한다. 이는 여성노동, 성노동, 그림자노동, 돌봄노동, 감정노동 등의 노동에 대한 관심과 그 노동을 하는 사람들에 대한 관심의 확장을 의미한다. 단순히 정규직/비정규직의 구도가 아니라 노동의 구도를 전환할 것을 요구하는 것이다. 녹과 관련해서는 특히 자연의 노동에 대한 관심과 그에 대한 고려를 요구한다. 자연의 노동에 대한 인식 없이 인간노동에만 관심을 갖는다면 패러다임을 발전시키는 데 한계가 있을 것이다.

따라서 적녹보라 패러다임에 입각한 노동운동은 남성노동에만 초점을 맞추고 산업공장노동을 중심으로 진행되어온 노동운동이 여성노동과 자연의 노동에 대해 관심을 기울이는 것이 아니라 성, 인종, 민족, 계급적 노동에 대해 관심을 기울이는 것을 의미한다. 이 패러다임은 이주노동, 전지구적 노동에 대한 관심을 요구한다. 그리고 노동의 성격에 대해서도 관심을 기울이고 지금과는 다른 세상을 만들기 위해서는 노동이 어떻게 해야 하는지 생각할 것을 요구한다. 새로운 세계를 만들기 위해서는 사회주의 세계 또는 공산주의 세계를 상상할 것인지, 아니면 새로운 경제 시스템을 고려할 것인지를 생각해보아야 한다. 또한 적녹보라가 고려된 노동과 경제는 어떤 것일지를 생각해보아야 할 것이다.

녹을 적녹보라의 관점에서 보면 환경생태운동이 어떻게 달라질까? 일단 적의 관점에서 보는 녹은 자본주의에 대한 본격적인 비판을 전제로 한 녹이다. 이는 자본주의를 기조로 하는 세계화, 군사주의를 기조로 하는 세계화, 제국주의를 기조로 하는 세계화로 인해 발생하는 문제를 고려하는 녹을 의미한다. 이는 바로 앞에서 가부장체제를 성체계＋군사－제국－자본주의로 놓았다는 점에서 가부장체제에 대한 비판을 의미한다. 이런 관점하에서는 유기농, 비누 만들기, 허브, 공정무역 등을 넘어서서 운동을 확장하게 될 것이다. 환경운동의 색깔을 유지하면서도 반자본주의적이고 반제국주의적이며 반군사주의적 환경운동을 하게 될 것이다. 한편, 녹이 성, 여성을 고려하면 어떤 운동을 펼치게 될까? 녹은 여성노동의 환경이나 여성의 재활용운동, 소비자운동을 넘어서서 상품생산 중심, 임금노동 중심의 자본주의－가부장체제에 반대하고 대안을 찾는 운동을 녹의 관점에서 펼치게 될 것이다. 반핵·반전, 대안에너지, 기후변화 등은 현재의 자본주의－가부장체제를 극복하는 움직임이라 볼 수 있다. 그렇다면 여성운동이 적녹보라 패러다임에서 운동을 한다면 어떻게 될까? 현재의 보라에 노동, 계급 문제와 환경생태 문제를 함께 고려하게 되고, 여성이 인간으로서 지배－피지배 관계에 들어가는 타자화된 자연/동식물과의 관계를 보게 되며, 성인(?)여성은 아동－청소년과 자신의 관계를 보게 될 것이다.

3. 적녹보라 패러다임에 입각한 생산 - 노동 - 경제의 가능성

　자본주의적 생산과 노동을 다시 보고 가부장체제적 생산과 노동을 재범주화하는 일은 현재의 자본주의적·가부장체제적 생산과 노동에 대한 비판과 함께 새로운 삶, 생산, 노동, 성의 가능성을 타진하기 위한 작업이다. 이 작업은 크게 페미니즘 경제의 구축과 적녹보라적 생산과 노동의 설정으로 이루어질 수 있으며 이는 전 지구적 자본주의－가부장체제에 대한 현실분석을 토대로 한다. 성적 생산관계는 크게 보면 생산과 재생산으로 나뉘어서 돌아가는 것, 그 자체가 성별 분업이면서 성적 생산관계다. 남자는 사회노동을, 여자는 가사노동을 담당하고, 남자는 공적 영역, 여자는 사적 영역이라는 이분화가 크게 작동하면서 생산의 영역을 남성의 영역으로, 재생산의 영역을 여성의 영역으로 놓은 구도 자체가 자본주의적이며 가부장체제적이다.

　성, 노동, 생산을 함께 고려하면 기존의 생산과 노동의 범주가 드러난다. 그리고 자본주의와 가부장제의 범주 설정에 문제가 있음이 드러난다. 다시 말해 통상 우리가 말하는 생산은 상품생산이고, 노동은 상품생산노동이 된다. 우리의 삶을 지배하는 것은 자본주의이자 가부장제인데, 자본주의－가부장제에서의 생산과 노동만이 생산이자 노동이라고 생각하게 만드는 기제는 성적 생산과 노동을 배제하는 결과 가능해진다. 생산을 인간이 생산수단을 통해 생산하는 것으로만 생각하고 먹고사는 일 전체가 직업이나 화폐와만 연결되는 사회를 형성하면서 그것에 매달려 끌려가는 사람들을 양산하는 구조는 자본주의－가부장체제의 구조를 통해 재생산된다. 어느덧 (비 또는 반)자본주의적 가부장체제를 상상하지 못할 정도로 여기에 적응된 삶을 살아가면서 다른 대안적 삶을 생각할 여지를 없애버린 것은 상품생산이 생산의 전부인 것으로 간주하는 경제학과 이론이 낳은 현실이기도 하다. 페르낭 브로델(Fernand Braudel)의 물질문명−시장경제−자본주의라는 삼층구도는 역으로 생각하면 물질문명이 우리 삶의 기저에 있고 물질문명이 자본주의적 시장경제와 자본주의 자체에서 방향을 달리할 수도 있다는 것을 의미하듯이, 성이 생산과 노동에 도입되면 두 가지 효과가 나타난다. 하나는 기존 상품생산의 영역이 전부가 아니라는 것을 알게 되는 것이고, 다른 하나는 자본주의−가부장체제로부터 벗어날 또는 그것을 넘어갈 다른 방향 또는 출구 또는 틈새가 보이는 것이다.

성적 생산과 성적 노동 없이는 자본주의적 생산과 노동이 불가하다는 것을 안다면 자본주의적 생산과 노동이 아닌 방향을 설정할 수 있게 된다. 여기에 생태라는 요소가 들어가면 자본주의적 생산, 잉여가치, 축적의 가능성을 원초적으로 달리할 수 있는 여지가 더 커진다. 다시 말해 성적 생산관계에 인간이 의지하는 정도, 자연자원이라 불리는 살아 있는 자연과 동식물의 생산에 인간이 의지하고 있는 정도를 강조하면 자본주의적 생산과 노동에서 다른 방향으로 바꿀 수 있는데, 이는 사람들의 인식전환을 필요로 하는 것이다.

노동이라는 것을 인간이 손이나 도구를 사용해 무엇인가를 만드는 것, 생산하는 것을 의미한다고 여긴다면 이는 인간 삶의 일부분만을 노동으로 보고 있는 셈이다. 생산과 노동이 인간 삶에 필요한 것이라면 인간이 하는 행위로 범주를 넓혀 생각할 필요가 있다. 그 이유는 그렇게 해야만 인간 삶의 다른 가능성을 볼 수 있는 여지가 제공되기 때문이다. 배포가 필요한 것이다. 이는 인간으로서의 배짱이 필요한 영역인데, 그러한 배포가 없어서 인간은 구조가 인간을 옥죄이고 그 구조에 매여 전전긍긍하는 존재로 전락하게 된 것이다. 이는 우리 사고 자체의 문제 때문인데 사람들은 구조에 핑계를 댄다. 신자유주의의 파고 속에서 엎드리는 많은 사람들은 생계 앞에서 구조의 핑계를 대며 자신은 그 욕망의 사다리에서 내려오지 않겠다고 말한다. 남들과는 달리 나는 살고, 나의 가족은 살고, 나의 국가는 살고자 하는 욕망이 만드는 사다리를 끊고 우리는 나아가야 한다. 이러한 방향은 페미니즘 경제의 재발견과 적녹보라적 생산과 노동을 통해 찾을 수 있을 것이다.

적녹보라적 생산이란 기존 노동자의 생산, 성적인 생산, 자연이라 불리는 존재들의 생산을 함께 고려하면서 그것을 바탕으로 노동을 재구성하는 것을 의미한다. 따라서 노동 자체도 적녹보라적 노동이 될 것이다. 적녹보라적 생산과 노동은 지속가능한 삶을 위한 생산이고 노동이다. 현재의 노동 및 노동운동이 방향을 틀어야 할 지점이 여기에 있다. 노동운동과 노동조합운동이 조합주의로 빠지지 않아야 하는 이유 역시 여기에 있다. 자본주의적 생산을 포함한 가부장체제적 생산에 대해 똑바로 인식하는 것이 노동운동의 방향이 되어야 한다. 생산력과 생산중심성을 비판하지 않는 노동운동은 결국 노동자계급 사이의 경쟁과 분열을 조장한다. 자본은 그것을 노렸다고 할 수 있다. 아울러 여성과 남성 사이의 분리와 분열을 조장하는 것 또한 자본의 이해관계의 결과다. 여기에 하나 덧붙여야 할 것은 남성 중심적·가부장체제적 남성과 여성은 이 자본의 이해관계를 묵인하고 도와주고 받쳐주는 결과를 낳는다. 이 논의를 하지 않는 남성이론가나 학자, 운동가도 마찬가지다. 여성은 일차적으로는 사회적 불평등 또는 성계급적 관계에서 밀려나 있기 때문에 이러한 비판을 할 자리가 상대적으로 부족하다. 그렇기 때문에 주되게는 남성의 책임으로 볼 수 있다.

적녹보라적 노동이란 무엇이든 생산하는 것을 노동이라 하는 것이 아니라 가치를 생각하는 노동을 의미한다. 이때 가치란 잉여가치를 생산하는 노동시간의 가치나 노동력의 가치나 화폐가치를 넘어서는 가치를 의미한다. 적녹보라적 패러다임에 입각한 가치의 재설정이 필요한 이유도 여기에 있다. 따라서 지속가능한 세계를 위해서는 생산, 노동, 가치, 성의 급진적 재조직화가 일어나야 한다. 자본주의-가부장체제적 생산과 생산성, 남성 중심적 생산성과 생산력, 제1세계 중심의 생산성을 넘어 남반구-성-자연의 노동과 노동력을 착취/수탈하지 않는 그런 생산은 일차적으로 적녹보라적 생산이라는 이름으로 명명할 수 있을 것이다.

적녹보라적 생산을 고려하기 위한 전 단계 작업으로 자본주의적 생산과 노동이 가부장적 생산과 노동임을 인식하는 것이 필수적이다. 가부장적 생산과 노동이란 여성의 생산과 노동을 생산과 노동으로 간주하지 않으면서 여성억압, 여성배제, 여성소외를 불러온 생산과 노동을 의미한다. 이는 자본주의적 생산과 노동관이자 마르크스주의적 생산과 노동관이기도 하다. 마르크스주의가 자본주의적 생산과 노동을 비판하려면 자본주의적 생산과 노동이 가부장적 생산과 노동임을 확실히 규명하고 이를 비판할 수 있어야 한다. 그래야만 대안적 행동이 가능해진다. 그렇지 않으면 내재적 접근을 통해 순환론적이고 환원론적인 대안이 나올 수밖에 없다.

참고문헌

고정갑희. 2009. 「지역, 액티비즘, 페미니즘: 페미니즘에 기반한 지구지역 액티비즘」. ≪여성학연구≫, 19권 1호, 7~31쪽.

고정갑희. 2011a. 「군대와 성: 페미니즘으로 제도의 불평등을 넘어 체제의 폭력에 맞서기」. ≪여/성이론≫, 24호, 10~39쪽.

고정갑희. 2011b. 『성이론』. 도서출판 여이연.

마르크스, 카를(Karl Marx). 2005a. 『자본론』 1권. 김수행 옮김. 비봉출판사.

_____. 2005b. 『자본론』 3권. 김수행 옮김. 비봉출판사.

월비, 실비아(Sylvia Walby). 1996. 『가부장제 이론』. 이화여대 출판부.

우에노 치즈코(上野千鶴子). 1994. 『가부장제와 자본주의』. 이승희 옮김. 녹두.

포르투나티, 레오폴디나(Leopoldina Fortunati). 1997. 『재생산의 비밀』. 윤수종 옮김. 박종철출판사.

하트만, 하이디(Heidi Hartmann). 1990. 「마르크스주의와 여성해방론의 불행한 결혼: 보다 발전적인 결합을 위하여」. 『여성해방이론의 쟁점』. 김혜경·김애경 옮김. 태암, 15~64쪽.

Delphy, Christine. 1984. *Close to Home: A Materialist Analysis of Women's Oppression*. London: Hutchinson.

적-녹-보라 연대의 이론적 쟁점과 과제

심광현(한국예술종합학교 영상이론과)

1. 들어가며: 자본에 의한 인간과 자연의 실질적 포섭의 전 지구적 실현

동구권 붕괴 이후 지난 20년간 자본주의는 마르크스가 예상했던 '자본에 의한 인간과 자연의 실질적 포섭'을 전 지구적 차원에서 완성했다. 그결과 이전까지만 해도 서로 무관하게 움직여왔던 노동해방운동(적), 여성해방운동(보라), 생태주의운동(녹)은 각자의 의사와 무관하게 전 지구적 차원에서 전개되는 자본주의적 착취와 수탈의 순환고리에 함께 엮일 수밖에 없게 되었다. 하지만 이 복잡한 순환고리는 쉽게 가시화되기 어렵기 때문에 각 운동은 연대의 필요성을 인식하기 어려우며, 오히려 반목과 대립의 악순환 과정으로 빠져들고 있다. 따라서 자본에 의한 인간과 자연의 실질적 포섭이라는 전 지구적 순환고리를 체계적으로 가시화함으로써 각 운동의 "상호 내재적 포함관계"(플럼우드, 2012: 633~635; 심광현, 2013: 84)에 대한 인식을 촉진해 각 운동 간의 분산과 대립 상태를 넘어 적극적인 연대로 나아가 자본에 대한 공동투쟁을 전면화하는 일이 시급하다. 그렇다면 이 복잡한 순환고리를 어떻게 가시화할 수 있을까? 이를 위해서는 몇 가지 전제적인 검토가 필요하다.

첫째, 적과 녹의 문제설정 간의 상관관계를 살피기 위해 경제(학)와 생태(학)의 개념 자체에 대해서 재검토할 필요가 있다. 경제(economy)와 생태(학)(ecology)는 흔히 인공적인 사회와 자연이라는 상반된 차원에서 전개되는 생산과 소비의 흐름을 다루는 개념으로 이해된다. 하지만 양자의 어원은 동일하게 그리스어 'oikos'(살림살이)이기 때문에 넓은 의미에서 보자면 같은 의미를 가지고 있다고 할 수 있다. 그럼에도 사회적 경제와 자연 생태계를 대립된 것으로 보는 관점은 실은 데카르트적 이분법이라는 근대적(또는 자본주의적) 패러다임의 역사적 산물일 뿐이다. 이런 이분법과는 달리 마르크스는 인간의 역사 자체를 인간과 자연의 신진대사가 진화한 역사, 즉 자연사의 일부라고 보았고, 이런 지점에서 마르크스의 사고는 자연과 인간사회의 불가분한 연결을 강조하는 생태학적 관점과 일치한다. 이러한 맥락에서 보면 자연생태－상품경제－가정의 살림살이－정치경제(자본과 국가의 융합)는 서로 무관한 별개의 차원이 아니다. 특히 자본에 의한 자연과 인간의 실질적 포섭이 실현된 현대자본주의 세계체계에서는 이 네 가지를 자연경제－상품경제－가정경제－정치경제라는 서로 연결되는 네 개의 생태적－경제적 흐름, 다시 말해 인간과 자연의 신진대사의 복잡한 순환과정의 연속적인 흐름으로 파악할 수 있게 된다. 물론 이 흐름을 생태학적 (사용가치의) 관점에서 자연생태(학)－경제(사회)생태(학)－인간생태(학)－정치생태(학)라는 연속적 포함관계로 보는 것도 가능하다. 이렇게 보면 마르크스주의와 생태주의는 별개의 대상을 다루는 것이 아니라 하나로 연결된 동일한 전체를 서로 다른 관점, 즉 한편에서는 교환가치/잉여가치의 생산과 축적이라는 관점으로, 다른 한편에서는 사용가치의 생산과 소비의 관점으로 파악한 것일 따름이라고 볼 수 있다.

둘째, 이렇게 생태적－경제적 흐름을 동전의 양면으로 파악하는 관점은 또한 적과 보라의 문제설정 간의 관계를 살피는 데에도 도움이 된다. 일반적으로 적은 생산력과 생산관계의 차원에만 관심을 가지며, 보라는 여성의 사회적 진출, 가사노동과 출산/양육노동으로부터의 해방, 여성의 성적 자기결정권이라는 측면에서 여성해방에만 관심을 가지고 있는 것으로 간주된다. 하지만 앞에서 살핀 바와 같이 자연경제-상품경제-가정경제-정치경제가 내적으로 연결된 순환고리를 형성한다고 본다면, 남성과 여성의 노동력은 상품화되어 상품경제에 종속되고 여성은 오래된 가부장제의 전통에 종속되어 가정경제의 운영을 무보수로 책임지는 이중부담을 지는 메커니즘 자체가 자본주의적 정치경제 시스템에 의해 강제된다는 사실을 확인하기는 어렵지 않다. 여성(노동자)은 미시적으로는 가부장제적 가정경제에 종속되고(a), 거시적으로는 자본주의적 상품경제와 정치경제(b)에 종속되는 이중의 종속(착취/수탈) 상태에 처해 있다고 할 수 있다. 실비아 월비(Sylvia Walby)는 이와 같은 여성 종속의 두 가지 형태를 사적 가부장제(a)와 공적 가부장제(b)로 구분하면서, 현대에 들어와 전자의 직접적인 지배는 상대적으로 약화되고 있지만 후자의 간접적인 지배는 교묘한 방식으로 강화되고 있다고 비판한다(월비, 1996: 46~47). 이런 의미에서 가부장제는 자본주의적 축적의 매우 중요한 수단으로 기능해왔다고 볼 수 있다. 여성(노동자)이 자본주의와 가부장제의 모순이 중첩되어 작용하는 가장 약한 고리에 위치할 수밖에 없는 이유가 여기에 있다. 실제로 1917년 러시아 혁명이 2월 23일 세계여성의 날을 기해 터져 나온 여성(노동자)들의 봉기에서 출발했다는 사실도 이 지점을 입증해준다.

이 두 가지 점을 고려해 마르크스가 말한 자본에 의한 인간과 자연의 실질적 포섭의 복잡한 순환고리를 단순화해 하나의 통합회로로 시각화하면 〈그림 5-1〉과 같다.

〈그림 5-1〉에서 파악할 수 있듯이, 자본주의적 생산과 소비의 전 지구적 가속화는 노동력 상품화를 통한 가정경제 상품화의 가속화와 더불어

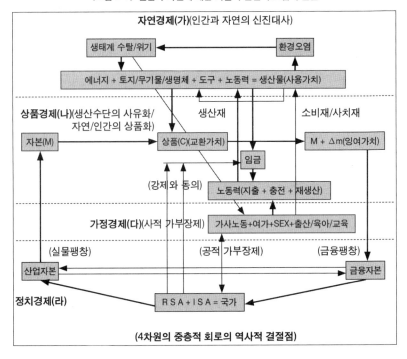

〈그림 5-1〉 인간과 자연에 대한 자본의 실질적 포섭의 순환

자연경제(가)(인간과 자연의 신진대사)

생태계 수탈/위기   환경오염

에너지 + 토지/무기물/생명체 + 도구 + 노동력 = 생산물(사용가치)

상품경제(나)(생산수단의 사유화/
자연/인간의 상품화)   생산재   소비재/사치재

자본(M)   상품(C)(교환가치)   M + △m(잉여가치)

임금

(강제와 동의)   노동력(지출 + 충전 + 재생산)

가정경제(다)(사적 가부장제)   가사노동+여가+SEX+출산/육아/교육

(실물팽창)   (공적 가부장제)   (금융팽창)

산업자본   금융자본

정치경제(라)   RSA + ISA = 국가

(4차원의 중층적 회로의 역사적 결절점)

전 지구적 생태위기의 가속화를 야기할 수밖에 없다. 또 생태위기의 가속
화는 자연과 인간의 생물학적 신진대사 전반의 위기와 더불어 생활양식의
위기까지 심화시킨다. 한편, 노동력 상품화는 여성의 사회진출 기회를 증
대시키지만 이와 더불어 가사노동 및 출산·육아·교육에 대한 여성의 이
중부담을 증가시키고 성적 관계의 불안정성과 가부장제 내부의 모순격화
에 따른 심리적 갈등을 증대시킬 수밖에 없다. 하지만 이런 과정은 동시에
사적 영역이나 공적 영역 모두에서 가부장제 자체의 위기를 심화시킴으로
써 노동력 재생산과 가정경제의 재생산 역시 크게 훼손시킨다. 따라서 자
본주의가 발전할수록 생태계의 전반적인 위기와 가정생태계의 위기가 동
시에 심화됨으로써 자본축적의 원동력 자체가 훼손되는 모순이 표층으로

터져 나올 수밖에 없다. 그러나 이와 같은 모순의 심화가 그 자체로 자본주의의 해체와 새로운 사회로의 이행을 가능하게 하는 것은 아니다. 오히려 자본은 축적위기를 계기로 노동시장과 노동력 재생산을 둘러싼 노동자계급 내부의 경쟁과 남녀 간의 경쟁을 더욱 격화시키고 있으며, 일자리와 환경보존 사이의 양자택일을 강제함으로써 노동운동과 여성운동, 생태운동 간의 분열과 반목을 심화시키고 있다. 이런 상황은 적-녹-보라가 자본의 강제에 의해 공동의 위기에 직면하면서도 그에 맞선 대안모색에서는 오히려 분열할 수 있다는 위험을 시사하고 있다.

따라서 각 운동은 하루속히 기왕의 분열과 반목을 극복하고 공동으로 대안사회의 상을 마련하면서 이를 이행하기 위한 체계적인 공동행보를 구성하기 위해 전략적 모색에 임해야 하는 상황이다. 그런데 이런 공동의 전략모색에서 전제되어야 할 지점은 무엇보다도 자본주의 사회의 착취·수탈구조에 대한 체계적 비판(α)에 주력해온 적의 전략과 대안사회 및 대안적 주체양식의 구상에 주력해온 녹과 보라의 전략(β)이 서로 다른 차원에 위치하고 있다는 사실의 상호 확인이다. 그동안에는 α와 β 사이에서 우선순위를 따지거나 또는 양자를 무관한 것으로 보는 관행이 만연해 있었다. 이로 인해 α와 β의 변증법적 관계가 간과됨으로써 β에 대한 구상을 금기시하고 오직 α에 주력해온 경향이 있는 적과, α와 무관하게 대안을 모색해온 녹과 보라 사이에 분열과 반목이 반복될 수밖에 없었다. 이런 이유에서 적-녹-보라가 공동의 위기에 올바로 대처해 대안사회로 이행해가기 위한 공동행보를 취하기 위해서는 α와 β의 변증법적 관계에 대한 올바른 이해가 선행되지 않으면 안 된다.

2. 자본주의 비판과 대안사회로의 이행의 변증법적 관계

자본주의에 대한 비판과 대안적 생산양식·생활양식·주체화양식 구성 간의 변증법적 관계를 이해하기 위해서는 우선 변증법의 의미 자체에 대한 상이한 해석을 조정할 필요가 있다. 일반적으로 변증법은 '대립물의 투쟁과 상호의존의 통일'이라는 의미로 이해되어왔다. 하지만 대립물의 투쟁과 대립물의 상호의존이라는 양자는 상반된 개념이기 때문에 상반된 양자가 적용되는 방식과 그럼에도 양자가 하나의 통일을 이룬다는 말의 의미가 정확히 이해되지 않을 경우 대립물의 투쟁을 보아야 할 지점에서 상호의존을 강조하고 상호의존을 보아야 할 지점에서 투쟁을 강조하는 등의 혼선이 빚어질 수 있다. 그렇다면 이런 혼선을 어떻게 막고, 비판과 대안 간의 변증법적 관계를 어떤 방식으로 올바로 이해할 수 있을까?

데이비드 하비(David Harvey)는 『희망의 공간』에서 '시공간적-변증법적 유토피아주의'를 제안하면서 두 가지 변증법, 즉 '이것과 저것 양자의 변증법'과 '이것 또는 저것의 변증법'의 구별의 중요성을 다음과 같이 기술한 바 있다.

마르크스는 그의 정치적 역사 및 후기 저작들에서 헤겔적 초월론의 '이것과 저것 양자'라기보다 '이것 또는 저것 택일'의 변증법에 근거를 두고 있었음을 알게 된다. 시대는 아직 성숙되지 않았다는 근거에서 파리 코뮌을 지지함에 있어 그의 망설임, 그리고 이를 철저히 지지하는 것으로의 갑작스러운 전환은 '이것과 저것 양자' 또는 '이것 또는 저것 택일'일 수 있는 변증법의 이중적 의미와 관련되는 모든 내용을 가지고 있었다(하비, 2007: 239).

여기서 하비는 마르크스가 변증법의 이중적 의미를 충분히 체화하고 있었다는 점을 강조하는 것처럼 보인다. 그러나 책을 마무리하는 지점에서 그는 다음과 같이 다르게 주장한다.

> 변증법은 '이것 또는 저것'이지 '이것과 저것'은 아니다. …… 사회-생태적 선택이 문제될 경우, 우리는 분열과 분산은 작동할 수 없으며 '이것 또는 저것'의 치열한 투쟁은 보다 점잖고 보다 조화로운 '이것과 저것'의 변증법과 지속적으로 충돌하는 것을 발견하게 된다(하비, 2007: 269).

이렇게 두 가지 변증법이 충돌함으로써 야기되는 혼란을 최소화하기 위해서는 두 가지 변증법의 유형이 실제로 유의미하게 적용되는 공간적 층위를 구별할 필요가 있다. 이것 '또는' 저것의 '선택'이 발생하는 장은 사회적 적대의 공간인 데 반해, 이것'과' 저것의 '상호의존'의 변증법이 적용되는 장은 음전기와 양전기처럼 두 개의 대립적 극이 하나로 연결되어 생명을 탄생시키는 생태적 공간이기 때문이다('부'와 '가치'를 구별하는 마르크스에 따르면, 자본주의 사회의 적대공간이 '가치'를 생산하는 공간이라면 생태적인 비적대적 공간은 '부'를 생산하는 공간이라고도 할 수 있다). 이런 두 가지 공간적 차원의 구별과 두 가지 변증법을 결합시키면 〈표 5-1〉과 같이 4개의 항을 가진 변증법의 매트릭스를 구할 수 있다(심광현, 2010: 170).

이렇게 보면 혼란은 사라지고 오히려 A-D 묶음과 B-C 묶음의 대결이 확연히 드러난다. 그간 사회운동 내에서 마르크스주의와 생태주의, 마르크스주의와 페미니즘 간의 갈등이나 분열은 대부분 A와 D를 상호 무관한 것 또는 양자택일적인 것으로 간주한 데서 비롯된 것으로 해석할 수 있다. 이런 양자택일 속에서 A-C와 같은 다양한 차이를 민주적으로 승인하지 않는 전체주의적인 파괴적 조합(스탈린주의와 파시즘), B-D와 같은 차이의 다양성은 인정하면서도 사회적 적대를 해결하는 것에는 무관심한 왜곡

〈표 5-1〉 적대와 차이의 변증법적 위상학

변증법의 요소 / 차이의 공간적 유형	이것 또는 저것의 변증법(적대) (대립물의 투쟁)	이것 또는 저것의 변증법(상보성) (대립물의 상호의존과 침투)
사회적 공간 내의 구조적 적대(계급투쟁)	1. 마르크스의 혁명적 선택 (A) 2. 벤야민의 변증법적 전환과 혁명적 중단	1. 헤겔의 초월적 변증법과 (B) 2. 시민사회의 다양성을 강조한 계급적대의 은폐
생태적 공간 내의 비적대적 차이(지역-세대-젠더-인종적 차이)	1. 자본주의에 의한 제반 차이들 간의 분열과 대립 촉진 2. 사회적 다원주의=경쟁과 적자생존의 진화 (C)	1. 마르크스의 자연과 인간의 신진대사 2. 벤야민의 자연-이미지-신체의 집단적 신경 감응 3. 지역-노동-생태-젠더-세대-인종 간 협동과 공생의 네트워크와 진화 (D)

된 조합(포스트모더니즘적 생태주의, 페미니즘 등)이라는 이분법이 팽배해왔다. 그에 반해 자본주의는 B-C와 같이 자유주의적으로 왜곡된 파괴적 조합 속에서 현실적으로는 C의 완화(케인스주의)와 강화(신자유주의)의 진자운동을 반복하는 형태로 전개되어왔다는 사실도 알 수 있다. 이에 맞서 마르크스와 발터 벤야민(Walter Benjamin)의 변증법은 확연하게 A-D의 혁명적이면서도 민주적인 이중적 조합을 창조적으로 제시하고 있다(심광현, 2010: 42~45). 그렇다면 A-C, B-C, B-D의 왜곡된 조합에 맞서서 어떻게 A-D(적-녹-보라 연대)의 조합을 확대할 수 있을까?

우선, 구조적 차원에서 A가 불가피하다는 것을 최대한 많은 대중이 쉽고 명확하게 이해하는 일이 필요하다. 이는 앞서 말한 것과 같이, 최상위 체계에서 자본축적을 제일 원리로 간주하는 현재의 자본주의 세계체계 전체 회로의 방향이 변화하지 않을 경우 자연생태계의 위기와 동시에 인간 생태계의 위기가 심화될 수밖에 없다는 사실을 대중이 명확하게 이해해야 한다는 것을 의미한다. 이를 명확하게 밝힌 것이 자본론과 세계체계론이다. 이 양자를 연결하면서 동시에 자연생태계와 공생할 수 있는, 지속가능한 새로운 생산양식·생활양식을 구성해가기 위해서는 적+녹의 통합적

이론이라고 할 '역사지리적 생태과학'을 확립해야 한다. 1990년대부터 활성화되기 시작한 마르크스주의 생태학과 생태사회주의의 이론들이 여기에 도움을 줄 수 있다(심광현, 2013: 93~101).

둘째, D를 자각하고 실천하는 일은 상품물신, 노동중독, 가부장제를 벗어나는 것과 관련된다. 이는 곧 자본주의 사회 내부에서도 대안사회의 생산양식·생활양식·주체화양식을 미리 시뮬레이션하고 실천을 통해 그 타당성을 입증하는 실험적 과정이 필요하다는 것을 의미한다. 이를 위해서는 자연경제와 가정경제의 새로운 연결망을 구성하고 여성해방의 전제 조건을 생태학적으로 성찰할 수 있는 녹-보라의 통합적 이론이 필요하다. 비록 길지는 않지만 1970년대 중반 이후 성장해온 에코페미니즘의 이론이 여기에 도움을 줄 수 있다.

셋째, 세계적 차원에서 자본-국가의 강고한 벽을 해체하기 위한 A의 과제를 해결하기 위해서는 대중적 변혁주체가 형성되어야 하는데, 이를 위해서는 적-보라의 연대가 필수적이다. 적과 보라는 19세기 초반과 20세기 초반의 혁명기라는 예외적인 경우를 제외하고는 대체로 상대의 중요성을 인정하지 않았기 때문에 적-보라의 연대를 위해서는 상대적으로 더 많은 시간과 노력이 필요할 것이다. 하지만 사회주의 페미니즘의 전통이 적-보라의 연대를 위한 좋은 가이드라인을 제공할 수 있을 것이다(심광현, 2013, 104~107).

넷째, 이렇게 볼 때 적-녹-보라 연대가 가능하려면 지난 시기에 형성된 부분적인 연대, 즉 적-녹, 녹-보라, 적-보라의 부분집합의 내용을 확인하고 이 각각을 다시 연결해야 하는 힘든 노력이 필요하다. 이 세 가지 부분집합의 형성과정에 내재한 경로의존성으로 인해 세 부분집합이 저절로 하나의 연결망으로 통합되기는 어렵다. 각 부분집합 간의 연결고리에 대해 정밀히 탐구해야 하는 이유가 여기에 있다. 적-녹-보라 연대를 먹

집합의 관점에서 보면 모두 여덟 가지 부분집합이 존재할 수 있다. 이 여덟 가지 부분집합이 각기 상대적 자율성을 유지하면서도 비환원주의적으로 연결될 수 있다고 보는 관점이 곧 비환원주의적 통섭의 관점이다. 그리고 이 경우 적-녹-보라 연대는 전체이면서도 동시에 하나의 부분집합이 될 것이다.

　마지막으로, 이 네 가지 이론적 과제가 잘 해결되더라도 마지막으로 하나의 과제가 더 남아 있다. 현재 사회과학, 자연과학, 인문학 이론은 모두가 분과학문으로 전문화되고 파편화되어 있어 각 부분집합의 이론적 골격을 체계적으로 연결한다고 하더라도 일반 대중들로서는 그 내용의 핵심에 접근하기가 쉽지 않다. 따라서 적-녹-보라 연대의 이론체계 전체를 거시적·중범위적·미시적인 여러 수준에서 알기 쉬운 개념지도로 시각화하는 작업이 필요하다. 이럴 때라야 자본주의 비판과 동시에 대안적 생산양식·생활양식·주체화양식을 건설하기 위한 적-녹-보라 연대의 이론적 체계가 지식인 담론의 협소한 수준에서 벗어나 대중운동에 유용한 실제적인 가이드라인이 될 수 있을 것이다.

3. 적-녹 연대의 쟁점: 마르크스주의적 생태경제학의 원리를 중심으로

　적-녹 관계를 다룰 때 흔히 등장하는 쟁점은 마르크스주의가 이론적으로 반생태적이거나 또는 생태적 가치에 대해 무관심하다는 생태주의자들의 비판이다. 이러한 비판은 소련을 포함한 동구 사회주의에서의 반생태적인 생산력주의의 실례들을 증거로 제시하는 방식을 중심으로 형성되어 왔다. 하지만 이런 쟁점은 20세기 소련과 동구 사회주의가 실은 마르크스주의와는 무관하게 왜곡된 국가자본주의에 다름 아니라는 반비판 때문에 공회전을 할 수밖에 없다. 이 때문에 역사적 사례에 대한 논쟁보다는 더 근본적인 이론적 쟁점을 찾아야 하는데, 이는 자연의 가치를 어떻게 볼 것인가의 문제로 집약될 수 있다.

마르크스는 『자본론』 및 여타 저작에서 자연은 '실제적 부(real wealth)'의 원천이라는 점에서 사용가치를 갖지만 자본주의적인 가치(교환가치, 사용가치와 교환가치의 통일로서의 가치, 잉여가치)는 갖지 않는다고 일관되게 구별하면서 중농주의자들이 양자를 구별하지 못한 채 자연도 자본주의적인 가치를 갖는다고 주장한 점을 비판했다. 폴 버킷(Paul Burkett)은 오늘날 마르크스주의적 생태경제학(ecological economics)과 여타의 생태경제학 사이의 쟁점은 내용적으로 보면 마르크스와 18세기 중농주의자들 사이에서 벌어진 논쟁과 유사하다고 보면서 마르크스적 관점에서 사용가치로서의 자연의 가치와 교환가치로서의 자본주의적 가치를 구별해야 한다고 주장한다. 그런데 현대의 비마르크스주의적 생태경제학자들은 대부분 마르크스가 비판했던 중농주의자들과 유사하게 자연의 가치와 자본주의적 가치를 구별하지 않고 있는데, 버킷은 이들의 입장을 크게 네 가지 유형으로 구별한다.

첫 번째, '체화된 에너지 이론'이라고 명명할 수 있는 생태경제학의 유형(Constanza and Wilson Farber)으로, 이 유형은 자연이 직접적인 가치를 가지며 에너지야말로 가치의 실체라고 주장한다. 이 이론은 '체화된 노동으로서의 가치이론'이라고 할 수 있는 리카르도의 가치이론에서 노동을 에너지로 대체한 이론이나 마찬가지이기 때문에 가격결정을 위해 스라파적인 투입-산출 분석의 방법을 이용한다.

두 번째, 이렇게 가치의 유일한 원천으로서 에너지의 직접적인 투입을 가정하는 이론에 반대하면서도 스라파적인 투입-산출 분석을 사용하는 그룹이다(Peerings, Gowdy, O'Conner, Martinez-Alier, Saad-Filho). 이들은 일반화된 가치이론 없이도 생산과 교환가치는 노동, 자원, 그리고 물리적이고 생물학적 다양성을 지니는 환경적 서비스에 의존한다고 본다. 넓은 의미에서 보면 이들 역시 자연을 가치의 직접적인 원천으로 보고 있다.

세 번째, 생태사회주의자다(Deleage, Skirbekk). 이들은 마르크스의 착취이론을 노동의 착취뿐만 아니라 자연의 착취까지 포괄하기 위해 일반화하는데, 이에 따르면 자연 자체가 가치와 잉여가치의 원천으로 간주된다. 그러나 이들은 에너지 이론과는 달리 생물학적이고 물리적으로 변형된 생태계로부터 이윤을 추출한다고 가정하기 때문에 순수하게 생물물리학적 또는 생체에너지적인 가치이론을 요구한다.

네 번째, 생산을 에너지론으로 환원하는 것에 반대하며 재화와 서비스의 생산은 에너지뿐만 아니라 질적으로 다양한 물질적 자원과 흐름, 인간노동과 과학기술 등을 포함한다고 주장하는 유형이다(Georgescu-Roegen, Herman Daly). 이들은 경제적 가치를 자연에 직접 부가하지는 않지만, 자연을 '생명의 향유(enjoyment of life)'라는 비물질적인 사용가치로 정의되는 가치를 고양시키는 재화와 서비스의 생산을 위한 하나의 본질적 토대 또는 조건으로 취급한다. 이들은 경제는 물질과 에너지를 생산하거나 소비하는 것이 아니라 단지 이를 흡수하고 배출한다고 보며, 생산은 물질과 에너지를 더 높은 질서(더 유용한) 상태에서 더 낮은 질서(덜 유용한) 상태로 전환시킨다고 본다. 나아가 이들은 생산의 진정한 산물은 분산된 물질과 에너지의 물리적 흐름이 아니라 인간의 필요와 욕구를 충족시키는 생명의 향유라고 주장한다(Burkett, 2009: 18~23).

버킷은 이 네 가지 유형은 사실상 18세기 중농주의 가치이론에서 모두 그 원형을 찾을 수 있음을 비교분석을 통해 규명하면서 중농주의자들은 네 번째 유형과 같이 삶의 심리적 향유에서가 아니라 인간생활의 물질적 조건과 실체에서 가치의 근접한 토대를 발견했다는 점에서 약간의 차이가 있을 뿐이라고 단서를 달고 있다. 이들 모두와 마르크스를 구별하는 지점은 마르크스가 '실제적인 부 또는 사용가치'는 인간의 필요를 충족시키는 것일 따름인 반면, '가치'는 사용가치가 상품, 즉 교환가치로 교환되는 자본주의 시스템에서 발생하는 사용가치의 특수한 사회적 재현이라고 구분한 사실이라는 점임을 버킷은 강조한다. 마르크스의 관점에서 보면 자본주의는 동질적이면서 상품 속에 객체화되고 사회적으로 필요한 노동시간으로 가치를 환원한다. 마르크스는 이와 같은 환원을 토지와 여타 필요한 생산조건들로부터 노동자가 사회적으로 분리된 결과라고 보았다. 이는 마르크스가 노동시간으로의 가치의 환원에서 물질적 생산의 투입이 가장 중요하거나 일차적이라는 식으로 판단했음을 의미하는 것은 아니다. 오히려 마르크스는 실제적인 부 또는 사용가치와 관련해서는 자연과 노동이 동등한 중요성을 가진다는 점을 항상 강조해왔다. 이런 점에서 노동시간(추상노동)으로의 가치의 환원은 마르크스의 관점에서 볼 때 비자본주의적 생산양식에는 적용될 수 없다는 결론이 도출된다. 오히려 사용가치와 교환가치의 모순이야말로 자본론에서 마르크스의 가치 분석을 관통하는 붉은 실이다(Burkett, 2009: 27~28).

마르크스는 중농주의자들의 가장 위대하고 특수한 기여는 그들이 가치와 잉여가치를 유통이 아닌 생산에서 추출했다는 점에 있다고 보았다. 하지만 마르크스는 중상주의자들과 달리 이들이야말로 자본주의적 생산을 최초로 체계적으로 개념화했다고 평가하면서도, 이들이 특정한 역사적 사회단계에서의 물질적 법칙을 모든 사회의 형식을 동등하게 지배하는 추상적 법칙으로 보았다는 점에서 오류를 범했다고 비판했다. 마르크스에 따르면, 중농주의자들은 자연적인 물질적 실체를 가치와 동등한 것으로 보았지만 자본주의는 경제적 가치를 특수한 사회적인 실체, 즉 추상적인(동질적이고 사회적으로 필요한) 노동시간으로 환원한 것이기 때문에 중농주의

자들은 자본주의적 잉여-가치의 비밀을 해명할 수 없었고, 잉여가치를 단순히 자연의 선물 정도로 간주하는 데 머물고 말았다.

그러나 버킷은 마르크스가 잉여생산물 또는 잉여가치의 자연적 토대 자체를 부정한 것은 아니라는 점이 강조되어야 한다고 역설한다(Burkett, 2009: 31). 마르크스는 자본의 물질적 요구들이 충족된다는 조건(노동력의 토지로부터의 이탈과 상품 속으로의 객체화)하에서라야 우리는 잉여가치가 자연적 토대에 의거한다고 말할 수 있다고 주장했기 때문이라는 것이다. 그는 자본에 의한 자연의 선물을 자유롭게 활용하는 것을 자본주의 발전의 주요 요소로 보았지만, 이는 자본주의적 생산관계(노동력의 토지로부터의 이탈과 추상노동으로의 가치의 환원)의 본질적 역할을 전제로 하는 한에서였다(Burkett, 2009: 36).

이런 맥락에서 버킷은 가치화(valuation)의 자본주의적 기본형식은 존 벨라미 포스터가 "인간과 자연의 신진대사의 균열"이라고 불렀던 바에 뿌리를 내리고 있다고 보고 있다. 그리고 마르크스의 분석은 추상노동으로의 가치의 자본주의적 환원과 부의 생산에 대한 자연의 기여 사이의 모순이 생존조건으로부터 생산자의 소외에 뿌리를 두고 있다는 점을 강조하고 있기 때문에 '자연에 대한 자본주의적 가치화의 소외된 사회형식'을 '다른 종을 포함한 환경과 함께 발전할 수 있고(공진화) 사람들 스스로 인간과 자연의 신진대사를 건강하고 지속가능하게 조절할 수 있는, 인간에게 적합한 코뮌적 형식'으로 전환시켜야 한다는 도전을 제기하고 있다고 주장한다(Burkett, 2009: 54).

이런 전환은 어떻게 현실화될 수 있을까? 버킷은 이를 위해 세 가지 가이드라인을 제시한다. ① 현재와 미래의 인간발달의 조건으로 자연자원을 공동자산으로 삼을 것, ② 개인과 사회와 자연에 대해 공진화적으로 접근할 것, ③ 자연자원을 공동관리할 것이다. 버킷은 이 세 가지 원리가 통합적인 관점에서 이해되어야 하지만, 아직까지는 ③의 원리가 ①을 무시하며, ②의 접근법이 ③을 무시하는 관행에 빠져 있는 데 반해, 마르크스-엥겔스의 저작에서는 이 세 가지 원리가 통합적인 방식으로 연결되어 다루어지고 있다고 주장한다. 전면적인 인간발달은 코뮌주의적인 자산, 계획, 그리고 비시장적 자원할당에 관한 마르크스-엥겔스 기획의 중심적인 고려사항이다. 또한 공진화적인 접근법은 마르크스-엥겔스가 토지를 공동의 자원으로 간주했고 미래세대의 이익에 비추어 토지사용을 환경적으로 관리해야 하며 물질-에너지를 덜 집약시키면서 더욱 자연스럽게 과학적이고 미적인 방향으로 나아갈 수 있게끔 인간의 필요와 능력을 다양화하도록 해야 한다는 점을 강조했다는 데에서 입증될 수 있다(Burkett, 2009: 301~302).

이상 버킷(포스터 포함)의 논지를 매개로 마르크스주의와 생태주의와의 만남과 관련된 여러 입장을 비판적으로 검토해보았다. 그런데 버킷의 논지에 대해 서영표는 "마르크스 문헌학을 통해 녹색사회주의의 이론이 재구성될 수 있을 것처럼 생각한다는 점에서 결코 (생태주의의 - 필자주) 적극적 수용으로 해석될 수 없다"는 이유로 '방어적 생태마르크스주의'라는 딱지를 붙인다. 그는 자신이 '비판적 생태마르크스주의'라고 명명한 테드 벤턴(Ted Benton)의 논지에 입각해서 버킷 류의 입장은 다음과 같은 한계를 갖고 있다고 비판한다. 즉, 이들은 마르크스 텍스트와 생태문제를 성공적으로 연결시킬 수 있을지는 몰라도 생태사회주의의 새로운 담론구성에는 큰 도움이 되지 못한다는 것이다. 새로운 담론구성을 위해서는 마르크스의 텍스트에 대한 문헌학적 해석을 넘어서서 일상생활에서의 다양한 실천에 주목해야 하고, 반자본주의적 정서의 근원과 문화적 의미의 다양성을 인식해야 하며, 인간중심주의적 사고에 대한 반성과 자연의 한계에 대한 이론적 성찰이 필요한데, 그렇지 못하다는 것이다(서영표, 2009: 86~87).

이런 비판적 문제제기에 대해 다음과 같은 두 가지 차원을 구별할 필요가 있다는 점을 지적하고 싶다. 그 하나가 마르크스 자신에게 생태학적 문제설정이 내재해 있는지, 있다면 마르크스의 문제설정이 현대적인 생태경제학의 이론 구성에 유효하게 적용될 수 있는가라는 질문에 답하는 차원이라면, 다른 하나는 150년 전의 마르크스의 텍스트에만 의존해서 21세기의 생태위기를 극복하기 위한 실천적인 대안을 제시하는 것이 과연 가능한가라는 질문에 답하는 차원이다. 필자가 보기에 버킷과 포스터의 논지는 주로 전자의 차원에 집중해 있다. 반면, 후자의 차원에서 마르크스의 문헌이 불충분한 것은 잘 알려진 사실이다. 그런데 마르크스가 후자의 차원에서 대안적 실천방안을 제시하지 않았다는 이유로 전자의 차원에서 마르크스 사상의 생태학적 타당성이 훼손되었다고 보는 것은 범주적 오류이자 논리적 비약이다. 이 점을 구별한다면 오히려 전자의 차원에서 그동안 마르크스의 사상이 반생태적이라거나 마르크스의 사상에서 생태학적 관심이 부족했다는 부당한 비판, 또는 허수아비 논증을 극복하려는 노력이 더욱 필요하다는 사실을 인정하고 이런 방향의 문헌학적 탐구를 권장하는 것이 마르크스를 객관적으로 평가하기 위한 올바른 태도일 것이다. 이런 차원에서의 심화된 연구는 앞에서 버킷이 자세히 분석했듯이 부와 가치를 구별하는 마르크스의 사상이야말로 생태주의의 존립 근거인 부와 모든 것을 교환가치로 환원하는 자본주의에 대한 지속적이고 체계적인 비판의 토대가 된다는 면에서 매우 중요하다고 할 수 있다. 반면, 후자의 차원에서는 마르크스의 텍스트만으로는 문제를 해결할 수 없다는 점을 인정해야 하며, 지구 곳곳에서 전개되어왔고 또 제기되고 있는 대안적인 일상적·문화적 실천의 다양성에 주목하는 것이 중요하다는 사실 역시 당연히 인정해야 할 것이다. 필자는 이런 이중적 승인이야말로 마르크스 사상의 올바른 계승과 현대적인 확장이 동시에 가능하기 위한 전제이자 적-녹 연대

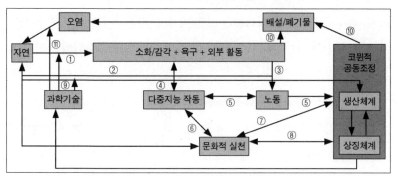

〈그림 5-2〉 인간과 자연의 신진대사의 사회적 매개회로

① 개인적인 신진대사(음식/에너지) ② 개인/사회의 자연 환경과의 상호작용 ③ 노동력 지출 ④ 욕구 - 다중지능의 변화 ⑤ 노동을 통한 경험과 지식의 축적 ⑥ 교육/학습 ⑦ 미디어 - 기술 시스템 ⑧ 문화적 전승/발명 ⑨ 자연에 대한 이해와 이용의 촉진 ⑩ 배설/폐기물 ⑪ 공진화적인 관점에서 환경위기의 조정/관리

의 전제라고 본다.

이런 문제들을 고려하면서 마르크스의 생태학적 코뮌주의를 요약하면, 이는 '자유로운 개인들의 평등한 연합(코뮌)에 의한 공동조정을 통해 인간과 자연의 공진화와 현재/미래의 모든 개인의 전면적 발달을 지향하는 대안사회의 이념'이라고 확대할 수 있다. 자연과 사회와 개인의 공진화를 지향하는 인간과 자연의 신진대사의 사회적 매개와 조절을 가장 단순한 형태의 순환회로로 연결해보면 〈그림 5-2〉와 같다. 〈그림 5-2〉는 다음의 세 가지 차원이 하나로 연결된 순환회로를 보여준다.

첫째, 인간과 자연의 생물학적 신진대사다. 이 회로는 ①~⑤ → ⑩으로 연결된 회로다. 이 회로는 개개의 인간이 일정한 자연환경 조건 속에서 음식과 에너지를 입력해 한편으로는 자기 신체 내부의 근육의 축적과 장기·두뇌의 작용에 사용하고(①), 다른 한편으로는 자연환경과 상호작용하면서 신체를 움직이며(②), 노동과정에 참여해 노동력을 지출하고(③), 이 과정에서 자신의 욕구를 충족시키면서 다중지능을 발달시킨 후(④, ⑤) 배설물을 출력하는 과정(⑩)으로 이루어진다. 이 과정은 동물 일반과 큰 차이가 없이 생명체가 가진 공통적인 기본적 신진대사의 과정이다. 이 과정에서 만들어진 배설물과 폐기물은 자연 속으로 되돌아가는데, 이때 일부는 자연을 오염시키고 일부는 재생가능한 형태로 자연에 흡수되어 자연 자체를 변화시킨다.

둘째, 인간과 자연의 사회경제적 신진대사다. 이 회로는 ⑤-⑦-⑨-⑪로 연결된 사회경제적 회로다. 이 회로는 다른 동물과는 다르게 인간만이 가진 고유한 회로다. ⑤는 집합적 노동과정을 통해 집합적 생산물을 생산하고 분배하는 과정이며, ⑦은 문화적 실천에 필요한 미디어-기술 시스템을 생산해 제공하는 과정이다. ⑨는 생산체계와 상징체계의 상호작용을 통해 발전시킨 과학기술 시스템을 이용해 자연에 대한 이해를 증진시키고 인간과 자연의 신진대사를 활성화하는 데 기여한다. ⑪은 과학기술을 통해 환경오염을 최소화하는 과정이다.

셋째, 인간과 자연의 문화적 신진대사다. 이 회로는 ②-④-⑥-⑧-⑨-⑩으로 연결된 회로다. 이 회로는 자연과의 신진대사과정에서 개인에게 내재된 다중지능이 발달해(④) 인간들 사이의 문화적 소통과 표현과정에 참여하며(⑥), 이 과정에서 주어진 상징·지식체계를 변형하거나 새로 창조해내어 사회화하는 과정(⑧)이자, 이렇게 축적된 상징·지식체계를 이용해 문화적 실천을 광범위하게 조직하거나 다음 세대에 전승하는 문화교육적 과정(⑥)이다. 이렇게 축적된 문화적 실천의 경험과 지식은 자연에 대한 이해와 자연과의 공감능력을 증진시켜 인간과 자연의 공진화를 삶의 원리로 체화하도록 하는 데(②) 기여하고, 결과적으로 물질-에너지의 집약적 사용을 줄여나가며(그에 따라 폐기물도 줄이며)(⑩) 과학기술(⑨)과 미적·문화적 활동을 증진하는 방향으로 욕구-다중지능의 상호작용(④)을 조절하면서 불필요한 낭비를 최소화하고 인간능력의 전면적 발달(다중지능)을 촉진하는 데 기여한다.

역사적 과정을 통해서 이러한 세 가지 신진대사의 회로는 일종의 '포개 넣기(enfolding)' 방식으로 복잡화되어왔다. 인류의 탄생 이후 이 포개 넣기 방식의 복잡화를 향한 도약은 크게 두 번 이루어졌다. 그 첫 번째 도약은 도구와 언어(말)의 발명에 의해 생물학적 회로가 사회경제적 회로 속에 포개 넣어진 과정인데, 이것이 구석기 시대에서 신석기 시대에 이르는 20만~30만 년 동안 진행된 과정이다. 두 번째 도약은 철기와 문자의 발명에 의해 사회경제적 회로가 문화적 회로 속으로 포개 넣어진 과정인데, 이 과정은 대체로 5,000년 전에서 2,500년 전에 이르는 짧은 기간 동안 진행되었다.

　　그런데 이렇게 창조적 도약이 이루어지는 과정에서 포개 넣기가 이루어지기 이전의 회로의 중요성이 상대적으로 약화되고 새로 등장한 회로의 중요성이 상대적으로 강조되는 변화가 나타나기 시작했다. 특히 문자의 발명과 더불어 시작된 역사시대에서 강력한 국가체제와 문자적 상징체계가 확립되면서부터는 사회적 분업이 확장되고 일반적인 노동과정과 문화적 실천과정이 분리되었으며, 계급적 위계와 더불어 육체노동에 대한 지식노동의 지배가 확립되었다. B.C. 6~5세기를 전후로 그리스와 인도, 그리고 중국 지역에서 나타난 철학의 지배적인 형식은 바로 이와 같은 포개 넣기의 원리가 전도된 최초의 관념론적 지식체계라고 할 수 있다. 이런 관념론에 반대하면서 포개 넣기의 원리 자체에 주목한 유물론적 철학(그리스 자연철학)이 등장했지만, 19세기에 이르기까지는 유물론 철학이 지배력을 행사한 적은 없었다.

　　14~16세기 사이에는 인쇄술의 발명과 더불어 지식생산(양식)이 대대적으로 확장됨에 따라 문화적 실천과정에서 문자적 지식의 일반적 우위가 확립되었고, 그 후에는 다시 한 번 추상적인 문자적 지식 속으로 이전의 세 가지 회로에 대한 포개 넣기가 이루어지면서 생물학적 회로-사회경제

적 회로-문화적 회로 모두 추상적인 문자적 지식의 회로 속으로 환원되는 과정이 급속하게 진행되었다. 이런 과정은 두 개의 경쟁적 과정을 통해 이루어졌다. 첫 번째 과정은 17세기 들어 네덜란드를 축으로 한 상업자본주의의 성장과정에서 가속화되고 18~19세기에 자연과학에서는 수학의 지배력이 확립되었으며, 철학에서는 관념론(합리주의적-경험주의적, 객관적-주관적 관념론)의 지배력이 확립된 과정을 말한다. 두 번째 과정은 1750년을 전후로 영국에서 산업자본주의의 맹아가 싹트고 산업자본주의가 유럽 전역으로 확산되는 과정에서 관념론 철학에 반대하는 유물론 철학이 함께 확산되다가 19세기 중엽 영국식 산업자본주의가 유럽 전체에 지배력을 행사하는 시점에 이르면서 관념론의 몰락과 유물론의 지배가 확립된 과정을 말한다. 이후 이 유물론이 실천되는 영역은 이제 철학이 아니라 세분화된 자연과학의 영역이 되었으며, 발전된 자연과학의 성과와 방법론은 19세기 후반에 등장하는 사회과학에도 강력한 영향을 행사했다.

그런데 18~19세기의 유물론은 문화적 회로에 포개 넣어진 사회경제적 회로의 중요성에 주목하기는 했지만, 사회경제적 회로에 포개 넣어진 생물학적 회로의 중요성을 재발견하는 데에는 이르지 못했다. 그리고 이 생물학적 신진대사의 중요성은 진화론과 생태학, 유전학이 발전해 결합되기 시작한 20세기 중후반까지도 충분히 주목받지 못했다. 이 과정에서 마르크스가 생물학적 회로-사회경제적 회로-문화적 회로의 포개 넣기라는 삼중적 진화과정의 복잡성을 역사상 처음으로 통찰했으며, 유독 마르크스만 전도된 포개 넣기의 원리를 바로 세우려고 노력했다고 할 수 있다. 물론 이렇게 전도되어왔던 인간과 자연의 신진대사의 진화적 원리가 단지 관념론을 유물론으로 대체한다고 해서 바로 세워지는 것은 아니었다. 그럴 경우 사회경제적 회로는 제대로 잡을 수 있지만 더 아래에 포개 넣어져 있는 생태학적 회로는 여전히 은폐된 채 가려져 있기 때문이다. 마르크스는 이 사실을 인식했기 때문에 사회경제적 회로만 강조하는 대신 사회경제적 회로의 복잡화를 통해 전개된 역사적 과정 자체도 그 저변에 깔려 있는 인간과 자연의 신진대사라는 자연사적인 과정의 일부임을 누누이 강조했다.

그러나 마르크스 당시에는 오늘날 복잡계과학과 시스템생태학에 이르러서야 체계적으로 가시화할 수 있는 복잡한 포개 넣기의 회로를 가시화할 수 있는 과학적 수단이나 언어가 부재했기 때문에 마르크스는 자연사적 과정으로서의 역사적 과정이라고 말했던 바의 실제적 내용, 그가 강조한 인간과 자연의 신진대사의 촉진과 변형의 과정으로서의 사회적 노동과 사회적 개인이라는 개념을 이해하기 쉬운 방식으로 개념화할 수 없었다. 마르크스 사후 마르크스주의가 사회경제적 회로에만 주목해온 어긋난 발전 궤적과 20세기 후반 들어 등장한 생태주의에 의한 마르크스에 대한 부당한 비판 등은 모두 이와 같은 편차로부터 발생했다고 해도 과언이 아니다. 하지만 이제는 발전된 형태의 복잡계과학, 생태과학, 진화론적 발달이론(EvoDevo), 뇌-신경과학과 인지과학 등의 도움으로 우리는 이제 마르크스가 생각했고 강조했던 세 가지 회로의 복잡한 포개 넣기의 과정과 원리를 과학적으로 이해하고 설명하고 풍부하게 발전시킬 수 있는 역사적 위치에 서게 되었다. 마르크스와 현대과학의 적극적인 만남이 필요한 이유, 인간과 자연의 신진대사의 촉진과정으로서의 사회적 노동과 사회적 개인이라는 마르크스의 핵심 개념이 서로 다른 경로를 거쳐 발전해온 복잡계과학, 생태과학, 인지과학을 하나로 연결할 수 있는 '아리아드네의 실'이 될 수 있는 이유가 바로 여기에 있다.

우리는 농부이자 생태학자, 생물수학자이자 과학철학자로 활동하고 있는 현대 마르크스주의과학자인 리처드 레빈스(Richard Levins)에게서 바로 이런 사례를 발견할 수 있다. 그는 마르크스적 역사유물론과 변증법적 사

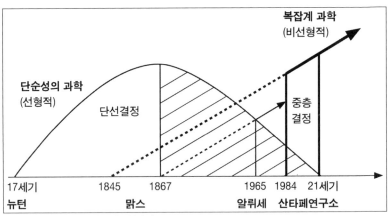

〈그림 5-3〉 과학적 패러다임 교체 속의 마르크스 사상의 위상

자료: 심광현(2010), 165쪽 그림 부분 수정.

고를 복잡계과학의 관점과 결합해 니치이론, 생태지리학, 생태학적 해충 관리체계, 생물학과 사회학을 결합시킨 전염병 연구를 발전시켜왔다.

그는 이런 복잡한 문제들을 해결하기 위한 두 가지 주요 수단으로 수학과 철학을 사용한다. 수학의 가장 중요한 역할은 부정확한 문제제기를 바로잡고 직관을 가르쳐서 모호한 것을 분명하게 한다는 것이다. 또한 그는 흔히 과학의 외부자 역할에 머무는 것으로 만족하는 일반적인 철학과는 다르게 자신들의 철학적 관점에서 스스로 과학적 연구를 수행했던 칸트나 마르크스와 같이 복잡한 대상을 하나의 전체적이고 역동적인 체계로서 연구하려는 관점을 택한다. 이런 관점에서 그는 "과학에서의 나의 경험은 복잡할 수밖에 없는 진화생태학과 수학적 맥락에서 근원, 흐름, 싱크를 강조하는 동역학 체계이론, 그리고 변증법적 유물론에서 나온 것이다"라고 말한다(레빈스, 2009: 75~76). 나아가 그는 이런 관점을 과학영역 외부로 확장시켜서 다음과 같이 적－녹－보라 연대를 주장한다.

이전의 마르크스주의가 독일 철학과 프랑스 사회주의, 그리고 영국 정치경제학을 자양분으로 흡수했던 것처럼, 이제는 생태학과 페미니즘 및 반인종주의 운동의 통찰력을 단지 정치적 슬로건으로서가 아니라 우리의 지적 구성에 대한 이론적 기여로서 인식해야 한다(레빈스, 1998: 182).

그가 변증법적 생물학을 주장하는 것도 이런 맥락에서인데, 정적이고 죽은 체계에 대해서는 뉴턴 식의 설명이 적용될 수 있지만 사회적이고 생물학적으로 동적이고 살아 있는 체계는 환경과의 상호작용 속에서 자기조절의 과정을 만들어내기 때문에 변증법적인 접근이 필요하다는 것이다. 이런 복잡한 자기조절과정을 다루기 위해 그가 사용하는 방법은 어느 하나의 모델을 사용하는 환원주의적인 방법이 아니라 물리적인 생산체계, 유기체의 생산체계, 생태계, 그리고 사회체계라는 상이한 차원들을 추상화할 수 있는 여러 개의 모델을 사용하는 비환원주의적인 집합(클러스터)이다(레빈스, 2009: 78~80).

> 구성요소와 그 과정의 구조가 달라도 우리는 세부 요소들로부터 '체계'를 추출하고, 피드백(feedback)과 피드포워드(feedforward), 근원과 싱크, 적재와 흐름, 국지적 안정과 전 지구적 안정, 진동과 카오스를 인지해 이런 체계 모두를 체계들로 간주할 수 있다. 그러고 나서야 비로소 어떤 일반 방법론적 원칙을 사용할 수 있게 된다(레빈스, 2009: 82).

이런 방법론에 의거해서 그는 생리학, 사회생물학, 정치경제학의 연관관계를 동역학적 체계로 재구성해 구체적인 분석을 제시한다. 즉, 스트레스 호르몬의 자기 억제력은 노동계급 청소년보다 중산층 남자 청소년에게 더 높다는 징후가 있으며 강한 노동조합이 존재하는 작업장에서는 혈당수치와 불안의 정도가 완화될 수 있다는 것이다(레빈스, 2009: 90~91). 이런 방식으로 다양한 연구를 전개해온 그는 "우리 과학과 우리 세계의 복잡성에 맞서려면 우리는 우리의 직관 속에 총체성의 철학, 수준 내의 연계 또는 수준 간의 연계, 동학, 변증법적 부정과 자기 성찰을 내면화해야 한다"라고 당부한다(레빈스, 2009: 98).

4. 녹-보라 연대의 쟁점: 에코페미니즘의 사례를 중심으로

에코페미니즘의 문제설정은 흔히 사회-자연의 구분을 남성-여성의 구분과 유비적으로 대응시키는 일종의 본질주의적인 전제와 연관이 깊은 것으로 알려져 왔다. 여성은 출산과 양육이라는 생물학적인 특성 때문에 자연을 대상화하고 지배하는 데 익숙한 남성과는 달리 자연친화적인 감수성과 사고방식, 그리고 생활습관을 지니고 있고 이 때문에 생태주의와 페미니즘 간에는 자연스러운 연결이 가능하다는 것이다. 이렇게 생태주의와 페미니즘의 자연적 연결성을 강조하는 에코페미니즘의 주장은 다음과 같이 요약될 수 있다. 첫째, 여성과 자연의 상징적 구성물과 그들에게 적용되는 방식 사이의 몇 가지 중요한 개념적 연관성, 둘째, 여성운동과 녹색운동의 전제와 목표의 공통성, 셋째, 더욱 평등하고 조화로운 미래사회에 대한 대안적 비전이 그것이다.

반면, 이런 입장에 대해 여러 진영에서는 다양한 비판이 제기되어왔다. 이런 비판들을 거칠게 요약해보면, 첫째, 여성을 단일한 범주로 설정함으로써 여성들 내부의 계급, 인종, 민족과 같은 분할선에 의한 차이를 무시한다는 점, 둘째, 여성과 자연에 대한 지배를 주로 이데올로기적인 측면에서 분석함으로써 그 물질적 토대에 대한 분석을 간과한다는 점, 셋째, 자연과 여성의 연관성을 생물학적 측면에서 본질주의화하는 경향이 크다는 점 등이라고 할 수 있다(아가월, 2005: 227~228). 이런 비판에 기초해 여성과 자연, 남성과 자연의 관계를 탈본질주의적이고 물질적 토대와의 측면에서 환경과의 특정한 상호작용 방식에 뿌리내린 것으로 보려는 입장, 즉 페미니스트 생태주의(환경주의)의 관점이 발전해왔다. 이는 인간과 자연의 상호작용에서 노동분업과 재산과 권력의 배분이 미치는 영향을 구체적으로 분석하면서 젠더와 계급 간의 관계에 초점을 두려는 입장이다(아가월, 2005: 231).

낸시 홈스트롬(Nancy Holmstrom)이 주장하듯이, 인간 본성은 생물학적 기원을 가지고 있지만 상당 부분은 사회적으로 구성된 것이기 때문에 남성과 여성의 본성이 생물학적인 측면에서 본질적으로 다르다는 주장은 인간 본성의 진화론적이고 역사적인 특성을 추상화한 것이라는 점에서, 또한 남성과 여성은 생물학적으로도 차이보다는 유사점을 더 많이 가지고 있다는 측면에서 분명히 문제가 있다. 성적·사회적 노동분업과 여성의 본성은 무관한 것이 아니라 변증법적 관계를 유지한다고 보아야 하기 때문에 생물학적 본질주의는 자본주의하에서의 여성 본성의 변화를 설명하는 데에도 한계에 부딪칠 수밖에 없다(홈스트롬, 2012: 586~612).

하지만 필자는 본질주의 비판이라는 관점에서 에코페미니즘의 문제설정 전체를 기각하는 것에도 문제가 있다고 본다. 목욕물 갈다가 아이까지 버리는 문제점이 야기될 수 있기 때문이다. 남성과 여성의 본성이 성적·사회적 분업에 따라 변화해왔고 변화할 것이라고 하더라도 양자 사이에 중요한 차이가 없다고 보는 것은 역으로 생태학적 차이 자체를 간과하는 결과를 초래할 것이기 때문이다. 여성과 남성은 임신과 출산과 모성과 양육, 그리고 성적 쾌락이라는 측면에서 매우 중요한 생물학적·생태학적 차이를 갖고 있다. 이 차이는 미래의 어느 시점에서 자연적인 임신과 출산이 인공수정과 인공출산으로 대체되고, 양육의 전 과정이 사회화되며, 성적 쾌락 자체도 인지과학적으로 조절될 수 있는 형태의 생명공학적인 변화를 거치지 않는 한 사라지기 어렵다. 자본주의를 극복할 미래의 대안사회가 이와 같은 생명공학적인 사이버네틱 사회가 될 것이라고 보지 않는 한, 우리는 남성과 다른 여성의 생물학적 차이에 따라 형성되어왔던 매우 중요한 생태학적 경험과 지식을 간과해서는 안 된다.

헬렌 로슈(Hellen Rosch)에 따르면, 임신한 여성의 자궁 내에서 태반은 모체와 태아의 중간에 위치해 융합될 수 없는 두 조직을 분리시켜줌과 동시에 두 기관 사이의 생물학적 신진대사를 중재한다. 태반은 양적으로 교환을 조정할 뿐 아니라 모체와 태아 모두를 위해 모체의 물질을 변형, 저장, 재분배한다. 따라서 정신분석학적으로 모자간의 융합을 강조하거나 임신이 태아에 의한 모체의 침범이라고 보는 식의 사고방식은 상상의 산물일 뿐이며, 오히려 태아가 형성한 태반의 존재는 모체(동일자)와 타자(태아) 간의 끊임없는 교섭을 통한 공생의 메커니즘을 보여주는 장치라고 할 수 있으며, 이를 매개로 모체와 태아는 상대적 자율성을 유지할 수 있다고 한다. 이런 관점에서 보면, 아기와 어머니의 상상적 융합 상태를 상정하고 아기가 주체로 성장하기 위해서는 제3자(아버지-법-상징계)에 의해 이 융합이 깨뜨려져야 한다고 보는 정신분석학의 관점은 이미 태반이 제3자 역할을 수행하고 있다는 사실을 간과한다는 문제가 있다고 할 수 있다(이리가라이, 1996: 40~44).

뤼스 이리가라이(Luce Irigaray)는 이런 관점에서 여성의 몸은 병이나 거부반응, 생체조직의 죽음을 유발시키지 않고도 자기 안에서 생명이 자라나도록 관용하는 특수성을 지니는 반면, 기존의 문화는 이 관용성의 의미를 제대로 이해하지 못한 채 모자관계를 종교적 우상으로 맹목적으로 숭배하는 것으로 대체해버렸고, 그로 인해 여성 나름의 고유한 주체성은 삭제당하고 여성은 출산을 위한 자연스러운 신체로 보호된 채 문화로부터 배제되어왔다고 비판한다. 또한 이리가라이는 여성의 신체는 남성과 달리 달, 태양, 조석간만, 계절과 늘 연관되어 생리 또는 월경의 주기를 가지며, 처녀막 파열, 수태, 임신, 출산, 수유, 그리고 종국에는 갱년기를 거치면서 신체적·정신적으로 변화해가는 과정에서 남성의 신체적 변화의 리듬과는 일치하지 않는 전혀 다른 생물학적·생태학적인 리듬을 지니고 살아가게 된다고 주장한다(이리가라이, 1996: 116~117).

이렇게 남성과는 다른 신체적 메커니즘과 발달주기를 가진 여성의 특수성은 가부장제에 의해 무시되었고, 그에 따라 여성 주체성과 모녀관계는 이중으로 소외되어왔는데, 이로 인해 여성은 여성 주체로서 거부당할 뿐만 아니라 딸은 딸이라는 주체로서 동등하게 인정받지 못해왔다는 것이다. 이리가라이는 이런 악순환에서 벗어나기 위해서는 다음과 같은 몇 가지 실천이 시급하다고 주장한다(이리가라이, 1996: 47~52). 첫째, 생명과 음식에 대해 존중하는 마음을 다시 배워야 한다. 이는 어머니와 자연에 대한 존중을 회복하는 것을 의미한다. 둘째, 모든 가정과 공공장소에서 모녀가 쌍을 이루는 매력적인 이미지가 널리 퍼져야 한다. 항상 모자관계로 대표되는 ─ 특히 종교적 차원에서 ─ 이미지와 직면해야 한다는 것이 딸에게는 병을 유발시킬 수 있다. 이런 문제를 넘어서려면 어머니와 딸, 어머니와 아버지와 딸로 구성된 이미지가 확산되어야 한다. 셋째, 여성복수형을 사용할 기회, 제3의 여성에 관해 말할 수 있는 문장사용의 기회, 여성 사이에서 대상과 공간, 특히 자연의 공간을 공유할 기회를 늘여나가야 한다.

지면의 한계상 이런 특성의 세부사항과 실천항목에 대해 자세히 언급하기는 어렵지만, 에코페미니즘의 주장과 관련해서 적어도 다음 세 가지 과제만큼은 그 중요성을 확인할 수 있다.

첫째, 여성의 신체적·발달적 특수성은 남성과는 다르게 타자와의 협상, 공생의 경험을 내재화하고 있으며, 자연의 생태학적 리듬과 더 긴밀하게 공조하는 형태로 전개되어왔다. 현대사회에서 남성은 신체적으로나 문화적으로나 타자와의 공생과 관용의 감수성, 자연생태계의 리듬과의 신체적 공조라는 생태학적 경험을 여성에 비해 상대적으로 적게 경험하면서 살고 있다. 이 때문에 남성이 자본주의를 넘어선 생태적 대안사회로의 이행을 위해 노력하고자 한다면 여성이 지닌 생태학적 감수성과 공생의 리듬을 존중함과 더불어 여성과의 평등한 상호작용을 통해 그런 경험을 새롭게 배움으로써 남녀 양성이 자유와 평등의 권리를 차별 없이 공유하면서도 연대하는, 생태학적 공생이 가능한 사회생활과 가정생활 및 주체성의 새로운 양식(예를 들면, 들뢰즈와 가타리가 말하는 '여자 되기')을 구성해나가도록 노력해야 한다.

둘째, 생산수단의 사회화와 성적·사회적 노동분업의 평등한 재조직화라는 과제 외에도 이리가라이가 강조하는 것과 같이 문화적·상징적인 측면에서 적극적으로 여성 주체성의 특수성을 반영함과 동시에 양성평등을 적절하게 상징화할 수 있는 새로운 형태의 문화구성체를 구성해야 한다.

셋째, 수태와 임신, 출산과 양육과정에서 여성의 특수한 역할, 여성 특유의 성적 향유에 대한 남녀 상호 간의 새로운 이해, 그리고 사랑과 가족에 대한 재개념화 역시 중요한 과제로 부상된다. 특히 태어나서부터 부모와 자식이 맺는 친밀한 상호작용과 공감의 형성이 신체적·정신적 발달에 미치는 중차대한 영향에 대한 현대의 신경생리학적·인간발달생태학적 연구는 남성에 비해 상대적으로 풍부한 경험을 획득해왔던 여성의 생태학적 상호작용의 경험이 인간 주체성의 형성에서 얼마나 중요한 역할을 하는가라는 문제를 심각하게 재고하게 만든다. 이런 관점에서 보면 정신분석학의 역할은 정신병리학적인 소극적인 사후처방에 국한되는 데 반해, 에코페미니즘은 사전예방의 측면에서 새로운 주체형성의 과정에 더욱 적극적이고 긍정적인 역할을 할 수 있다는 점을 부인하기 어렵다.

5. 적 – 보라 연대의 쟁점: 자본주의와 가부장제의 관계를 중심으로

월비는 『가부장제 이론』(1996)이라는 책에서 자유주의 페미니즘, 급진적 페미니즘, 마르크스주의 페미니즘, 이중체계론의 문제점을 검토하면서 이 이론들이 초점을 맞추었던 각 부분을 모두 통합해 임금노동, 가사, 성성(sexuality), 문화, 폭력, 국가 모두를 포괄하면서 자본주의의 형태 변화와 더불어 변화하는 가부장제의 정도와 형태를 추적하는 방식으로 '확장된 형태의 이중체계론'을 제안한 바 있다. 월비는 영국에서 가부장제의 형태가 사적 가부장제에서 공적 가부장제로 변했다고 보면서 6가지 요소(가부장적 생산양식, 유급노동에서의 가부장적 관계, 국가에서의 가부장적 관계, 남성 폭력, 성성에서의 가부장적 관계, 문화제도 안에서의 가부장적 관계)의 위상 변화를 분석의 초점으로 삼았다(심광현, 2013: 117).

그런데 최근 고정갑희는 월비의 이론은 성이론을 아직 부분적으로만 이론화한 점에 문제가 있으므로 이런 부분성을 극복하려면 계급에 버금가는 성 자체를 이론화할 필요가 있다고 보면서 계급론에 성을 첨가하는 대신 성이론에 계급론을 첨가하는 방식으로 성이론을 전면화하자고 제안하고 있다(고정갑희, 2012: 42~47). 고정갑희가 제안하는 성이론은 성관계, 성노동, 성장치라는 개념 축을 중심으로 구성된다. 이에 따르면 성관계는 가부장체제의 토대이고, 성노동은 가부장적 성관계를 유지하는 노동이며, 성장치는 가부장체제를 유지하는 물질적·이데올로기적 장치인데, 이 각각의 개념은 비가부장적이거나 반가부장적인 성관계, 성노동, 성장치로 바뀔 수 있고, 그렇게 되어가는 과정 중에 있으며, 그렇게 되어야 한다고 주장한다(고정갑희, 2012: 51~58).

월비의 포괄적이지만 나열적인 가부장제이론에 비하면 고정갑희의 성이론은 포괄적이면서도 체계적이며 이중체계론을 넘어서서 마르크스주의적 자본주의 비판을 하나의 부분집합으로 포함하고 있다는 점에서 특징적이다. 이런 체계를 근거로 그녀는 가부장적 세계체계론, 글로컬페미니즘 이론을 제안하고 있다. 마르크스의 자본주의 비판은 M-C-M' 자본순환의 흐름을 규명하는 데 초점을 두면서 인간생산과 쾌락생산을 상품생산에 종속·환원시켜온 자본주의에 대한 비판이었기에 인간생산과 쾌락생산을 노동력 재생산이라는 하위범주로 다루어왔다. 이 때문에 인간생산과 쾌락생산이 지닌 비환원주의적인 특성을 규명하는 데에는 한계가 있었다. 마르크스-엥겔스의 『독일 이데올로기』나 엥겔스의 『가족, 사유재산, 국가의 기원』은 인간생산과 쾌락생산이 어떤 역사적 과정을 거쳐서 국가와 자본주의적 사유재산과 상품생산의 프레임 속으로 종속·환원되어왔는가를 규명하기는 했지만, 인간생산과 쾌락생산이 가부장적·자본주의적 권력과 상품생산으로부터 해방되기 위해 어떤 절차와 과정을 거쳐야 하는지를 해명하는 대안적인 프레임을 구성하지는 못했다. 앞에서 간략히 검토한 바와 같이 이런 이론적 공백은 마르크스주의적 이론과 실천에서 노동해방과 여성해방의 결합에 큰 장애요인으로 작용해왔다. 이런 맥락에서 고정갑희의 새로운 성이론은 자본주의와 가부장제의 동시적 비판과 양자의 극복을 위한 대안적 프레임을 구성해나가는 데 중요한 이론적 실마리를 제공한다고 생각된다(심광현, 2013: 118~119).

하지만 가부장제를 포괄적으로 설명할 수 있는 성이론의 장점은 곧 단점일 수 있다. 고정갑희의 포괄적 가부장제 이론에서는 현대자본주의가 차지하는 지배적인 위치가 부분집합으로만 설정되어 있어 자본주의 극복의 경로설정이 모호해질 수 있기 때문이다. 이러한 문제점을 보완하기 위해서는 자본주의 이전과 자본주의, 그리고 자본주의 이후의 성관계-성노동-성장치 체계의 역사적 형태 변화가 함께 설명될 수 있어야 할 것이다. 또 한 가지 문제는 이런 논의가 마르크스의 '생산양식 = 생산관계 + 생산력'

및 '생산력＝자연자원＋노동력＋생산수단'의 개념틀과 맞물리기 어렵다는 점이다. 그럴 경우 적-녹-보라 연대를 위한 새로운 패러다임 구성이 환원주의적이 될 위험이 있다. 이 문제를 해결하기 위해서는 성관계-성노동-성장치의 범주와 마르크스의 생산관계-생산력 범주 간의 새로운 교차 절합이 필요해 보인다(심광현, 2013: 119).

이렇게 가부장체제론과 마르크스주의 간의 교차를 통해 새로운 형태의 범주적 매트릭스를 만드는 작업은 몇 가지 보완작업을 통해 새롭게 이루어질 필요가 있다. 고정갑희는 마르크스주의가 생산범주를 상품생산에 한정한 것의 한계를 넘어서기 위해 생산범주를 상품생산-인간생산-쾌락생산으로 확장했는데, 이는 자본주의적 생산과 가부장적 생산의 두 차원을 하나의 범주로 통합해서 사고하게 해준다. 그러나 성적 관계를 성적 생산관계-성적 거래관계-성적 계급관계-성적 권력관계로 구분할 경우, 성적 생산관계를 다시 상품-인간-쾌락생산으로 재설정하게 되면 이 범주가 나머지 3개 범주의 구분기준으로 사용되면서 상위범주가 하위범주와 함께 성적 관계의 한 부분집합으로 사용되기 때문에 범주상의 혼동이 발생한다. 이런 혼란을 줄이려면 성노동과 성적 계급관계, 성적 거래관계는 마르크스의 토대(생산력과 생산관계) 범주로, 성적 권력관계와 성장치는 마르크스의 상부구조 범주로 재배치하는 것이 논리적 일관성을 가질 수 있다. 이 두 가지 사항을 수정한 다음 여러 범주를 매트릭스에 재배치하면 〈표 5-2〉와 같다.

하지만 이런 절차를 거치면 다음과 같은 문제점들이 발견된다. 첫째, 생산력의 범주가 협애화된다는 것이다 상품생산에서 남성노동·사회적 노동이 빠져 있고 생산수단과 자연자원의 이용에 관한 부분이 빠져 있기 때문이다. 둘째, 성적 관계의 범주가 착종된다. 성적 관계가 성적 계급관계-거래관계-성적 권력관계라는 형태로 나열되어 이 3자의 관계가 모호

〈표 5-2〉 마르크스주의와 성이론의 교차범주 매트릭스

마르크스주의 성이론	토대			상부구조	
	생산력	생산관계		성적 권력관계	성장치
		성적 계급관계	성적 거래관계		
상품생산	가사노동 - 모성 - 아내노동의 연결	남성자본가 - 여성노동자	상품 - 가계생산	자본가 - 남성	국가, 신체, 가족, 종교, 교육, 미디어, 서사 등 (ISA/RSA)
인간생산	모성 - 아내노동	소유계급 남성 - 출산계급 여성	결혼 - 가족제도	남성지배권력	
쾌락생산	아내노동 - 매춘노동	소비계급 구매자 남성 - 생산계급 성노동자 여성	결혼 - 매매춘	남성 - 이성애자	

한데, 이를 마르크스적 관점에서 생산관계(토대)와 생산관계의 재생산(상부구조)이라는 개념에 의거해 재범주화하면 모호함을 줄일 수 있다고 본다. 셋째, 쾌락생산의 경우 매매춘에서 남성이 구매자이고 여성이 생산자라는 구분은 최근 들어 남성매매춘이 증가하고 있기에 남성-여성의 위치가 상대화될 수 있다는 사실을 고려할 필요가 있다. 넷째, 가계생산의 주요 내용이 가사노동이라면 이는 상품생산에 포함시키기 어렵다. 물론 요리와 청소와 빨래 등의 상당 부분이 상품화되고 있기는 하지만, 아직도 이 부분의 대다수는 상품화되지 않은 영역이기 때문에 가계생산은 상품생산과 인간생산의 두 범주에 모두 걸쳐 있는 - 결혼이 인간생산과 쾌락생산 두 범주 모두에 걸쳐 있는 것과 마찬가지로 - 것으로 보는 것이 타당하다. 이럴 경우 인간생산은 출산으로만 한정되는 대신 '가사노동+출산+육아+가정교육 일반 등'으로 확장하는 것이 바람직하다고 본다. 이런 의미에서 인간생산은 전통적인 의미에서 가정경제와 대등한 의미를 지니게 될 것이다. 다섯째, 매매춘은 이미 오래전부터 상품화된 영역이기 때문에 쾌락생산을 상품생산에 함께 걸쳐진 영역으로 볼 필요도 있다. 물론 쾌락생산은 결혼제도 내에서도 중요한 요소이기 때문에 상품생산에 한정되지는 않는다. 따라서 각각의 범주는 서로 겹쳐지게 설정할 필요가 있다.

마르크스 주의 성이론	토대		상부구조	
	생산력	생산관계(성적 계급 - 거래관계)	성적 권력관계	국가장치
상품생산(1)	사회적 노동+생산수단	자본가 - 남성노동자 - 여성노동자 (상품 - 가계생산 - 매매춘)	자본가 - 남성	ISA: 정부, 노조, 미디어, 대중문화, 고급문화, 교육, 교회, 가족, 학술제도 등 RSA: 경찰, 군대
인간생산(2)	모성 - 아내노동+신체	소유계급 남성 - 출산계급 여성 (결혼 - 가계생산)	남성	
쾌락생산(3)	아내노동 - 매춘노동+신체	소비계급 구매자(남성) - 생산계급 성노동자(여성)(결혼 - 매매춘)	남성 - 이성애자	

이렇게 볼 때 상품생산의 보편화를 통해 이루어진 생산력의 사회화와 생산수단의 사유화 간의 모순을 해결하기 위해 사유화와 상품화의 폐지에 역점을 두는 것만으로는 문제가 해결되기 어렵다는 사실이 쉽게 확인된다. 상품생산의 축(1)을 실제로 떠받치고 있는 인간생산(2)과 쾌락생산(3)의 차원에서 가부장제의 해체가 동반되지 않을 경우에는 적의 궁극적인 목표인 보편적 인간해방도 불가능해지기 때문이다 이런 맥락에서 보면 앤 케인이『선언 150년 이후』에 실은 글에서『선언』과 마르크스와 엥겔스의 여타 저작들이 다음과 같은 지점에서 여전히 취약성을 갖고 있다고 본 것은 타당하다. 첫째, 성별 노동분업에 대한 자연주의적 설명으로 퇴보(일탈)한 것, 둘째, 가족의 사회화 기능의 효과에 대해 거의 주목하지 않은 것, 셋째, 예를 들어 여성에게 개방된 고용형태를 제안함으로써 가족 내에서의 성별 노동분업을 활용하는 정책을 주조하려는 불만족스러운 내용을 제시한 것, 넷째, 여성이 사회적 생산에 유인됨에 따라 가족이 붕괴하고 여성해방의 조건이 출현하는 일이 급속하고 손쉽게 벌어지리라고 주장한 것이다(케인, 1998: 313). 현대자본주의와 맞물려 잔존하는 가부장제에 의해 철저하게 일그러진 인간생산과 쾌락생산의 문제를 적-보라 연대의 주요 과제로 설정한다는 것은 곧 대안사회를 위한 정치경제적 기획 자체도 자유-평등-연대의 동시적 실현을 통한 모든 인간능력의 전면적 발달을 추

구하는 미적·윤리적·정치경제적 기획으로 확장되어야 한다는 것을 의미한다.[1]

6. 적-녹-보라 연대를 위한 이론적 통섭의 전망

이렇게 해서 적-녹, 녹-보라, 적-녹 연대의 내용을 개괄적으로 살펴보았다. 그렇다면 이 부분집합을 모두 포함하는 적-녹-보라 연대의 전체집합의 틀은 어떻게 마련될 수 있을까? 〈표 5-3〉을 생산력 관리를 위한 자본-국가의 투자의 복잡성(1, 2, 3차-4차 순환)(심광현, 2013: 90)을 반영해 재구성해보면 〈표 5-4〉와 같다.

이 도표는 아직 불완전하지만 그동안 분리되어 있던 계급-생태-성의 주요 범주들이 자본주의-가부장제의 매트릭스에 의해 어떻게 교차 포섭되었는지를 일별하게 해준다는 장점은 있다. 또한 이 세 가지 범주가 분리 불가능하게 포함관계를 이룬다는 사실을 인정하지 않는 한 자본주의-가부장제-생태위기의 극복은 결코 불가능하다는 점도 쉽게 드러내준다고 생각된다. 또한 이 도표는 대안사회로 나아가는 과정은 이 모든 항목을 해체하고 재구성하는 작업에 다름 아니라는 사실도 환기시켜준다.

물론 이런 식의 주장은 새로운 것이 아니며, 최근 여러 논자가 비슷한 방식으로 다양하게 지적해온 내용이다. 고정갑희가 주장하듯이 그동안 좌파진영의 남성은 이런 분리 불가능한 포함관계와 더불어 자신들의 가부장성을 제대로 깊이 성찰하지 않았고, 생태주의자들 역시 인간중심주의를

---

1 상품-인간-쾌락생산의 세 차원을 모두 대안적 양식으로 전환하려는 가장 발본적인 기획에 대해서는 콜론타이를 참조할 것(Kolontai, 1977: 201~317; 심광현, 2013: 113~115).

마르크스 주의 / 성이론	토대				상부구조
	생산력			생산관계	
	자본순환	자연·생산수단	노동력	계급-거래관계	국가장치
상품생산	1차 순환	자연자원, 에너지, 생산재	노동력상품	자본가-남성노동자-여성노동자(1·2차 산업, 매매춘)	산업자원부, 해양부, 노동부, 경찰청, 행정안전부, 국토부, 교통부, 지방정부, 과학기술부, 교육부, 문화부, 보건복지부, 여성가족부
상품생산	2차 순환	자연자원, 에너지, 소비재	소비기금(가계생산)	남성-여성 (3~4차 산업, 자본시장, 가계생산)	산업자원부, 해양부, 노동부, 경찰청, 행정안전부, 국토부, 교통부, 지방정부, 과학기술부, 교육부, 문화부, 보건복지부, 여성가족부
상품생산	2차 순환	도시건조환경	주택과 교통시설	남성-여성 (3~4차 산업, 자본시장, 가계생산)	산업자원부, 해양부, 노동부, 경찰청, 행정안전부, 국토부, 교통부, 지방정부, 과학기술부, 교육부, 문화부, 보건복지부, 여성가족부
상품생산	3차 순환	자연자원, 에너지, 과학기술	사회적 소비(교육, 보건의료, 여가 등)	자본가 남성-여성(3~4차 산업, 노동력 재생산)	산업자원부, 해양부, 노동부, 경찰청, 행정안전부, 국토부, 교통부, 지방정부, 과학기술부, 교육부, 문화부, 보건복지부, 여성가족부
인간생산	2차·4차 순환	인간신체, 생명공학	모성·아내노동 (출산, 육아, 가사노동, 섹스)	남성-여성(결혼, 가계생산)	산업자원부, 해양부, 노동부, 경찰청, 행정안전부, 국토부, 교통부, 지방정부, 과학기술부, 교육부, 문화부, 보건복지부, 여성가족부
성적 쾌락생산	4차 순환	인간신체, 성형	아내노동, 매춘노동, 감정노동	남성-여성(결혼, 매춘제도)	

문제 삼을 뿐, 성차별 구조는 건너뛰는 경향이 있었다고 할 수 있다. 이런 문제점을 넘어서기 위해서는 계급과 성과 생태의 문제를 따로 놓고 생각하지 말고 계급-성-생태의 문제를 함께 연결해 사고해야만 한다. 자본주의와 인간중심주의를 염두에 둔 페미니즘 이론, 가부장제와 인간중심주의를 염두에 둔 마르크스주의, 자본주의와 가부장제를 염두에 둔 생태주의가 각각의 이론을 더 심화시킨다면 이제까지와는 다른 담론의 장이 열릴 수도 있을 것이다(고정갑희, 2009: 35~45, 49).

이광일 역시 유사하지만 민주주의의 급진화라는 관점에서 한 걸음 더 나아가 다음과 같이 주장하고 있다.

결국 페미니스트는 생태주의자이자 사회주의자일 수밖에 없다. 역시 마찬가지로 생태주의자는 사회주의자이자 페미니스트이며, 사회주의자는 페미니스트이자 생태주의자일 수밖에 없다. 기우에서 말하지만 만일 각각의 이론, 실천의 영역을 '자기 고유의 것'으로 설정하고 그 위에서 연대를 모색한다면 그것은 민주주의자가 아니라 단지 조합주의자들의 형태에 해당될 뿐이다. …… 이런저런 조건을 들어 연대를 지체시키는 것, 아직 준비가 안 되어 적극적으로 교호할 수 없다고 말하는 것은 진정한 민주주의자의 행태가 아니다. …… 어느 때보다 조직적·개인적 수준에서의 전향적인 인식전환이 시급히 요구되는 시기다(이광일, 2009: 271~272).

결국 출발은 어느 쪽에서 시작하더라도 귀결은 적-녹-보라의 연결망에 도달할 수밖에 없다는 것이다. 이 연결망을 서론에서 제시한 〈그림 5-1〉의 맥락에서 다시 생각해보면 이 연결망의 성격은 다음과 같이 분명해진다. 즉, 상품경제(나)+정치경제(라)로 연결된 자본-국가의 거시적 축적회로가 금융팽창의 국면으로 집중되면 자연경제(가)와 가정경제(다)에 대한 미시적-비가시적인 수탈과 착취는 강화될 수밖에 없기 때문에 (가)에 대한 수탈을 중단시키고 (다)의 억압·착취구조를 해체하기 위해서는 (나)-(라)의 거시회로의 작동을 중단시키는 길 외에는 다른 방도가 없다는 사실이 분명해진다는 것이다. 동시에 (나)-(라) 회로의 해체와 재구성은 그동안 망가져버린 (가)-(다) 회로의 재구성과 맞물리는 방향으로 진행되지 않으면 안 된다는 사실도 분명해진다. 달리 말하면 '상품생산의 폐지와 생산수단의 사회화'라는 적의 운동목표와 '인간과 자연생태계의 공생, 노동해방과 여성해방을 포함한 인간해방'이라는 내용적 원리가 결합되어야 한다는 것이다. 이런 관계를 다이어그램으로 그려보면 〈그림 5-4〉와 같다.

박영균은 적-녹-보라 연대에서 공통된 형식이라고도 볼 수 있는 적-녹-보라 연대의 공통성을 반자본 대항헤게모니라고 보면서, 반자본적 대항헤게모니의 구축이 두 가지 층위에서 진행되어야 한다고 주장한다. 그

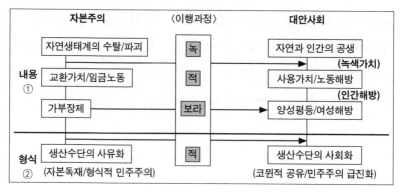

하나는 자본에 대항해 (먹을거리, 주거, 교육, 의료, 건강, 쾌적한 환경 등) 생
산과 소비의 메커니즘을 반자본적·공동체적 삶으로 바꾸어가기 위해 지
역공동체 운동과 생산자공동체를 연결하는 네트워크를 구축하는 것이며,
다른 하나는 이런 자치적 코뮌들의 맹아를 기반으로 전국적인 반자본 대
항 정치행동과 대항헤게모니를 구성해가는 것이다(박영균, 2009: 199). 이
두 가지는 〈그림 5-4〉에서 적-녹-보라 연대의 내용을 구성해나가는 과
정, 즉 대안사회의 내용구성을 위한 실험적 실천에 해당할 수 있다.

물론 생태주의자나 여성주의자들은 적-녹-보라 연대에 공통 형식이
있을 수 있다는 주장에 반대할 수도 있다. 그러나 내용이 없는 형식(녹-보
라와 분리된 적)이 공허하듯이, 형식 없는 내용(적과 분리된 녹-보라)은 맹목
적일 수밖에 없다. 이런 이유에서 필자는 적-녹-보라 연대가 가능하기
위한 이론적 쟁점은 결국 자본주의라는 형식적 틀을 해체하기 위한 새로
운 형식의 구성과 이 새로운 형식에 내용을 채워주는 대안적인 가치의 구
성이라는 수준을 구별함과 동시에 이 두 수준의 상호작용을 구체적으로
해명하는 방법에 대한 논의가 성공할 수 있는지 여부에 달려 있다고 생각
한다.

이상의 방식으로 필자 나름으로는 적-녹-보라 연대의 이론적 쟁점을 부각시키고 이 쟁점을 함께 해소할 수 있는 하나의 공통적인 이론적 프레임을 구성해보고자 했다. 하지만 이 작업은 주로 이론적 쟁점과 그 타결이라는 수준에 역점을 둔 것이므로 이런 틀을 가지고 앞으로 어떤 실천을 전개할 것인가의 문제는 여전히 미결로 남아 있다.

7. 나가며: 무엇을 할 것인가

공통의 이론적 프레임을 다시 한 번 요약해보면, 반생태적 자본주의-가부장제의 극복은 거시적 차원에서는 자본·국가가 독점하고 있는 생산수단의 전면적 사회화를 위한 정치적 실천(제도·비제도를 횡단하면서 비위계적이고 개방된 형태의 새로운 당을 구성하려는 실천)이, 미시적 차원에서는 일상적 생활현장과 중범위적으로는 모든 지역과 생산현장에서 녹색가치와 인간해방(노동해방과 여성해방)이라는 새로운 가치를 실현하기 위한 생태문화적인 실천이 동시다발적으로 전개될 때라야 가능하다는 것이다. 그런데 이런 거시적·중범위적·미시적 과제를 동시다발적으로 실천하는 방대한 일을 누가 수행할 수 있을 것인가? 자본주의-가부장제-반생태적 소비생활 등에 의해 오랫동안 오염되고 예속된 주체들이 이런 막중한 실천을 펼칠 수 있는 자치적·자율적인 대안적 주체로 과연 전환할 수 있을 것인가?

김윤철은 최근 이 문제와 관련해서 다음과 같은 흥미로운 의견을 피력한 바 있다. 새로운 주체는 무엇을 위한 수단이 아니라 그 자체로 목적이 되어야 하기 때문에 누군가가 의도를 갖고 다른 누군가를 만들 것이 아니라, 사람들 각자가 스스로 발견하는 것이라는 관점에서 새로운 주체의 형성(making)이 아닌 새로운 주체의 발견(finding)이라는 문제설정에 주목하자는 것이다(김윤철, 2012: 52). 새로운 주체의 발견은 나약한 상태에 놓여 있지만 인간이 이미 내장하고 있는 자신의 역능을 스스로 찾아내는 것을 의미하는데, 자크 랑시에르(Jaques Ranciere)가 말한 바와 같이 인민(학생)의 지능이 열등하다는 믿음 그 자체가 인민을 바보로 만든다는 것에서 탈피한 교육의 원리에 주목해 보유하고 있는 역능에 초점을 맞춰 호명이 이루어져야 한다는 것이다(김윤철, 2012: 54).

이미 있는 것을 발견하는 것이 새로운 것을 발명하거나 또는 형성하는 일과 반드시 대립적인 것이라고 보기보다는 오히려 양자가 변증법적인 긴장관계를 이룬다고 보는 것이 더 타당해 보인다. 하지만 아직 도래하지 않은 것을 목 놓아 기다리거나 또는 추상적 수준에서 발명하려 하기보다 이미 우리 주변에서 움직이고 있는 흐름, 또는 자신이 갖고 있었다가 상실하고 망각해버린 것, 과거에 있었던 실험에 주목하면 의외로 많은 것을 발견할 수 있다. 이러한 사실에 주목하는 것은 실천을 위해 매우 중요한 태도라고 생각된다. 비자본주의적이면서 호혜적이고 생태적인 삶의 양식, 가부장제를 거부하고 양성평등적인 생활양식을 만들어가기 위한 다각적인 실험은 우리 사회에도 이미 존재하고 있다. 의료생협, 공동육아와 대안학교운동, 대안화폐 시스템, 생활협동조합운동, 민중의집, 연구자코뮌운동, 글로컬페미니스트학교, 도시 안의 마을 만들기 운동 등이 그것이다. 또 망각된 역사 속에서 혁명적 불씨를 재발견하려고 노력했던 벤야민, 랑시에르, E.P. 톰슨(E.P. Thompson), 데이비드 하비, 로보섬 등의 귀중한 작업들은 '시작되었지만 아직 완수되지 않은 과제'(벤야민)의 발견이 난관에 빠진 혁명적 실천에 얼마나 귀중한 에너지를 제공해줄 수 있는가를 잘 보여준다. 물론 현재 국내에서 진행 중인 실험들은 아직 소수이고 고립되어 있어서 사회적 파급력이 약하다. 하지만 모두가 급진적이고 전복적인 운동을 지향하고 있는 것도 아니다. 하지만 이런 운동들이 적-녹-보라 연대라는 이념적 패러다임과 일종의 가족적 유사성을 가진 열린 네트워크 형태로 연결될 수 있다면 이 연결망 자체가 적-녹-보라 연대 정치의 사회적 토대가 만들어지는 새로운 출발점의 역할을 할 수 있을 것이다(서영표, 2012: 65~68). 거시적인 사회체계의 변화는 작은 실천들이 지속적으로 누적되는 과정 속에서 창발하는 것이지, 어느 날 갑자기 위로부터 기적적으로 이루어지는 것은 아니기 때문이다.

적-녹-보라 연대 정치로 나아가기 위해서는 구체적인 생활현장, 즉 '지금 여기' 자기 자신과 가족의 생활현장 가운데에서, 동료와 이웃들 사이에서 녹색가치와 인간해방(노동해방·여성해방)의 이념을 일상적 실천을 통해 구현하고 확대하려는 적극적인 노력하지 않으면 안 된다. 사회체계 전체를 변혁하려는 거시적 차원에서의 적분을 원한다면 먼저 생활현장에서부터 가치전환을 실험하는 미시적인 미분부터 시작해야 하기 때문이다. 이것이 곧 '포이에르바하 테제 3번'을 따라 살아가는 법이기도 하다.

환경의 변화와 교육에 관한 유물론적 교의는, 환경이 인간에 의해 변화되며 교육자 자신도 교육받지 않으면 안 된다는 사실을 망각하고 있다. ……환경의 변화와 인간의 활동 또는 자기 변화의 일치는 오직 혁명적 실천으로서만 파악될 수 있으며, 합리적으로 실천될 수 있다(마르크스, 2007: 185).

따라서 사적 소유의 철폐와 모든 인간의 전면적 발달을 실현하려고 노력해온 적은 자신의 생활현장에서부터 녹과 적의 가치를 실천함으로써 환경의 변화와 자기 변화를 일치시키려고 노력할 때라야 비로소 합리적인 의미에서 혁명적 실천으로 나아갈 수 있을 것이다. 물론 녹과 보라 역시 일상적 환경의 변화란 출발점에 불과하며, 거시적 환경 전체의 변화를 만들어내기 위한 적의 거시적 노력(새로운 당 건설)과 맞물리지 않을 경우 출발점에서 더 나아가기가 어렵다는 사실을 망각해서는 안 될 것이다. 이렇게 적, 녹, 보라가 그간의 분리를 극복하고 서로 내재적 포함관계를 이루어야 한다는 인식하에서 연대할 경우에라야 우리는 비로소 인간적 사회, 또는 연합한 인류를 향한 새로운 입지점에 도달할 수 있다.

> 낡은 형태의 유물론의 입지점은 '시민'사회이며, 새로운 유물론의 입지점은 인간적 사회 또는 연합한 인류이다(마르크스, 2007: 193, 포이에르바하 테제 10번).

그리고 이 새로운 입지점 위에 설 때라야 비로소 21세기 대안사회의 확트인 전망이 폭넓게 열릴 수 있을 것이다.

참고문헌

고정갑희. 2009. 「페미니즘 관점에서 본 한국의 진보와 패러다임 전환」. 메이데이. ≪진보
　　평론≫, 제40호(2009년 여름호).

_____. 2012. 『성이론: 성관계 – 성노동 – 성장치』. 도서출판 여이연.

김윤철. 2012. 「사회의 '전환'과 새로운 주체의 '발견'에 관한 단상」. 메이데이. ≪진보평론≫,
　　제51호(2012년 봄호).

까갈리쯔끼, 보리스(Boris Kagarlitsky) 외. 1998. 『선언 150년 이후』. 카피레프트 옮김. 도
　　서출판 이후.

레빈스, 리처드(Richard Levins). 1998. 「혁명의 재무장: 험난한 시기. 이론의 임무」. 보리
　　스 까갈리쯔끼 외. 『선언 150년 이후』. 카피레프트 옮김. 도서출판 이후.

_____. 2009. 『열 한번째 테제로 살아가기』. 박미형 외 옮김. 도서출판 한울.

마르크스, 카를(Karl Marx). 2007. 「포이에르바하에 관한 테제」. 카를 마르크스·프리드리
　　히 엥겔스. 『독일 이데올로기 I』. 박재희 옮김. 청년사.

박영균. 2009. 「오늘날 맑스주의적 관점에서 적 – 녹 – 보라 연대를 어떻게 모색할 것인가」.
　　메이데이. ≪진보평론≫, 제40호(2009년 여름호).

서영표. 2009. 「한국의 녹색 담론과 사회주의」. 메이데이. ≪진보평론≫, 제40호(2009년
　　여름호).

_____. 2012. 「사회주의, 생태주의, 그리고 민주주의」. 메이데이. ≪진보평론≫, 제51호
　　(2012년 봄호).

심광현. 2010. 「칸트 – 맑스 – 벤야민 변증법의 현대적 재해석」. 『변증법』. 현대사상7. 현
　　대사상연구소.

_____. 2013. 「맑스 사상의 역사지리적 생태과학으로의 확장과 사회주의 페미니즘과의
　　만남: 적 – 녹 – 보라 연대의 약도 그리기」. 경상대 사회과학연구소. ≪마르크스주
　　의 연구≫, 제10권 제1호.

아가월, 비나(B. Agarwal). 2005. 「젠더와 환경 논쟁」. 데이비드 벨 외 엮음. 『정치생태학』.
　　정규호 외 옮김. 도서출판 당대.

월비, 실비아(Sylvia Walby). 1996. 『가부장제 이론』. 유희정 옮김. 이화여자대학교 출판부.

이광일. 2009. 「민주주의 급진화를 위한 몇 가지 테제들과 '보 – 녹 – 적 연대」. 메이데이.
　　≪진보평론≫, 제41호(2009년 가을호).

이리가라이, 뤼스(Luce Irigaray). 1996. 『나, 너, 우리: 차이의 문화를 위하여』. 박정오 옮김. 동문선.

케인, 앤(Ann Kane). 1998. 「공산주의 당 선언과 여성해방」. 보리스 까갈리쯔끼 외. 『선언 150년 이후』. 카피레프트 옮김. 도서출판 이후.

플럼우드, 벨(Val Plumwood). 2012. 「생태정치론 논쟁과 자연의 정치학」. 낸시 홈스트롬 편. 『페미니즘, 왼쪽 날개를 펴다』. 유강은 옮김. 메이데이.

하비, 데이비드(David Harvey). 2007. 『희망의 공간: 세계화, 신체, 유토피아』. 최병두 옮김. 도서출판 한울.

홈스트롬, 낸시(Nancy Holmstrom). 2012. 「여성의 본성에 관한 마르크스주의 이론」. 낸시 홈스트롬 편. 『페미니즘, 왼쪽 날개를 펴다』. 유강은 옮김. 메이데이.

Burkett, Paul. 2009. *Marxism and Ecological Economics: Toward a Red and Green Political Economy*. Hayemarket Books. Published in paperback.

Kolontai, Alexander. 1977. *Selected Wrightings of Kolontai*. tranl. with an introduction and commentary by Alix Holt. W.W. Norton & Company.

자본주의의 내·외부와 대안주체의 형성

박영균(진보평론)

1. 들어가며: 임박한 파국, 출구는 없다

마르크스주의자들은 언제나 자본의 총체적 위기와 파국에 대해 말해왔다. 지금도 사람들은 세계자본주의체제의 임박한 파국에 대해 말한다. 그러나 역사적으로 마르크스주의자들은 자본주의체제를 넘어서 그 밖으로 나아가지 못했다. 그것은 자본의 위기와 파국이 없었기 때문이 아니라 그 위기와 파국이 오히려 자본주의체제의 위기대처 능력과 생명력을 강화시켰기 때문이다. 자본주의체제 내적으로 보면 그런 위기나 파국은 오히려 자본주의체제 자체를 건강하게 만들면서 새로운 피를 수혈했다. 공황은 과잉화된 부문을 파괴함으로써 자본 전체의 불균형을 해소하며 시장경쟁이라는 자연도태를 통해 과잉인구를 해소했다. 따라서 자본주의의 위기와 파국은 새로운 사회의 전망을 열지 않았으며 오히려 그 역의 결과, 예를 들어 내부를 결속하는 파시즘과 외부의 적에 대항하는 전쟁을 가져왔을 뿐이다.

그렇다면 문제는 임박한 파국에 대한 소란스런 난장이 아니라 그 파국을 새로운 사회의 전망과 연결시켜 이를 현실화할 수 있는 대안주체의 형성에 대해 실천적으로 사유하는 것이다. 물론 마르크스주의는 항상 이를 고민했다. 그러나 루이 알튀세르(Louis Althusser)가 말했듯이 제2인터내셔널의 사회배외주의와 그에 대한 사후복수로 형성된 제3인터내셔널은 경제주의라는 동일한 덫에 빠져 있었다. 제2인터내셔널이든 제3인터내셔널이든 간에 그들은 마르크스의 실천적 유물론을 경제결정론적인 소박한 유물론으로 바꾸어 놓았다. 여기서 역사를 이끌어가는 주인은 생산력이며 인간의 실천적 주체는 생산력의 효과로 존재했다. 따라서 대안주체의 형성이라는 실천적 과제는 경제에 종속된 변수로 취급되었으며 이러한 과제는 생산력에 따른 점진적인 생산관계의 조정이라는 진화론적 관점, 또는 붕괴론적인 위기론에 따른 혁명과 같은 메시아가 도래할 때까지 기다릴 수밖에 없는 대기론적 관점에 의해 압도되어왔다.

그러나 마르크스 사후 『자본론』의 논리·역사적 추론은 그대로 실현되지 않았다. 부르주아 또는 프롤레타리아라는 주체의 개입은 자본의 운동양식에 대한 일정한 수정을 가져왔으며, 1950년대 자본주의의 황금기와 더불어 서구의 노동자계급은 정치-당, 경제-노조의 양날개론에 근거한 지배체제 내부의 동맹을 형성하는 방향으로 나아갔다. 그 역사에서 노동자계급은 더 이상 마르크스가 말한 계급해방의 주체로서 프롤레타리아가 아니었다. 오히려 그들은 자본주의 생산양식을 지탱하는 핵심 계급이 되었다. 그들은 정치적 측면에서 노동자계급의 이해를 대변하는 사회민주주의로 흡수되었으며, 자신의 계급적 이해를 위해 자본가계급과의 사회적 타협을 만들어왔다. 따라서 노-자의 적대적 분열, 노-자의 화해불가능한 적대성에 기초한 자본주의 내부 또는 중심에서 그 밖으로의 도약이라는 혁명의 정치학은 더 이상 가능하지 않은 것처럼 보인다.

그렇다면 자본주의체제 내부에서 새로운 사회에 대한 변혁을 모색하는 것은 이제 가능하지 않은 것일까? 애초 마르크스주의는 부르주아와 프롤레타리아 사이의 화해는 불가능하기 때문에 적대적일 수밖에 없는 모순이라는 전제하에 출발했다. 노동자계급은 자본의 극복 없이 자기 자신을 해방시킬 수 없다. 그러나 1950년대 서구사회에서 노동자들은 자본을 극복하기보다는 자본가와의 사회적 대타협을 통해 기존의 체제를 유지하는 길을 선택했다. 전국적으로 조직된 노동조합과 정치적으로 성장한 노동자당은 오히려 자신들의 기득권을 공고히 하고 자신들의 상대적 지위를 확고히 하는 데 몰두했다. 여기서 배제된 것은 자본-임노동의 생산체제 내부로 들어가지 못한 자들, 주변부로 밀려난 자들이었다. 따라서 이에 주목하는 사람들은 새로운 변혁의 주체를 자본주의 내부가 아니라 외부 또는 그 내부로 완전히 포획될 수 없는 지점인 주변과 경계에서 찾아야 한다고 주장했다.

바로 이런 측면에서 자본주의를 넘어서는 미래 대안사회의 주체적 전망은 자본주의 내부에서 외부로, 중심에서 주변으로 급속히 이동해왔다. 그리고 이와 함께 마르크스주의도 퇴조해왔으며 노동자계급 중심성에 대한 비판도 점증적으로 증가되어왔다. 이제 그들은 탈현대적인 지평 위에서 이 세계에는 단 하나의 공리계로서 자본주의가 있다면서 다음과 같이 말하고 있다. '자본주의의 내부가 아니라 내부화하지 못한 어떤 지점을 보라.' 그러나 그렇다고 하더라도 문제는 그들조차 여전히 자본주의 내부를 향한 유인과 유혹에 이끌린다는 점이다. 자본주의 내부를 벗어난 외부를 향한 끊임없는 '탈주' 또는 '도주'는 쉽지 않다. 따라서 중심의 폭발이 아니라 주변에서 경계를 허물어가는 과정 자체가 자본주의체제를 외부로 확장해가면서 내적으로 통합해가는, 자본에 피를 수혈해주는 것일 수 있다. 이런 점에서 알랭 바디우(Alain Badiou)는 다음과 같이 말하고 있다.

한편에선 마르크스의 놀라운 예언, 즉 세계는 마침내 시장으로, 다시 말

해 세계＝시장으로 짜일 것이라는 예언을 완성하기라도 하듯이 자본의 자
동운동들이 지속적으로 확장되고 있다. …… 다른 한편 폐쇄적 정체성들로
의 파편화 과정이 존재하고 이러한 파편화 과정에 동반된 문화주의적이고
상대주의적인 이데올로기가 있다. 이 두 과정은 철저하게 뒤얽혀 있다. 왜
냐하면 각각의 정체성 확인(정체성의 창조나 조잡한 조합)은 시장에 의한
투자를 위한 소재가 되는 하나의 형상을 창출하기 때문이다. 상업적 투자와
관련된 한 공동체, …… 등가라는 것 자체가 하나의 과정이기 위해선 어떤
비등가물과 닮은 것이 요구된다. 탐욕스러운 투자 자본에게 여성들, 동성애
자들, 장애인들, 아랍인이 출현하는 것은 이 얼마나 무궁무진한 잠재력인
가!(바디우, 2008: 25~26)

그러므로 자본주의 극복과 관련된 대안주체의 형성이라는 문제를 다루
기 위해서는 우선적으로 마르크스주의에서 주창해왔던 자본주의의 내부
의 모순과 오늘날 주로 탈현대적 지평에서 논의되고 있는 외부의 관계가
무엇인가를 다룰 필요가 있다. 탈현대적 지평에서 보면 자본가와 노동자
는 자본주의체제가 작동하는 중심축이라는 점에서 이미 내부에 존재한다.
반면, 마르크스주의자의 관점에서 보면 이런 내부의 통일성은 양자 간의
적대적 투쟁을 함축한다. 그러나 이 양자는 자본주의의 내부와 외부가 어
떻게 연결되고 있는지, 즉 내부의 외부화와 외부의 내부화의 문제를 다루
지 않고 있다. 사실 자본주의의 내부와 외부는 서로 분리되어 있는 것이
아니라 상호 연관되어 있으며 양자 사이에서 운동이 일어난다. 바로 이런
점에서 대안주체를 사유하기 위해서는 우선적으로 내부와 외부의 관계 및
상호관계의 메커니즘을 고찰할 필요가 있다.

2. 자본주의의 내부: 자본과 임노동

자본주의 사회란 일반적으로 생각하듯이 단순히 돈이 돈을 버는 사회라는 데 있지 않다. 고리대금업이나 상업은 자본주의 이전부터 존재했지만 이것을 자본이라고 정의하지는 않는다. 자본은 단순히 축적된 화폐가 아니라 생산에 투자되어 자기가치를 증식하는 화폐다. 물론 오늘날에도 은행이나 대형유통기업처럼 생산에 직접 투자하지 않으면서도 큰돈을 버는 자본이 있긴 하다. 하지만 이 경우에도 그것은 생산을 전제로 한다. 은행은 사람들의 돈을 예금의 형태로 유치해 주식시장이나 산업에 투자하며 각종 유통산업은 생산된 상품을 유통시킴으로써 돈을 번다. 따라서 자본주의 사회란 단순히 돈이 돈을 버는 사회가 아니라 생산의 영역에서 자기가치를 증식하는 자본주의 생산양식에 의해 주도되는 사회를 말한다.

자본주의 생산양식은 생산을 자본과 임노동이라는 두 관계로 추상화한, 생산의 특정한 사회적 양식이다. 이 생산양식의 핵심은 생산수단을 소유한 자본과 자신의 노동력을 파는 임노동이라는 두 존재의 상호관계다. 여기서 자본은 단순히 축적된 화폐가 아니라 기계처럼 생산수단을 사는 데 소비된 화폐이자 임노동을 자신의 파트너로 고용하고 있는 화폐다. 따라서 자본이라는 화폐는 단순히 축적된 화폐가 아니라 생산과정에 투자되어 소비되는 화폐다. 역사적으로 토지를 독점하고 농민을 몰아내는 인클로저운동이 자본의 원시축적 또는 본원축적인 이유는 인클로저운동이 생산수단의 독점만이 아니라 생산수단이 없어서 자신의 노동을 팔 수밖에 없는 무산자를 창출하기 때문이다. 여기서 자본주의 생산양식을 가능하게 하는 것은 임노동자이며 노동만이 그들의 가치를 증식한다.

자본주의 사회를 정치-경제-사회원리로 고양시켰던 근대의 정신은 이러한 점을 알고 있었다. 노동가치론을 정치경제학적으로 정립한 애덤 스미스(Adam Smith)와 데이비드 리카도(David Ricardo)의 고전경제학뿐만 아니라 근대 정치학과 윤리학도 노동을 중심으로 자신의 학적 체계와 사회적 비전을 세웠다. 근대민주주의의 정체를 확립한 존 로크(John Locke)는 노동이 "자연보다 더 많은 그 무엇을 그것들에 덧붙인다"(로크, 1996: 35)는 점을 근거로 개인의 소유권을 정당화했으며 "시민사회의 주요한 목적"은 "재산의 보존"(로크, 1996: 82)이라고 주장했다. 그뿐만 아니라 근대 자본주의의 윤리학은 막스 베버(Max Weber)가 분석했듯이 캘빈의 소명설에 따라 근면과 성실이라는 노동의 윤리학을 내면화하는 청교도윤리를 만들어냈다. 따라서 노동을 인간의 본질이라고 하면서 노동가치론과 노동 중심의 세계관을 만들어낸 것은 근대의 부르주아였다.

근대 부르주아들에게 노동의 가치 위에 세워진 이 세계는 잘 짜이고 인간의 이성적 능력이 가장 잘 발휘되는 합리적인 세계였다. 그러나 마르크스는 이 합리적 세계의 내적 균열에 주목했다. 단순화해 보자면 스미스의 지배노동설이든 리카도의 투하노동설이든 간에 그들은 노동가치설을 그대로 적용하는 한에서 자본의 가치증식을 설명할 수 없고 반대로 자본의 가치증식을 설명하는 한에서 등가교환으로서의 노동가치론을 위반하는 딜레마에 빠져들었다. 따라서 노동가치론을 일관되게 밀어붙였던 홀(C. Hall), 토마스 호지스킨(Thomas Hodgskin), 톰슨(W. Tompson)과 같은 리카도 좌파는 등가교환의 원칙에 의해 생산에 투입된 노동량과 생산물의 가치가 같아야 하기 때문에 잉여생산물은 노동자계급에게 양도되어야 한다는 노동전취권(right to the whole produce of labour)을 주장했다.

그러나 마르크스가 평했듯이 노동으로 평등화된 세계는 자본주의 내부에서의 자기 지양으로서 공산주의적일 뿐이다. "사적 소유의 최초의 적극적 지양인 조야한 공산주의란 자기 자신을 적극적인 공동체적 존재로서 정립하고자 하는 사적 소유의 저열함의 현상형태"(마르크스, 1991: 154)로,

"단지 노동의 공동체일 뿐이요, 공동체적 자본, 즉 보편적 자본가로서의 공동체가 지불하는 봉급의 평등일 뿐"(마르크스, 1991: 153)이다. 따라서 마르크스는 자본주의 내부에서의 지양이 아니라 그 안에 존재하는 근본적인 균열과 공백을 탐구하고자 했다. 그가 탐구한 것은 노동력의 상품화와 필요-잉여노동으로 구성되어 있는 자본주의 생산과정 내부의 모순이다. 자본주의 생산양식의 존재론적 특성은 그것이 상품의 세계라는 점에 있다. 노동력이라는 상품, 즉 "그 사용가치 자체가 가치의 원천으로 되는 독특한 속성을 가진 한 상품"(마르크스, 1989a: 211~212)의 출현은 이 상품의 세계를 보편적인 존재양식으로 만들었다.

노동력의 상품화는 등가교환을 위배하지 않으면서도 부등가교환을 자본주의 생산양식 내부로 통합시킨다. 노동력 상품은 잉여노동을 자신의 상품가치로 내재하고 있다. 따라서 노동가치론에 따르면 노동력이라는 상품이 잉여가치를 만들어내는 것은 당연한 것이 된다.

노동자는 자신의 노동이 수행되고 난 뒤에 임금을 받기 때문에, 더구나 그는 자기가 자본가에게 실제로 주는 것이 자신의 노동이라고 알고 있기 때문에 그의 노동력의 가치 또는 가격은 그에게 자신의 노동 자체의 가격 또는 가치로 보일 수밖에 없다(마르크스, 1993: 98).

그럼에도 필요노동과 잉여노동이라는 분리는 자본과 임노동 간의 대립으로 나타날 수밖에 없다. 노동자는 자신의 노동력 가치인 임금을 올리고 착취도를 낮추기 위해 노력하는 반면, 자본가는 잉여노동과 착취도를 높이기 위해 노력하기 때문이다.

잉여가치론은 바로 이 봉합된 세계의 근본적 분열과 그 분열을 가속화하면서 이를 봉합하는 시스템, 그리고 스스로를 파괴할 수밖에 없는 자본주의 생산양식의 근본적인 한계를 제시한다. 마르크스는 『자본론』에서 자본의 유기적 구성이 높아짐에 따라 이윤율이 저하한다는 것을 밝혀냈다. 이윤율의 저하는 자본가의 입장에서 자기가치를 증식하는 가치율의 저하를 의미한다. 이에 자본가는 노동강도의 강화, 노동일의 연장, 불변자본 요소의 가치 하락 등 다양한 방식의 상쇄전략을 취한다. 그러나 이것은 임노동의 입장에서 자신에 대한 착취도의 상승을 의미한다. 따라서 자본과 임노동 사이의 계급투쟁은 자본주의 생산양식의 역사 전체에 내재할 뿐만 아니라 그것에 필수적으로 동반되는 효과다. 그럼에도 이런 계급투쟁은 언제나 자본주의 생산양식의 내부적 메커니즘으로 돌아간다.

마르크스는 『자본론』에서 자본주의 생산양식의 내적 통일성, 즉 상품-화폐, 자본-임노동의 생산이 상품, 화폐, 자본물신성과 함께 자본-이윤, 토지-지대, 노동-임금이라는 삼위일체의 공식으로 완성되는 메커니즘을 분석하는데, 이를 통해 사람들은 왜 착취당하면서도 스스로 착취당하지 않는다고 생각하는지, 왜 자본의 욕망을 자기 자신의 욕망으로 전치시키는지를 이데올로기적 물신화라는 환상체계를 통해 보여준다. 따라서 이 세계는 질 들뢰즈(Gilles Deleuze)가 말한 "자본주의에는 오직 하나의 공리만 있다"라는 주장과 유사하다. "노동자계급이 하나의 계급인 것은 부르주아지라는 계급에 포섭된 한에서, 그리고 부르주아지라는 하나의 계급 안에서다"(Deleuze & Guattari, 1994: 248).

그러나 그렇기 때문에 『자본론』은 자본의 정치경제학이지 노동의 정치경제학이 아니다. 『자본론』은 자본주의라는 중심에서 내부의 균열과 경계지점을 탐색하며 중심의 모순 속에서 변혁의 가능성을 찾는다. 반면, 들뢰즈와 펠릭스 가타리(Felix Guattari)는 자본주의 생산양식의 중심이 아니라 오히려 그 주변의 포획되지 않고 빠져나가는 것 속에서 탈주의 가능성을 찾는다.

자본주의는 끊임없이 스스로의 한계를 설정한 다음 다시 이것을 더 멀리 밀어내지만 이와 동시에 이 공리계를 벗어나는 온갖 종류의 흐름을 사방으로 발생시킨다. 자본주의는 실현모델로 기능하는 가산집합 속에서 이러한 모델을 가로지르며 전도시키는 불가산집합을 발생시킬 때만 비로소 현실화될 수 있다(들뢰즈·가타리, 2001: 902~903).

하지만 이 때문에 들뢰즈·가타리는 『자본론』과 반대로 자본주의 생산양식 내부의 모순을 보지 않으며 내·외부의 상호관계를 탐색하지 않는다. 마르크스는 이윤율의 경향적 저하를 통해 자본의 임계치와 한계를 보여주었다. 이런 마르크스의 분석은 리카도 좌파를 포함해 기존의 정치경제학이 결코 이루어내지 못한 연구성과였다. 하지만 여기에 『자본론』의 맹점이 있었다. 『자본론』은 자본주의 생산양식의 메커니즘을 자본주의라는 체제 내부에서 파악하고자 하기 때문이다. 『자본론』에서 주체는 자본이지 노동이 아니며, 자본의 담지자인 자본가이지 노동의 담지자인 노동자가 아니다. 따라서 자본주의 생산양식의 내부만이 아니라 외부를 볼 필요가 있다.

3. 자본주의의 외부: 노동, 자연, 성 - 사랑

마이클 레보위츠(Michael Lebowitz)는 "마르크스의 기준에서 볼 때 전체로서의 자본은 모든 전제조건과 모든 가정이 결과물로 나타나는 완전한 총체가 아니"라고 말하면서 "전체로서의 자본이 존재하기 위해서는 그 외부에 임노동을 정립해야만 한다"라고 주장한다(레보위츠, 1999: 100). 여기서 임노동은 『자본론』에서 보여주듯이 자본주의 생산양식 내부로 완전히 포획되는 것이 아니라 여전히 내부 안의 타자로 존재한다. 즉, "임노동은 임노동자로서의 임노동자와 비임노동자로서의 임노동자로 분열"(레보위츠, 1999: 200)되어 있다. 따라서 그는 『자본론』에 서술되어 있는 임노동을 일면적이라고 비판하면서 "자본과 임노동의 모순을 임노동과 인간의 모순으로 이해"(레보위츠, 1999: 274)해야 한다고 주장한다.

게다가 레보위츠는 이런 비판을 통해 노동자계급의 정치경제학을 주창한다. 그는 마르크스가 자본주의 연구를 위해 썼던 노트인 『정치경제학비판요강』의 분석들, 특히 사회의 필요노동시간의 단축과 욕망에 관한 논의들을 되살려내고 있다. 이런 분석에서 마르크스 주장의 핵심은 "자본은 자신의 부가 직접적으로 잉여노동시간을 점취하는 데 있기 때문에" "예술과 과학의 모든 수단을 통해 대중의 잉여노동시간을 증대시키는 것을 추가"함으로써 "사회 일체와 사회의 각 구성원을 위한 필요노동시간 이외의 가처분시간(즉, 개별자, 따라서 또한 사회의 완전한 생산력 발전을 위한 공간)을 창출"한다(마르크스, 2000b: 383)는 것이다. 여기서 자본의 가치증식은 다른 한편으로 필요노동시간 이외의 가처분시간의 확장으로 나타난다.

그러므로 자본주의 생산양식에서 필요노동시간의 단축은 자본에 의해 끊임없이 가속화되지만 그 결과를 둘러싼 투쟁은 전혀 다른 방향을 향하게 된다. 자본가의 입장에서 필요노동시간의 단축은 더 많은 잉여노동에 대한 착취를 의미하는 반면, 임노동자의 입장에서 필요노동시간의 단축은 더 많은 가처분시간에 근거한 더 많은 향유와 더 많은 자유의 가능성으로 나타난다. "자본의 경향은 언제나 한편으로는 가처분시간을 창출하고, 다른 한편으로는 이를 잉여노동으로 전환시키는 것이다." 반면, 노동자들은 가처분시간을 더 많이 확보하기 위해 잉여노동을 점취해야 하며, 그럴수록 "가처분시간을 잉여노동시간과의 대립 속에서, 그리고 이 대립에 의해서만 실존하는 것으로 정립"(마르크스, 2000b: 383)할 수밖에 없다. 따라서 레보위츠는 여전히 자본주의 생산양식의 내부에 주목한다.

그러나 레보위츠가 말했듯이 자본주의의 내부로서 자본과 임노동의 모순은 임노동과 인간의 모순이기도 하다. 이것은 곧 자본주의의 내부인 노동의 상품화가 노동과 노동력의 분리라는 균열에 근거하며 그 균열을 통해 노동의 가치를 잉여가치라는 자기가치 증식의 메커니즘으로 내부화한다는 것을 의미한다. 바로 이런 점에서 내부의 모순만큼 중요한 것은 자본주의 생산양식이라는 체제의 내부적 통일성을 만들기 위해 인간과 임노동을 분리시키는 과정 자체다. 그것은 자본주의 생산양식이 작동하기 위해 자신이 외부인 노동, 자연, 성에 근거해야 함에도 또한 외부로 배제함으로써 온전히 내적으로 통합할 수 없는, 그리하여 여전히 타자화되는, 그 어떤 것이다.

마르크스 또한 이런 작동 방식을 알고 있었다. 그의 역사유물론은 "모든 인간역사의 제1전제는 당연히 살아 있는 인간 개인들의 생존"이라는 유물론적 전제에서 출발한다(마르크스·엥겔스, 1995: 197). 여기서 모든 생산은 단순히 자본주의적 생산양식이 가치 있는 것으로 내부화할 수 없는, 생명 그 자체의 생산이다. 생명의 생산은 일차적으로 노동 속에서 자신의 삶을 생산하는 것이다. 여기서 자연 전체는 "① 직접적 생활수단인 한에서, ② 자연 전체가 인간 생활활동의 대상/재료 및 도구"다(마르크스, 1991: 131). 그러나 그것만으로는 역사가 성립하지 않는다. 개체의 생명은 죽는다. 그러나 인간은 "생식 속에서 다른 생명을 생산"한다(마르크스·엥겔스, 1995: 209). 따라서 개인과 생식이라는 생명의 생산은 인간을 포함해 모든 생명체가 자연과의 관계에서 존재론적으로 짊어져야 할 숙명이다.

자연, 노동, 생식은 신에 의해 이 지상을 다스리라는 특권을 부여받은 특별한 존재로서 인간이라고 해서 벗어날 수 있는 것이 아니다. 이런 것들은 자연적인 것이며 인간은 자연존재로서의 자기 규정성을 완전히 벗어날 수 없다.

> 인간은 직접적으로 자연존재다. 인간은 자연존재로서, 그리고 살아있는
> 자연존재로서 자연적 힘, 생명력을 갖추고 있는 활동적인 자연존재이며 이
> 런 힘은 그 안에 소질, 능력, 충동으로 존재한다. …… 배고픔은 자연적 욕구
> 다. 그러므로 배고픔은 충족되고 가라앉혀지기 위해 그것 바깥에 있는 자연,
> 그것 바깥에 있는 대상을 필요로 한다. 배고픔은 그것을 채우고 그것의 본
> 질을 표현하는 데 없어서는 안 될, 그것 바깥에 존재하는 대상에 대한 내 육
> 체의 욕구다(마르크스, 1991: 131).

그러나 인간존재가 자연존재로 환원될 수 없는 것은 인간의 생산이 자
연적인 것에 머무르지 않고 더 나아가 새로운 욕구, 인간적인 욕망을 생산
하기 때문이다. 마르크스는 "인간이 생명을 유지하기 위해 수천 년 전이나
오늘날에나 매일 매시 충족되어야만 하는, 모든 역사의 근본조건"으로서
의 욕구(need)와 그 이후에 발생한 "새로운 욕구의 창출"을 구분하고 후자
를 "최초의 역사적 행위"라고 규정한다. "충족된 최초의 욕구 자체, 즉 충
족행위 및 이미 획득되어 있는 충족의 도구는 새로운 욕구로 귀착된다"(마
르크스·엥겔스, 1995: 208). 따라서 그러한 욕구는 인간적인 욕구로서의 '욕
망(desire)'이라고 할 수 있다. 그리고 마르크스는 이 세 가지 계기, 즉 개인
의 생존, 새로운 욕구의 창출, 그리고 생식을 "오늘날에도 여전히 역사 속
에서 유효하게 작동하는 세 가지 계기로 파악"한다(마르크스·엥겔스, 1995:
209).

그러나 그는 여기서 멈추지 않는다. 마지막 네 번째 계기는 인간의 생
산이 언제나 하나의 사회적 관계, 즉 특정한 협업방식이라는 것이다. 그리
고 이렇게 특정한 협업방식을 이루었을 때, 비로소 "우리는 인간이 또한

의식을 가진다는 것을 발견한다". 그러나 그 의식은 내성적인 것이 아니다. 오히려 마르크스는 다음과 같이 말한다.

  언어는 실천적인 의식, 즉 타인을 위해 존재하고 그런 연유로 또한 비로소 나 자신을 위해서도 존재하는 현실적인 의식이다. 의식과 마찬가지로 언어는 타인과의 교류 필요성 및 욕구에서 발생한다. 어떠한 관계가 존재할 경우, 그 관계는 나 자신에 대한 관계로 존재한다. 동물은 어떤 것에 대해서도 자신을 관련시키지 않는다(마르크스·엥겔스, 1995: 210).

  따라서 마르크스는 인간이 고도로 자의식적 존재라는 점을 인정한다. 그러나 마르크스가 말하는 자의식이란 독립적 자아 또는 단독자로서 개인을 가리키는 것이 아니다. 마르크스는 "개인은 사회적 존재다. 따라서 그의 생활표명은 ― 그것이 비록 공동체적인, 다른 인간과 함께 성취된 생활표명이라는 직접적인 형태로 나타나지 않는다 할지라도 ― 사회적 생활의 한 표명이자 확증"(마르크스, 1991: 161)이라고 주장한다. 바로 이런 점에서 인간의 욕구가 비록 생물학적이라고 할지라도, 인간적인 욕구는 언제나 생물학적 욕구를 넘어서 사회적 삶 속에서 실현되는 욕망으로 나타난다. 여기서 자연은 단순한 배고픔을 채우는 대상이 아니며 그 배고픔으로 인해 그들을 죽여야 하는 삶의 고뇌를 달래는 윤리적이면서도 신화적인 대상이자 미적 가치를 향유하는 욕망의 대상이다.

  노동이나 생식도 마찬가지다. 노동은 사회 안에서 자신의 존재가치를 실현하는 행위가 되며 생식은 성―사랑이라는 환상체계를 창출하는 욕망이 불러오는 행위가 된다. 따라서 인간에게 노동과 생식은 경제학적 가치체계를 벗어나 있으며 심지어 역사적으로 존재해온 모든 특정한 생산양식의 추상적 체계를 벗어나 있다. 왜냐하면 모든 생산은 곧 생명의 생산이기 때문이다. 마르크스 또한 이런 메커니즘을 알고 있었다. 그러나 마르크스는 모든 생산양식에 항상 수반될 수밖에 없는, 초과하는 것에 대한 연구보다는 자본주의 생산양식 자체의 특징을 찾는 데 주력했다.

마르크스는 자연, 노동, 성-사랑이 자본주의 생산양식 이전부터 역사적으로 존재했던 모든 생산양식 외부에 존재해왔다는 것을 알고 있었다. 그러나 마르크스의 연구 초점은 여타의 생산양식과 다른 자본주의 생산양식의 고유한 특징을 찾는 데 있었다. 그는 자본주의의 고유한 특징을 노동의 상품화에서 찾았다. 그 이전까지 노동은 가치생산의 핵심 주체가 아니었으며 오히려 토지나 자연이 가치생산의 주체였다. 인간의 노동이 토지와 같은 자연물로부터 분리된 것은 근대의 인격적 해방이 이루어지면서부터다. 따라서 그는 『자본론』에서 자본주의 생산양식의 세포를 상품으로 규정하고 그 상품의 가치를 규정하는 추상노동-노동가치론을 따라 자본주의 생산양식의 작동법칙을 규명하고자 했다.

그러나 마르크스는 노동과 임노동의 분리 이외에 자연과 인간의 분리, 생식과 성-사랑의 분리가 고유하게 함축하고 있는 모순들 각각을 그 자체로 독립적으로 다루지 못했다. 게다가 그는 자본주의 생산양식이 인간의 생존에 필요한 것들을 해결하면서 사회의 필요노동시간을 단축시키는 경향에 너무 강하게 초점을 두었다. 그는 인간이 자연과 분리되어 주체가 됨으로써 스스로 세계의 주인이 되는 과정을 인문주의적 열정 속에서 바라보았다. 그것은 마르크스의 휴머니즘, 근대적 정신의 결정판을 보여준다. 그러나 그렇다고 일반적으로 비판자들이 이야기하듯이 마르크스의 유물론이 노동 중심의 생산패러다임이나 인간중심주의 같은 휴머니즘이기만 했던 것은 아니다. 그의 휴머니즘은 인간의 자연화와 자연의 인간화라는 상호변증법을 지향했다.

그가 말했듯이 자연이든 성-사랑이든 간에 그것은 인간과 독립적으로 존재하지 않는다. "자연이 그 단순한 효용성을 상실하게 된 것은 효용이 인간적 효용으로 되어 있기 때문"(마르크스, 1991: 161)이며, "대상이 인간에게 인간적 대상 또는 대상적 인간으로 될 때에만 인간은 자신의 대상 속에서 자기를 상실하지 않는다"(마르크스, 1991: 162). 사랑은 자연적으로 주어진 생식을 초과한다. 인간의 성은 단순한 종족번식의 성이 아니다. 거기에는 영원히 하나가 될 수 없음에도 하나라는 환상체계를 고수하면서 만들어내는 의미와 가치가 존재한다. 바디우가 말했듯이 문제는 차이가 아니다. 차이는 항상 존재한다. 정작 문제는 그런데도 우리는 왜 하나라는 환상을 가지는가 하는 것이다. 마찬가지로 자연은 에너지의 저장소이기만 한 것이 아니라 그것을 초과하는 의미와 가치를 가진다. 그것은 자연을 초과하는 그 어떤 것이다.

바로 이런 점에서 마르크스의 자본주의 생산양식에 대한 분석과 정치경제학 비판은 궁극적 한계이자 경계로서 외부가 아닌 내부 안의 모순으로 향해 있었으며, 그런 한에서 그의 연구는 내부 메커니즘의 과잉화, 생산 중심으로의 분석, 계급투쟁 환원주의라는 편향을 낳을 가능성을 지니고 있었다. 따라서 인간의 자연지배, 계급모순, 가부장제적 지배의 문제는 무엇보다도 먼저 각기 문제의 원인이 다른 것으로, 환원될 수 없는 고유성을 지니고 있다는 점을 인정하고 그 각각의 독자적인 층위에서 다루어야 한다. 그러나 이로 인해 역편향의 가능성이 생산될 수도 있다. 그것은 자연, 노동, 성-사랑은 자본주의 생산양식만이 아니라 역사적으로 존재해온 특정한 생산양식들의 내부에 대한 외부이기 때문이다.

어떤 사람들은 그래서 이 외부가 더 근원적이고 본질적이라고 말한다. 그러나 외부는 내부와 관계없이 존재할 수 없다. 외부는 특정한 생산양식들 내부와 단절된 채 분리·정립되어 있는 것이 아니라 오히려 특정한 생산양식들 내부와 연결되어 있으며 이 관계 속에서 작동한다. 왜냐하면 생산 자체가 곧 생명을 생산하는 것이기 때문이다. 따라서 역사적으로 존재했던 모든 특정한 생산양식은 각기 그 나름의 분리-접합의 체계를 가지고 있다. 예를 들어, 고대노예제는 노예라는 생산도구를 중심으로, 서구의 봉건적 장원제는 토지에 긴박되어 있는 농노를 중심으로 가치계열화된다.

그렇다면 오늘날 우리가 이 문제들을 분석하고 해결하기 위해 착수해야 할 지점은 외부로서의 자연, 노동, 성-사랑이 있다는 점을 규명하거나 어떤 것을 존재론적인 특성으로 특권화하는 것이 아니라 오늘날 우리가 살고 있는 사회의 특정한 생산양식인 자본주의 생산양식이 이전의 생산양식들과 다른 고유한 분리-접합의 특징을 가지고 있는가를 밝히는 것이다. 바로 이런 점에서 마르크스의 자본주의 생산양식의 분석과 정치경제학적 비판은 편향된 만큼의 장점도 가지고 있다. 그리고 이런 장점은 역설적이게도 마르크스 분석의 초점이 초역사적인 생산의 메커니즘이라는 일반론이 아니라 자본주의 생산양식 내부의 메커니즘에 맞추어져 있기 때문이다.

4. 자본주의 내·외부의 변증법: 모순의 상호전화

자본주의 생산양식에서의 생산적 노동은 자본에 생산적인 노동이다. 마르크스는 애덤 스미스의 생산적 노동이라는 개념을 다루면서 다음과 같이 말한다.

이런 규정들은 노동의 소재적 특성에서, 즉 그 노동의 생산물의 본성에서도 구체적 노동으로서의 노동에 고유한 일정한 속성에서 가져온 것이 아니라 오히려 이 노동이 실현되는 일정한 사회형태, 여러 사회적 생산관계에서

가져온 것이다(마르크스, 1965: 127)

그리고 "여기서 그것은 언제나 화폐 소유자인 자본가의 입장에 의해 이해되며 노동자의 입장에서 이해되지 않는다"(마르크스, 1965: 128)라고 논평한 바 있다. 따라서 자본주의 생산양식에서 노동을 상품화하는 방식은 잉여가치를 생산하는 생산적−비생산적 노동이라는 대립적 체계를 통해서다.

자본주의 생산양식에서 생산적 노동은 잉여가치를 생산하는 노동이며, 이런 사용가치를 가지는 노동이 노동력이라는 상품이다. 그런데 잉여가치를 생산하는 노동으로서 노동력이라는 상품이 성립하기 위해서는 무엇보다도 먼저 자신의 노동을 투여할 수 있는 대상과 노동수단에서 자신을 분리시켜야 한다. 그것은 경제학적으로 자연이 가치를 생산한다는 관점에서 노동이 가치를 생산한다는 관점으로 전환하는 것이다. 그러나 이런 전환은 여기서 멈추지 않는다. 그것은 더 나아가 자연에서 벗어난 존재라는 상징체계의 전환으로, 자연에 속박되어 있는 인신을 인격적으로 독립시키는 과정을 통해서 이루어진다. 따라서 인간을 주체로 전화시켜 상품 계열화하는 근대자본주의 생산양식의 작동방식은 무엇보다도 인간과 자연의 분리 및 지상의 주인으로 인간을 주체화하는 과정을 통해 이루어진다.

바로 이런 점에서 자본주의 생산양식이 이전의 생산양식과 다른 첫 번째 특징은 인간과 비인간을 구별하고 자연의 힘으로부터 인간의 인공적인 힘을 분리함으로써 스스로 인간적인 세계, 인공적인 세계, 기술적인 세계를 만드는 데 있다. 애초 인간은 자연에 일부였으며 그 세계에 의존했다. 그러나 자본주의 생산양식은 그런 자연에 대한 인간의 직접적인 관계와 자연에 대한 인간의 의존을 끊어냄으로써 스스로 자신의 세계를 인공적으로 구축한다. 그것은 자연−인간이라는 관계를 자연/기계(기술)−인간이라는 관계로 변화시킬 뿐만 아니라 더 나아가 "직접적인 세계로서의 기계"(Ihde, 1979: 63)를 생산한다. 여기서 기술은 인공적 시스템, 기계적 시스템, 기술적 시스템이다.

그러나 이처럼 거대한 자동기계가 작동하기 위해서는 그런 작동을 가능케 하는 에너지가 필요하다. 마르크스는 기계와 도구를 구분하면서 "완전히 발전한 기계는" "본질적으로 서로 다른 세 부분, 즉 동력기, 전동장치, 끝으로 도구 또는 작업기"(마르크스, 1989b: 477)로 이루어진, 여러 도구를 통합하는 "자동장치"(마르크스, 1989b: 487)라고 말한다. 이것은 "생산수단인 기계를 기계로서 생산"함으로써 "자신에게 적합한 기술적 토대를 창조"하며 "자기 자신의 두 발로 서게 되었다"는 것을 의미한다. 그러나 "기계에 의한 기계의 생산에 가장 필수적인 생산조건은 어떠한 출력도 낼 수 있으며 또 그와 동시에 인간이 완전히 통제할 수 있는 원동기"(마르크스, 1989b: 491)를 필수적으로 동반한다. 따라서 문제는 에너지원이다.

우마나 수차, 풍차와 같은 자연에너지는 이와 같은 강력한 에너지를 제공할 수 없다. 따라서 근대자본주의의 발전은 페르낭 브로델(Fernad Braudel)이 말하는 석탄혁명을 동반한다. 엘마 알트바터(Elmar Altvater)는 화석에너지가 가지고 있는 장점으로 다음의 네 가지를 제시하고 있다. 첫째, 화석에너지는 수력이나 풍력과 달리 장소에 관계없이 투입될 수 있다. 따라서 에너지의 원천 장소와 변환시설을 분리할 수 있으며 이를 통해 지리적 격차를 넘어서 에너지를 제공할 수 있다. 둘째, 화석에너지는 저장이 편리하고 시간의 제약을 받지 않는다. 따라서 여러 상황에서 나타나는 우연적 돌발성을 극복할 수 있다. 셋째, 화석에너지는 에너지를 한 곳에 집중해 그 힘을 최대화할 수 있다. 넷째, 다양한 상황에 대응해 유연한 투입을 할 수 있다(알트바터, 2007: 122~124). 따라서 고농축 화석에너지 시스템의 확보는 자연에 대한 인간의 의존을 극복하고 인간 자신의 인공적 세계를 가능하게 하는 힘이 되었다.

그러나 이런 인간과 자연의 분리, 인간의 주체화에 근거한 공간의 인공
화는 기술적 세계를 창조하면 할수록 더 많은 자연에 대한 에너지 추출을
요구한다는 점에서 모순적이다. 이는 엔트로피의 증가뿐만 아니라 에너지
고갈의 문제를 낳는다. 특히 고농축 에너지원인 석유와 석탄의 고갈은 근
대적 인간이 창출한 세계 자체의 붕괴라는 위험을 낳는다. 빠르면 10년 내
에, 늦어도 20년 후에는 석유자원의 수급부족에 직면할 것이라는 예측이
바로 이런 에너지 시스템이 내재하고 있는 근본적 위험을 드러낸다. 고농
축 화석에너지는 수십만 년 동안 진화된 자연의 산물이다. 그러나 자본주
의 생산양식의 가치증식 메커니즘은 이를 200여 년 만에 전부 소모해버리
고 있다. 따라서 오늘날 자본주의 생산양식에서의 생산력의 발전은 자연
적 생명과 에너지에 대한 과도한 추출을 의미한다.

자연의 생명 에너지와 생태적 순환은 에너지를 소비할 때 발생하는 엔
트로피를 스스로 자정·정화해 생태적 균형을 회복함으로써 이루어진다.
그러나 생산력의 발전은 자연의 이러한 자정능력과 생태적 균형을 파괴한
다. 자연의 생태적 순환은 에너지의 균형과 생성소멸이라는 생명의 흐름
에 의해 규정되며 자연적 물질은 생명적 에너지의 분배와 흐름에 의해 생
성된다. 반면, 과학-기술은 효율성과 인간 중심이라는 가치체계하에서
작동하며 자연적 시간과 공간을 파괴하는 기계적 시공간 또는 탈물질화된
시공간을 창출하면서 자연에 없는 신물질들을 생산한다. 따라서 이 두 개
의 메커니즘은 충돌할 수밖에 없다. 물론 이런 충돌이 자본주의 생산양식
이라는 체계에서만 일어나는 것은 아니다.

역사적으로 많은 도시의 성장과 파괴가 그 도시를 발전시킨 에너지 시
스템의 성장과 파괴에 의해 이루어졌다. 그러나 문제는 자본주의 생산양
식이 인간을 주체화-향락적 소비욕망으로 계열화하고 자연을 생산-비

생산의 가치계열로 계열화함으로써 그전에 존재했던 그 어떤 생산양식보다도 더 총체적이고 전면적으로 지구의 에너지순환 시스템과 생태계적 자정 및 균형능력을 파괴하고 있다는 점이다. 게다가 현대자본주의는 BT산업에서 보듯이 그전에는 상품의 대상이 아니었던 생명체들을 자본축적의 대상으로 전화시키고 있을 뿐만 아니라 환경오염과 위기를 물의 사유화 및 각종 환경친화적 상품으로 바꿈으로써 그린의 상품화라는 새로운 가치축적의 대상으로 전화시키고 있다. 따라서 자본주의 생산양식에서 환경위기는 근본적이고 총체적이라고 할 수 있다.

그럼에도 자본주의 생산양식에서 자연-인간의 분리와 생산-비생산적 계열화의 작동은 자본주의 생산양식을 내부화하기 위해 반드시 필요한 전제다. 그리고 그렇게 내부로 계열화된 자연-인간의 분리는 기본적으로 인간의 노동에 대한 착취의 가치계열화라는 점에서 근대자본주의는 생산적-비생산적 노동이라는 분리에 근거해 이성애적 가부장제를 정당화하고 성-사랑이라는 환상체계를 만들어 근대적 가족제도를 생산하면서 다른 한편으로는 그것을 생식이라는 생산의 패러다임과 인구학이라는 국민경제학적 통제의 문제로 바꾸어 놓는다. 자본주의 생산양식은 노동력의 가치를 최소화하기 위해 노동을 재생산하거나 생식을 통해 후속 인구를 재생산하는 문제를 가족이라는 사적 공간으로 이전시키고 그것을 비생산적 노동으로 만듦으로써 그에 대한 가치지불의 책임을 제거한다. 근대적 삶의 방식인 공적-사적 영역, 소비-생산영역의 이원화는 바로 이러한 생산-비생산의 이원화에 상응한다.

그러나 가부장제적 가족제도를 확립하기 위해 근대자본주의는 가족, 사랑 같은 일정한 가치체계와 환상체계를 더욱 공고히 할 필요가 있었다. 그리고 이러한 체계는 자연-인간의 분리라는 시스템과 함께 근대적 가족제도를 생산해냈다. 예를 들어, 중세까지만 하더라도 성애는 씨의 재생산이라는 생식의 차원에서 제시되었다. 이는 오늘날 가톨릭에서 여전히 주장하듯이 성애가 종족번식이라는 목적을 위해 존재하며 혈연이라는 자연성에 묶여 있다는 점에서도 드러난다. 여기에서 성은 오직 종족번식을 위해 존재하며 그 자체로 독립적인 향유의 대상이 아니었다. 이 때문에 여성의 성은 금지된다. 그러나 그렇게 되면 남성의 성적 판타지 또한 대상을 상실한다. 따라서 성적 대상으로서의 여성은 요부 또는 팜므 파탈 같은 성적 판타지로 남으며 이는 사회적으로 축첩제도와 같은 형태로 나타난다. 여기서 성적 주체로서의 여성은 없다.

그러나 근대자본주의에서 여성의 성은 비록 가부장제적 남성의 판타지와 결합된 성의 상품화와 함께 진행되긴 했지만 혈연의 재생산이라는 성의 자연성으로부터 분리된 인간의 성적 욕망에 대한 긍정을 포함하고 있다. 여기서 성-사랑은 근본적으로 자연적 성을 초과하는, 어떤 것이다. 그리고 이는 가족이란 대가 없이 지불하는 사랑의 공동체라는 환상체계를 만들어낸다. 이것은 기본적으로 자본주의 생산양식에서의 노동의 상품화가 함축하는 인간과 자연의 분리, 그리고 인간의 인격적 독립성이라는 환상과 함께 진행되었다. 이로 인해 인간의 성은 단순한 종족번식으로서의 '성 = 생식'이라는 자연성을 넘어서게 되었고 이는 신에 의해 억압되어왔던 인간의 욕망과 감정, 성적 욕망을 포함하는 인간 자신의 욕망을 긍정하는 인문주의운동으로 표출되었다.

그러나 이렇게 자연적 성-생식을 초과하는 성-사랑은 자본주의 생산양식 내부로 온전하게 포섭될 수 없다. 왜냐하면 노동력이 노동과의 분리를 통해 잉여가치를 생산하는 상품으로 전환될 수 있는 것처럼 성-사랑도 자본주의 생산양식의 가치 메커니즘 안으로 포획되어야 하기 때문이다. 따라서 자본주의에서의 과학기술이 테크노피아적 미래라는 환상에 기초해 대중을 포획해 왔듯이 근대가족제도도 이성애적 성인 남성노동자들과의 공모를 통해 가부장제와 결합하게 되었다. 이성애적 성인 남성노동자는 자본주의 생산양식의 '생산적-비생산적 노동'이라는 가치의 틀을 수용함으로써 가족제도 내에서의 권력을 획득한다. 따라서 이 구조하에서 자본과 임노동은 상호 적대적인 관계가 아니라 자본주의가 수탈하는 전체 메커니즘을 이끌어가는 파트너일 뿐이다. 여기서 자본-임노동의 상호 투쟁적 메커니즘은 여성에 대한 남성의 지배 및 이성애적 권력이라는 또 다른 권력메커니즘에 의해 보완되면서 전치된 환상체계를 만든다.

남성은 아버지라는 이름으로 가족의 생계를 책임지며 책임에 대한 대가로 가부장제적 권력을 보존한다. 그는 힘들지만 책임에 대가로 권력이 주어진다. 하지만 그렇게 임노동자로서의 노동자가 가부장제와의 공모를 통해 자본주의 생산양식 내부로 포획되면 될수록, 그리하여 임노동만을 생산적인 것으로 보는 자본주의의 생산적 노동개념을 고수하면 할수록 자신의 얄팍한 지배욕망 때문에 자신의 노동력 가치는 더욱 떨어질 수밖에 없다. 바로 여기에 임노동자로서의 남성노동자에 근거하고 있는, 자본에 포획된 노동운동의 딜레마가 있다. 다시 말해, 이성애적 가부장제는 단순한 성모순의 문제가 아니라 역으로 자본주의 생산양식 내부로의 노동을 포획하면서 발생하는 노동-노동력의 간극을 감추는 기제가 되며 노동자의 노동력 가치를 하락시킴으로써 임노동자의 노동을 착취하는 기제로 전화된다는 것이다.

임노동자는 자신의 노동력을 팔아서 사랑이라는 의무와 책무 속에서 가족 전체를 재생산하고자 하지만 자본주의 생산양식은 그가 가진 성-사랑에 가치를 고려하지 않는다. 자본의 본성은 가치증식에 있기 때문에 오직 노동력의 가치(임금)를 노동자의 육체적 최소치, 즉 생존적 필요(need)로 줄이려고 한다. 반면, 노동자들은 사랑이라는 환상 속에서 항상 그 반대편, 즉 전체 가족의 생계에 대한 책임과 자신들의 삶에 대한 향유라는 욕망을 향해 움직인다. 따라서 그의 노동력 가치 하락은 가족 전체의 생명을 재생산하는 데 필요한 재화의 부족이라는 생존의 위기로 비화될 수밖에 없다. 여기서 "자본은 자본을 목적으로 하는 임노동자가 아닌 자기 자신을 목적으로 하는 임노동자와 대면"(레보위츠, 1999: 109)할 수밖에 없다. 따라서 임노동자가 근본적으로 향하는 방향은 생산적 노동이라는 자본의 가치양식으로부터의 이탈, 즉 생식 밖의 성―사랑이다.

하지만 그럼에도 자본에 의한 노동력 가치의 저하와 노동의 배제는 아이러니하게도 이성애적 남성노동자들로 하여금 여성 및 비이성애적 사랑에 대한 배제 및 성적 착취를 더욱 강화하도록 한다. 이는 그들이 생산적 노동의 유일한 담지자라는 노동 패러다임을 벗어나지 못하기 때문이다. 임금이 줄어들면 가족 전체의 생명을 재생산하는 데 필요한 재화를 확보하기 위해 이성애적 남성노동자는 자신의 가족구성원인 여성과 아이들의 노동을 팔고자 할 것이며, 이것은 그들에 대한 가부장제적 약탈을 강화한다. 자본주의 생산양식의 외부인 성모순은 자본과 임노동이라는 내부의 모순에 의해 강화되며 상호 약탈의 강도가 커지면 커질수록 상호의 모순이 극대화되는 전화의 관계를 가지고 있다. 여기서 이성애적 남성노동자의 생산적 노동이라는 자본주의 생산양식의 가치계열화는 오히려 자신을 포함해 가족 전체를 궁지로 몰아넣을 뿐이다.

그러나 고통을 받는 것은 여성과 비이성애자만이 아니다. 남성노동자 자신이기도 하다. 게다가 인간의 성은 생식으로 환원되지 않으며 성적 대상으로서의 여성과 어머니로서의 여성이 분리되는 것은 지그문트 프로이트(Sigmund Freud)가 말했듯이 남근의 부재라는 결핍이라는 여성을 드러내는 것이 아니라 오히려 역설적이게도 남성 자신의 결여와 결핍을 드러내는 것이다. 따라서 자본―임노동의 모순은 역으로 남성 자신에게 압박이 되며 빈부격차와 향유의 계급적 괴리가 커지면 커질수록 이성애적 남성의 잉여향락이 가지고 있는 근본적인 결여와 결핍을 드러내는 것으로 전환한다. 바로 이런 점에서 자본주의를 넘어선 대안적 세계의 구상이나 대안주체의 형성은 자본주의 내부, 즉 자본-임노동의 투쟁에 국한될 수 없다.

자본의 내부적 통합은 언제나 외부를 필요로 하며 외부와 관계를 가지고 있다. 자본주의의 내부와 외부는 분리된 체계이면서도 접합되어야 한다. 임노동/노동, 에너지저장소/자연, 생식/성-사랑이라는 자본주의 내/외부의 변증법은 서로 관계를 가지며 상호 모순을 중첩적으로 전화시킨다. 물론 이때 자연/인간, 노동/임노동, 성-사랑/생식의 모순 각각은 자본주의 생산양식에 의해 생산된 것도, 자본주의 생산양식으로 환원될 수 있는 것도 아니다. 그러나 오늘날 이들의 모순을 상호 중첩적으로 연결하면서 모순을 극대화하는 운동의 축은 자본주의 생산양식이다. 따라서 자본을 극복하는 대안전략을 세우기 위해서는 각기 다른 모순에서 출발하는 적-녹-보라라는 서로 다른 패러다임에 대한 적극적인 연대적 주체를 형성해야만 한다.

5. 적-녹-보라의 연대적 주체형성: 노동가치에서 공통되기로

적, 녹, 보라는 현대사회에서 각기 다른 원인을 가지고 있는 모순을 극복하고자 하는 운동이다. 그러나 적, 녹, 보라는 그들 사이의 상호 연대적 주체를 형성하지 않고서는 자신의 문제조차 해결할 수 없다. 적의 문제는 녹-보라의 문제와 상호 연결되어 있으며 보라의 문제는 적-녹의 문제와 연결되어 있다. 적이 노동해방을 이루기 위해서는 가부장제의 모순뿐만 아니라 생태계의 파괴를 유발하는 기술문명의 패러다임에 대항해 싸워야 한다. 그것들은 노동력의 가치를 떨어뜨리거나 노동능력을 기계로 전환함으로써 노동을 배제한다. 여기서 자본-임노동의 투쟁을 자본주의 생산양식 내부로 전환시켜 포획하는 것은 생산-비생산이라는 노동 패러다임이다. 따라서 적-녹-보라의 연대적 주체는 무엇보다 이런 노동 패러다임에 대한 극복과 투쟁에서 시작될 수밖에 없다.

특히 오늘날 노동자계급 운동은 이 관점에서 시작해야 한다. 오늘날 노동운동을 하는 사람들이 생각하듯이 마르크스는 결코 노동해방을 생산체계 내에서의 노동자계급 해방만으로 생각하지 않았다. 마르크스는 인격적으로 해방된 개인들의 협업을 통해 만들어지는 자본주의가 인간의 감각을 다면화한다는 것, 즉 자연을 초과하는 어떤 것을 만들어낸다는 것을 알고 있었다. 그에게 산업의 역사는 단순한 생산의 증대만을 의미하지 않았다. 마르크스는 "오감의 형성은 지금까지의 세계사 전체의 노동"(마르크스, 1991: 162)이며 "산업의 역사와 산업의 이미 생성된 대상적 현존재는 인간 본질적 힘들의 펼쳐진 책이며 감각적으로 눈앞에 있는 인간 심리학"(마르크스, 1991: 163)이라고 보았다. 그러나 그가 보기에 자본주의는 이런 "모든 육체적 및 정신적 감각 대신에 이러한 모든 감각의 완전한 소외, 즉 가짐이라는 감각"(마르크스, 1991: 160)으로 환원한다. 마르크스의 국민경제학 비판의 초점은 여기에 있다.

"국민경제학, 이 부의 과학은 …… 동시에 단념, 내핍, 절약의 과학이다. …… 자기 체념, 생활의 체념, 모든 인간적 욕구의 체념이 국민경제학이 주로 가르치는 명제"(마르크스, 1991: 173)다. 따라서 그는 "풍부한 인간과 인간적 욕구"로 "국민경제학적인 부와 빈곤을 대체"하고자 했다. 그것은 "다른 인간들의 감각과 정신"이 나 자신의 전유"가 되는 "인간적인 생활의 자기화 방식"으로서 대안적 사회를 건설하는 것이다(마르크스, 1991: 159). 생산력의 발전은 자연이라는 제약이 제공하는 "곤궁성과 대립성의 형태를 벗어나" "개성의 자유로운 발전"을 위한 물질적 토대로 "사회적 결합 및 사회적 교류뿐만 아니라 과학과 자연의 모든 힘"을 발전시킴으로써 "향유수단의 발전" 및 "자유시간의 증대"를 가져오는 사회적 생산력을 만들어놓는다(마르크스, 2000b: 381). 따라서 마르크스는 사람들이 생각하듯이 생산적 노동의 가치를 고수하거나 노동가치론을 고수한 것이 아니라 오히려 그것을 극복하고자 했다.

하지만 바로 이 때문에 마르크스의 인문적이면서 휴머니즘적인 열정은 자연과 인간 사이에 존재하는 모순, 즉 자연의 인간화와 인간의 자연화 사이에 존재하는 모순의 또 다른 심층을 탐색하지 못하는 결과를 낳았다. 그는 "노동시간의 절약(생산비의 최소한과 최소한으로의 감축)"을 "향유능력뿐만 아니라 향유수단의 발전"이자 "향유의 첫 번째 수단"(마르크스, 2000b: 388)이라는 관점에서 다루고 있다. 그러나 노동시간의 절약은 인간의 욕망을 다면화하고 향유를 극대화하기 때문에 필연적으로 자연에 대한 인간의 약탈을 강화하고 자연/인간의 모순을 극대화한다. 따라서 적의 패러다임과 녹-보라의 패러다임 사이에는 일정한 간극이나 충돌이 있을 수밖에 없다.

그러나 이런 간극이나 충돌은 그들 중 어느 것이 잘못되어 있거나 다른 어떤 것이 더 우월하기 때문에 발생하는 것은 아니다. 자연과 인간의 분리, 또는 인간의 향유에 초점을 맞추면 그것은 돌아갈 수 없는 원초적 자연으로 돌아가며, 성-사랑의 초과하는 인간에 초점을 맞추면 그것은 자연성을 부정하는 결과를 낳을 수 있다. 따라서 문제는 적녹보라 중 어느 하나가 우월한 패러다임을 찾는 것이 아니라 각기 자신의 패러다임 안에서 공백과 간극을 찾고 그것을 통해 공통적으로 문제를 해결해가는 방향을 찾는 것이다. 적이 마르크스의 휴머니즘적 한계를 돌파해서 나아가야 하는 것은 바로 이 때문이다. 그것은 적이 녹-보라에 비해 열등하거나 우월하기 때문이 아니라 오늘날 적이 모색하는 각인의 발전이 사회 전체의 발전이 되고 사회 전체의 발전이 각인의 발전이 되는 사회의 건설은 녹-보라와 연대한 적-녹-보라의 연대적 주체형성 없이 가능하지 않기 때문이다.

오늘날 현대자본주의는 두 개의 세계로 점점 더 분열되고 있다. 한편에는 극단적인 충동과 향유, 풍요의 세계가 존재한다. 1980년대 신자유주의가 본격화한 이후 부자는 백만장자가 아니라 억만장자가 되었으며 미국에서 가장 부유한 0.5%가 1년 동안 쓴 돈은 6,500억 달러로 이탈리아 전체 가구의 지출 규모에 맞먹는다(프랭크, 2008: 175). 그러나 다른 한편에는 극단적인 결핍과 빈곤의 세계가 존재한다. 오늘날 세계는 전 세계 인구의 두 배인 120억 인구를 먹여 살릴 수 있는 생산량을 가지고 있음에도 세계 인구의 절반은 하루 2달러 이하로 살고 있으며 그중 12억 인구는 하루 1달러 이하로 살고 있다. 따라서 풍요 속의 결핍은 자본주의가 세상을 만들어내는 방식이다. 이는 극단적으로 생존권의 위기에 처해 있는 경제적으로 빈곤한 계층을 만들어낸다.

그러나 오늘날의 빈곤은 단순히 경제적이기만 한 것이 아니다. 오늘날 빈곤은 문화적이고 환경적인 빈곤을 포함한 총체적인 빈곤이다. 따라서 빈곤은 단순히 경제적 자원 및 부에 대한 분배의 문제이거나 자본-임노동만의 문제가 아니다. 여기에는 자연/인간, 성-사랑/생식이라는 자본주의 내·외부의 변증법이 중첩적으로 결합되어 있다. 예를 들어, 오늘날 환경-생태계의 파괴는 이중도시(duel city)와 같은 공간의 분절 속에서 그린의 상품화를 만들어내고 있다. 제1세계와 부자들이 사는 공간에서 쾌적한 환경은 그 자체로 상품이다. 제1세계의 환경유해산업은 제3세계로 이전되며 부자들이 사는 공간은 타워팰리스나 청담동처럼 인공적으로 조성된 친환경적인 그들만의 공간이 된다.

반면, 제3세계의 특정 지역은 환경유해산업 폐기물의 쓰레기처리장이
되며 생명공학은 이 이원화 속에서 GMO와 LMO를 생산하면서 제3세계와
빈자들의 생존을 상품화하고 그들의 몸을 실험대상으로 만들고 있다. 또
한 이런 빈곤화는 여성문제에서도 동일하게 나타나고 있다. 최근 여성노
동의 상품화는 제3세계와 빈자들의 총체적인 빈곤화를 가족에 떠넘기면
서 경제력의 격차를 여성의 노동이나 성애 등을 상품화하고 있다. 제3세
계 여성은 제1세계 중산층 자녀에게 돌봄노동을 제공하면서 정작 자신의
자녀들은 할머니에게 맡겨놓는다. 따라서 여성의 돌봄노동은 제1세계의
여성을 자본주의적 생산 메커니즘으로 포획하면서 빈부격차에 따른 제3
세계 여성의 노동을 착취한다.

따라서 빈곤화는 경제뿐만 아니라 자신들이 살아가는 삶의 환경(환경적
빈곤)과 자신의 몸과 상징 등 문화적 자산의 결핍(문화적 빈곤)이라는 차원
에서 삼중으로 중첩(경제-환경-문화적 빈곤)되면서 진행되고 있을 뿐만
아니라 가부장제적인 수탈 메커니즘을 강화하면서 이를 자본화하는 방식
으로 진행되고 있다. 그러나 이런 몸, 문화, 정서, 자연적 생명체들은 기존
의 자본주의 생산양식에서 가치증식의 대상이 아니었다. 이런 것들은 생
산에 투자된 자본이 그 속에서 잉여가치를 생산하는 노동의 대상이 아니
다. 그럼에도 오늘날 그것이 자본의 가치증식 메커니즘으로 통합되고 있
다는 것은 현대자본주의가 노동/임노동의 가치계열화를 생산영역에서 소
비영역으로 확장하고 있을 뿐만 아니라 새로운 수탈 메커니즘을 만들고
있음을 보여주는 것이다.

바로 이런 점에서 오늘날 생산적/비생산적이라는 노동 패러다임을 부
정하고 그것을 파괴하고 있는 것은 자본이다. 하지만 그럼에도 자본은 자
신들의 소유권과 지배-통제능력을 유지하기 위해 점점 확대되는 자기모
순을 국가의 법-제도적 강제장치를 이용한 경제외적 강제로 대체하고 있

다. 하비는 노동의 재생산을 통한 축적과 수탈에 의한 축적을 구분하고 있다. 전자는 마르크스의 자본주의 생산양식의 특징으로 규정한 경제적 강제인 반면, 후자는 경제외적 강제다. 그렇다면 오늘날 왜 자본주의 생산양식 내부의 착취 메커니즘인 경제적 강제가 아닌 경제외적 강제가 점점 더 필요해지는가? 그것은 바로 오늘날의 자본주의 생산양식이 더 이상 임노동만으로 자신의 이윤증식 메커니즘을 가동시키지 않으며 자연/인간, 가부장제적 약탈 메커니즘을 내부화하기 때문이다.

오늘날 현대자본주의는 EC혁명, BT혁명 등을 통해 기존에는 가치증식 메커니즘으로 포획하지 않았던 영역들, 예를 들어 자연적 생명체나 정보-정서노동 등을 자신의 축적 메커니즘으로 급속히 빨아들이고 있다. LMO, RMO뿐만 아니라 전자네트워크를 통해 구축된 삶 자체가 가치축적의 대상이다. 여기서 자본주의 축적 메커니즘으로 포획되고 있는 것은 사람들이 자발적으로 만들어낸 협력, 즉 사회적 협력 네트워크 그 자체다. 따라서 오늘날 자본주의 생산양식에서 노동이 수행하는 가치생산의 역할은 더욱더 줄어들고 있으며 직접적인 생산적 노동은 점점 배제되고 있다. 노동의 배제, 그것은 마르크스가 이미 예견했던 바이기도 하다.

직접적인 형태의 노동이 부의 위대한 원천이기를 중지하자마자 노동시간이 부의 척도이고 따라서 교환가치가 사용가치의 [척도]이기를 중지해야 한다. 대중의 잉여노동이 일반적 부의 발전을 위한 조건이기를 중지했듯이, 소수의 비노동도 인간 두뇌의 일반적 힘들의 발전을 위한 조건이기를 중지했다(마르크스, 2000b: 381).

그러므로 마르크스는 다음과 같이 말하고 있다.

생산 — 사용가치의 창출 — 의 규정적인 원칙으로서의 직접적인 노동과 그것의 양은 사라지고 양적으로 보다 적은 비율로 낮아질 뿐만 아니라 질적으로도, 비록 필수적이지만, 한편으로는 일반적인 과학적 노동, 자연과학의 기술적 응용에 비해서 부차적인 계기로 나타날 뿐만 아니라 총생산에서의 사회적 구조로부터 유래하는 — (비록 역사적 산물이지만) 사회적 노동의 천부적 재질로 현상하는 — 일반적 생산력에 [비해서]도 부차적인 계기로 나타난다(마르크스, 2000b: 375).

대신 현대자본주의는 사회적 협력 네트워크에 의해 구축된 일반적 지성에 대한 약탈 및 생명 자체에 대한 약탈 시스템을 강화하고 있다. 따라서 오늘날 급증하는 실업률과 불안정노동의 양산, 그리고 청년 실업률의 증가는 바로 이와 같은 현대자본주의에서의 과잉화된 노동, 노동배제에 의한 잉여인간의 생산을 보여준다.

자본은 과거와 같은 노동력을 필요로 하지 않는다. 자본은 오히려 그 외부로부터 자신의 가치축적 메커니즘을 작동시키는 피를 수혈 받고 있다. 따라서 오늘날 자본주의는 점점 더 공통된 것에 대한 약탈체계로 바뀌고 있다.

한편으로 자본주의적 착취관계는 공장에 한정되지 않고 사회 전체 지형을 점하는 경향을 보이면서 어디에서나 팽창하고 있다. 다른 한편으로 사회적 관계는 사회적 생산과 경제적 생산을 서로 외재적일 수 없게 만들면서 완전히 생산관계에 스며든다(하트·네그리, 2002: 280).

따라서 다음과 같은 주장으로 이어진다.

오늘날 비물질적 생산의 패러다임에서 가치이론은 측정된 시간의 양이라는 관점에서는 이해될 수 없으며, 그래서 착취 역시 마찬가지다. 우리가 가치의 생산을 공통된 것의 관점에서 이해해야 하는 것과 마찬가지로, 우리는 또한 착취를 공통된 것의 강탈로 간주하려고 해야 한다. 달리 말해 공통된 것이 잉여가치의 장소가 된 것이다(네그리, 2008: 191).

그래서 어떤 사람들은 자본주의의 내부가 아니라 외부에서 변혁의 가능성을 찾는다. 하지만 그것은 역으로 오늘날 자본주의가 내적으로 극대화된 모순을 극복하기 위해 외부를 점점 더 자신의 가치축적 메커니즘으로 포획하고 있음을 보여주는 것이기도 하다. 물론 오늘날 더 이상 자본-임노동이라는 내부에서만 변혁의 가능성을 찾을 수 없다는 것은 분명하다. 그러나 외부 또한 외부로만 존재하는 것이 아니며 더구나 그 외부가 내부의 보충물로 작동한다는 점에서 외부의 모순은 끊임없이 내부의 모순에 의해 강화되고 있다. 따라서 오늘날 자본주의 내·외부의 모순은 점점 더 서로 얽혀 들어가고 있으며 자본주의는 그런 얽힘 속에서 지배의 책략을 다양화하고 있다.

그러나 그럼에도 오늘날 현대자본주의에 의한 노동의 공통되기에 대한 약탈 시스템의 구축과 작동은 노동가치론이 무너지고 자본-임노동의 교환체계를 벗어나 있는 곳일 뿐만 아니라 그것을 사적-공적 공간의 이원화와 생산-소비의 이원적 체계로 다시 포획하면서 자본주의 생산양식의 내·외부의 모순을 강화함으로써 자기 스스로 자본주의 생산양식에 대한 극복 가능성을 열어가는 곳이라고 할 수 있다. 왜냐하면 사회적 협력 네트워크의 강화와 일반 지성의 확장, 그리고 내부화될 수 없는 외부성의 증가는 '자본 없이 살기'라는 대중의 삶-정치적 역능을 강화하기 때문이다. 이제 사람들은 굳이 자본이 없어도 스스로 자신의 삶을 확장된 네트워크를

통해 해결해가는 능력을 가지고 있다. 다만, 여기에서 필요한 것은 생산적
노동과 가짐이라는 소유의 욕망에서 벗어나 차이의 적극적 연대와 공통성
의 창출이라는 자기 통치적 삶으로 주체형성의 틀을 바꾸는 것이다.

6. 나가며: 새로운 대안적 주체형성을 위한 제언

마르크스는 다음과 같이 말한 바 있다. "우리가 생산에 대해 말할 때 그
것은 언제나 일정한 사회적 발전단계에서의 생산, 즉 사회적 개인들의 생
산이다"(마르크스, 2000a: 53). 따라서 자본주의 생산양식은 자본주의적 인
간으로서 개인들을 생산한다. 이 자본주의적 개인들은 언제나 상품이라는
단독자를 모델로 생산-비생산노동, 공적-사적, 생산-소비라는 구획을
통해 작동한다. 이들 인간은 다음 세 가지 특징을 가지고 있다. 첫째, 특정
한 상품에 대한 욕망이 타인과의 관계를 맺도록 만드는 자(상품에 대한 욕
망을 가진 자)이고, 둘째, 그 욕망에 대한 판단을 수행하는 자는 근대철학의
핵심 주제인 어느 누구에게도 의존하지 않고 스스로 존재하는 실체로서
주체(실체로서 주체)이며, 셋째, 누구나 똑같이 양적으로 환원된 단위를 통
해 교환될 수 있는, 질적 차이가 제거된 평등(양화된 평등)한 개체라는 점
이다. 따라서 마르크스는 다음과 같이 말하고 있다.

그 내부에서 노동력의 구매가 진행되는 유통분야, 즉 상품교환분야는 사
실상 천부인권의 참다운 낙원이었다. 여기에서 지배하고 있는 것은 오로지
자유와 평등과 소유와 벤담이었다. 자유! 왜냐하면 하나의 상품, 예컨대 노
동력의 구매자와 판매자는 자기들의 자유의지에 의해서만 행동하기 때문이
다. 그들은 자유로운, 법적으로 대등한 인물로서 계약을 체결한다. 계약이

라는 것은 그들의 공동의지가 하나의 공통된 법적 표현을 얻은 최종의 결과다. 평등! 왜냐하면 그들은 오직 상품소유자로서만 서로 관계하며, 등가물을 등가물과 교환하기 때문이다. 소유! 왜냐하면 각자는 모두 자기의 것만을 마음대로 처분하기 때문이다. 벤담! 왜냐하면 그들 쌍방은 모두 자기 자신의 이익에만 관심을 기울이기 때문이다. 그들을 결합시켜 서로 관계를 맺게 하는 유일한 힘은 그들의 사리, 그들의 개별적 이익, 그들의 사적 이해뿐이다(마르크스, 1989a: 222~223).

그러나 그렇기 때문에 이들 단독자로서 개체들은 소비-사적 공간-비생산이라는 자본주의적 패러다임에 말려들며 스스로를 양화적인 상품교환의 시스템으로 몰아넣는다. 그것은 노동운동만이 아니라 환경운동과 여성운동에서도 일어난다. 예를 들어, 자본은 생산에서의 노동의 가치를 특권화하고 노동을 찬미함으로써 생산 패러다임의 틀 속에서 노동운동을 흡수하며, 자식의 양육이라는 여성적 역할의 특권화 및 사적 공간-개인적 소비의 다양성을 찬양함으로써 평등의 양화로 사람들을 흡수한다. 또한 자본은 지속가능한 발전이라는 발전주의 속으로 환경-생태의 문제들을 포획한다. 따라서 오늘날 무엇보다 필요한 것은 상품적인 자본주의적 인간형을 스스로 극복하는 과정 속에서 적-녹-보라의 연대적 주체를 형성하는 길을 찾는 것이다.

오늘날 우리가 목도하고 있는 다양한 대안공동체 운동과 다면적인 감성적 인지능력의 회복은 스스로 하나의 운동을 창출하고 있다. 여기에는 노동운동만 있는 것이 아니다. 여기에는 환경운동이나 여성운동와 결합된 운동만이 아니라 대안공동체적인 교육운동이나 자치운동도 있다. 그러나 이 운동들은 소규모적인 지역공동체의 협소성이나 소시민적 운동의 틀을 벗어나지 못하는 경향이 있다. 게다가 이런 지역운동은 지역적 기반이 가지고 있는 보수성과 폐쇄성을 가지고 있는 경향이 있다. 따라서 문제는 이 운동들을 적-녹-보라의 연대적 주체의 형성이라는 관점에서 다양한 사회적 네트워크를 통해 서로 환류시키는 것이다. 그러나 그것은 단순히 환류만 한다고 되는 것이 아니다. 그 환류는 이미 자본주의가 배제하고 있는 자들이 '자본 없이 살기'라는 생산-소비 공동체를 형성한다는 차원에서 시작되어야 한다.

자본주의에서의 생산과 소비는 이원적으로 분리되어 있다. 그런데 자본-임노동의 메커니즘으로 들어가지 못한 사람들은 더 이상 자신의 노동을 재생산할 수 없다. 따라서 오늘날 자본의 과잉축적, 노동에 대한 공격은 역으로 자본주의체제 자체의 위기와 한계를 보여주는 것이기도 하다. 자본이 생산한 과잉인구는 자본주의체제에서 보면 자본 스스로 생산한 외부다. 그들은 자본-임노동의 메커니즘으로 들어갈 수 없기 때문에 자신들이 스스로 살아가는 길을 모색할 수밖에 없다. 바로 이런 점에서 오늘날 이 영역은 '자본 없이 살기'라는 대안적 삶의 공간, 소비와 생산이 일치하는 공간을 창출하는 실천이 이루어지는 영역이다. 여기서 자기 생명을 재생산하는, 노동의 재생산과 생식이라는 종족의 재생산은 자기 활동으로 등장할 수밖에 없다.

마르크스는 "생산은 직접적으로 소비이기도 하다. 주체적이고 객체적인 이중적 소비다. 자연적 생식이 생명력의 소비인 것과 마찬가지로 생산하면서 자신의 능력을 발전시키는 개인은 생산행위에서 이 능력을 지출하고 소모한다"(마르크스, 2000a: 59)라고 말했다. 하지만 자본주의에서의 생산과 소비는 분열된다. 마르크스는 자본주의 생산을 다루면서 생산적 소비와 소비적 생산이 이원화되어 있는 자본주의에서의 생산과 소비는 "각자 타자의 수단으로 나타나며 타자에 의해 매개"되는데, 이 둘은 상호 종속이면서 서로에게 외적으로 머물러 있다고 비판한다. 여기서 "생산은 소비를 외적 대상으로서 재료를 창출하고 소비는 생산을 위한 내적 대상, 목적으로 욕구를 창출한다"(마르크스, 2000a: 62). 바로 이런 점에서 오늘날 적-녹-보라의 연대가 공통적으로 가지고 있는 기반은 '자본 없이 살기'라는 삶 공간을 정치사회적으로 재구성하는 것이라고 할 수 있다.

그러나 여기에 문제가 없는 것은 아니다. 오늘날 적-녹-보라의 연대적 주체형성에 더욱 큰 장애가 되는 것은 특정 패러다임의 헤게모니적 특권화다. 사실, 적, 녹, 보라 중 어떤 것도 특권화된 위치를 가질 수 없다. 이것은 오늘날 노동에는 노동부가 있으며, 여성에는 여성부가, 그리고 환경-생태에는 환경부가 있다는 점에서도 드러난다. 이것은 인간의 삶을 굴절시키고 인간의 다면적인 욕망과 감성, 그리고 관계성을 파괴하는 지배의 메커니즘에 대항했던 마르크스주의와 생태주의, 그리고 여성주의 내부가 그 자체로 자본과 권력에서 자유롭지 않으며 그 안에 각기 두 개의 분열적 흐름이 있다는 것을 보여준다. 따라서 적-녹-보라의 연대적 주체형성은 이 두 개의 흐름이 보여주는 포획과 배제의 논리에 저항하고 자본의 책략에 맞서면서 서로 배우고 가르치는 소통의 자세에서부터 시작되어야 한다.

가라타니 고진이 말한 것처럼 진정한 대화는 타자가 아닌 타자의 타자성(othernees of other)과 대화하는 것이다. 타자의 타자성은 자신이 가지고 있는 기존의 언어규칙이나 문법으로 이해할 수 있는 것이 아니다. 그것은 나와 전혀 다른 문법과 규칙을 가지고 있다. 따라서 고진은 자신이 기존에 가지고 있던 언어로 이해하고 대화하는 것은 결국 자신의 언어로 말하는 것이기 때문에 자기 대화이자 독백라고 단언하면서 "대화란 언어게임을 공유하지 않는 자와의 사이에만 있다. 그리고 타자란 자신과 언어게임을 공유하지 않는 자가 아니지 않으면 안 된다"라고 말하고 있다(가라타니 고진, 1998: 82). 바로 이런 점에서 고진은 토마스 쿤(Thomas Kuhn)이 말하는 패러다임 간의 소통불가능성을 오히려 소통의 조건으로 바꿔놓으며 소통을 새로운 언어규칙을 만들어가는 것으로 바꿔놓는다. 여기서 적, 녹, 보라의 패러다임은 결코 어느 하나의 이념으로 통합될 수 없다.

그러나 이 때문에 적-녹-보라의 연대적 주체는 오히려 생성을 만들어낼 수 있다. 그것은 이들이 서로 다르기 때문이다. 그들이 각각 가지고 있는 차이가 오히려 생성의 조건이다. 그러나 생성의 조건은 조건일 뿐이다. 생성은 단순히 다양성을 인정하는 차이에 대한 승인에서 시작되는 것이 아니라 적극적인 연대와 부딪힘에서 시작된다. 그렇기 때문에 부딪힘은 소란과 갈등을 생산한다. 하지만 그것이 자기 규칙에 대한 완고한 고집이 아니라 오히려 자기 안에 있는 균열과 모순을 극복하고 부르주아적 아비투스를 해체하는 데 활용되는 반성적 성찰의 계기가 된다면 타자의 타자성은 생성의 힘이 될 수 있다. 바로 이런 점에서 소통은 새로운 규칙을 생산하는 것이며 차이를 생명의 능동적 활동으로 바꾸는 것이다.

그러므로 마르크스주의는 자본에 의한 노동의 포섭에 대항해 이중의 노동해방, 즉 노동의 해방과 노동으로부터의 해방을 사유하면서 노동 패러다임에서 벗어나 자연지배와 가부장제의 문제의식으로 자신을 혁신하고, 생태주의는 인간 중심과 자연 지배에 대항해 자연과 인간의 새로운 생태적 결합, 생명친화적 기술로의 전향을 모색하면서 자연을 초과하는 성-사랑과 향유의 문제의식을 통해 자신을 혁신하며, 여성주의는 가부장제에 대항해 인간의 에로스적 결합을 모색하면서 자본에 의한 노동의 분절-포섭과 향유의 과잉이라는 문제의식에서 자신을 혁신해가면서 서로의 연대에 기초한 성찰을 통해 새로운 적-녹-보라의 연대적 주체를 형성하는 길을 모색해야 한다.

참고문헌

가라타니 고진(柄谷行人), 1998, 『탐구 1』, 송태욱 옮김. 새물결.

네그리, 안토니오(Antonio Negri). 2008. 『다중』. 조정환·정남영·서창현 옮김. 세종서적.

들뢰즈·가타리(Gilles Deleuze and Felix Guattari). 2001. 『천개의 고원』. 김재인 옮김. 새
    물결.

레보위츠, 마이클(Michael Lebowitz). 1999. 『자본론을 넘어서』. 홍기빈 옮김. 백의.

로크, 존(John Locke). 1996, 『통치론』, 강정인, 문지영 옮김, 까치.

마르크스, 카를(Karl Marx). 1989a. 『자본론』 1권 상. 김수행 옮김. 비봉출판사.

_____. 1989b. 『자본론』 1권 하. 김수행 옮김. 비봉출판사.

_____. 1991. 『1844년 경제학철학 초고』. 최인호 옮김. 박종철출판사.

_____. 1993. 「임금, 가격, 이윤」. 『칼 마르크스 프리드리히 엥겔스 저작선집』 3권. 최인
    호 옮김. 박종철출판사.

_____. 2000a. 『정치경제학 비판 요강 I』. 김호균 옮김. 백의.

_____. 2000b. 『정치경제학 비판 요강 II』. 김호균 옮김. 백의.

마르크스·엥겔스(Karl Marx and Friedrich Engels). 1995. 「독일 이데올로기」. 『칼 맑스-
    프리드리히 엥겔스 저작 선집』 1권. 최인호 옮김. 박종철출판사.

바디우, 알랭(Alain Badiou). 2008. 『사도 바울』. 현성환 옮김. 새물결.

알트바터, 엘마(Elmar Altvater). 2007. 『자본주의의 종말』. 염정용 옮김. 동녘.

프랭크, 로버트(Robert Frank). 2008. 『리치스탄』. 권성희 옮김. 더난.

하트·네그리(Michael Hardt & Antonio Negri). 2002. 『제국』. 윤수종 옮김. 이학사.

Deleuze, Gilles & Guattari, Felix. 1994. *Anti-Oedipus: capitalism and schizophrenia*.
    trans. Robert Hurley, Mark Seem and Helen R. Lane. Minneapolis: University of
    Minnesota Press.

Ihde, Don. 1979. *Technics and Praxis*. Holland/Boston: D. Reidel.

Marx, K. 1965. "Theorien über produktive und unproduktive Arbeit." MEW 26.1.

여성주의, 생태주의, 녹색사회주의는 불편한 동거인가, 새로운 패러다임인가?[*]

서영표(제주대학교 사회학과)

1. 머리말

사회주의체제가 무너지고, 마르크스주의가 용도 폐기되고, 그다음 수순으로 시장과 자유의 이름으로 모든 비판적 담론이 버려졌다. 근본적인 사회비판을 이야기하고 사회의 급진적인 전환을 주장하는 사람들은 낡은 이념에 집착하는 시대착오적인 인간으로 취급받기 시작했다. 한편으로 마르크스주의와 사회주의는 교조적이었고 마르크스주의자들과 사회주의자들이 이미 고정된 스스로의 품안에 품을 수 없는 것은 오류라고 규정하는 독단주의적 경향을 보였던 것에도 문제가 있었다. 적이 아닌 우리 안에서 온갖 기회주의와 절충주의자들을 만들어냈다. 위기를 스스로 자초한 측면이 있었던 것이다. 마르크스주의-사회주의의 위기와 위기에서 비롯된 약

---

[*] 이 글은 이미 발표된 「영국의 생태마르크스주의 논쟁: 테드 벤튼과 케이트 소퍼를 중심으로」, ≪동향과 전망≫, 77호, 2009; 「비판적 실재론과 비판적 사회이론: 사회주의, 여성주의, 생태주의의 분열을 넘어서」, ≪급진민주주의리뷰 데모스≫, 1호, 2011; 「사회비판의 급진성과 학문적 주체성: 급진민주주의론 옹호를 위한 자기비판」, ≪경제와 사회≫, 95호, 2012; 「도시적인 것, 그리고 인권?: '도시에 대한 권리' 논의에 대한 비판적 개입」, ≪마르크스주의연구≫, 9권 4호, 2012를 바탕으로 재구성한 것임을 밝혀둔다.

점의 노출은 과잉된 반응을 불러올 가능성이 컸다. 과학과 논리는 담론적 실천과 수사학으로 교체되었다. 시장자유주의자들에 의해 선언된 이데올로기의 종언이 좌파에게 이식되어 변종을 낳게 된 것이다. 모든 인과적 설명과 거대이론 구성의 시도는 근대적이라는 파문을 당했다. 그러나 과학적 설명을 경쟁하는 입장과 그것을 시험할 수 있는 경험에 개방하는 것과 일체의 과학을 교조의 이름으로 거부하는 것은 같지 않다. 포스트모던 또는 포스트구조주의적 비판, 즉 모든 교조주의, 환원주의, 결정론을 공격하는 것에 동참한다고 해서 그것이 곧 (사회)과학의 포기여서는 안 된다는 것이다.

지난 30년은 포스트모더니즘과 포스트구조주의의 시대였다. 포스트모더니즘과 포스트구조주의의 부정적 효과만 있었던 것은 아니다. 근본적인 비판의 물결은 온갖 종류의 담론과 이론이 나타나 다양한 사고실험을 가능하게 했다. 하지만 이러한 사고실험은 철학적 상대주의와 지적 허무주의 경향이 강화되면서 결국 신자유주의가 유포한 소비주의적 자유주의에 수렴될 수밖에 없었다. 구조와 혁명에 대한 관심은 게임과 (작은) 실천으로 옮아갔다. 자본의 지배가 촘촘해지고 있던 시기, 습관과 의식, 그리고 몸 자체를 식민화하고 있던 시기, 자본의 구조적 힘은 더욱 강해지고 있던 시기에 이른바 비판담론은 여기에 대한 과학적 분석을 포기한 것이다.

모두가 그랬던 것은 아니다. 교조적 입장이 제시한 자본주의의 항상적 위기와 혁명적 노동계급의 투쟁, 당의 지도에 의한 혁명의 교리문답은 거부하지만 자본주의적 착취질서에 대한 과학적 분석과 비판은 포기하지 않았던 이론적 시도와 정치적 실천이 있어왔다. 이러한 이론과 실천은 자연에 대한 착취, 여성에 대한 억압, 인종적 차별이 자본주의적 착취와 교차하면서 만들어내는 다양한 모순에 주목하고 이에 대한 사회적 투쟁을 옹호해왔다. 물론 이론과 실천이 만들어낸 사회적 위치와 조건의 차이가 쉽게 극복되지는 못했다. 사회주의자는 생태주의자 및 여성주의자와 반목하기도 했다. 생태주의자와 여성주의자의 대립도 심각한 수준이었다. 마르크스주의뿐만 아니라 여성주의와 생태주의에도 근본주의와 교조적 입장은 있다는 것이 문제를 더욱 꼬이게 했다. 그럼에도 마르크스주의(사회주의)-여성주의-생태주의 사이의 대화는 서로 긍정적인 영향을 주기 시작했다. 예를 들어, 다양한 여성주의운동은 1970년대 이후 사회주의 전략의 경직성과 비민주성을 지적해왔다. 몇몇 사회주의적 여성주의자는 지역의 구체적인 쟁점을 근거로 한 여성운동의 경험은 사회주의운동을 더욱 민주적으로 만드는 밑거름이 될 수 있다고 역설했다(Rowbotham, Segal and Wainwright, 1979). 더 나아가 여성운동이 재해석한 사회주의를 자본주의 사회에 대한 생태주의적 비판과 접목하려는 시도도 생겨났다(Mellor, 1992, 1997). 여성주의 진영으로부터의 이러한 도전은 많은 논쟁을 불러왔으며, 새로운 사회주의 전략을 고민하는 데 적잖은 기여를 했다.

2. 소통과 연대를 위한 조건

필자의 기본 입장은 마르크스주의-여성주의-생태주의 사이의 연대는 녹색사회주의라는 새로운 틀 안에서 이루어져야 한다는 것이다. 하지만 녹색사회주의가 마르크스주의, 여성주의, 생태주의 사이에 존재하는 이견과 차이를 부정하거나 각각을 대체하는 새로운 틀이어서는 안 된다. 차이는 언제나 논쟁을 불러올 수밖에 없으며 논쟁은 창의적인 생각과 실천을 낳는다. 그러나 지금까지 우리가 흔히 보아왔던 차이에 따른 논쟁은 대부분 창의적인 생각과 실천보다는 소모적인 논쟁으로 치달았다. 차이가 반목이 아닌 연대의 토대가 되기 위해서는 어떤 조건이 갖춰져야 할까?

첫째, 과학적 분석을 위해 제시된 담론과 개념은 개방적이어야 한다. 개방적이라는 것은 단 하나의 해석만을 허용하는 것이 아니라 다양한 해석의 여지를 둔다는 것을 의미한다. 잠정적으로 보편적인 것에 호소하지만(과학적 설명을 추구하지만) 그것이 상대주의적 인식을 차단하지 않아야 한다는 것이다. 이것은 토대주의와 환원주의가 가지는 교조주의적 편향을 피하면서 동시에 비교와 토론을 불가능하게 하는 극단적 상대주의로부터 거리를 두기 위함이다. 이론적 논쟁이 가능하기 위해서는 각 입장이 자신의 주장을 체계적으로 제시해야 하지만 이렇게 체계적으로 제시된 이론이 경험과 실천을 통해 재해석되고 수정될 수 있어야 한다는 것이다. 이런 가정을 거쳐 비록 잠정적이지만 합의를 도출될 수 있다.

둘째, 과학적 담론과 개념은 이론적 추상에 머물지 않고 현실의 적대와 모순을 드러내야 한다. 드러냄은 단순히 실증주의적 드러냄이 아니라 비판을 동반한 특정한 관점에서의 드러냄이다. 억압받고 착취 받는 입장과 관점에서의 드러냄은 구체적 현실과 담론/개념을 연결하는 매개항일 수밖에 없다. 뭉뚱그려진 정의, 권리, 분배가 아니라, 또는 추상적인 신자유주의에 대한 반대가 아니라 구체적인 삶 속에서 경험되는 억압과 착취의 정서를 일깨울 수 있어야 한다.

셋째, 앞에서 지적한 현실의 적대와 모순은 그것을 경험하고 있는 사람들에게 투쟁할 수 있는 동기를 부여해야 한다. 차가운 과학적 분석만으로는 저항주체를 만들어낼 수 없다. 따라서 과학적 분석을 포기해서는 안 되지만 그렇다고 과학과 객관적 지식이 감성, 느낌, 공감을 배제해서는 안 된다.

넷째, 보통 사람들의 감성, 느낌, 공감, 공감에 호소하기 위해 과학적 비판담론은 현재 지배적인 담론과 이데올로기(예를 들어, 인권과 민주주의)의 지배효과를 비판하고 드러내는 동시에 그것이 가지는 힘을 극대화시킬 수 있어야 한다.

다섯째, 과학적 비판담론은 현 체제에 대한 비판을 사람들의 구체적 경험과 관련지음으로써 현실을 변화시키는 실천을 가능하게 해야 한다. 더 나아가 그 실천에서 대안사회의 윤곽을 찾아내야 한다. 대항헤게모니 기획을 제시하면서 그 기획이 구체화되어 실천될 수 있는 정책을 제안해야 한다는 것이다. 정책은 제도정치에의 개입이지만 동시에 보통 사람들의 저항주체로서의 역량(capabilities)을 강화하는, 그래서 제도정치의 한계를 항상적으로 넘어설 수 있는 계기가 되어야만 한다. 이로써 구체적인 정책 개입은 전문가들의 담론에 머무는 것이 아니라 실천적 지식과 과학적 지식이 융합되는 계기가 될 수 있을 것이다.

3. 자연주의와 마르크스주의의 대립과 대화

우선 생태주의와 마르크스주의 사이의 반목에 대해 생각해보자. 인류의 역사는 인간능력의 지속적 발전에 의한 자연의 정복, 그리고 그 결과로서 인간능력의 더욱 큰 발전의 연속으로 이해되어왔다. 이러한 진보적 입장은 항상 자연의 한계를 주장하는 보수적 견해에 의해 도전을 받아왔다. 때로는 종교의 이름으로, 때로는 낭만주의의 외피를 쓰고, 때로는 생물학적 환원론을 통해 기존의 불평등한 사회적 질서를 자연스러운 것으로 정당화하는 수많은 이데올로기가 존재해왔다. 이러한 보수적 입장은 단순히 기존질서의 정당화와 방어에 머물지 않는 매우 공격적인 형태로 드러나기도 했다. 나치스의 인종주의에 근거한 대량학살은 최악의 사례라고 할 수 있다.

나치스의 사례에서 드러나듯이 자연에 호소하는 철학적 입장은 역사적 진보에 반하는 보수적 입장을 옹호할 뿐만 아니라 공시적인 다양한 형태의 차별을 정당화하려고 한다. 자연주의의 대표적 사례로 언급되고 있는 토마스 맬서스(Thomas Malthus)는 빈곤층에 대한 차별을 정당한 것으로 간주했다. 다윈의 진화론을 왜곡시킨 사회적 진화론(social Darwinism)은 적자생존이라는 생각에 근거해서 인종차별과 대량학살을 문명화로 호도하기도 했다. 자연주의적 입장은 남녀의 생물학적 성차에 근거해 여성은 육아와 가사노동에 어울리며 기본적으로 감성적이라고 주장함으로써 성차별을 사회 깊숙이 뿌리 내리는 데 커다란 역할을 했다(Soper, 2008: 175; Benton, 1991 참조).

마르크스를 포함해 마르크스주의자들은 줄곧 보수주의를 공격하고 진보주의를 옹호했다. 그들은 현재 존재하는 사회질서 내부에 배태된 역사 발전의 동력을 찾아내고 그것을 현실화시킬 인간의 의식적 역량을 계급투쟁을 통해 풀어내려 했다. 또한 그들은 자연주의적 설명으로 정당화된 그 어떤 사회적 차별과 억압도 초역사적으로 고정될 수 없음을 역사의 변증법적 발전이라는 설명으로 비판했다. 마르크스는 인간 본성(human nature, 인간이라는 자연?)조차도 본질(essence)을 가지지 않는 역사적·사회적 산물임을 강력하게 주장했다. 이런 맥락에서 마르크스주의는 진보주의적인 반자연주의에 잘 들어맞는다.[1]

그렇지만 과연 문제가 그리 쉽게 해결될 수 있는 것일까? 마르크스가 인간을 자연(비유기체적 자연, 식물, 자연)과 분리된 존재로, 그리고 자연과는 차별적인 특성을 지닌 존재로 개념화했다면 그의 사회적 의식은 사회적 존재를 전제로 했을 때에만 설명가능하다는 유물론적 접근은 어떻게

---

1 인간본질에 대한 마르크스주의의 해석에 관한 논쟁과 진보주의적 옹호는 Sayers(1998)를 참조하기 바란다.

해석되어야 할까? 물리적·화학적·생물학적 조건을 고려하지 않은 채 인간의 정신적 활동과 문화적 전통을 온전히 설명할 수 있을까? 지리적 조건과 자연환경에 차이에 따른 문화적 차이는 또 어떻게 설명할 수 있을까? 성대구조와 발성구조에 대한 물리학적 또는 생물학적 설명을 전제하지 않고 인간의 언어능력을 설명할 수 있을까?(Timpanaro, 1975; Soper, 1979; Geras, 1983; Benton, 1991; Dickens, 1992) 여기에 대해서는 다수의 생태마르크스주의자에 의해 인용된 엥겔스의 지적을 상기할 필요가 있다.

그러나 자연에 대한 인간의 승리라는 이유로 우리들 스스로를 너무 치켜세우지는 말자. 그 각각의 승리에서 자연은 우리에게 복수한다. 진실은 각각의 승리가 처음에는 우리가 예측했던 결과를 가져오지만, 두 번째, 세 번째 순간에는 처음의 결과를 무로 돌리는 완전히 다른, 예측할 수 없는 결과를 초래한다는 것이다. 따라서 매순간 우리는 외국인들을 지배하는 정복자나 자연의 외부에 존재하는 어떤 사람처럼 자연을 절대 지배할 수 없다는 점을 깨닫는다. 매순간 우리는 살과 피, 그리고 뇌를 가짐으로써 자연에 속하고 자연 안에 존재함을 깨닫는다(Dickens, 1992: 78 재인용).

이 지점에서 우리는 환원주의(reductionism) 또는 본질주의(essentialism)로 경도될 수도 있는 위험에 노출된다. 수준에 차이는 있지만 마르크스도 종종(그리고 그를 추종했던 많은 사람들은 자주) 환원주의와 본질주의의 혐의를 받지 않았던가? 그러나 환원주의와 본질주의라는 혐의를 피하기 위해 인간사회와 문화를 제한하는 외적 한계, 자연적 한계를 인간 능력을 통해 설명하는 것은 또 하나의 환원론은 아닐까? 마르크스가 고전파 경제학자들을 비롯한 이론적 인간주의에 대해 투쟁한 이유는 이러한 역의 환원론을 극복하기 위해서였다(Soper, 1979: 89~90). 이렇게 말해보자. 이론적으로 우리 시대의 마르크스주의는 모든 종류의 본성에 반대하는 탈현대적 상대주의의 도전과 사회생물학 또는 진화심리학으로 대표되는 생물학적 환원론으로 협공당하고 있다고. 이러한 협공은 마르크스주의와 마르크스의 이름을 사용했던 사회주의적 기획 모두의 정당성이 의심받는 상황과 겹치고 있다. 현실적 조건의 변화와 그 변화를 설명하는 경쟁적 이론들 모두에 의해 공격받고 있는 상황인 것이다.

이러한 협공에서 벗어나기 위해서는 유물론적 입장에서 자연의 한계와 인간과 동물의 연속성을 인정하지만 인간사회와 문화가 가지는 독특성과 역사발전의 가능성 역시 포기하지 않는 새로운 이론적 패러다임이 필요하다. 새로운 패러다임은 녹색사회주의의 이론적 토대가 될 것이며, 이념으로서의 사회주의가 아니라 빈곤이 미치는 건강상의 부정적 효과, 실업 또는 불안정한 고용이 정신적 건강 및 질병발생과 갖는 관계, 빈곤과 영양부족이 아동의 지적 성장에 미치는 영향 등에 대한 분석을 통해 좀 더 구체적인 사회투쟁으로 나아가는 발판을 마련해줄 것이다. 생물학적 원인에 의해 발생하는 다양한 질병은 문화적 차별과 사회적 불평등에 의해 더욱 악화될 수 있다. 다양성을 인정하는 것이 생물학적 차이를 부정하는 것으로 귀결되어서는 안 된다. 생물학적 차이는 차이로 인정하고 그 차이를 차별화하고 낙인찍는 문화에 대한 이데올로기 투쟁을 전개하는 것이 중요하다. 핵심은 그러한 이데올로기 투쟁을 전개하기 위해서도 생물학적 지식은 중요한 의미를 가진다는 것이다.[2]

녹색사회주의는 사회적 조건뿐만 아니라 자연적 조건이 인간의 복지에 미치는 효과를 분명하게 인식해야 한다. 이것은 인간이 자연적 조건에 수

---

2 이런 방향으로 생태사회주의의 지평을 넓히려 했던 시도로는 Gorz(1980), 특히 IV부를 참조하기 바란다.

동적으로 적응해야 한다고 주장하는 것이 아니다. 자연적 조건에 대한 인식과 인간의 자연적 존재로서의 위치를 겸허히 받아들이는 것은 인간사회 내의 다양한 분할과 차별에 저항하는 투쟁과 배치되지 않는다. 오히려 그러한 투쟁에 새로운 방향과 토대를 제공해줄 것이다.

4. 자연주의에 대한 여성주의의 비판

자연의 한계를 주장하는 생태주의적 인식이 마르크스주의자들만 불편하게 만든 것은 아니다. 여성주의로부터의 거센 비판이 제기되어왔다. 예를 들어, 세실 잭슨(Cecile Jackson)은 대단히 적대적으로 생태여성주의와 생태마르크스주의를 공격한다. 생태여성주의와 생태마르크스주의는 생물학적 환원주의적 경향을 가지고 있으며 이런 점에서 반동적이라는 것이 잭슨 비판의 요점이다(Jackson, 1997). 여성주의적 입장에서, 그리고 사회주의적 입장에서 제3세계의 여성과 발전(development)을 전공한 잭슨의 눈에는 자연적 또는 생물학적 기초를 주장하는 것이 사회적 불평등에 대해 눈을 감는 반동적 입장에 다름 아닌 것이다(Jackson, 1995, 1996; Mellor, 1996; Salleh, 1996 참조).

필자는 잭슨의 비판에 대한 반론을 제기함으로써 생태주의와 여성주의가 사회적 비판에서 공통분모를 가질 수 있음을 보이고자 한다. 먼저 규범적 또는 이데올로기적 주장과 존재론적 분석을 구별해야 한다. 종종 자연의 한계를 인정하는 자연주의적 해석은 인간의 능동적 역할을 무시하는 것으로 해석된다. 인간이 자연의 한계 안에 존재한다는 존재론적 설명이 인간사회가 가지는 독특성과 인간사회 안의 문화적 다양성 및 투쟁을 간과한다는 인식 때문이다. 하지만 인간의 언어활동을 설명하기 위해서는 성대구조에 대한 물리학적·생물학적 설명이 필요하다고 주장하는 것이 곧 인간의 언어활동이 물리학적·생물학적 구조로 환원된다고 말하는 것은 아니다. 인간의 두뇌활동을 설명하기 위해 생물학적 또는 생화학적 지식이 필요하다고 말하는 것이 곧 인간의 정신활동을 생물학적 또는 생화학적 구조로 환원하는 것도 아니다.[3]

잭슨의 과도한 비판의 대부분은 이러한 구분을 제대로 하지 않은 데에서 나온 것이다. 자연적 한계는 단순한 외적 강제로 존재하는 것이 아니라 특정한 사회적-기술적 관계와 동학이 자연적·사회적으로 주어진 다양한 조건, 자원, 그리고 그것들이 의존하고 있는 매개물들과 접합한 결과물이라고 이해되어야 한다. 인간의 생물학적 과소결정(human biological under-determination)을 강조하기 위해 이러한 자연적·사회적 조건을 과소평가하는 것은 유물론의 실재론적 해석에 결정적인 약점일 수 있다. 따라서 인간사회를 제대로 이해하기 위해서 우리는 자연의 한계를 인정하지만 동시에 그 한계가 사회-기술적 구조와 동학이 변화하는 것에 따라 바뀔 수 있음을 인정해야 한다(Benton, 2008: 224~225). 인간은 사회적이지만 그것이 인간사회가 자연적으로 배태되어 있다는 것의 부정으로까지 나갈 수는 없다. 하지만 인간과 사회의 이해는 인간을 비롯한 모든 생물종의 유전적인 배경을 인정하면서도 그것의 발현이 의존하고 있는 사회·문화적 조건의 다양성을 고려할 때에만 가능하다.

자연주의적 접근이 인간사회의 독특성을 설명할 수 있다고 하더라도 자연주의적 메타포어의 성차별적 또는 인종주의적 오용가능성은 여전히 남아 있다. 이것은 이미 살펴본 것처럼 잭슨이 생태마르크스주의와 생태여성주의를 강력하게 비판하는 이유이기도 하다. 생태주의는 다른 동물에

---

3 이러한 입장에 대해서는 Dickens(1992, 2004)를 참조하기 바란다.

비해 긴 아동기, 모든 사회에 존재하는 성적 유대 등을 강조함으로써 여성의 종속적 지위를 정당화하고 이성애 중심의 사회를 옹호하고 있지는 않은가?

잭슨과 같은 비판자들이 보기에 자연주의는 현재 존재하는 성적, 인종적, 더 나아가 계급적 분할을 고착된(fixed) 것으로 파악할 수밖에 없다는 점에서 비판되어야 한다. 그러나 이러한 분할선은 투쟁의 계기를 제공하며, 그 투쟁은 이데올로기 투쟁의 성격을 띠지만 정치적·이데올로기적 투쟁은 그러한 분할을 정당화하는 실재 자체에 대한 해석을 둘러싼 과학적 담론 사이의 투쟁일 수도 있다. 그리고 더 나아가 실재 그 자체에 대한 해석을 둘러싼 투쟁은 현재 존재하는 분할선이 고정된 것이 아니라 사회적 권력관계에 의해 구성되었다는 것을 폭로하고 그것을 변화시키는 투쟁을 의미한다. 자연적 한계는 운명(destiny)이 아닌 것이다(Benton, 2008: 225).

이러한 입장은 여성주의 관점 인식론(feminist standpoint epistemologies)을 옹호하는 산드라 하딩(Sandra Harding)과 여성과 남성을 대립시키는 이원론적 생태여성주의(dualistic ecofeminism)와는 결을 달리하는 사회적 생태여성주의(social ecofeminism)와 공명한다. 현재 존재하는 여성의 위치에서 더욱 급진적인 문제제기를 할 수 있는 가능성이 제공되지만 그 가능성은 이데올로기 투쟁의 두터운 층을 통과하지 않는 한 곧바로 실현되지 않으며 그 투쟁의 목적은 현재 여성이 가진 위치를 옹호하고 정당화하는 것이 아니라 성적 분할과 함께 생태파괴적인 자본주의적 생산과 소비를 비판하는 것으로 나가야 한다는 것이다(New, 1996).[4]

생태마르크스주의자 피터 디킨스(Peter Dickens)는 인간을 자연적 존재

---

4 여성주의 관점이론에 대해서는 Harding(1986)을 참조하기 바란다. 이에 대한 훌륭한 설명으로는 Benton and Craib(2011) 가운데 9장을 참조하기 바란다.

로 개념화하면서도 사회적·환경적 조건에 따라 주어진 자연적 가능성이 다양하게 드러날 수 있다고 주장한다. 디킨스는 여기에 덧붙여 자연적 존재로서의 인간이 동물과 공유하고 있는 것이 생존을 위한 공동체성 또는 사회성이라고 말한다(Dickens, 2008: 114). 하지만 그는 인간의 독특성은 외적 자연과 인간들 사이의 상호작용을 통해 스스로를 보편적 존재로 만들어갈 수 있게 해주었다고 주장한다(Dickens, 2008: 117). 문제는 다양한 유형의 사회적 불평등이 보편적 인간의 능력을 형성하는 것을 방해한다는 점이다.[5] 가난은 아동의 성장에서 인지능력을 낮추고 질병발생률을 높이며 어린이들의 공격적 성향을 높일 수가 있다(Dickens, 2008: 118). 환원주의자들은 이런 이유로 빈곤을 차별과 낙인의 근거로 내세우는 것이다.

이에 반해 디킨스의 비환원론적 자연주의(non-reductionist naturalism)의 입장은 생물학적으로 주어진 경향 또는 잠재성이 역사적으로 구성된 보편적 인간능력으로 발현되는 것을 방해하는 이러한 조건을 변혁하는 것이다. 그리고 이러한 변혁을 가능하게 하기 위해서는 억압적이고 불평등한 사회적 관계를 비판해야 하고 이와 동시에 경향적으로 주어진 인간의 생물학적 특성에 대한 지식을 요구해야 한다고 주장한다. 이러한 이론적 입장의 연장선에서 그가 제시하고 있는 것은 자본주의적 조건이 창출하고 있는 개인주의와 소비주의를 조장하는 자본주의의 생산과 소비양식에 대한 비판이다. 자본주의는 심리적 궁핍화(psychic immiseration)를 초래할 수밖에 없다는 것이 그의 주장이다(Dickens, 2008: 121).

---

5 여기서 보편적 인간의 능력이란 생물학적 또는 유전적으로 주어진 경향성이 환경적·사회적 조건에 따라 변형된 결과로 드러난 것이다. 보통 인권이라는 개념을 통해 우리가 잠정적으로 가정하고 있는 보편적 인간의 능력, 그리고 그 보편적 인간이 인간답기 위해 충족되어야 할 기본적인 필요는 역사적으로 구성된 것이지만 동시대의 정치투쟁에서는 보편적인 것으로 표상될 수 있다.

지금까지 제시된 생태마르크스주의적 입장은 비환원론적 자연주의로 명명될 수 있다. 비환원론적 자연주의에 기초한 사회주의 전략은 현재 존재하고 있는 구조적 조건을 근본적으로 변혁하는 것을 목적으로 한다. 자본주의적 생산과 소비양식, 그리고 그것과 결합된 가부장적 질서는 사회적 분할과 불평등을 만들어내고 그것을 정당화하는 이데올로기를 생산한다. 그런데 유물론적 이해에 따르면, 인간의 주체성은 주어진 조건에 조응해서 형성된다. 물론 현실의 착취와 억압이 그 지배적인 주체성을 탈구시키는 계기를 끊임없이 제기하기는 하지만 말이다. 여기서 중요한 것은 주체성의 변화를 통해 불평등과 억압을 지속시키는 구조를 변혁시키기 위해서는 대안적 주체성이 창출되어야 하며, 그 대안적 주체성은 대안적 생산과 소비, 그리고 삶의 양식의 경험에서 발생해야만 한다는 것이다. 이상주의나 유토피아주의를 넘어서기 위해서는 실재하는 대안적 삶의 형식이 필요한 것이다(Benton, 2006; Elson, 2006 참조).

　여성주의에 기초한 녹색사회주의 전략은 현실 외부에서 주어지는 이상주의적 규범에 의해 인도되지 않는다. 이런 의미에서 이것은 유물론적이다. 이는 이 전략이 우리들이 처한 일상으로부터 시작한다는 것이다. 생물학적이고 유기적인, 그래서 기본적 필요조차 충족시키지 못하는 자본주의적인 생산과 소비양식은 항상적인 불만과 저항의 씨앗을 남길 수밖에 없다. 기본적인 필요를 넘어서 다양한 사회적 주체위치에서 발생하는 인간적 필요와 문화적·사회적·심리적 필요는 이윤추구적인 자본주의에서 쉽게 충족될 수 없다. 이 또한 수많은 탈구의 가능성을 내포하고 있다. 그러나 이러한 탈구의 가능성은 단순히 서로 다른 가치의 충돌과 담론적 실천으로는 설명되지 않는다. 우리들의 생존적 조건과 번영 또는 웰빙의 조건 모두는 사회적·자연적 조건과 인간 유기체 간의 상호작용에 대한 과학적 지식을 필요로 한다. 이에 여성주의에 기초한 녹색사회주의가 정립해야 하는 것은 일상에서의 탈구의 가능성과 이것의 사회적·자연적 조건에 대한 과학적 지식을 어떻게 결합할 것인지, 그리고 사회 내의 다양한 위치에서 서로 다르게 해석될 수밖에 없는 그 조건에 대한 인식을 어떻게 합리적으로 토론하고 민주적으로 합의를 이끌어낼 수 있을지에 대한 답을 찾는 것이다. 우리가 얻어야 하는 답은 절대 고정된 답이 아니라 언제나 잠정적일 수밖에 없는 열린 답이어야 한다.[6]

5. 필요, 저항, 연대: 새로운 비판 패러다임의 구성

지금까지의 논의에 기초해서 잠정적이고 지속적으로 개정될 수밖에 없는 합의를 가능하게 할 수 있는 조금 더 특정화된 비판패러다임의 준거를 생각해보려 한다. 필자가 제기하려는 준거는 필요(needs) 개념이다. 데이비드 하비는 도시에서의 정의를 논하면서 사회적 필요(social needs)에 대해 언급했다(Harvey, 1973: 101~105). 이러한 주장은 앙리 르페브르(Henry Lefebvre)에게서 영감을 받은 것이다(Lefebvre, 2003: 159). 필요개념은 잠재적 저항의 계기들 간의 불필요한 반목을 넘어 구조적 조건에 대한 투쟁을 향한 연대를 구축할 수 있는 과학적 지식의 개입을 가능하게 한다. 과거의 사회변혁이론이 대부분 추상수준이 높은 규범적 차원에서 사회변화의 당위를 설명하고 변혁주체를 정의했다면 우리에게 필요한 것은 사람들의 구체적인 경험을 매개로 실천적 지식과 과학적 지식이 융합할 수 있는 사회비판의 준거점을 찾는 것이다.[7] 이런 맥락에서 필요개념은 보편적 계급으

---

6 반환원론적 유물론에 기초한 필요개념과 여성주의 관점이론, 의사소통 합리성을 비판적 실재론의 관점에서 종합하려는 시도에 대해서는 서영표(2009) 가운데 11장을 참조하기 바란다.

7 도시의 사회정의(social justice)를 논하면서 근대적 급진이론의 한계를 논하고 있는 Soja(1997:

로서의 노동자계급이라는 정통 마르크스주의의 준거점이 초래할 수 있는 독단론 또는 객관적 이익(objective interests) 개념이 동반할 수 있는 권위주의로 이끌리는 것을 막아줄 수도 있다.[8] 동시에 필요개념은 자본주의 이후의 사회를 기획하는 데서 사회주의뿐만 아니라 여성주의, 평화주의, 생태주의의 이론적 자원까지 동원할 수 있게 한다. 또한 필요개념은 자유주의적으로 구성된 권리담론을 그 극단까지 몰고 감으로써 재해석할 수 있는 (담론적) 헤게모니 투쟁을 가능하게 할 수 있다. 다음에서는 이러한 주장의 논거를 살펴보도록 하겠다.

우선 필요개념과 관련된 이론적 혼란을 해명해야 한다. 필요개념은 욕구(wants) 또는 욕망(desire) 개념과 혼동될 수 있기 때문이다. 아래에서 논의되겠지만 필요에 대한 인식은 완전히 객관적으로 구성될 수 없다. 필요는 사회적·문화적 맥락에 의존하기 때문이다. 그렇다면 필요의 인식과 정의는 주관적으로 인식되는 욕구 또는 욕망과 크게 다르지 않을 수 있다. 그러나 주관적인 감정을 있는 그대로 인정하고 묘사하는 것을 넘어 그것에 비판적으로 접근하기 위해서는 주관적 인식을 넘어서 객관적인 비교와 비판을 가능하게 하는 개념이 요구된다. 주관적인 측면을 보여주면서도 객관적인 측면을 동시에 드러낼 수 있는 개념이 요청되는 것이다. 이러한 점에서 욕구와 욕망 개념보다는 필요개념을 좀 더 적절한 개념으로 제시할 수 있다.[9] 아래에서 자세하게 설명되듯이, 필요개념은 생존(survival)과

183~187)를 참조하기 바란다.

8 르페브르의 도시거주자는 노동계급을 의미한다(Lefebvre, 1996: 156, 158). 이에 대한 비판은 Purcell(2002: 106)을 참조하기 바란다.

9 궁극적으로 욕구나 욕망과 필요개념은 같은 대상에 대한 서로 다른 정의로 인식될 수도 있다. 이럴 경우 각각의 개념이 어떤 이론적 체계 안에 위치하는가가 중요하다. 예를 들어 욕구와 욕망이 자본주의적 시장경제를 옹호하는 입장에서 개별 행위자가 가지는 소비행위의 근거로 인식된다면 필요개념은 자본주의를 근본적으로 비판하는 입장에서 인간과 동물이 공유하고 있는 최소한의 생존의 조건과 인간사회의 번성의 요청할 수 있는 근거로 제시된다. 만약 후자의

번성(flourishing)을 위해 반드시 충족되어야 하는 요소들을 표현하지만, 동시에 다양한 해석의 가능성을 열어두기 때문이다. 때때로 필요개념을 고정된 최소한의 생존조건으로 해석하는 경우가 있는데, 이러한 입장은 과도하게 객관적인 이론으로 기울게 된다. 반면, 주관적인 욕망과 욕구의 다양성만을 강조할 경우 합리적 절차를 통한 서로 다른 욕구와 욕망 사이의 조정이 불가능해진다. 즉, 주관적인 욕구와 욕망의 추구를 해방으로 인식하는 탈현대적 상대주의로 기울게 되는 것이다(Soja, 1997; Benton, 2011). 탈현대적으로 묘사된 욕구와 욕망의 세계는 홉스가 묘사한 '만인의 만안에 대한 투쟁' 상황과 다르지 않다. 차이는 오직 욕구와 욕망으로 가득 찬 탈현대적 조건에서 출현한 개인적 윤리(종종 성찰성이라고 찬양된다)에 호소하고 있을 뿐이다. 탈현대이론은 정치를 개인윤리로 치환해버리는 오류를 범하게 되는 것이다(Sayer, 2000).

이런 맥락에서 필요개념의 객관성은 최소한으로 정의되어야 하며 이렇듯 최소한으로 정의된 필요개념을 둘러싼 민주적 과정을 통한 주관적 인식들 사이의 대화와 토론의 중요성이 인식되어야 한다.[10] 물론 객관성을 언급하는 것은 언제나 권위주의적 입장으로 경도될 가능성을 내포한다. 객관적인 토대를 찾는 작업은 주관적인 인식을 그릇된(false) 것으로 비판함으로써 일상의 경험에서 발생하는 맹아적 저항을 이미 정의된 규범적 잣대로 폄하할 수 있기 때문이다. 이러한 위험을 피하기 위해서는 몇 가지 이론적 장치가 필요하다.

이론적 체계 안으로 욕구와 욕망의 개념을 끌어들인다면 이것과 필요개념이 가지는 차이는 더욱 명확해진다.

10 최소한으로 정의해야 한다는 것이 필요를 낮은 수준에서 정의해야 하다는 것을 의미하지는 않는다. 즉, 생존을 위한 최소의 필요만을 정의해야 한다는 의미가 아니다. 과도한 객관주의와 독단론을 피하기 위해 실재를 인정하면서도 인식론적 상대주의를 배제하지 말아야 한다는 주장일 뿐이다(Bhaskar, 1998/1979).

첫째, 필요개념의 최소한의 객관성을 보여주기 위해서는 필요개념의 하위범주로 기본적 필요(basic needs)개념을 발전시킬 필요가 있다. 기본적 필요란 인간이 생물학적 존재로 생존하기 위해 요구되는 필요의 최저선을 의미한다. 물론 기본적 필요의 충족은 그 자체로 정의될 수 없고 그것을 충족시키는 방법과 항상 결부될 수밖에 없다는 점에서 초역사적 범주로 정의될 수는 없다(Sayers, 1998). 이러한 충족방법의 차이가 있음에도 굳이 기본적 필요를 정의하는 것은 종종 기본적 필요조차 충족시키지 못하는 사회체제를 비판하기 위한 최소한의 기준을 제시함과 동시에 그것이 인간종을 넘어 비인간종과 공유되고 있다는 점을 강조하기 위해서다. 즉, 인간을 동물과 자연으로부터 완전히 독립적인 존재가 아닌 자연 안에 배태된 존재로 파악하기 위함이다(Benton, 1993).[11] 마사 누스바움(Martha Nussbaum)이 인간의 몸(body)의 경험은 문화적으로 형성되지만 영양분과 이와 관련된 필수요소(requirements)는 문화적으로 다양할 수 없다고 지적한 것도 이와 같은 맥락에서 이해할 수 있다(Nussbaum, 1992: 217). 한편에서는 사치품이 공급되지만 한편에서는 식수를 공급받지 못해 설사병으로 사망하는 아동들이 존재하는 현실은 기본적 필요개념에 근거해 비판되어야 한다. 인간의 욕망을 충족하기 위해 동물종의 서식지를 파괴하는 행위 또한 기본적 필요개념에 위배되는 것이다. 궁극적으로 인간이 동물과 기본적 필요를 공유하고 있다면 동물 서식지를 파괴하고 생태계를 교란하는 것은 동물적 존재로서의 인간의 기본적 필요충족을 위협하는 것으로 파악될 수 있기 때문이다.[12]

---

11 이러한 주장은 서영표(2009)에서 이미 논의되었다.

12 존 롤스(John Rawls)의 기초재(primary goods)를 기본적 필요(basic needs)로 해석할 수 있다. 그의 기초재는 자유와 기회, 소득과 부, 그리고 자존감의 기반을 포함한다. 롤스에 따르면, 이러한 기초재는 모든 사람에게 보장되어야 한다. 롤스의 주장은 전통적인 사회민주주의의 복지

이러한 필요개념의 객관성은 서로 다른 구체적 투쟁들 사이에 연대의 근거를 제공하기 위한 노력으로도 해석될 수 있다. 하비가 운동의 특수주의(particularism)를 넘어선 보편적 근거를 찾으려는 것도 이러한 노력의 일환이었다. 하비가 특수주의를 넘어서는 근거로 웰빙과 (그것을 침해하는) 위해(harm)를 보편성의 기초로 제시한 것은 필요의 정치학과 일맥상통하는 것으로 이해될 수 있다. 하지만 그가 이 길을 끝까지 밀고 나가지 못하고 여전히 추상적인 보편성 담론(discourse of universality)에 머물고 있는 점은 비판되어야 한다(Harvey, 1997: 95~97; 2000: ch. 3).[13] 보편적이지만 추상적인 기준에 의지함으로써 구체적인 행위자들의 행위를 촉발하는 감성적 차원을 결여하고 있는 것이다(Smith, 1997: 132~133).

둘째, 인간은 기본적 필요를 충족시키는 독특한 방식을 가진다. 이것을 인간적 필요라고 명명하겠다. 인간적 필요는 두 가지 특징을 가진다. 하나는 그것의 목록과 충족방식이 역사적으로 발전한다는 것이며, 다른 하나는 동시대에서도 문화적으로 다양하다는 것이다. 문화적으로 다양할 뿐만 아니라 사회적 위치와 관점에 따라 서로 다른 필요들이 인식된다. 여성주의 관점이론(feminist standpoint theories)이 주장하듯이 경험적·실천적으로 인식된 필요는 사회계급 또는 사회세력의 관점에 따라 서로 다르게 인식될 수 있다(Harding, 1986). 그리고 이러한 역사적 발전은 인간의 특수한 역량(capabilities)의 발전을 동반한다. 이를 통해 인간은 스스로를 객관적

전략과 통한다. 사회민주주의자들의 주장은 기본적 필요는 공적인 개입에 의해 충족시키고 그것을 넘어서는 필요는 시장을 통해(개인의 자율적 선택이라고 말할 것이다) 충족되어야 한다는 것이다(Hewitt, 2000: ch. 2). 문제는 롤스가 아무리 개인의 자유와 자율을 우선시한다고 해도 필요의 정의 자체가 민주적 토의와 합의를 거쳐야 한다는 점을 간과하고 있다는 것이다. 그리고 시장은 토의가 가능한 포럼의 장소가 아니라 경제적 힘만이 작동하는 억압과 착취의 공간임을 보지 못했다는 것이다.

13 이에 대한 더 자세한 논의는 Harvey(1996) 4부를 참조하기 바란다.

으로 파악하고 일반화할 수 있는 능력을 갖게 되는 것이다.

우선 역사적 차원에 대해 살펴보자. 기본적 필요가 사회비판을 위한 최저선이라면 인간적 필요는 인간의 복지와 안녕의 기준을 제시한다. 생존이 아닌 번성을 향한 역사적 발전의 기준을 제시하는 것이다. 기본적 필요가 최소한의 필요조차도 충족시키지 못하는 사회에 대한 비판의 근거라면 인간적 필요는 필요를 충족시키는 방법과 절차에 대한 비판의 근거를 제시한다(서영표, 2009: 11장; 2010: 2부).[14] 현대인들은 권위주의적이고 비민주적인 필요충족이 아니라 개인의 자율적인 참여와 공동체적 경험을 통한 필요충족을 원한다고 주장해야 한다. 인간의 역사는 필요의 목록뿐만 아니라 필요충족의 방식 자체의 변화발전을 둘러싼 투쟁의 역사였다.[15]

다음으로 공시적 다양성에 대해 생각해봐야 한다. 인간적 필요를 충족시키는 방법과 절차에 대한 비판은 곧 현재 존재하는 구조적 조건(시장자본주의와 관료적 국가 등)에 대한 비판을 암시한다(Lefebvre, 2003: 163 참조). 필요는 사회적 위치와 문화적 차이에 따라 다르게 인식될 수밖에 없지만 시장과 국가는 이것을 단일한 기준으로 환원하려 한다. 즉, 시장기제를 통해 화폐로 표현되는 가격으로 환원하는 것이다. 이른바 현실로 존재했던 사회주의 전략은 다양한 필요에 대한 인식을 시장의 가격기제가 아닌 중앙집중적 계획으로 대체하려 했다. 가격을 통한 필요의 표출은 우리가 일상에서 경험하고 있는 필요충족의 실패에 의해 비판될 수 있으며 중앙집

---

14 누스바움도 유사한 구분을 하고 있다. 그는 두 개의 구분되는 문턱(threshold)을 제시하는데, 첫 번째는 그 이하는 인간적 삶 이하로 떨어지는 문턱이고, 두 번째는 그 이하는 좋은(good) 인간의 삶을 누릴 수 없는 문턱이다(Nussbaum, 1992: 221).

15 역량개념을 발전시키고 있는 누스바움의 문제는 기본적 필요와 인간적 필요가 혼재되어 있고 인간적 필요에서 필요의 목록과 필요충족의 방식을 혼동하고 있다는 것이다. 이 글에서 개진되고 있는 필요개념은 민주적 소통과 계획의 근거가 됨으로써 자원과 지식의 급진적 재분배 전략으로 나아갈 수 있으며 이것은 곧 주체들의 역량을 발전시키는 것과 관련된다. 이에 대해서는 좀 더 심도 있는 연구가 요구된다.

중적 계획은 사회주의의 역사적 실험의 실패에 의해 비판될 수 있다. 따라서 필요의 공시적 다양성에 대한 인식은 시장과 관료적 국가를 비판하면서 이와 동시에 중앙집중화된 계획에 대해서도 비판적인 이론적 패러다임 구축을 추구한다(서영표, 2010).

필요개념을 통해 구성된 새로운 비판이론의 핵심은 다양한 필요는 오직 확장된 민주주의적 토론과 대화를 통해 드러날 수 있을 뿐이라는 것이다. 이러한 민주적 과정을 통해 서로 다른 위치와 문화에서 인식된 필요들이 논의되고 사회정책에 반영될 수 있다.[16] 그리고 이러한 민주적 과정은 개인적 소비를 조장하는 욕망을 넘어서는 것이기 때문에 집합적인 필요까지를 고려할 수 있는 개인들의 약량발전의 과정이기도 하다. 여기서 중요한 점은 (인간적 필요와 기본적 필요 모두를 포함한) 필요개념이 서로 다른 필요의 인식과 정의 사이의 소통을 가능하게 하는 객관적 토대를 제공할 수 있으며 이러한 토대를 제공하려는 시도가 실천적 지식에 개입하는 과학적 지식구성의 계기를 형성한다는 점이다.[17] 이것은 수잔 페인스타인(Susan

---

16 계획과 참여민주주의의 결합에 대해서는 Devine(2002, 2010)과 Elson(1988, 2000)을 참조하기 바란다.

17 누스바움은 인간 삶의 형식의 구성이라는 수준에서 필요와(물론 그녀는 역량(capability)이라는 개념을 선호한다)(Nussbaum, 1992: 216~220) 기본적인 인간의 기능적 역량(basic human functional capabilities)의 목록(Nussbaum, 1992: 222)을 제시한다. 누스바움 주장의 핵심은 인간적 필요와 관련한 본질주의적(essentialist) 입장이다. 그러나 그녀는 역량과 기능을 구분함으로써 개인의 자율성과 문화적 다양성을 억압하는 본질주의로부터 거리를 두려 한다. 자신의 목록은 기능이 아닌 역량의 목록이며 이러한 구분을 하는 이유는 선택(choice)의 여지를 두기 위한 것이라고 누스바움은 주장한다(Nussbaum, 1992: 225). 하지만 누스바움의 주장은 규범적 성격이 강하다. 실제의 경험을 통해 구성되는 실천적 지식과 그것에서 생겨나는 현실에 대한 저항의 동기를 이론화하기에는 한계가 있어 보인다. 또한 이러한 경험에서 생겨나는 저항의 계기가 어떻게 정치적 전략(과학적 지식)과 결합되어야 하는지에 대해서도 답하지 못한다. 이것은 능력이론이 기본적으로 추상적이고 자유주의적이며 개인주의적인 이론 안에 머물고 있기 때문인 것 같다(Dean, 2010: 85~86). 역량이론을 창시한 아마르티아 센(Amartya Sen)은 누스바움과 달리 역량의 목록을 제시하는 것을 꺼려한다. 센은 공적인 포럼과 논의를 통한 숙의적 과정(deliberative process)을 강조한다. 하지만 센은 독립된 실체로서의 개인의 자율성

Fainstein)이 지적한 도시의 권리를 둘러싼 논쟁의 쟁점, 즉 유물론적 분석과 포스트구조주의적 차이의 정치 사이의 긴장 또는 민주주의와 다양성의 옹호 사이에 생겨날 수 있는 긴장(Fainstein, 1997: 25, 28)을 해소하는 길이기도 하다. 필요개념을 통해 정의에 대한 옹호가 개인주의적 정치 또는 정체성의 정치로 제한되는 것을 넘어설 수 있는 이론적·실천적 근거를 찾을 수 있다는 것이다(Smith, 1997: 134~135).

셋째, 욕망과 욕구의 충족은 개인의 소비행위로 인식된다. 그러나 앞에서 언급되었듯이 필요개념은 과학적 지식의 개입(민주적 토론을 위한 기준 제시 및 기본적 필요와 인간적 필요충족을 방해하는 정치적·경제적 제도에 대한 분석)을 통해 실천적 지식이 개인을 넘어서는 공동체적 필요를 공론의 장으로 끌어낼 수 있게 한다. 앞에서 지적했듯이 신자유주의 사회에서 모든 필요충족(필자의 정의에 따르면, 필요가 아니라 욕구와 욕망)은 시장에서의 가격으로 환원된다. 그러나 현실에서는 가격으로 표현될 가능성조차 봉쇄되는 기본적 필요와 인간적 필요가 존재한다. 이윤을 창출하지 못하는 필요는 가격신호를 통해 표현될 가능성을 원천적으로 봉쇄당하는 것이다. 토지소유자와 개발업자의 이윤추구의 욕망은 잘 드러나지만 세입자의 주거와 관련된 최소한의 필요(종종 기본적 필요에 해당한다)는 드러나지 않는다. 승용차 운전자의 도로와 주차공간에 대한 욕구는 인식되지만 어린이의 놀이공간과 안전에 대한 필요는 그렇지 않다. 환자의 필요는 제약회사와 병원의 이윤추구에 종속될 수밖에 없다. 식품안전성에 관련된 소비자의 필요는 무시되고 대형할인마트의 이윤추구만 옹호된다. 비록 특정한 항목의 필요가 시장을 통해 표현된다고 하더라도 비싼 가격을 지불해야 하는 경

을 벗어나지 못함으로써 역량이 인식되고 정의되고 토의되는 공론의 장을 추상적으로만 이해하는 경향이 강하다(Dean, 2010: 86~87).

우가 많다. 필요는 그것이 인간적 필요이든 기본적 필요이든 간에 생존과 복지를 위해 보편적으로 보장되어야 하는 것임에도 구매력에 따라 차등적으로 충족되는 것이다. 처음부터 필요의 충족이 공적 서비스가 아닌 시장에 맡겨지는 순간 특정한 사회적 지위에서 정의되는 방식으로 제공될 소지가 크다. 출산과 육아에 대한 여성의 필요는 시장을 통해 인식되지만 그 방식은 일정 정도 이상의 지불능력이 있는 여성만 구매할 수 있게 제공된다. 시장의 가격신호는 인간의 생존, 안녕과 번성에 필요한 의미를 고려하지 못한다. 그 의미는 개개 인간이 속한 공동체 안에서 정의되고 공유되는 것으로, 추상적인 가격기제는 결코 이를 인식할 수 없다. 그리고 이러한 시장을 통해 표현되거나 충족될 수 없는 필요가 존재하는 곳이 에드워드 소자(Edward Soja)가 말하는 제3의 공간(Thirdspace)일 수 있다.

소자는 제3의 공간을 실재적이고 상상된 공간(real-and-imagined spaces)이라고 표현한다(Soja, 1997: 192). 역설적으로 보이는 이 표현은 지배적인 논리에 의해 눌려 있지만 그것을 넘어설 수 있는 가능성을 담고 있는 공간을 의미한다. 충족되지 않은 필요는 자본주의적 기제를 통해 드러나지 않는다. 그것을 인식하기 위해서는 상상력이 필요한 것이다. 하지만 그러한 상상은 환상이 아니라 현실에 존재하는 가능성을 인식하는 과정일 뿐이다. 대안적인 공간의 창조는 곧 삶과 직결된 사회적 관계로서의 공통적인 것(공유지, the common)을 만들어내는 투쟁에 의해서만 가능하다는 하비의 주장도 이와 같은 맥락에서 이해할 수 있다(Harvey, 2012: 73). 이것이 바로 르페브르가 가능한 것과 불가능한 것 사이의 변증법이라고 부른 것이다. 이것은 르페브르의 유토피아주의가 변증법적 방법을 통해 실재적인 근거를 갖게 되는 이유이기도 하다(Lefebvre, 2003: 105, 144~145).

필요개념은 과거와 현재, 그리고 미래를 연결하는 공동체의 필요가 정의되고 토론될 수 있는 토대를 제공할 수 있다. 또한 보편적으로 보장되어야 할 특정 필요항목의 불평등한 충족방식을 드러냄으로써 적대와 연대의 선을 구성하는 정치전략 구성의 근거로 제시될 수 있다.[18] 나아가 필요의 역사적 맥락과 미래세대의 필요를 인식할 수 없는, 그리고 이윤추구의 기준을 절대시함으로써 기본적 필요조차 제공하는 데 실패하는 자본주의적 경제, 정치, 사회제도에 대한 비판의 사실적 근거를 제공한다. 이러한 사실적 근거는 근대 시민혁명의 결과로 주어진 보편적 이데올로기들, 즉 민주주의, 정의, 인권 등의 개념을 급진화함으로써 자본주의 이후 사회를 실현하는 역사적 동력을 형성할 수 있다. 민주주의는 형식적으로만 주어지는 것이 아니라 다양한 필요가 표현되고 소통되며 그것을 충족시킬 수 있는 제도적 틀을 만들어가는 데 필요한 원리다. 능력 있는 주체들을 만들기 위한 자원, 지식, 정보의 급진적 재분배는 이러한 민주주의를 실현하기 위해 필수적이다. 이로써 우리는 개인주의적으로 정의된 수동적 의미의 인권개념을 넘어서 인간의 복지(well-being)와 번성을 말할 수 있게 된다. 르페브르가 주장한 것처럼 이러한 원리에 기초한 사회는 진정한 의미의 자주관리(self-management) 사회일 것이다(Lefebvre, 2003: 150, 180).

마지막으로 지적되어야 하는 것은 다양한 필요의 표현과 민주적 토론이 필요충족을 완전히 공적인 장에 포함시키는 것을 의미하지는 않는다는 사실이다. 필요를 집단적으로 경험하지만 개별 행위자는 가능한 한 개인의 자율적 공간과 시간을 원한다. 개인의 자율적 영역은 아마도 현대의 인간적 필요목록에 포함될 수 있을 것이다. 그러나 이것은 소비주의가 조장했던 개인의 자율적 선택과는 다른 것이다. 소비사회의 풍요가 개인의 자율적 선택을 가능하게 했다는 주장과는 달리 사실상 소비사회의 풍요는

---

18 이와 관련해서는 단일한 공동체를 상정하는 권리담론을 비판하면서 차이의 권리와 연대를 제시한 이현재의 주장이 중요하다. 하지만 그가 상정하고 있는 공론장이 규범적 차원을 넘어 실현되기 위해서는 이 글에서 제시된 필요개념에 의해 보완되어야 한다(이현재, 2010: 25~28).

시장에의 종속을 의미했다. 하지만 공적인 장에서의 민주적 토론을 통한 필요충족 방식의 계획과 조정은 개인의 자율적 영역의 확장을 그 계획과 조정에 포함시킬 수 있다.

필자는 필요개념을 통해 객관적으로 정의되는 완결적인 필요목록을 제시하려 하지는 않았다. 몇몇 이론가가 매우 좁게 정의된 필요의 완결된 목록을 제시하려고 시도하기도 했다. 이런 경우 필요목록은 관료와 정치인, 그리고 전문가들에 의한 정책수립의 근거를 제시할 뿐이다. 특히 빈곤한 나라에 대한 이른바 원조의 차원에서 고안된 목록이 대부분이었다. 이러한 시도와 달리 필자가 의도한 것은 생존과 번성의 재정의를 민주주의의 급진화와 결합하는 것이었다. 필요개념에 주목하는 이유는 필요의 목록을 작성하기 위한 것이 아니라 다원적이고 민주적인 자본주의 비판을 시도하기 위한 것이다. 물론 이러한 시도를 완결적이라고 제시하지는 않겠다. 하나의 이론적 시도를 완결적인 것으로 제시하는 것 자체가 필자가 본문에서 제시한 서로 다른 필요의 정의들 사이의 민주적 토론의 가능성을 닫아버리는 것일지도 모른다.[19]

6. 맺음말

지금까지 마르크스주의(사회주의) - 여성주의 - 생태주의의 소통과 공통분모에 대해 살펴보았다. 소통과 공통분모는 녹색사회주의라는 틀 안에서 이론적 - 실천적 연대를 구성할 수 있다고 주장했다. 이론적 - 실천적 연대는 녹색사회주의에서 제기되는 기획(project)과 정책(policy)을 통해 발전

---

19 필요개념에 대한 최근의 논쟁은 Dean(2010)을 참조하기 바란다.

되어야 한다. 녹색사회주의가 지향하는 것은 이론적 분석-기획-정책-실천-이론적 분석-기획-정책의 지속적인 순환의 과정이다. 대항헤게모니 기획을 제출하지 못하는 이론은 무능하다. 그러나 기획은 구체적인 조건 속에서 사람들의 정서나 느낌과 결합된 정책으로 옮겨지지 못한다면 의미가 없다. 좌파서클 내의 '그들만의 리그'를 벗어나지 못하기 때문이다. 더 나아가 정책은 정부와 정치 엘리트들에 의해 시혜되는 것이 아니어야 한다. 녹색사회주의가 생각하는 정책은 평범한 사람들로 하여금 스스로의 역량을 고양하고 그 과정에서 연대를 실현하고 자치를 실현할 수 있는 것이어야 한다. 브라질의 포루투 알레그레의 참여예산제가 그랬던 것처럼, 그 이전에는 사회주의적 광역런던시의회가 하려고 했던 급진민주주의 전략이 그랬던 것처럼 말이다.

녹색사회주의는 마르크스주의-사회주의를 방어해야 한다고 당위적으로 주장할 것이 아니라 왜 21세기에도 여전히 마르크스주의적 비판사회이론의 적실성을 가지는가에 대해 문제를 제기해야 한다. 마르크스주의 저작에 나오는 구절들의 문헌학적 타당성을 검토할 것이 아니라 지금 현실에서 나타나는 다양한 사회적 모순을 설명하고 그것을 극복하는 과정에서 마르크스주의가 표방한 유물론적이고 변증법적 사회분석이 가지는 이론적 적실성에 대해 논의해야 할 것이다. 이 과정에서 마르크스주의는 새로운 얼굴로 재구성될 수 있다. 현실설명능력을 높이는 과정에서 비마르크스주의적 이론을 수용할 수 있기 때문이다. 마르크스주의는 이제 경직되고 교조적인 마르크스에 대한 해석이 아니라 현실과의 대화과정에 열려 있는 이론적 패러다임일 뿐이다.[20]

녹색사회주의는 자본주의적 사회관계 안에 존재하지만 그것을 넘어설

---

20 이런 주장의 하나로 Devine(2008)을 참조할 수 있다.

수 있는 힘을 내포하는 다양한 사회적 실험에 주목해야 한다. 자본주의 이후 사회로의 이행의 힘은 선험적으로 구성된 노동계급의 혁명성이나 초역사적으로 구성된 호혜적이고 자율적인 인간 본성에서 나오는 것이 아니다. 오직 역사적으로 구성된 사회적 조건 아래에서 지배적·사회적 관계와 이데올로기 안에 잠재되어 있는 더욱 평등하고 더욱 자유롭고 더욱 민주적인 사회를 향한 열망만이 사회의 변화를 가져올 수 있다. 그리고 그 변혁의 힘은 이미 곳곳에서, 비록 분산되어 있지만, 실천되고 있다. 더 나아가 이론적—실천적 연대는 자본주의 사회 안에 출현하고 있는 다양한 비자본주의적 또는 반자본주의적 사회적 실천을 발전시키고 서로 연대할 수 있는 제도적 틀을 제공하는 방향으로 나아가야 한다. 그리고 이러한 정책은 지방자치정부의 운영을 탈자본주의적 실험들과 결합할 수 있는 능력에 다름 아니다. 지방자치정부 수준의 사회주의적 실험은 자본주의를 넘어선 사회가 유토피아가 아님을 보여줄 수 있는 예시적(prefigurative) 정치의 역할도 할 수 있을 것이다.[21]

기획과 정책을 발전시키기 위해 한국의 녹색사회주의가 주목해야 하는 또 하나의 영역은 비판사회이론의 사각지대로 남아 있는 경제학 분야로 연구와 토론을 확장시키는 것이다. 이미 생태주의적 좌파와 페미니스트 경제학자들은 기존의 지배적인 경제학 패러다임이 추상적으로 구성된 개념적 가공물이며 수학적 함수관계에 의해 만들어진 허구적 이론임을 비판해왔다. 따라서 이러한 경제학 패러다임은 당연히 현실설명능력이 떨어질 수밖에 없다. 이제 한국에서도 이러한 논쟁이 본격화될 때다. 이러한 논쟁은 과학적 분석의 힘을 포기하지 않으면서 도구적·분석적 이성에 기댄 근대적 과학관과 지식론을 넘어서는 과정이기도 하다. 경제의 핵심은 교환

---

21 서영표(2009)는 이러한 노력의 일환으로 읽힐 수 있다.

과 이윤에 있는 것이 아니라 필요와 욕구의 충족을 가능하게 함으로써 사회공동체를 유지하는 생산에 있어야 한다는 주장은 이른바 경제적 합리성은 인식하지 못하는 돌봄과 사랑의 노동이 가지는 가치, 자연적 대상이 우리 삶의 풍요에 기여하는 가치를 인식할 수 있게 하고, 과학적 합리성의 이름으로 집중화된 생산과 교환을 분권화하고 다양화할 수 있는 가능성을 보여줄 것이다.[22]

이러한 과제를 수행하기 위해 필요한 것이 마르크스주의(사회주의)-여성주의-생태주의 사이의 이론적-실천적 연대인 것이다.

---

22 주류경제학 패러다임에 대한 페미니스트적 비판은 Harding(1995); Lawson(1999, 2003); Harding(1999, 2003)의 논쟁을, 생태주의적 비판은 O'Neill(1998, 2006)을 참조하기 바란다.

참고문헌

서영표. 2009. 『런던코뮌: 지방사회주의의 실험과 좌파 정치의 재구성』. 이매진.
_____. 2010. 『사회주의, 녹색을 만나다』. 한울아카데미.
이현재. 2010. 「여성주의적 도시권을 위한 시론: 차이의 권리에서 연대의 권리로」. ≪공간과 사회≫, 제34호.

Benton, Ted. 1991. "Biology and Social Science." *Sociology*, 25(1).
_____. 1993. *Natural Relations*. London: Verso.
_____. 2006. "Do We Need Rights? If So, What Sort?" in Lydia Morris(ed.). *Rights: Sociological Perspectives*. London: Routledge.
_____. 2008. "Conclusion: Philosophy, Materialism, and Nature-Comments and Reflections." in Sandra Moog and Rob Stones(eds.). *Nature, Social Relations and Human Needs: Essays in Honour of Ted Benton*. London: Palgrave.
_____. 2011. "Commentary on the Recent Developments." *Philosophy of Social Science*. 2nd edition. London: Palgrave.
Benton, Ted and Ian Craib. 2011. *Philosophy of Social Science*. 2nd edition. London: Palgrave.
Bhaskar, Roy. 1998/1979. *The Possibility of Naturalism*. London: Verso.
Dean, Hartley. 2010. *Understanding Human Need*. Bristol: The Policy Press.
Devine, Pat. 2002. "Participatory Planning through Negotiated Coordination." *Science and Society*, 66(1).
_____. 2008. "The Continuing Relevance of Marxism." in Rob Stones and Sandra Moog(eds.). *Nature, Social Relations and Human Needs: In Honour of Ted Benton*. London: Palgrave.
_____. 2010. *Democracy and Economic Planning*. Cambridge: Polity Press.
Dickens, Peter. 1992. *Society and Nature: Towards a Green Social Theory*. Hempel Hempstead: Harvester Wheatsheaf.
_____. 2004. *Society and Nature: Changing Environment, Changing Our Selves*. Cambridge: Polity Press.

_____. 2008. "Cognitive Capitalism and Species-Being." in Sandra Moog and Rob
Stones(eds.). *Nature, Social Relations and Human Needs: Essays in Honour of
Ted Benton.* London: Palgrave.

Elson, Diane. 1988. "Market Socialism or Socialisation of the Market." *New Left Review,*
172.

_____. 2000. "Socialising Markets, not Market Socialism." *Socialist Register,* Merlin.

_____. 2006. "'Women's Rights Are Human Rights': Campaigns and Concepts." in Lydia
Morris(ed.). *Rights: Sociological Perspectives.* London: Routledge.

Fainstein, Susan. 1997. "Justice, Politics and Creation of Urban Space." in Andy
Merrifield and Erik Swyngedouw(eds.). *The Urbanization of Injustice.* Washington
Square, New York: New York University Press.

Geras, Norman. 1983. *Marx and Human Nature: Refutations of a Legend.* London:
Verso.

Gorz, Andre. 1980. *Ecology as Politics.* London: Pluto.

Hewitt, Martin. 2000. *Welfare and Human Nature: the Human Subject in Twentieth-
Century Social Politics.* London: Macmillan Press.

Harding, Sandra. 1986. *The Science Question in Feminism.* Ithaca and London: Cornell
University Press.

_____. 1995. "Can Feminist Thought Make Economics More Objective?" *Feminist
Economics,* 1(1), pp. 7~32.

_____. 1999. "The Case For Strategic Realism: A Response To Lawson." *Feminist
Economics,* 5(3), pp. 127~133.

_____. 2003. "Representing Reality: The Critical Realism Project." *Feminist Economics,*
9(1), pp. 151~159.

Harvey, David. 1973. *Social Justice and City.* London: Edward Arnold.

_____. 1996. *Justice, Nature & Geography of Difference.* Oxford: Blackwell.

_____. 1997. "The Environment of Justice." in Andy Merrifield and Erik Swyngedouw
(eds.). *The Urbanization of Injustice.* Washington Square, New York: New York
University Press.

_____. 2000. *Spaces of Hope.* Berkeley and Los Angeles, California: University of
California Press.

_____. 2008. "The Right to the City." *New Left Review,* 53.

_____. 2012. *Rebel Cities: From the Right to the City to the Urban Revolution.* London & New York: Verso.

Jackson, Cecile. 1995. "Radical Environmental Myths." *New Left Review*, 210, pp. 124~140.

_____. 1996. "Still Stirred by the Promise of Modernity." *New Left Review*, 217, pp. 148~154.

_____. 1997. "Women in critical realist environmentalism: subaltern to the species?" *Economy and Society*, 26(1).

Lawson, Tony. 1999. "Feminism, Realism and Universalism." *Feminist Economics*, 5(2), pp. 25~59.

_____. 2003. "Ontology and Feminist Theorising." *Feminist Economics*, 9(1), pp. 161~169.

Lefebvre, Henry. 1996. *Writings on Cities.* Malden, Massachusetts: Blackwell.

_____. 2003. *The Urban Revolution.* Minneapolis & London: University of Minnesota Press.

Mellor, Mary. 1992. *Breaking the Boundaries: Towards a Feminist Green Socialism.* London: Virago .

_____. 1996. "Myths and Realities: A Reply to Cecile Jackson." *New Left Review*, 217.

_____. 1997. *Feminism and Ecology.* Cambridge: Polity Press.

New, Caroline. 1996. "Man Bad, Woman Good? Essentialisms and Ecofeminisms." *New Left Review*, 216.

Nussbaum, Martha C. 1992. "Human Functioning and Social Justice: In Defense of Aristotelian Essentialism." *Political Theory*, 20(2).

O'Neill, John. 1998. *The Market: Ethics, Knowledge and Politics.* London: Routledge.

_____. 2006. *Markets, Deliberation and Environment.* London: Routledge.

Purcell, Mark. 2002. "Excavating Lefebvre: The Right to the City and Its Urban Politics of the Inhabitant." *GeoJournal*, 58.

_____. 2003. "Citizenship and the Right to the Glocal City: Reimagining the Capitalist World Order." *International Journal of Urban and Regional Research*, 27(3).

Rowbotham, Sheila, Lynne Segal and Hilary Wainwright. 1979. *Beyond the Fragments: Feminism and the Making of Socialism.* London: Merlin Press.

Salleh, Ariel. 1996. "An Ecofeminist Bio-Ethic and What Post-Modernism Really Means."

New Left Review, 217, pp. 138~147.

Sayer, Andrew. 2000. *Realism and Social Science*. London: Sage.

Sayers, Sean. 1998. *Marxism and Human Nature*. London: Routledge.

Smith, Neil. 1997. "Social Justice and New American Urbanism: The Revanchist City." in Andy Merrifield and Erik Swyngedouw(eds.). *The Urbanization of Injustice*. Washington Square. New York: New York University Press.

Soja, Edward W. 1996. *Thirdspace*. Oxford: Blackwell

_____. 1997. "Margin/Alia: Social Justice and the New Cultural Politics." in Andy Merrifield and Erik Swyngedouw(eds.). *The Urbanization of Injustice*. Washington Square. New York: New York University Press.

_____. 2000. *Postmetropolis: Critical Studies of Cities and Regions*. Oxford & Malden: Blackwell.

_____. 2010. *Seeking Spatial Justice*. Minneapolis & London: University of Minnesota Press.

Soper, Kate. 1979. "Marxism, Materialism and Biology." in John Mepham and David-Hillel Buben(eds.). *Issues in Marxist Philosopy*, Vol. II, Materialism, Brighton: Harvester Press.

_____. 2008. "Realism, Naturalism, and Red-Green Nexus: Benton's Critical Contribution to Ecological Theory." in Sandra Moog and Rob Stones(eds.). *Nature, Social Relations and Human Needs: Essays in Honour of Ted Benton*. London: Palgrave.

Timpanaro, Sebastiano. 1975. *On Materialism*. London: New Left Books.

음란과 혁명*
색을 얻지 못한 자들과 색스러운 자들

권명아(동아대학교 국어국문학과)

1. 색(色)과 정치

필자는 그간 풍기문란이라는 역사적 범주를 통해 한국사회에서 주체구성의 역사를 연구해왔다. 이 연구를 진행하고 담론화하면서 필자는 서발턴이나 다중이라는 개념보다는 풍기문란이라는 한국사회의 특이성을 담지한 역사적 범주를 사용하는 것을 하나의 정치적 입장으로 제기해왔다. 필자는 이 글에서 풍기문란에 대한 필자의 그간의 연구결과를 우회해 적-녹-보라 연대 및 새로운 주체형성이라는 문제와 관련한 몇 가지 단초를 제기하려 한다.

먼저 이러한 논의를 진행하기 위해서는 풍기문란 통제에 대한 연구가 무엇인지에 대한 개략적인 설명이 필요할 것이다. 이에 대해서는 짧은 지면에서 논의하기에 미흡하며, 필자는 이러한 문제들을 이 글의 원본이라 할 수 있는『음란과 혁명: 풍기문란의 계보와 정념의 정치』에서 논의한 바

---

* 이 글의 논의는 권명아,『음란과 혁명: 풍기문란의 계보와 정념의 정치학』(책세상, 2013)의 내용을 마르크스 꼬뮤날레 측의 요청 주제에 맞게 재구성한 것이다.

있다. 따라서 이 글은 『음란과 혁명』의 문제의식을 아주 간략하게 전하는 방식을 취할 수밖에 없을 듯하다. 이러한 요약적 소개를 바탕으로 풍기문란이라는 문제틀을 사유하는 것이 주체구성과 정치적 주체의 등장을 사유하는 데 어떠한 이론적이고 실천적인 방법론적 프레임을 제공하는지 논의하고자 한다.

풍기문란 연구는 통속적으로 이해되듯이 음란물이나 성적 문화 생산물에 대한 통제의 역사를 검토하는 것이 아니다. 풍기문란 연구는 당대에 부적절한 것으로 간주된 정념이 정치적 열정으로 이행하는 역사적 맥락을 추적하는 작업이다. 이 작업은 이미 구성된 이론적 궤적에 따라 역사를 재구성하는 것이 아니라 '어떻게 정치적 주체가 출현하는가'를 역사적 맥락에서 뒤따라가는 작업이다. 이것은 단지 역사적 과정에 대한 사후적 검토를 의미하지 않는다. 오히려 이는 정치적 주체화 또는 정념의 정치적 이행에 대한 역사적 전망을 구성하는 작업이다. 역사적 전망이란 혁명적 낙관론이나 비관론과도 구별되는 이행에 대한 역사적 전망을 갖는 것을 의미한다. 즉, 근현대 100여 년의 역사를 추적하면서 필자는 정치적 주체화 또는 정념의 정치적 이행이 비록 당대에는 그 결실을 보이지 않더라도 어떤 식으로든 현실화되며 그 가능성(잠재성)은 항상, 이미, 이곳에 당도해 있다는 것을 역사적 맥락에서 확인할 수 있었다. 그런 점에서 이런 관점은 당대의 국면에 대한 정세판단 같은 태도와는 조금 관점을 달리한다고 말할 수 있다. 따라서 역사적 전망은 정세판단의 시급성에 비춰보자면 너무 늦거나 너무 뒤처진 논의로 보일지도 모른다. 그러나 다른 점에서 역사적 전망은 정세판단 또는 현실주의의 조급성과 그 양면인 환멸 사이의 왕복운동과 거리를 취하면서도 정치적 주체화에 대한 역사적 믿음의 양식 같은 것을 제공할 수도 있다고 생각된다.

그런 점에서 한국에서 일제시기에 형성되어 현재까지도 법적 영향력뿐 아니라 담론적이고 도덕적인 영향력까지 행사하고 있는 풍기문란 통제를 정념과 정치적 주체라는 차원에서 이해하는 것이 무엇보다 필요하다. 일례로, 2013년 3월 새 정부 출범 직후 경범죄처벌법 시행령 개정령안이 통과되었다. 이에 대해 비판의 여론이 제기되었는데, 이에 대한 정부 측이나 경찰 측 대응방안이 매우 흥미롭다. 경범죄처벌법은 일제 시기에 만들어진 경찰범 처벌 규칙을 그대로 계승한 것인데, 이 법제를 포함한 광범위한 법이 풍기문란 통제의 법적 이념을 구성한다. 가장 중요한 틀은 선량한 풍속, 사회통념 등의 법적 규정이 아닌 무규정적 규정을 토대로 법을 구성한다는 점이다. 최근 개정된 경범죄처벌법에서 논란의 중심이 된 과다노출에 대한 처벌의 법적 기준은 "사회통념상 일반인들이 수치심을 느끼는 수준으로 알몸을 노출하는 것"이다. 여기서 문제는 바로 '사회통념'과 같은 무규정적인 기준이 법의 이념으로 작용한다는 점이다. 이러한 사회통념에 입각한 법적 처벌이 바로 풍기문란 통제라는 법적 이념의 토대가 되며, 이에 따라 법적 처벌이 자의적이고 무제한적으로 이뤄진다. 새누리당 공식 블로그에서도 경범죄처벌법 개정에 대해 국민이 오해를 하고 있다면서, 이 법은 이미 1963년부터 시행되고 있고 오히려 처벌의 수준이 낮아진 것이라면서 이 법에 대한 국민홍보가 부족했다고 설명하고 있다. 또 법적 처벌의 기준이 "사회통념상 일반인들이 수치심을 느끼는 수준으로 알몸을 노출하는 것"이기 때문에 "미니스커트, 배꼽티 등은 처벌대상"이 아니라고 안심하라는 설명을 덧붙이고 있다.[1]

사회통념을 기준으로 법적 처벌을 할 수 있다는 법적 이념은 일제시기에 만들어진 풍속통제의 이념을 그대로 계승한 것이다. 이 법은 독일 법을

---

1 새누리당 공식 블로그, 「과다노출 법칙금 5만원 경범죄 처벌법의 오해와 진실」, http://blog. naver.com/saenuriparty.

모델로 했는데, 일본과 독일의 경우 제2차 세계대전 패전 이후 이 법 자체
가 파시즘 악법의 대표사례로 간주되어 모두 폐지되었다. 그러나 한국은
이 풍속통제의 법적 이념을 그대로 계승하고 있다. 파시즘 모국에서도 이
미 청산된 법을 한국이 전 세계에서 유일하게 유지하고 있다는 점은 참으
로 역사의 아이러니라 할 만하다. 그렇다면 풍기문란 통제란 무엇일까?
또는 사회통념에 입각해 어떤 행위를 법적으로 처벌한다는 것은 어떤 의
미일까?

'풍기문란이란 무엇인가'라는 질문에 답이 될 만한 일반론적 규정을 내
리는 것은 거의 불가능한 일이다. 풍기문란을 규정하는 근본원리는 미풍
양속이며 미풍양속은 해당 사회의 통념에 의해 규정되기 때문이다. 즉, 풍
기문란이란 그 자체로는 규정이 불가능한 무규정적인 개념이다. 오히려
중요한 것은 풍기문란이 미풍양속의 내용을 규정해주는 반대 범주로 기능
한다는 점이다. 즉, 미풍양속이란 풍기문란이 아닌 것을 의미한다.

풍기문란이라는 범주는 사회통념이나 미풍양속이라는 기준을 바탕으
로 사회를 관리하고자 하는 여러 기제를 거쳐 생산·재생산된다. 여기에
는 여론장의 담론 생산, 법적 통제, 사회교화기구를 통한 규율화(학교·병
원·가정이 주요한 역할을 한다), 이른바 사회보호제도(부랑자, 불량집단, 빈민,
하층계급, 청소년 등에 대한 사회보호장치의 작동) 등이 복합적으로 관련된다.
이처럼 다양한 기제에서 풍기문란과 미풍양속이라는 기준이 작동하는 원
리는 유사한 점을 드러낸다. 즉, 미풍양속이라는 기준과 사회통념이라는
근거를 토대로 특정한 행위와 행위 가능성, 자질, 속성, 취향, 문화, 생산
성의 정도 등을 판정하고, 이를 통해 보호할 가치가 있는 대상과 보호할
가치가 없는 대상을 구별한다는 것이다. 또 이 과정에서 특정한 집단은 문
제적 집단(특정 자질을 내포하고 있어서 자기 규율이 불가능하다고 여겨지는 집
단)으로, 특정한 집단은 보호되어야 할 집단으로 다루어진다. 어떤 점에서

문제적 집단과 보호되어야 할 집단의 경계는 모호하거나 일치한다. 주로 하층계급·청소년·여성 등은 한편으로는 선량한 풍속을 해할 가능성이 가장 큰 집단으로 지목되거나(문제적 집단), 다른 한편으로는 풍기문란에 노출되어 감염될 우려가 가장 많기 때문에 보호되어야 할 집단으로 간주된다. 풍기문란에 대한 법적 통제가 특정 집단에 대한 사회보호 및 교화기구를 통한 규율화 및 구조와 동일한 것은 이 때문이다.

실상 풍기문란 통제는 자의적이고 유동적인데, 이는 법 자체가 유동적일 뿐 아니라 그 대상 자체가 매우 유동적이기 때문이다. 필자는 풍기문란 통제의 이념을 "바람을 법으로 잡으려는 시도"라고 규정한 바 있다. 이때 바람은 이론적으로 말하면 정동이라 바꿔 말할 수 있다. 풍기문란 심판이 정동의 함의로 어떻게 해석될 수 있을지를 필자는 일제시기에 발표된 이기영의 단편 「서화」(1933)를 통해 설명한 바 있다. 앞서 논한 바와 같이 풍기문란 심판은 선량한 풍속을 침해하는 행위에 대한 제재를 뜻한다. 이때 풍속에는 다양한 뜻이 담겨 있는데, 「서화」는 이 풍속의 함의를 매우 흥미롭게 보여준다.

「서화」를 빌려 말하자면, 풍속은 세 개의 바람으로 표현될 수 있다. 「서화」의 전체 구성을 빌려 이를 설명하면 다음과 같다. 「서화」 초반부에서 돌쇠는 마을 전체가 내려다보이는 산잔등에서 쥐불이 번지는 들판을 바라보고 있다. 풍속을 함축하는 첫 번째 바람은 바로 이 쥐불놀이로 상징되는 풍속(風俗)이다. 즉, 이 마을 공동체의 오래된 삶의 방식으로서의 풍속이다. 그리고 돌쇠는 그 쥐불놀이를 보며 왠지 마음이 뜨거워지는 것을 느낀다. 이것이 두 번째 풍속으로, 열정으로서의 풍속, 즉 정념이다. 들판의 쥐불놀이[風俗]의 붉은빛이 돌쇠의 마음속 붉은빛으로 옮겨 붙은 것(정념)인데, 이 불을 옮겨다 놓는 것은 바람[風]이다. 이것이 세 번째 풍속으로서의 바람이다. 이 바람은 들판과 마음 사이를, 오래된 삶의 방식과 새로운 삶을 향한 열정 사이를 매개한다. 그리하여 풍속통제는 이러한 모든 매개체를 법 앞에 소환한다. 미디어, 독서, 만남, 사랑, 전위와 같이 들판과 마음 사이를, 오래된 삶의 방식과 새로운 삶에 대한 열정 사이를 매개하는 모든 것은 그래서 풍기문란 재판정에 소환되었던 것이다. 따라서 「서화」의 마지막 장면이 풍기문란 재판장면으로 마무리되는 것 또한 당대의 역사적인 맥락을 흥미롭게 보여준다. 풍속과 정념과 바람은 기미년 전후 식민지 조선에서 모두 풍기문란 재판정 앞에 소환되어 있는 것이다. 그리하여 이 재판정에서 심판되는 것은 이 세 가지 바람, 즉 풍속과 정념과 바람이다. 「서화」에서 풍기문란 재판정의 면면이 이 세 가지 바람에 대한 온갖 논리가 동원되는 중구난방의 소극(笑劇)처럼 보이는 까닭은 실은 이 때문이다.

"바람을 법으로 잡으려는 시도"는 오늘도 여전히 계속되고 있다. 그러나 바람은 법의 손아귀에 온전히 잡히지 않는다. 그리고 그렇게 잡히지 않는 바람은 바로 법의 규정이나 바람을 전유하려는 입장(주로 지식인이나 전위)에게 문란한 자들 또는 다스릴 수 없는 자들로 규정된다. 그러나 바로 이 문란한 자들은 그런 의미에서 오늘날 우리가 논할 새로운 정치적 주체의 정치학의 차원에서 사유하고 대면해야 할 존재들이다.

2. 사상과 풍속: 레즈, 그리고 핑크, 그리고 색스러운 것들

레즈가 사회주의의 대표색이 되어온 것은 단지 한국적 현상이 아니다. 그러나 한국에서 레즈가 어떻게 레즈가 되었는가를 묻는 것은 적-녹-보라가 다분히 한국적인 색의 연합을 구상하는 데 하나의 역사적 징검다리가 될지도 모르겠다. 풍기문란이란 일제시기에 만들어져 현재까지 법적·도덕적·심성적 구조에서 한국사회에 지대한 영향을 미치고 있는 통제의 메커니즘이다. 그러나 풍기문란에 대한 연구는 현재까지 필자의 연구 외에는 거의 전무한 형편이다. 그 이유는 한국사회에서 문화통제에 대한 연구는 주로 사상통제에 중점을 두고 이루어졌기 때문이다. 일제시기에 만들어진 문화통제의 두 축은 사상통제와 풍속통제다. 사상통제가 일제시기에는 주로 사회주의와 저항적 민족주의에 대한 통제를 중심으로 이뤄졌다면, 풍속통제는 일상생활 전반에 대한 통제로 이어졌다. 일본의 경우 이 법은 패전 후 전형적인 파시즘 악법으로 간주되어 미군정하에서 폐지되었으며, 성산업에 대한 통제에만 제한적으로 적용되고 있다. 따라서 일본에서는 현재 풍속(후조쿠)이 핑크산업을 지칭하는 말로 이해된다. 그러니까 일본의 경우는 냉전기 이래 문화통제가 레즈(사회주의)와 핑크(성산업)라는 두 개의 축으로 분할되었다.

하지만 한국의 경우 풍속통제는 일제시기에 만들어진 통제 시스템을 그대로 이어받아서 더욱 도덕화된 방식으로 진행되었다. 일제시기의 풍속통제는 단지 성산업에 대한 통제가 아니라 삶 전반에 대한 통제의 형식을 취하고 있었다. 이 통제 시스템이 구성되던 일제시기에는 법적 경계에서 레즈와 레즈가 아닌 것 사이의 구별이 유동적이었고, 이 둘을 분리하는 것이 사상통제와 풍속통제의 구별선에서 중요한 문제로 대두되었다. 그런데 흥미로운 것은 그 반대편, 즉 레즈의 편에서도 레즈와 레즈가 아닌 것의 구별이 레즈와 풍속 사이의 구별의 문제로 대두되었다는 점이다. 즉, 그 역사적 출발점에서 한국에서의 레즈는 풍속과의 거리두기 또는 차별화를 통해 순정한 레즈의 색을 얻고자 했다. 이를 두고 일제시기에는 레닌의 '두개의 혼'에 관한 테제를 논거로 삼아 일련의 논쟁이 진행되기도 했다. 필자는 이러한 사상과 풍속의 배치 및 색과 정치의 문제를 『음란과 혁명』에서 이기영의 작품 「서화」를 둘러싼 논쟁을 통해 살펴보았다. 다음은 그 내용을 요약해 재정리한 것이다.

「서화」를 둘러싼 논쟁의 초점은 다양하지만, 주체/화와 관련된 논점은 농민이라는 집단적 주체가 지니고 있는 두 개의 혼에 대한 레닌의 테제로 집중된다. 농민이라는 집단적 주체의 영혼은 한편으로는 소유자적 특성을, 다른 한편으로는 혁명적 잠재력을 지니고 있다. 임화에 따르면, 「서화」에서는 "농민이 갖는 바의 두 개의 혼 가운데 소유자적 특성이 고도의 예술적 묘사를 궁(亘)해 표현되고 있다". 농민의 두 개의 혼에 관한 레닌의 테제와 이에 대한 카프진영의 논지는 근본적으로 농민집단의 개조 곤란성과 가능성을 둘러싼 질문, 즉 농민집단이 사회주의적 주체로 각성, 의식화, 주체화될 가능성 및 잠재성의 문제와 관련된다.

다시 말해 농민의 두 개의 혼은 농민의 개조 곤란성과 복잡성의 근원인데, 한 개의 혼이 바로 소(小)소유자적 특성에서 비롯된다면, 다른 하나의 혼은 박탈당한 자로서의 혁명적 전환의 잠재성을 내포한다. 즉, 농민의 영혼은 혁명적 이행을 가능하게 하는 맹아적인 것과 이행을 불가능하게 하는 부정적 영혼으로 분열되어 있다. 그 부정적 혼이 도박·간통 같은 비생산적 유희와 풍기문란에 젖은 방탕한 정념의 산물이라면, 다른 한 축에 놓인 맹아적인 혼은 계급적 자각을 가능하게 하는 선한 영혼이다. 이처럼 농민의 두 개의 혼은 혁명적 이행의 차원에서 선한 영혼과 악한 영혼 사이에서 분열된 형상으로 나타난다.

이러한 두 개의 혼이라는 비유는 인간이 오랫동안 자신 내의 비인격적 역량(potenza), 이른바 게니우스를 사유하는 도덕화한 방식의 연장에 있다. 조르조 아감벤(Giorgio Agamben)의 설명에 따르면, 대중적으로도 익숙한 아이콘인 인간의 머릿속에서 속삭이는 하얀 천사와 검은 악마라는 두 개의 영혼 형상은 "모든 사람 안에는 두 개의 영(daimon)이 존재한다는 그리스적 주제의 영향을 받은 것이기도 하다. 이는 이른바 하얀 게니우스와 검은 게니우스의 형상으로 재현되곤 했다. 전자는 우리를 선으로 향하게

끔 밀고 구슬리지만, 후자는 우리를 타락시키며 악으로 향하게끔 한다".[2] 농민에게 내재한 두 개의 혼은 그런 점에서 게니우스를 두 개의 형상으로 분할한 그리스적 사유의 영향 아래 놓여 있다. 또 여기서 이른바 자생성이 계급의식의 차원으로 이행하기 위해 전위가 개입하는 것은 선한 게니우스와 악한 게니우스 사이에 도덕이 개입하는 것과 동일한 구성원리다. 앞서 임화의 논의에서 도덕적 인간과 농민의 두 개의 혼이 대비적으로 놓인다는 점은 바로 이러한 구성원리의 전형적인 측면을 보여주는 것이다. 즉, 농민이 자신에게 내재한 두 개의 혼의 분열과 갈등을 지양할 수 있는 것은 사회주의적 의식의 매개를 통해서이며, 이를 통해 농민은 도덕적 인간으로 거듭나게 된다.

아감벤도 지적하듯이 여기서 문제로 대두되는 것은 바로 이러한 자생적인 것에서 혁명적인 것으로의 이행이 지식인 전위와 이성과 이론을 통해서만 가능하다고 사유하는 구도다. 이러한 사유방법은 이른바 영혼 또는 인간의 비인격적 역량에 대한 이해와 밀접한 관련을 맺는다. 이때 두 개의 혼이라는 테제는 인간의 비인격적 역량(잠재적인 것)을 도덕화의 매개에 따라 분할하는 것이다. 아감벤이 지적하듯 실제로 바뀌는 것은 게니우스가 아니라(검은 게니우스에서 하얀 게니우스로, 악마에서 천사로) 게니우스와 맺는 관계, 즉 밝고 명료한 데서 그늘지고 불명료하게 바뀌는 관계다.

달리 말해 이러한 차원에서 농민의 두 개의 혼에 관한 테제를 다시 해석한다면 농민의 혼이 두 개로 분열되어 있는 것이 아니라 사실 우리가 그 혼과 맺는 관계가 변화하는 것이다. 잠재적인 것, 그 이행의 문제는 이제 혼의 문제가 된 것이다.

「서화」에 관한 논쟁의 핵심은 이 작품에서 나타나는 농민의 풍기문란

---

2 조르조 아감벤, 『세속화 예찬』, 김상운 옮김(난장, 2010), 20쪽.

한 열정을 놓고 농민이 새로운 주체로 각성하기 위한 자질과 난관, 즉 두 개의 혼을 둘러싼 갈등적 견해였다. 「서화」에 관한 논쟁은 당시로서는 결론을 보지 못한 미완의 형태였는데, 그 미완의 과제는 바로 농민이라는 주체 내에 모순적으로 자리 잡은 두 개의 혼의 잠재력과 현실화 사이의 문제였다. 「서화」를 높이 평가한 임화는 두 개의 혼에 관한 레닌의 테제를 빌려 농민의 이행 가능성을 긍정하면서도 현실의 농민을 혁명적 이행이 곤란한 정체된(stasis)[3] 집단으로 간주한다. 특히 여기서 도박과 간통으로 상징되는 부적절한 정념은 농민이 혁명적 주체로 이행되지 못하고 정체된 상태를 유발하는 요인으로 간주된다. 임화의 논의를 따르면, 농민이 혁명적 주체로 이행하기 어렵고 정체된 채로 있을 수밖에 없는 이유는 농민의 소소유자적 특성 때문이다. 이러한 인식은 1930년대 사회주의 담론에서 공통된 것이기도 하다. 물론 농민이 혁명적인 주체로 이행하지 못하는 정체된 집단의 속성을 내포한 것으로 판단되는 까닭은 표면적으로는 계급적

---

3 브라이언 마수미(Brian Massumi)는 정동이론을 통해 "육체(운동/감각) 변화라고 하는 개념적 치환이 문화이론에서 함축하는 바"를 고찰하면서, 기존의 문화이론의 핵심 개념인 위치성(positionality)의 현실적인 한계를 지적한다. 마수미는 위치성 개념이 문화이론의 실천성에 기여한 점을 인정하면서도 "위치성 모델의 목적은 변화라는 이름으로 지역적(local) 저항의 창을 여는 것이다. 그러나 변화의 문제가 어지없이 돌아왔다. 모든 육체 – 주체는 상당히 결정적으로 지역적이기 때문에 문화지상에서 그 위치로 가두어졌다. 정체된 것이다. 위치성 개념은 실상으로부터 운동을 빼는 과정에서 출발한다. 이것은 문화적 정지화면 안에서 육체를 간파한다. 설명의 출발점은 정확한 위치, 즉 정체의 영점(a zero point of stasis)이다. 정위는 어떤 식으로든 최초의 결정이 되고, 운동은 그다음의 문제가 된다. 모든 것에 의미를 부여하고 위치를 지정하고 나면 성가신 문제가 나온다. 운동을 어떻게 그 실상에 되돌려 붙일 것인가다. 정태에 운동을 덧붙이는 것은 수에 0을 곱해서 양수를 생산하는 것만큼이나 왠지 쉬워 보인다. …… 육체적으로든 그 밖의 형태로든 물질은 결코 그 자체로 계산할 수 없다는 것이다. 그 문제에 접근했던 많은 이들이 스스로를 유물론이라고 규정했지만, 물질은 단지 간접적으로만, 즉 매개에 의해서만 [계량 가능한 격자로] 들어갈 수 있을 뿐이다. 물질, 운동, 육체, 감각, 매개된 다중은 미끄러진다"라고 주장했다. 위치성을 이러한 방식으로 사유하는 것은 공간을 '연장적인 것(extensive)'으로 파악하는 사유와 밀접하게 관련된다. 브라이언 마수미, 『가상계』, 조성훈 옮김(갈무리, 2011), 15쪽.

규정성 때문이다. 그러나 앞의 논의에서도 살펴보았듯이, 여기에는 계급적 규정성뿐 아니라 이성과 정념의 문제, 잠재적인 것과 현실적인 것의 문제, 정념과 행동 사이의 문제, 맹아적인 것과 이행 사이의 문제, 자생성과 전위 사이의 분할이 작용한다.

두 개의 혼을 지닌 농민은 혁명적 주체로 이행할 수 있는 가능성(잠재성)이 있으면서도 부적절한 정념에 사로잡혀 정체되어 있다는 해석은 농민에 대한 사회주의 전위의 전형적인 시각을 보여준다. 따라서 여기에는 혁명적 전화의 필요성이 반드시 개입되며, 혁명적 전화를 위한 전위의 매개가 필수적이다. 임화가 「서화」에 견주어 사회주의 전위인 김희준의 역할이 확대된 『고향』을 극찬한 것은 이런 점에서 필연적이다. 이처럼 전위의 매개와 의식화를 통한 이행의 변증법은 정념과 이성의 이분법으로도 이어진다. 즉, 「서화」의 돌쇠는 정념의 담지자이면서도 자신의 정념의 의미를 모르는데 그 의미는 사회주의 전위인 정광조에 의해 부여된다. 농민과 정념, 맹아적인 것, 자생성은 하나의 의미계열로 연결되며, 이러한 의미계열에 따라 농민은 아직 혁명적으로 이행되지 못한 정체된 집단으로 그려진다. 반면, 사회주의 전위와 이성, 혁명적인 것, 현실성과 행동은 역시 하나의 의미계열로 연결된다. 따라서 농민이 혁명적 주체로 이행하기 위해 사회주의 전위의 개입과 매개가 필요한 이유가 계급적 규정 때문만은 아니다. 이는 이성과 정념, 맹아적인 것과 현실적인 것, 정념과 행동이 이렇게 분할되고 각기 다른 주체의 몫으로 할당되는 배분의 산물이기 때문이다.

3. 슬픈 수동에서 영혼의 펼쳐짐으로:
풍기문란 연구의 역사적 전망을 통해 살펴본 새로운 주체성의 출현

〈그림 8-1〉은 미완성이긴 하지만 일제시기부터 탈냉전기까지 정념/정동의 발생학을 통사적으로 그려보려는 시도를 한 것이다. 한국 근현대사에 대한 연구를 주로 부적절한 정념의 담지자나 다스릴 수 없는 자들의 입장에서 추적하는 한편 지성사(知性史)로는 환원되지 않는 이면의 지층을 엿볼 수 있는 역사자료들을 살펴보면서 필자는 각 시대에 대한 필자 나름의 세계상 또는 역사상을 얻었다. 필자는 이러한 역사상을 언어로 전환해 전달하려 노력해왔다. 〈그림 8-1〉은 이러한 역사상의 일면을 가시화한 것이다. 따라서 조금 도식화된 측면도 있음을 전제로 논의를 진행할 것이다. 〈그림 8-1〉을 설명하기 위한 몇 가지 기본사항을 간략히 정리하면 다음과 같다.

1) 이미지 구성의 기본 축

(1) 부적절한 정념의 구별선: 법과 통치의 선 또는 스테이트의 구별선

〈그림 8-1〉의 하단과 상단은 부적절한 정념이라는 선을 따라 구별된다. 부적절한 정념이라는 것은 풍기문란자에 대해 법과 담론(도덕, 교양, 선함 등)이 부여한 판별기준이다. 즉, 이 선은 법의 선이자 사회적인 것(사회 상태)의 선이기도 하다. 이 선은 때로 시민성(교양, 선함 등)의 기준선이 되기도 하고, 때로 사회 상태와 반사회적인 것, 자연 상태의 구별선이 되기도 한다. 총력전 체제하에서는 이 선이 국민과 비국민을 가르는 선이 되기도 한다.

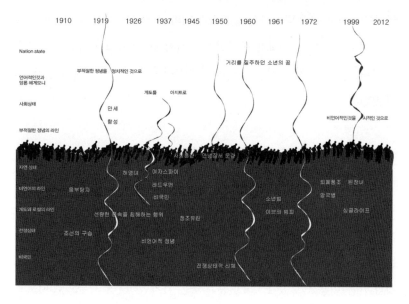

<그림 8-1> 풍기문란의 역사와 정동의 흐름, 그리고 주체의 배치

(2) 언어 - 비언어, 담론 지배 - 담론 헤게모니, 또는 시적인 선

부적절한 정념의 담지자로 판정된 자는 법의 이름으로만 대신 말해진다. 판결문, 범죄기록이 그것이다. 또는 담론장에서 사회면 3단 기사나 세태비평 등에 의해 문제적 집단으로만 등장한다. 따라서 그들은 '부적절한 정념의 담지자'라는 규정하에 비언어적 상태로 위치가 배치된다. 따라서 이들의 정념 역시 자신을 규정할 말을 찾지 못한 채 비언어적 상태를 맴돈다. 이들의 정념은 따라서 비언어적 정념의 형태를 띤다. 그런데 일례로 전쟁 상태적 신체의 신음, 한숨, 비명과 같은 비언어적 정념은 다른 역사적 국면에서(예를 들어, 1960년 4월) 함성, 분노, 열정, 홍분 같은 것으로 변용되어 울려 퍼진다. 이처럼 서로 다른 국면의 비언어적 정념은 이전에 억압되었던 비언어적 정념이 여전히 비언어적이지만 정치적인 방식으로 변용되어 분출되는 모습을 보여준다.

이러한 변용과 실패의 반복 속에서 비언어적이지만 정치적인 정념이 시적인 것으로 분출되는 순간을 1960년대와 1970년대에 볼 수 있었다. 필자는 이를 소년범이던 작가 장정일이 냉전체제하에서 교화제도가 하늘에서 쏟아지듯 떨어지는 시점에 분출시켰던 시적인 것들의 배치를 통해 그려보았다.

(3) 전쟁 상태 또는 게토와 로컬: 억압과 분출의 동학

냉전 초반 하단으로 하강한 전쟁 상태적 신체 및 그들의 비언어적 정념과 1960년 마산에서 떠오른 소년 김주열의 시신. 이 두 가지 국면에서 필자는 냉전이 체제화되는 국면에서 사회 상태와 시민 상태 또는 국가 상태는 배제되고 밑으로 억압된 전쟁 상태적 신체가 그 억압을 뚫고 분출하는 것과 같은 변용을 보았다. 그 변용은 죽은 자가 산 자의 기슭으로 떠오르는(최인훈, 『구운몽』) 것과 같은 사건적인 일이었다.

2) 정념의 발생점

(1) 적대와 갈등선에서 발생하는 불안

첨부된 미완성의 이미지에서도 볼 수 있듯이 불안은 개인의 마음속에 있는 것만은 아니다. 물론 실존적 불안, 즉 죽음에 대한 두려움이나 유한성에 대한 불안 같은 것이 심리적 사실로서나 존재론적 사실로서 논의될 수는 있을 것이다. 그러나 한국사회의 불안은 대부분 사회적이고 권력적인 것으로 사회적 불안의 형태를 지닌다. 이러한 점에서 불안은 기존의 인간주의적 개념인 정념이라는 개념을 빌어 논하자면 한국인을 지배하는 대표적 정념이자 사회적 권력적 산물이라는 점에서 한국사회를 움직이는 대표적 정동이다. 헌데 이러한 불안의 정념/정동은 실상 사회적 적대의 선들에서 생성되는 것이다. 따라서 한 사회가 촘촘한 적대의 선으로 분할될 경우 그 분할의 선 마디마디에서 불안이 발생한다. 한국사회에서 전 사회의 적대적 구조화는 일제 말기 파시즘화를 통해 본격화되고 가속화되었다. 필자는 이를 사회의 준내전 체제화라고 규정한 바 있다.[4] 또한 이러한 준내전 체제는 해방 후 미소군정하에서 더욱 요동치게 되었고, 전쟁과 분단, 내전을 거쳐 더욱 가속화되었다. 그러므로 한국사회에서 불안이 지배적 정념/정동이 되어왔다는 것은 이와 같은 사회의 준내전 체제화와 이를 통한 전쟁 상태가 지속된 결과라 할 것이다.

(2) 슬픔: 해방기 군정지배에 대한 수난의식에서 식민지 이후 수난의식으로의 변용

슬픔의 백색공간은 이른바 민족적 정서와 색의 상징으로서의 백색과도 일치하고, 극우보수파에 의한 테러를 상징하는 백색테러의 상징색과도 연결된다. 물론 슬픔이 오로지 백색테러와 등가를 이룬다고는 할 수 없다. 그러나 슬픔의 백색이 국가주의나 인종주의적·공격적 민족주의인 백색테러로 변용되어온 과정은 부연설명할 필요가 없을 듯하다.

4. 게토를 아지트로, 부적절한 정념을 정치적인 것으로, 비언어적인 것을 시적인 것으로

〈그림 8-2〉는 2012년 현재 전국 농성촌(캠프)의 지도다. 필자는 〈그림 8-2〉를 단초로 다음과 같은 논의를 하고 싶다. 게토와 로컬 라인에는 고립과 외로움의 정념이 발생한다. 그러나 역사적 과정을 볼 때 이 외로움의

---

4 권명아, 『역사적 파시즘』(책세상, 2005)을 참조하기 바란다.

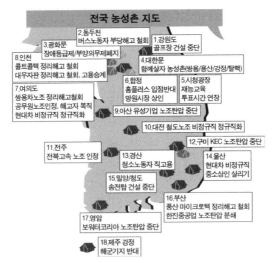

〈그림 8-2〉 전국 농성촌 지도

1. 강원도 "골프장 건설 중단!" 요구하며 강원도청과 홍천군청에서 농성
2. 동두천 "부당해고 철회" 요구하며 버스노동자 철탑 농성
3. 광화문 "장애인 등급제/부양의무제 폐지" 요구하며 8월부터 농성
4. 대한문 "함께 살자! 농성촌" 쌍용/용산/강정/탈핵마을 주민들 농성
5. 시청 재능교육 노조 "단체협약 회복, 해고자 복직" 요구하며 1,800여 일 농성＋"투표시간 연장" 요구 농성
6. 합정 "홈플러스 입점 반대" 요구하며 망원시장 상인들 농성
7. 여의도 쌍용차 노조 "국정조사 실시" 요구하며 새누리당사 앞 농성＋공무원 노조 "노조 인정, 해고자 복직" 요구하며 농성＋현대차비정규지회 "대법 판결 이행, 정규직 전환" 요구하며 국회 앞 농성
8. 인천 콜트콜텍 노조 "정리해고 철회" 요구하며 2,000일 넘게 농성＋대우자동차판매노조 "정리해고 철회, 고용승계" 요구하며 농성
9. 아산 유성기업 노조 "노조탄압 중간, 해고자 복직" 요구하며 농성
10. 대전 철도 노조 "비정규직 철폐, 민영화 반대" 요구하며 농성
11. 전부 전북고속 노조 "노조인정, 단체협약 체결" 요구하며 3년째 농성
12. 구미 KEC 노조 "노조탄압 중단" 요구하며 농성
13. 경산 청소노동자들 "민간위탁 철회, 직접고용" 요구하며 농성
14. 울산 현대차비정규지회 "대법 판결 이행, 정규직 전환" 요구하며 송전철탑 농성＋"코스트코 영업 제한" 요구하며 중소상인들 농성
15. 밀양/청도 "765Kv 송전탑 건설 반대" 요구하며 주민들 농성
16. 부산 풍산마이크로텍 노조 "정리해고 철회" 요구하며 농성＋한진중공업노조 "노조탄압 분쇄, 휴업 철회" 요구하며 농성
17. 영암 보워터코리아 노조 "정리해고 철회, 원직복직" 요구하며 4년째 농성
18. 제주 강정주민들 "해군기지 건설 중단" 요구하며 5년째 농성

자료: 함께살자 연대모임, https://www.facebook.com/photo.php?fbid=441729712559861&set=o.1377 09636386110&type=3&theater.

정념은 동시에 거기서만 발생할 수 있는 함께-있음의 변용 가능성을 갖고 있다. 캠프에 하나씩 불이 밝혀질 때 외로움의 불도 밝혀지지만 그 불을 외롭게 놓아두지 않을 때, 그리고 그 불들이 서로와 함께-있을 때 그곳에서 새로운 별자리(constellation)가 그려진다. 그리고 이처럼 고립에서 컨스텔라시옹으로, 비언어적 정념에서 정치적인 것으로, 비언어적인 것에서 시적인 것으로 변용하는 과정에서 비로소 "영혼이 펼쳐진다." 장 뤽 낭시(Jean-Luc Nancy)가 프로이트와 마르크스를 경유해 논의하는 것처럼 공동체(commune)는 공유된 정서가 아닌 정념의 분출에서 도래하는 것이라고 할 때 그 정념의 분출은 "영혼이 펼쳐진다"라는 함의에 내포되어 있다. 그런 점에서 정념은 맨 처음에는 수동이지만(모든 정념은 '너'로부터 건너온 것이기에) 그러한 정념은 분출되는 것(영혼은 펼쳐지는 것)이기에 결코 수동에 머물지 않는다. 따라서 수동적이면서도 영혼의 펼쳐짐인 정념의 분출을 통해 모든 단수적인 존재의 만남은 가능해진다. 우리는 그 만남을 별자리(컨스텔라시옹)라는 이름으로도 부른다. 그렇다면 그 별자리는 새로운 정치적 아지트가 될 수 있지 않을까. 그리하여 게토를 아지트로, 부적절한 정념을 정치적인 것으로, 로컬을 정치의 장소로 발견하는 사건은 이미 시작되었다.

3부 한국사회와 반자본주의(사회주의) 대중화 전략

한국자본주의에서 위기와 축적의 절대적 일반법칙 [*]

정성진(경상대학교 경제학과 및 사회과학연구원)

1. 머리말

이 글은 1997년 경제위기 이후 한국에서 마르크스가 말한 "자본주의적 축적의 절대적 일반적 법칙"(마르크스, 1991: 812)이 관철되고 있음을 실증하고 그 이론적·정치적 함축을 논의하는 것을 목적으로 한다. 이를 위해 먼저 2절에서는 1997년 위기 이후 오늘에 이르기까지 한국경제의 전개과정을 이윤율의 동향을 중심으로 개관한다. 3절에서는 1997년 위기 이후 한국경제 구조변화의 주된 양상은 케인스주의·개혁주의 경제학자들이 주장하는 금융화가 아니라, 실물 부문에서 심화되고 있는 자본의 집적과 집중임을 강조한다. 4절에서는 1997년 위기에서 2007~2009년 세계경제 위기에 이르기까지 한국경제의 전개과정은 노동자계급에 대한 착취 강화와 함께 세계화의 강행적 추진을 통해 자본의 이윤율을 회복하는 과정으로 설명될 수 있음을 보인다. 결론에서는 1997년 위기 이후 한국경제의 전개과정을 이해하고 대안을 모색하는 데서 케인스주의·개혁주의 경제

---

[*] 이 글은 정성진(2004; 2005; 2006; 2007; 2010)을 전면적으로 수정·재구성한 것이다.

학의 한계를 지적하고 마르크스주의의 반자본주의 프로젝트의 현재성을 주장한다.

2. 1997년 위기 이후 한국경제: 이윤율의 저하 경향과 상쇄요인

〈그림 9-1〉에서 보듯, 1970년대 이후 한국경제는 마이너스 성장을 두 번 경험했는데, 2차 오일쇼크 해인 1980년과 1997년 위기 다음 해인 1998 년이었다. 1980년 실질 GDP 증가율은 -1.5%였으며, 1998년 실질 GDP 증 가율은 -6.9%였다. 2007~2009년 세계경제위기 동안 한국경제는 성장률 이 대폭 하락하긴 했지만 마이너스 성장을 하지는 않았다. 2009년 한국경 제의 실질 GDP 증가율은 0.3%였다. 또한 〈그림 9-1〉에서 보듯, 한국경제 의 고도성장은 1987년을 정점으로 종식되고 1997년 위기 이후에는 저성 장 기조로 전환되었다. 한국경제의 실질 GDP 증가율은 1988~1992년(노 태우 정권) 8.4%에서 1993~1997년(김영삼 정권) 7.1%, 1998~2002년(김대중 정권) 4.4%, 2003~2007년(노무현 정권) 4.3%, 2008~2011년(이명박 정권) 3.1%로 지속적으로 저하했다. 이로 말미암아 연평균 실질 GDP 증가율에 서 OECD 평균과의 격차는 1970~1997년 4.7% 포인트(한국 7.8%, OECD 평 균 3.1%)에서 1998~2011년 2.2% 포인트(한국 4.0%, OECD 평균 1.9%)로 좁 혀졌다.

이 글에서 필자는 1997년 위기 이후 한국경제의 구조변화를 자본주의 동학과 위기분석에서 이윤율의 중심적 의의를 강조하는 마르크스의 경제 학 비판의 관점에서 검토할 것이다. 〈그림 9-2〉에 제시된 1970~2010년 제 조업 부문 이윤율(P/K)[1]의 추이는 한국경제의 고도성장이 1987년을 경계 로 종식되었다는 점, 1997년 위기는 단순한 외환위기나 금융위기가 아니

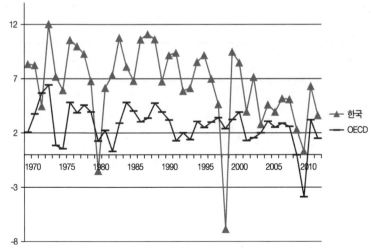

〈그림 9-1〉 1970~2010년 연평균 실질 GDP 증가율(단위: %)

자료: World Bank, World dataBank, World Development Indicators, GDP Growth(annual %), www.worldbank.org

라 1987년 이후 시작된 구조적 위기의 연장선상에서 폭발한 것이라는 점, 1997년 위기 이후 상당한 정도로 경제 회복이 이루어졌지만 한국경제는 2007~2009년 세계경제위기 이후에도 여전히 구조적 위기 국면에서 벗어나지 못하고 있다는 점을 재확인해준다. 〈그림 9-2〉에서 보듯, 1980년대 후반까지 15% 이상의 높은 수준을 유지하던 제조업 부문 이윤율은 1987년 위기 이후 급속하게 하강해 1996년에는 1970~2010년 이윤율의 최저점인 7.3%까지 하락했고, 그 이듬해인 1997년 위기가 발발했다. 1997년 위기 이후 신자유주의 구조조정이 본격화되면서 이윤율은 2004년 12%로 회

---

1 이 글에서 제조업 부문의 이윤율(P/K)은 이윤(P)을 고정자본스톡(K)으로 나누어 계산한다. 여기에서 P는 '국민계정'(한국은행)의 제조업 부문 GDP(Y)에서 피용자보수(W)를 뺀 값이며, K는 표학길·정선영·조정삼(2007)의 제조업 부문 순고정자본스톡을 〈국가자산통계〉(통계청)의 제조업 부문 생산자산으로 업데이트했다. 이윤율 계산방법과 자료에 관한 상세한 설명은 정성진(2006)을 참조할 수 있다. 이 글에서 자료 출처가 별도로 제시되지 않은 그림과 표의 수치는 필자에게 요청하면 제공받을 수 있다.

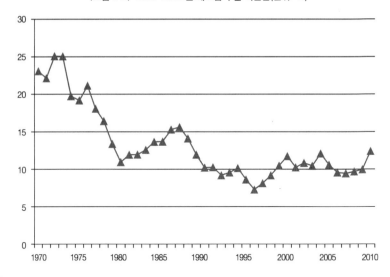

〈그림 9-2〉 1970~2010년 제조업 부문 이윤율(단위: %)

복되었지만, 2007~2009년 세계경제위기 직전 시기인 2005~2006년 다시 소폭 하락한 후 다시 회복되어 2010년 12.4%를 기록했다. 하지만 2010년 의 이윤율 12.4%는 1997년 위기 전 고점인 1987년 15.6%의 80% 수준이 다. 이는 한국경제가 1997년 위기 이후 부분적으로 회복되었음에도, 또한 2007~2009년 세계경제위기를 비껴갔음에도 1987년 이후 시작된 구조적 위기와 장기불황 기조에서 벗어나지 못하고 있음을 보여준다.

이윤율의 추이를 설명하기 위해서는 다음의 (1)식처럼 이윤율의 결정 요인을 GDP에 대한 이윤의 비율로 정의되는 이윤몫(P/Y)과 고정자본스 톡에 대한 GDP의 비율로 정의되는 산출-자본 비율(Y/K)로 분해하는 것 이 유용하다.[2] (1)식은 다시 다음의 (2)식과 같은 성장회계식의 형태로 바

---

2 이윤몫은 마르크스적 의미의 착취율, 즉 잉여가치율의 대용변수라고 할 수 있는 이윤 - 임금 비율(P/W)과 같은 방향으로 변동하며, 산출 - 자본 비율은 다른 조건이 불변일 경우 마르크스 적 의미에서 자본의 가치구성의 대용변수라고 할 수 있는 고정자본스톡 - 임금 비율(K/W)과 반대 방향으로 변동한다.

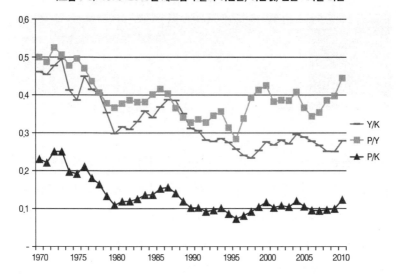

〈그림 9-3〉 1970~2010년 제조업 부문의 이윤율, 이윤몫, 산출 - 자본 비율

— Y/K
■ P/Y
▲ P/K

꿰 쓸 수 있다. 〈표 9-1〉은 1970~2010년 제조업 부문에 대해 (2)식, 즉 이
윤율 결정요인들의 변화율을 추정한 것이다.

(1) $\dfrac{P}{K} = \dfrac{P}{Y} \times \dfrac{Y}{K}$

(2) $\left(\dfrac{\dot{P}}{K}\right) = \left(\dfrac{\dot{P}}{Y}\right) \times \left(\dfrac{\dot{Y}}{K}\right)$

〈그림 9-2〉와 〈표 9-1〉은 1970~2010년 한국경제에서 이윤율의 장기적
저하 추세가 관철되고 있다는 점, 또 이와 같은 이윤율의 장기적 저하는 압
도적으로 산출-자본 비율의 저하, 즉 마르크스가 말한 자본의 유기적 구
성의 고도화에 의해 초래되었다는 점을 보여준다. 〈표 9-1〉은 또한 1997년
위기에 이르는 기간인 1987~1996년 이윤율의 저하 역시 이윤몫의 저하보
다 산출-자본 비율의 저하에 주로 기인했음을 보여준다. 1987~1996년 이
윤율 저하에 대한 산출-자본 비율 저하의 기여분은 66.2%로, 이윤몫 저하
의 기여분인 33.8%의 곱절이나 되었다. 이는 1997년 위기가 마르크스가

<표 9-1> 1970~2010년 제조업 부문의 이윤율, 이윤몫, 산출 - 자본 비율의 변화율(단위: %)

	(1) P/K	(2) P/Y	(3) Y/K	(4) = (2)/(1) P/Y	(5) = (3)/(1) Y/K
1970~2010	-0.9	-0.3	-0.7	28.6	71.4
1987~1996	-3.0	-1.0	-2.0	33.8	66.2
1996~2010	0.7	0.4	0.3	62.9	37.1

주: (1) = (2) + (3)[본문 (2)식 참조].

말한 이윤율의 저하 경향 법칙, 즉 자본의 유기적 구성의 고도화에 기인한 이윤율 저하를 배경으로 한 축적위기였음을 보여준다. 하지만 〈그림 9-2〉와 〈표 9-1〉은 1996~2010년 이윤율이 회복되고 있으며, 이윤몫의 증가, 즉 착취율의 상승이 이 같은 이윤율의 회복을 견인했음을 보여준다. 〈표 9-1〉에서 보듯이 1996~2010년 이윤율 상승의 62.9%는 이윤몫의 증가에 기인했다. 이윤몫은 1996년 28.4%에서 2010년 44.4%로 급등해 1997년 위기 전 고점인 1986년 41.6%를 돌파했다. 특히 1997년 위기 직후 1996~2000년 4년간은 연평균 28.4%에서 42.5%로 14.1% 포인트 상승했으며, 다시 세계경제위기 시기인 2006~2010년 5년간은 연평균 34.4%에서 44.4%로 10% 포인트 상승했다.[3] 이는 1997년 위기 이후 한국의 자본축적 과정의 핵심적 양상이 노동자계급에 대한 착취 강화를 통한 자본의 이윤율 회복이었음을 보여준다.

이윤몫, 즉 착취율의 변동요인은 다음에 나오는 (3)식처럼 실질노동생산성[(Y/Py)/H]과 시간당 생산물임금[(W/Py)/H. 이는 시간당 명목임금을 GDP 디플레이터(Py)로 디플레이트한 것이다]으로 분해될 수 있다. (3)식은 또 (4)식과 같은 성장회계식의 형태로 바꿔 쓸 수 있다. (3), (4)식은 이윤

---

3 유철수(2012: 152)에 따르면, 세계경제위기 국면에서 한국경제의 잉여가치율은 2007년 300%에서 2010년 391%로 3년 사이에 무려 91% 포인트나 급등했다.

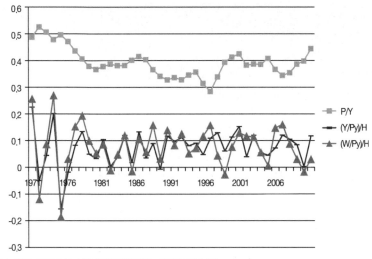

〈그림 9-4〉 1971~2010년 제조업 부문 이윤몫의 결정요인 추이

주: P/Y는 절대 수치, (Y/Py)/H와 (W/Py)/H는 전년대비 증가율.

몫이 실질노동생산성과는 같은 방향으로, 시간당 생산물임금과는 반대방향으로 변동함을 보여준다. 〈그림 9-4〉, 〈표 9-2〉는 1970~2010년 제조업 부문의 이윤몫의 변동요인을 추정한 것이다.

$$(3) \ \frac{P}{Y} = \frac{Y-W}{Y} = \frac{\left(\frac{Y}{Py}\right)/H - \left(\frac{W}{Py}\right)/H}{\left(\frac{Y}{Py}\right)/H}$$

$$(4) \ \left(\frac{\dot{P}}{Y}\right) = \left(1 - \frac{\dot{W}}{Y}\right) = -\frac{W}{P}\left(\frac{\dot{W}}{Y}\right) = \frac{W}{P}\left[\left(\frac{(\dot{Y}/Py)}{H}\right) - \left(\frac{(\dot{W}/Py)}{H}\right)\right]$$

〈표 9-2〉는 1997년 위기 이후 이윤율의 회복을 견인했던 이윤몫의 급등, 즉 착취율의 상승은 주로 실질노동생산성의 상승에 기인했음을 보여준다. 즉, 1996~2010년 시간당 생산물임금은 매년 평균 3.3% 증가율로 증가했는데, 실질노동생산성은 이보다 빠르게 매년 평균 3.5% 증가율로 증가함으로써 같은 기간 이윤몫이 매년 평균 0.4% 증가율로 증가하는 데 주

〈표 9-2〉 1970~2010년 제조업 부문의 이윤몫 및 산출 - 자본 비율의 구성요소 변화율(단위: %)

	(1) Y/K	(2) Py	(3) Pk	(4) Py/Pk	(5) (Y/Py)/H	(6) (K/Pk)/H	(7) (W/Py)/H
1970~2010	-0.7	2.5	3.1	-0.6	3.1	3.1	3.3
1987~1996	-2.0	2.7	3.4	-0.8	3.5	4.7	4.0
1996~2010	0.3	0.1	1.0	-0.9	3.5	2.3	3.3

주: (4) = (2) - (3); (1) = (4) + (5) - (6)[본문 (6)식 참조].

로 기여했다.

한편, 이윤율의 결정요인 중 산출-자본 비율(Y/K)은 (5)식처럼 분해될
수 있다. (5)식에 따르면, 산출-자본 비율은 산출-고정자본스톡 상대가
격[Py/Pk. 이는 고정자본스톡의 가격지수(Pk)에 대한 산출 가격지수(Py. 이는
GDP 디플레이터로 사용)의 비율이다]에 시간당 실질노동생산성을 곱하고,
이를 다시 노동시간당 실질고정자본스톡[(K/Pk)/H. 이는 자본장비율에 해당
되며 마르크스적 의미의 자본의 유기적 구성과 유사한 비율이다]으로 나눈 값으
로 표시될 수 있다. (5)식은 또 (6)식과 같은 성장회계식으로 바꿔 쓸 수
있다. (5)식과 (6)식은 산출-자본 비율이 산출-고정자본스톡 상대가격
및 실질노동생산성과는 같은 방향으로 변동하며, 노동시간당 실질고정자
본스톡과는 반대 방향으로 변동함을 보여준다.

$$(5) \quad \frac{Y}{K} = \frac{Py \times \left(\dfrac{Y}{Py} \right)}{Pk \times \left(\dfrac{K}{Pk} \right)} = \left(\frac{Py}{Pk} \right) \times \left(\frac{\left(\dfrac{Y}{Py} \right) / H}{\left(\dfrac{K}{Pk} \right) / H} \right)$$

$$(6) \quad \left(\frac{\dot{Y}}{K} \right) = \left(\frac{\dot{Py}}{Pk} \right) + \left(\frac{(\dot{Y}/Py)}{H} \right) - \left(\frac{(\dot{K}/Pk)}{H} \right)$$

〈그림 9-5〉, 〈표 9-2〉는 1970~2010년 산출-자본 비율 저하의 주된 요
인이 실질 산출-자본 비율[(Y/Py)/(K/Pk)]의 저하가 아니라 산출-고정자
본스톡의 상대가격의 저하였음을 보여준다. 이 기간 중 노동시간당 실질

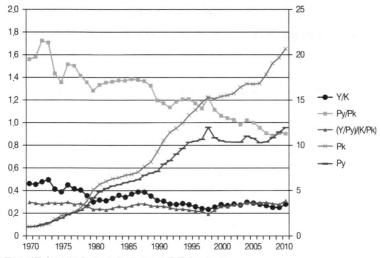

〈그림 9-5〉 1970~2010년 제조업 부문 산출-자본 비율의 결정요인 추이

주: 1) 왼쪽 축은 Y/K, Py/Pk, (Y/Py)/(K/Pk), 오른쪽 축은 Pk, Py.
　　2) Pk, Py는 1970년 = 1로 지수화한 수치임.

고정자본스톡은 연평균 3.1% 증가해 산출-자본 비율에 저하 압력을 낳았지만, 이는 같은 기간 실질노동생산성의 연평균 3.1% 증가에 의해 정확히 상쇄되어 실질 산출-자본 비율은 불변이 됨으로써 산출-자본 비율에 영향을 미치지 못했다. 반면, 산출가격의 상승(연평균 2.5% 상승)을 초과한 고정자본스톡 가격의 상승(연평균 3.1% 상승)으로 인한 산출-고정자본스톡 상대가격의 저하(연평균 0.6% 감소)는 산출-자본 비율 저하의 주된 요인이 되었다. 한편, 1996~2010년의 산출-자본 비율은 상승세로 반전되어 같은 시기 이윤몫의 증가와 함께 이윤율 회복에 기여했다. 1996~2010년 산출-자본 비율, 즉 자본생산성이 상승한 것은 주로 노동시간당 실질고정자본스톡의 증가를 훨씬 초과한 실질노동생산성의 증가에 따른 실질 산출-자본 비율의 상승이 이 시기에도 지속된 산출-고정자본스톡 상대가격의 저하를 상쇄하고도 남은 덕분이었다. 〈표 9-2〉와 〈그림 9-5〉에서 또 하나 주목할 점은 1996~2010년 산출－고정자본스톡 상대가격의 저하가 주로 산출가격 상승의 억제에 의해 초래되었다는 사실인데, 이는 세계화에 따른 제조업 부문에서 국제적 경쟁의 격화에서 비롯된 가격하락 압력을 반영하는 것으로 해석될 수 있다.[4]

1997년 위기 이후 착취율 상승은 1997년 위기에 이르기까지 일시적으로 출현했던 노동자계급에 대해 우호적인 추세, 예컨대 국민소득에서 임금몫이 차지하는 비중인 노동소득분배율의 상승 추세, 소득분배 불평등의 개선 추세, 노동시간의 감소 추세 등이 1997년 위기 이후 중단되거나 역전되는 사실에서도 뒷받침된다.

〈그림 9-6〉에서 보듯, OECD 국민계정 자료에 따르면 우리나라 노동소득분배율은 1970년대 이후 지속적으로 상승해, 1997년 위기 직전인 1996년 47.6%로 정점에 도달했다. 그러나 1997년 위기 이후 노동소득분배율은 저하 추세로 반전되어 2000년 42.9%까지 대폭 하락했으며, 2009년 46.4%로 소폭 상승했지만 2010년에는 다시 45%로 하락해 미국, 스웨덴, 일본과의 차이는 6~10% 포인트나 되었다. 즉, 1997년 위기 이후 한국경제는 분배 측면에서 OECD 고소득국으로의 접근이 중단되면서 초과착취 체제, 분배 없는 성장 체제가 구조적으로 고착되었다.

1997년 위기 이후 소득분배 불평등의 급격한 심화는 도시근로자 가구의 소득분배를 보여주는 〈그림 9-7〉에서도 확인되는데, 5분위 배율, 즉 소득 수준 하위 20%의 소득에 대한 상위 20%의 소득의 배수는 1997년의 4

---

4 브레너(Brenner, 2006)에 따르면, 1970년대 이후 미국 제조업 부문에서 이윤율의 장기적 저하는 이윤몫의 저하가 아니라 산출－자본 비율의 저하에 주로 기인했으며, 이는 다시 제조업 부문에서 국제적 경쟁의 격화에 따른 산출－고정자본스톡 상대가격(Py/Pk)의 저하에 의해 초래되었는데, 1996~2010년 한국 제조업 부문의 이윤율 동향에도 이와 같은 메커니즘이 작동한 것으로 보인다.

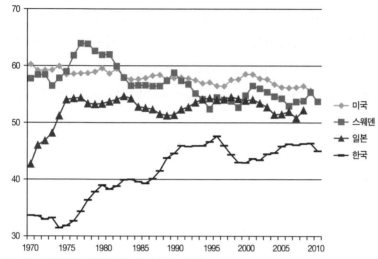

〈그림 9-6〉 1970~2010년 OECD 주요 국가의 노동소득분배율(단위: %)

주: 노동소득분배율은 GDP에 대한 피용자보수의 비율임.
자료: OECD, *OECD,StatExtracts*, Gross Domestic Product, www.oecd.org.

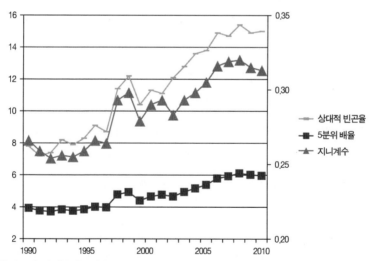

〈그림 9-7〉 1990~2011년 도시근로자 가구의 소득 불평등

주: 1) 도시 2인 이상 가구 시장소득 기준.
　　2) 상대적 빈곤율은 중위소득의 50% 미만 가구 비율.
　　3) 5분위 배율은 하위 20% 가구 평균 소득에 대한 상위 20% 가구 평균 소득의 배수.
　　4) 왼쪽 축은 상대적 빈곤율(%) 및 5분위 배율(배수), 오른쪽 축은 지니계수.
자료: 통계청, KOSIS, 소득분배지표, www.kosis.kr.

배(3.97)에서 2013년에는 무려 6배(5.96)로 급증했으며, 지니계수도 같은 기간 0.264에서 0.313으로 급증했다. 복지와 분배를 중시했다는 노무현 정부 시기인 2003~2007년에도 5분위 배율과 지니계수는 각각 4.66에서 5.79로, 0.283에서 0.316으로 가파르게 상승했다. 이에 따라 도시 가구의 상대적 빈곤율, 즉 중위소득의 50%에 미치지 못하는 상대적 빈곤 가구의 비율은 1997년 8.7%에서 2011년 15%로 거의 두 배로 늘어났다.

또 〈그림 9-8〉에서 보듯, 우리나라 노동자의 일인당 연간 총 노동시간은 2000년 2,512시간에서 2011년 2,090시간으로 지속적으로 감소했지만, 2011년에도 멕시코에 이어 OECD 국가 중 두 번째로 노동시간이 길었다. 그래서 2011년에도 우리나라 노동자들은 OECD 노동자 평균 노동시간보다 314시간이나 더 오래, 그리고 스웨덴 노동자들보다는 454시간이나 더 오래 일했다. 이는 2000년대 이후 한국에서 잉여가치 생산이 노동생산성 상승에 기초한 상대적 잉여가치 생산 중심으로 이뤄지고 있으면서도 장시간 노동에 기초한 절대적 잉여가치 생산방식이 여전히 중요한 역할을 하고 있음을 보여준다.

요컨대 1997년 위기 이후 한국경제에서는 착취 강화를 통해 자본의 이윤율을 회복하는 과정에서 양극화가 유례없이 심화되고 있다(안현효·박도영·류동민, 2012). 즉, 마르크스가 "자본주의적 축적의 절대적 일반법칙"이라고 말한 "자본의 축적에 대응한 빈곤의 축적"(마르크스, 1991: 812~813)이 1997년 위기 이후 한국에서 전형적으로 전개되고 있는 것이다.[5]

---

5 마르크스는 『자본론』 1권에서 '자본주의적 축적의 절대적 일반법칙'을 정식화하면서 앞서 『자본론』 3권에서 상당한 분량을 할애하여 강조했던 이윤율의 저하경향 법칙은 전혀 언급하지 않고 있다. 이를 두고 마르크스가 1867년 『자본론』 1권 출판단계에서 1861~1863년 그 주요 초고가 집필된 『자본론』 3권에서 주목했던 이윤율의 저하경향 법칙을 포기했다거나(Heinrich, 2013), 또는 이 법칙을 자본의 유기적 구성의 고도화 경향 및 이로 인한 상대적 과잉인구의 누진적 증가 경향과 빈곤화 경향을 주요 내용으로 한 '자본주의적 축적의 절대적 일반법칙'으로

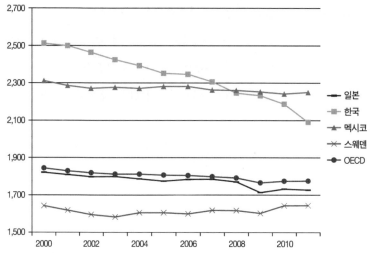

〈그림 9-8〉 2000~2011년 OECD 주요 국가의 연간 총노동시간

범례:
- 일본
- 한국
- 멕시코
- 스웨덴
- OECD

자료: OECD, *OECD.StatExtracts*, Average annual hours actually worked per worker(Total employment).

3. 금융화인가, 자본의 집적·집중인가

우리나라의 대다수 진보좌파 경제학자들은 1997년 위기를 전후한 한국 경제의 구조변화의 핵심을 신자유주의 금융화로 이해한다(예컨대, 조복현, 2004; 장하준·정승일·이종태. 2012). 그런데 금융화의 개념 정의는 금융화 가설을 지지하는 논자들 사이에서도 통일되어 있지 않다. 예컨대, 금융화 는 논자에 따라 산업자본에 대한 금융자본의 우위, 은행에 대한 기관투자 가의 우위, 자본시장 및 주주자본주의 논리의 지배, 기업의 자금조달에서

대체했다는 해석도 제기된다(Clarke, 1994: 244). 하지만 이는 두 법칙의 상이한 추상수준을 고려하지 않은 해석이다. 마르크스의 1858~1859년 6부작 '경제학비판' '플랜'의 '세계시장공황' 의 관점에서 『자본론』 1권의 '자본주의적 축적의 절대적 일반법칙'이 현실공황에서 발현되는 논리를 『자본론』 2권 재생산표식론 및 『자본론』 3권 '이윤율의 저하경향 법칙'에 제시된 '공황 의 필연성'에 관한 논의에 기초하여 구체적으로 전개하는 것에 관한 필자의 시론적 논의로는 정성진(2012)을 참조할 수 있다.

직접금융 비중의 증가, 비금융법인의 유형자산 대비 금융자산의 비중 증가, 비금융법인의 채무비율 증가, 가계자산의 증권화 등을 의미하는 것으로 사용되고 있다. 하지만 이 절에서는 어떻게 정의되든 금융화 가설은 1997년 위기 이후 한국경제의 구조변화의 현실과 부합되지 않는다는 점,[6] 오히려 실물 부문에서 진행되고 있는 자본의 집적·집중의 심화에 주목해야 함을 강조할 것이다.

〈그림 9-9〉에서 보듯, 2000~2010년 산출액 중 금융법인이 차지하는 비중은 2000년 4.3%에서 2010년에도 4.3%로 불변이었던 반면, 비금융법인이 차지하는 비중은 2000년 71.7%에서 2010년 75.9%로 오히려 증가했다. 즉, 산업구조 변화에서 가장 중요한 지표인 산출 구성으로 보는 한, 최근 10년 동안 금융산업의 비중 증가로 통상적으로 이해되는 의미에서의 금융화 현상은 나타나지 않았다. 또한 〈그림 9-10〉은 전 산업 종사자 수에서 금융보험업 종사자가 차지하는 비중이 1993년 6%에서 2011년 4%로 오히려 감소했음을 보여준다. 제조업 종사자가 차지하는 비중은 1993년 32%에서 2011년 20%로 지속적으로 감소했지만 금융보험업 종사자 수보다는 5배 이상 많았다.

금융화 논자인 뒤메닐·레비(Duménil and Lévy, 2004)에 따르면, 금융화는 비금융 부문 이윤 중 더 많은 부분이 이자와 배당의 형태로 금융 부문에 이전될 때, 비금융법인에서 금융관계를 고려한 금융 이윤율이 금융관계를 고려하지 않은 실물 이윤율로 수렴할 때, 또한 비금융 부문 소득 중 금융활동에 기인한 소득, 즉 재산소득이 차지하는 비중이 증가할 때 발생한다.

그런데 〈그림 9-11〉, 〈그림 9-12〉, 〈그림 9-13〉은 이와 같이 이해되는

---

6 한국경제 금융화 가설에 대한 더욱 상세한 비판은 이영일(2011)을 참조하기 바란다.

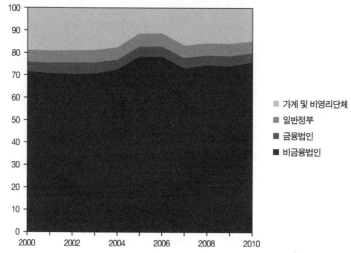

〈그림 9-9〉 2000~2010년 산출액의 제도부문별 구성(단위: %)

가계 및 비영리단체
일반정부
금융법인
비금융법인

자료: 한국은행, 〈국민계정〉, '제도부문별 생산계정'. www.bok.or.kr

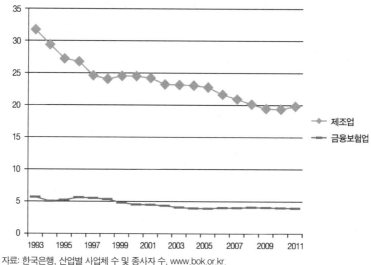

〈그림 9-10〉 1993~2011년 제조업과 금융보험업의 종사자 수 비중(단위: %)

제조업
금융보험업

자료: 한국은행, 산업별 사업체 수 및 종사자 수, www.bok.or.kr.

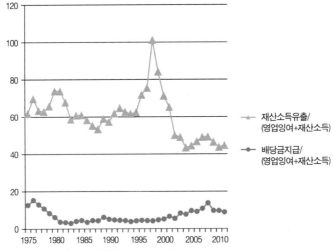

〈그림 9-11〉 1975~2011년 비금융법인 부문의 재산소득 및 배당금 유출 비율(단위: %)

자료: 한국은행, '자금순환', 금융거래표. www.bok.or.kr.

의미의 금융화 현상 역시 한국에서는 나타나지 않음을 보여준다. 먼저 비
금융법인의 소득(이는 영업이익과 재산소득의 합이다)에서 이자, 배당, 임대
료 등 재산소득 형태로의 유출액의 비율을 보인 〈그림 9-11〉에 따르면, 이
비율은 1975년 61.7%에서 1988년 53.4%로 감소했다가 1997년 위기 다음
해인 1998년 101.2%로 급상승했지만, 1997년 위기 직후 급감해 2004년에
는 43.4%%로 1975년 이후 최저 수준이었으며, 2011년에도 44.6%였다.
물론 비금융법인 소득 중 재산소득 형태로의 유출액을 배당금 지급으로
한정할 경우 이 비율은 1998년 4.1%에서 2008년 13.6%로 크게 증가한 것
은 사실이지만, 이 역시 전고점인 1975년 15.3%에 미치지 못하며, 2009년
이후 다시 감소해 2011년에는 8.8%였다. 금융화 논자들의 주장과 달리,
1997년 위기 이후 한국에서 비금융 부문에서 금융 부문으로의 금융적 유
출의 추세적 증대 현상은 확인되지 않는다.

〈그림 9-12〉는 '기업경영분석'을 이용해 제조업 부문에서 금융관계를

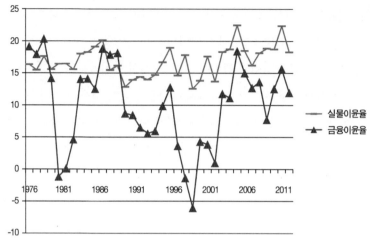

〈그림 9-12〉 1976~2011년 제조업 부문의 실물이윤율과 금융이윤율(단위: %)

주: 실물이윤율과 금융이윤율의 계산방법은 본문의 (7), (8)식 참조.
자료: 한국은행, '기업경영분석', www.bok.or.kr.

고려한 금융 이윤율의 추이를 금융관계를 고려하지 않은 실물 이윤율의
추이와 비교한 것이다. 금융관계를 고려하지 않은 실물 이윤율과 금융관
계를 고려한 금융 이윤율은 다음과 같은 (7), (8)식처럼 정의될 수 있다.

$$(7) \quad 실물이윤율 = \frac{영업이익}{고정자산 + 재고자산}$$

$$(8) \quad 금융이윤율 = \frac{영업이익 + 금융이익 - 금융지출}{고정자산 + 재고자산 + 금융자산 - 총부채} = \frac{경상이익}{자기자본}$$

〈그림 9-12〉는 뒤메닐·레비가 미국 사례에서 발견한 것과는 정반대로,
(8)식으로 계산한 1976~2011년 한국의 제조업 부문에서 금융관계를 고려
한 이윤율이 (7)식으로 측정한 금융관계를 고려하지 않은 이윤율보다 거
의 전 기간에 걸쳐 상당히 낮음을 보여준다. 즉, 미국 사례처럼 금융관계
를 고려한 이윤율이 금융관계를 고려하지 않은 이윤율을 향해 수렴 접근

하는 현상도 발견되지 않았다. 이처럼 한국의 제조업에서 금융관계를 고려한 이윤율이 거의 항상 금융관계를 고려하지 않은 이윤율보다 상당히 낮은 것은 한국과 같은 고부채 모델에서 나타나는 특유한 이자지불 형태로의 항상적인 금융 유출과 관련이 있다. 금융화 논자들의 주장과는 달리, 실물 부문에서 금융 부문으로의 가치 유출은 한국의 경우 1997년 위기 이후 새롭게 나타난 현상이 아니라 한국경제의 고질적인 특징이었다. 또한 〈그림 9-12〉에서 보듯, 금융관계를 고려한 이윤율, 즉 자기자본 경상이익률이 경제위기의 해인 1980년, 1998년, 2008년 모두 급락했지만 이 이윤율이 1980년, 1998년에는 마이너스를 기록한 데 비해 2008년에는 플러스 값을 유지했다는 사실은 한국경제가 1979~1980년 위기 및 1997년 위기와는 달리 2007~2009년 세계경제위기를 모면했음을 보여준다.

또 〈그림 9-13〉에서 보듯, 비금융법인 부문의 소득 중 금융활동에 기인한 소득, 즉 재산소득이 차지하는 비중도 1975~2011년 결코 증가 추세를 보이지 않았다. 물론 1998년 비금융법인 부문의 소득 중 재산소득의 비중이 31.4%로 급증했지만, 이는 1997~1998년 위기 국면에서 영업잉여가 크게 축소된 일시적인 현상이었다. 실제로 이 비중은 1998년 위기 국면에서뿐만 아니라 1980년 및 2008년 위기 국면에서도 치솟았다. 반면 비금융법인 부문 소득 중 비금융활동에 기인한 소득, 즉 영업잉여가 차지하는 비중은 1990년 79.5%에서 2011년 83.4%로 오히려 증가했다.

이상을 통해 산업자본에 대한 금융자본의 헤게모니 확립, 산업자본에서 금융자본으로의 잉여가치 이전의 증대 가설을 핵심으로 하는 금융화론은 한국경제의 경험적 사실들과 부합되지 않는다는 점이 밝혀졌다. 하지만 필자가 케인스주의적 금융화론을 비판한다고 해서 오늘날 자본주의에서 금융의 중요성이 증대한 사실 자체를 부정하는 것은 아니다. 라파비차스(Lapavitsas, 2009)는 금융화를 산업자본의 금융활동 증대 및 노동자계급

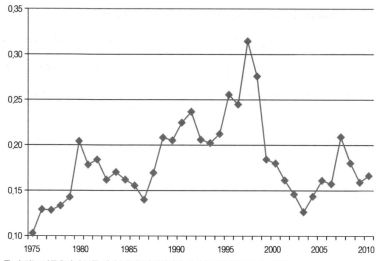

〈그림 9-13〉 1975~2011년 비금융법인 부문 소득 중 재산소득의 비율

주: 수치는 비금융법인 부문 재산소득을 영업잉여와 재산소득의 합으로 나눈 값임.
자료: 한국은행, '자금순환', 금융거래표, www.bok.or.kr.

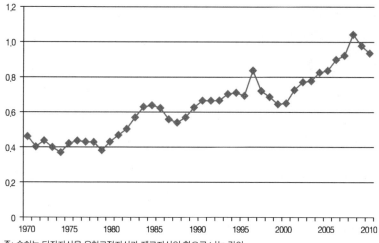

〈그림 9-14〉 1970~2011년 제조업 부문의 유형자산 대비 금융자산의 비율

주: 수치는 당좌자산을 유형고정자산과 재고자산의 합으로 나눈 값임.
자료: 한국은행, '기업경영분석', www.bok.or.kr.

의 부채 증대로 정의하는데, 이와 같은 의미의 금융화는 1990년대 이후 한국에서도 나타나는 것으로 보인다. 우선 〈그림 9-14〉에서 보듯, 제조업 부문의 유형자산 대비 금융자산 비율은 1970년대에 40% 수준에서 1980년대 이후 증가하기 시작해 1997년 83.8% 수준까지 증가했다가 1997년 위기 직후 급락한 다음 2002년 이후 다시 증가세로 반전되어 2011년 93.6%를 기록했다. 또 〈그림 9-15〉를 보면, 비금융법인의 부채 잔액 중 주식이 차지하는 비중은 2002년 30.6%에서 2007년 47.6%로 크게 증가했다가 세계경제위기 국면인 2008년에는 35.6%로 급감한 후 2011년 다시 43%로 증가했다. 비금융법인의 부채 잔액 중 대출이 차지하는 비중은 주식이 차지하는 비중보다 적어서 2002년 26.9%였고, 2011년에도 23.3%였다. 이는 1990년대 이전과는 달리 2000년대 들어 주식발행을 통한 자금 조달, 즉 직접금융 비중이 꾸준히 증가하고 있음을 보여준다. 하지만 이것을 금융화 논자들이 주장하듯이 주주자본주의 논리의 지배를 뜻하는 것으로는 보기 어렵다. 예컨대, 가계 부문의 금융자산 구성을 보인 〈그림 9-16〉은 가계자산의 증권화가 쉽게 이루어지지 못하고 있음을 나타낸다. 즉, 우리나라 가계의 금융자산은 여전히 압도적으로 예금으로 구성되어 있다. 개인 부문 금융자산에서 예금이 차지하는 비중은 2002년의 54.3%에서 2011년의 46.4%로 소폭 감소하긴 했지만 여전히 가계 금융자산의 주종이다. 반면, 가계 부문 금융자산에서 주식이 차지하는 비중은 2002년의 14.1%에서 2011년의 18.2%로 소폭 상승했지만 예금에 비해서는 물론 보험 및 연금의 비중(2011년 25.6 %)보다도 낮다. 이처럼 주식 비중이 미미한 조건에서 금융화의 중심 메커니즘이라고 주장되는 주주자본주의 논리가 제대로 작동하기는 어려울 것이다.

금융화 논자들은 주주자본주의 논리가 득세하면 비금융법인 자본에서 생산된 잉여가치 중에서 배당 지급, 주가 지지를 위한 자사주 매입 소각,

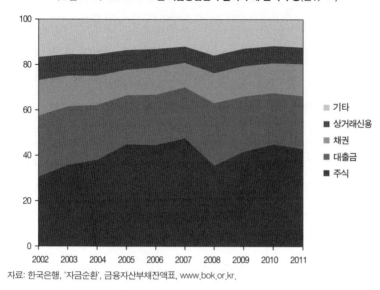

〈그림 9-15〉 2002~2011년 비금융법인 부문의 부채 잔액 구성(단위: %)

기타
상거래신용
채권
대출금
주식

자료: 한국은행, '자금순환', 금융자산부채잔액표, www.bok.or.kr.

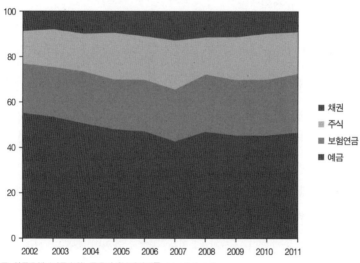

〈그림 9-16〉 2002~2011년 가계 부문의 금융자산 구성(단위: %)

채권
주식
보험연금
예금

자료: 한국은행, '자금순환', 금융자산부채잔액표, www.bok.or.kr.

인수합병에 대비하기 위한 현금 보유 등으로 할당되는 부분이 증가하고 실물부문 투자가 감소해 경제성장이 둔화된다고 주장한다(이병천, 2011). 그런데 이 주장의 후반부, 즉 금융화로 인한 투자율 둔화 가설 역시 이 주장의 전반부, 즉 비금융법인 이윤 중 금융 유출의 비중 증대 가설과 마찬가지로 1990년대 이후 한국경제의 현실에서 입증되지 않는다. 〈그림 9-17〉에서 보듯, 한국의 경우 GDP 대비 투자, 즉 총 고정자본형성의 비율은 1997년 위기를 전후해 1990~1997년의 평균 37%에서 1998~2011년 평균 29%로 저하되었지만, 이는 여전히 고투자 시기였던 1970~1980년대, 즉 1970~1989년의 평균인 28.2%보다 높았으며, 2011년의 27.4%는 한국에 버금가는 고투자 수출 주도 경제국가인 일본(20.7%), 스웨덴(18.4%), 독일(18.1%)보다 10% 포인트 가까이 높은 수치였다. 또 2000년 이후 일본과 독일은 GDP 대비 총고정자본형성 비율이 하락한 데 비해 한국은 이 비율이 고수준에서 유지되었다.

〈그림 9-18〉은 1997년 위기 이후 한국경제의 구조변화의 주요 양상은 금융화라기보다 실물 부문에서의 자본의 집적과 집중의 심화임을 보여준다. 광공업 부문에서 CR3로 측정한 산업 평균집중률은 2002년 47.6%에서 2009년 55.4%로 크게 증가했고, 광공업 부문 전체 출하액에서 상위 100대 기업이 차지하는 비중, 즉 일반집중률 역시 2002년 39%에서 2009년 51%로 급상승해 사상 최고치를 경신했다. 그중에서도 대규모 기업 집단,[7] 즉 재벌로의 경제력 집중은 더욱 가속화되어 이들이 한국경제의 총 출하액에서 차지하는 비중은 2007년 47.3%에서 2008년 49.1%, 2009년 50.1%로 최근에도 계속 증가했다(공정거래위원회, 2011). 하지만 자본의 집적·집중

---

7 대규모 기업 집단이란 2010년 4월 공정거래위원회가 지정한 총 1,264개 계열사를 거느린 자산 규모 5조 이상의 상호출자·채무보증제한 대규모 기업 집단 53개를 가리킨다.

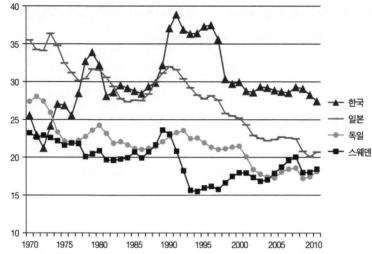

〈그림 9-17〉 1970~2011년 OECD 주요 국가의 GDP 대비 총 고정자본형성 비율(단위: %)

자료: World Bank, World dataBank, World Development Indicators, Gross fixed capital formation(% of GDP), www.worldbank.org.

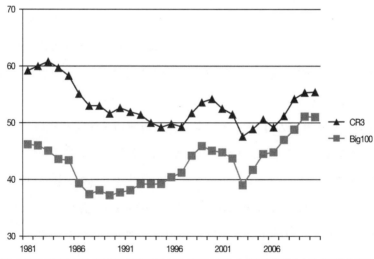

〈그림 9-18〉 1981~2009년 광공업 부문의 평균집중률과 일반집중률(단위: %)

주: 1) CR3: 광공업 부문 세세분류 산업(5단위 분류. 2009년 경우 총 479개 산업)에서 각 산업의 출하액이 광공업 부문 전체 출하액에서 차지하는 비중을 고려해 계산한 출하액 기준 상위 3사 출하액 집중률의 가중평균.
     2) Big100: 광공업 부문 출하액 기준 상위 100대 기업이 광공업 부문 전체 출하액에서 차지하는 비중.
자료: 한국개발연구원(2011).

과 재벌로의 경제력 집중 심화는 예컨대 국가독점자본주의론이 상정하는 일방적인 '독점 강화'가 아니라, 〈그림 9-18〉에서 보듯, '경쟁 격화 → 독점 강화'가 주기적으로 반복되는 형태로 진행되었다.

4. 세계화의 심화

1997년 위기 이후 한국경제에서 나타난 또 하나의 주요한 특징은 자본의 공세하에 노동자계급의 착취 강화와 함께 심화되고 있는 세계화다. 1997년 위기 이후 한국자본의 세계시장 진출 및 한국경제의 세계시장 편입은 그 어느 때보다 심화되고 있다. 물론 세계화는 1997년 위기 이전부터 진행되었다. 1993년 집권한 김영삼 정권의 슬로건도 다름 아닌 세계화였다. 케인스주의·개혁주의 경제학자들은 준비되지 않은 개방, 금융세계화가 1997년 위기를 초래했다고 주장한다. 하지만 1997년 위기 이전의 세계화는 그 규모와 정도에서 1997년 위기 이후의 세계화와는 비교가 되지 않는다. 또 1997년 위기 이전의 세계화가 이미 1987년부터 시작된 한국의 국가자본주의의 구조적 위기에 대한 자본과 국가의 대응인 것처럼, 1997년 위기 이후의 세계화 역시 1997년 위기에 대한 자본과 국가의 대응이었다. 한국에서는 세계화로 인해 위기가 초래된 것이 아니라 위기 이후 위기의 돌파전략으로서 자본과 국가에 의해 세계화가 공세적으로 추진되었다.

실제로 한국경제에서 세계화는 위기 이전이 아니라 위기 이후 급격하게 진전되었다. 예컨대 한국의 KOF 경제적 세계화 지수[8]는 1980년 위기

---

8 KOF 경제적 세계화 지수는 무역, 외국인 직접투자 스톡, 증권투자, 외국인에 대한 소득지불 등의 GDP에 대한 비율과 규제 정도(은폐된 수입장벽, 평균 관세율, 경상수지에 대한 관세 비율, 자본계정 규제 등)에 특정한 가중치를 두어 계산한다.

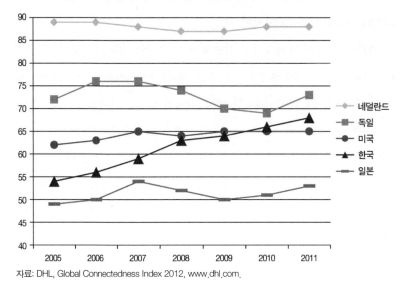

〈그림 9-19〉 2005~2011년 DHL 세계화 연결지수

자료: DHL, Global Connectedness Index 2012, www.dhl.com.

를 전후해 1979년 36.7에서 1981년 48.2로 급상승했으며, 1997년 위기 직후, 즉 1997년 49.6에서 1998년 57로 급증했다. 2007~2009년 세계경제위기 국면을 맞아 세계 대부분의 나라에서는 세계화 정도가 감소했지만 한국경제의 세계화는 중단 없이 진전되었다. 〈그림 9-19〉에서 나타나듯이 2007~2009년 DHL 세계화 연결지수[9]는 독일의 경우 76에서 70으로, 일본의 경우 54에서 50으로 감소한 반면, 한국의 경우는 59에서 64로 증가했으며, 2011년에는 68로 순위도 세계 14위였다. 한국경제에서 세계화는 한편에서는 위기를 기화로 한 초국적 자본의 개방 공세의 결과로서 수동적

---

9 DHL 세계화 연결지수는 무역, 자본, 정보 및 사람 등 4개 범주에 대해 글로벌 연결의 깊이 및 넓이를 GDP에 대한 상품 무역 및 서비스 무역 비율, GDP에 대한 직접투자 및 증권투자 비율, 인터넷 사용자의 초당 인터넷광역대 비트 수, 국제전화 사용시간, 1인당 출판물 교역 액수, 인구 대비 이민자 비율, 국민 1인당 해외여행객 수, 대학 재학생 대비 유학생 비율 등의 지표에 특정한 가중치를 부여해 계산한다.

으로, 다른 한편에서는 위기에 대한 자본과 국가의 대응 전략으로서 강행되었다. 한미FTA는 그 단적인 예다.

1997년 위기 이후 세계화의 심화는 우선 초국적 자본의 한국 진출 증대에서 나타난다. 〈그림 9-20〉에서 보듯, 외국인의 주식소유 비중은 1997년 위기 이후 급증해 1997년 14.6%에서 2004년 42%를 기록했다가, 그 후 감소해 2008년 28.9%를 차지했다. 하지만 최근 세계경제위기에서 회복되는 국면에 접어들자 외국인 주식소유 비중은 다시 증가세로 반전되어 2012년에는 34.4%를 기록했다. 외국인 직접투자도, 〈그림 9-21〉에서 나타나듯이, 1997년 위기 이후 폭발적으로 급증했다. 외국인 직접투자는 1990년 8억 달러 수준에서 1997년 위기 이후 급증해 1999년 155억 달러까지 급증했다가, 2003년 65억 달러로 감소했지만, 세계경제위기 이후 다시 증가해 2012년 163억 달러로 사상최고치를 기록했다. 하지만 1997년 위기 이후 외국자본의 한국 진출과 동시에 한국자본의 세계시장 진출도 급증했다. 〈그림 9-21〉에서 보듯, 한국의 해외직접투자는 1990년대 이후 증가하기 시작해 1990년 10억 7,000만 달러에서 1996 45억 3,000만 달러로 증가한 후 1997년 위기 때와 2000년대 초에는 잠시 주춤했지만 2004년부터 다시 급증세를 보여 2011년에는 255억 7,000만 달러를 기록했다. 그리하여 2006년 이후에는 한국의 해외직접투자 액수가 외국인 직접투자 액수를 초과해 직접투자 기준으로 한국은 순자본수출국이 되었다.[10] 이로 인해 한국의 해외 직접투자 스톡이 세계 전체의 해외 직접투자 스톡에서 차지하는 비중은 1990년 0.1%에서 2011년 0.8%로 증가했다(UNCTAD, 2012).

1997년 위기 이후 세계화가 진전되면서 한국에서 외국자본의 잉여가치 생산이 증대하면서 국외로 유출되는 가치량도 급증했다. 〈그림 9-22〉에

---

10 김어진(2012)은 이를 한국자본주의가 제국주의 또는 아류제국주의로 전화한 것으로 해석한다.

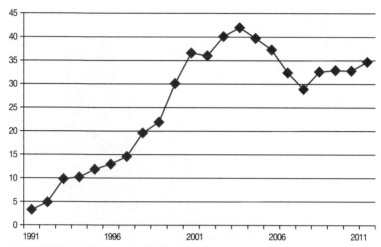

〈그림 9-20〉 1991~2012년 연말시가총액 기준 외국인소유 주식의 비중(단위: %)

자료: 금융감독원, '금융통계월보', 외국인주식투자, http://fisis.fss.or.kr.

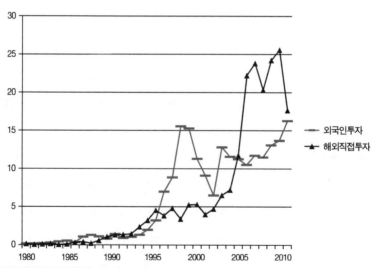

〈그림 9-21〉 1980~2012년 외국인투자의 추이

외국인투자
해외직접투자

자료: 한국은행, '국제수지', www.bok.or.kr.

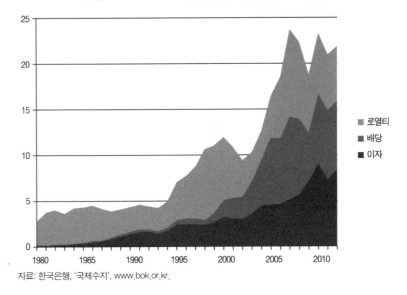

〈그림 9-22〉 1985~2012년 가치의 국외 유출(단위: 10억 달러)

■ 로열티
■ 배당
■ 이자

자료: 한국은행, '국제수지', www.bok.or.kr.

서 보듯, 기술사용료와 로열티, 배당 및 이자 지불의 합으로 계산한 가치의 국외 유출액은 1994년까지 10년 동안 40억 달러 수준에 머물러 있다가 1997년 위기 이후 급증하기 시작해 2007년 237억 달러를 기록했다. 1997년 위기 이후 가치의 국외 유출은 주로 배당의 국외 지급 형태로 이루어졌는데, 2012년 국외 배당 지급액은 무려 75억 달러였다.

1997년 위기 이후 한국경제에서 세계화는 일면적인 종속 심화가 아니라 한편에서는 한국에서 활동하는 외국자본의 비중과 영향력 증대를 수반하면서도 다른 한편에서는 한국자본의 가치 증식과 실현 장소의 세계적 확장이라는 형태로 전개되었다. 실제로 1997년 위기 이후 한국경제의 세계화를 주도한 것은 수출의존도의 급증이었다. 〈그림 9-23〉에서 보듯이, GDP 대비 수출 비율은 1970년 13.2%에서 1987년 37.6%로 증가한 후 그 뒤 감소했다가 1997년 위기 이후 다시 증가세로 돌아서 1998년 44.3%까지 치솟았으며, 그 후 약간 감소했지만 2008년 세계경제위기를 맞은 해에

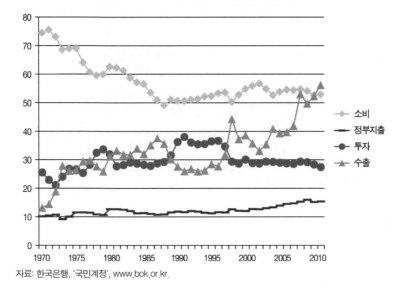

〈그림 9-23〉 1970~2011년 GDP의 지출 구성(단위: %)

자료: 한국은행, '국민계정', www.bok.or.kr.

다시 53%로 급증했다. 2011년 GDP 대비 수출 비율은 56.2%를 기록해 같은 해 GDP 대비 민간소비 비율인 52.8%를 능가했다. 또 2003년 이후 민간소비와 투자의 비율은 거의 불변인 반면, 수출의 비율은 큰 폭으로 증가했다. 수출은 1997년 위기에서 한국경제의 회복을 견인했을 뿐만 아니라 2008년 세계경제위기 국면에서 한국경제가 위기에 빠지지 않게 하는 데서도 결정적인 역할을 했다.

〈그림 9-24〉에서 보듯, 2011년 한국의 수출의존도는 고소득 OECD 평균보다 두 배 이상 높았으며, 대표적인 수출 주도 선진국인 스웨덴, 독일, 일본보다도 높았다. 반면 〈그림 9-25〉에서 보듯, 내수시장 의존도를 보이는 GDP 대비 민간소비지출 비율은 1997년 위기 이후 소폭 증가했음에도 한국과 수출의존도가 비슷한 수출 주도 선진국인 스웨덴, 독일보다 5~8% 포인트 낮았다. 또 〈그림 9-25〉에서 보듯, 수출 주도 경제라는 공통점을 갖는 한국, 일본, 독일, 스웨덴 4개국 중에서 1990년대 이후 장기불황에서

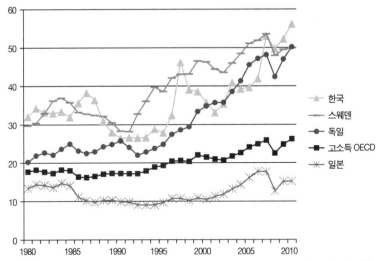

〈그림 9-24〉 1980~2011년 OECD 주요 국가의 GDP 대비 수출 비율(단위: %)

한국
스웨덴
독일
고소득 OECD
일본

자료: World Bank, World dataBank, World Development Indicators, Exports of goods and services(% of GDP), www.worldbank.org.

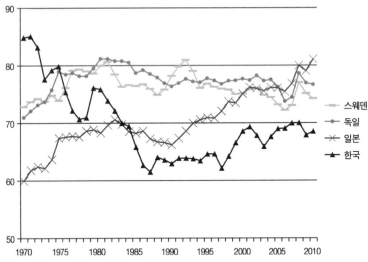

〈그림 9-25〉 1970~2011년 OECD 주요 국가의 GDP 대비 소비지출 비율(단위: %)

스웨덴
독일
일본
한국

자료: World Bank, World dataBank, World Development Indicators, Final consumption expenditure, etc(% of GDP), www.worldbank.org.

헤어나지 못한 일본은 GDP 대비 소비지출의 비율이 증가한 반면, 같은 시기 상대적으로 양호한 경제성장률을 보인 한국, 독일, 스웨덴에서는 이 비율이 거의 증가하지 않거나 소폭 감소했다. 즉, 케인스주의자들이 애호하는 '임금주도 경제성장' 또는 '분배에 기초한 성장' 전략은 1990년대 이후 세계경제에서는 작동하지 않았다.

한편 1997년 위기 이후 한국의 수출의존도가 급격히 증가한 것은 수출시장의 다변화를 수반했다. 〈그림 9-26〉에서 나타나듯이, 1990~2012년 기간 중 한국의 총 수출액에서 대미수출과 대일수출이 차지하는 비중은 각각 29.8%에서 10.7%, 19.4%에서 7.1%로 격감한 반면, 대중수출이 차지하는 비중은 0.9%에서 24.5%로 급증했다. 2000년대 이후 한국의 수출 주도 경제 회복은 거의 전적으로 '중국 효과' 덕분이었다고 해도 과언이 아니다. 또 세계경제위기 및 유로존 위기 국면인 2007~2012년 기간 중 유럽으로의 수출이 차지하는 비중이 18.2%에서 12.5%로 감소한 반면, 중국과 일본을 제외한 아시아로의 수출이 차지하는 비중은 21.7%에서 26.5%로 증가했다.

한편, 〈그림 9-27〉은 1997년 위기 이후 및 2007~2009년 세계경제위기 이후의 수출 급증이 주로 단위노동비용의 저하에 기초한 국제경쟁력 향상을 배경으로 했음을 보여준다. 2005년을 100으로 두었을 때 제조업 부문 단위노동비용 지수는 1996~2000년 111.3에서 89.6으로 대폭 감소했으며, 환율조정의 경우 이 지수는 같은 기간 141.8에서 81.2로 무려 42.7% 폭락했다. 또 2007~2009년 세계경제위기 기간 동안에는 단위노동비용 지수가 97.5에서 101.1로 약간 상승했지만, 환율조정의 경우 이 지수가 107.4에서 81.3으로 24.3% 대폭 저하했다. 즉, 1997년 위기 및 2007~2009년 세계경제위기 이후 한국경제의 회복을 견인한 수출 급증은 생산성 향상과 함께 저임금과 고환율이라는 가격 변수에도 크게 의존했다. 또 단위노동비

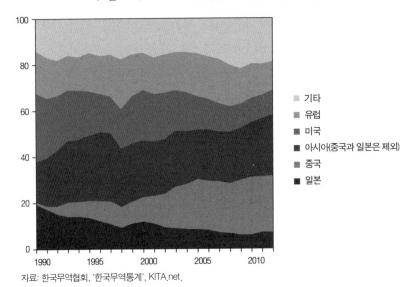

〈그림 9-26〉 1990~2012년 수출의 지역별 구성(단위: %)

기타
유럽
미국
아시아(중국과 일본은 제외)
중국
일본

자료: 한국무역협회, '한국무역통계', KITA.net.

〈그림 9-27〉 제조업 부문 단위노동비용 지수와 명목실효환율 지수(2005년 = 100)

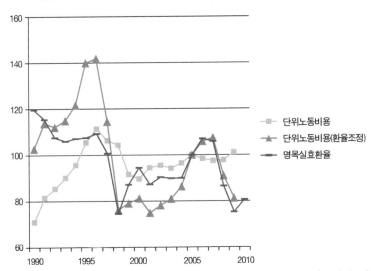

단위노동비용
단위노동비용(환율조정)
명목실효환율

자료: OECD, *OECD.StatExtracts*, Unit Labor Costs-Annual Indicators, Economic Outlook No. 92, December 2012 OECD Annual Projections, www.oecd.org.

용 저하가 착취율 상승의 다른 표현임을 고려한다면, 1997년 위기 이후 수출 증가의 주요인은 착취율 상승이었다고 할 수 있다.

1997년 위기 이후 수출의존도가 심화되었음에도 수출의 경제성장 촉진 효과는 갈수록 감소했다. 1990년대 이후 세계화의 진전에 따라 국내적 산업연관이 점점 약화되면서 수출 증가는 생산 증가보다 수입 증가를 유발하게 되었다. 〈그림 9-28〉에서 보듯, 수출 증가의 부가가치 유발계수는 1995년 0.7에서 2010년 0.56으로 감소한 반면, 수출 증가의 수입 유발계수는 1995년 0.30에서 2010년 0.44로 급증했다. 1997년 위기 이후 경제가 회복되었음에도 그에 상응해 고용이 증가하지 않는 현상, 이른바 일자리 없는 회복은 이와 관련이 있다.[11] 마르크스의 다음과 같은 언급은 마치 1997년 위기 이후 한국경제를 묘사한 것 같다.

자본주의적 생산의 내적 모순은 생산의 외부영역을 확대함으로써 해결을 구한다. 그러나 생산력이 발달하면 할수록 생산력은 소비관계가 입각하고 있는 좁은 기초와 더욱 더 충돌하게 된다. 이러한 모순에 찬 토대 위에서는 자본의 과잉이 증대하는 인구과잉과 공존한다는 것은 전혀 모순이 아니다 (마르크스, 2004: 294).[12]

〈그림 9-29〉는 1990년대 중반까지 감소 추세를 보였던 생산수단의 수입의존도가 그 이후 다시 증가하고 있음을 보여준다. 다시 말해서, 제조업

---

11 실제로 한국은행 '산업연관표'에 따르면 수출의 고용유발계수도 수출 10억 원 증가당 1995년 22.2명에서 2010년 5.9명으로 급감했다.
12 이 글의 논의는 마르크스가 말한 '자본주의적 축적의 절대적 일반법칙' 중 '자본' 측면의 모순 분석에 한정되어 있으며, 이 법칙의 '노동' 측면의 경향 분석, 특히 상대적 과잉인구의 누진적 증가 경향의 표현으로서 비정규직, 불안정노동의 증가 경향에 관한 분석은 이 책에 수록된 장 귀연의 글을 참조할 수 있다.

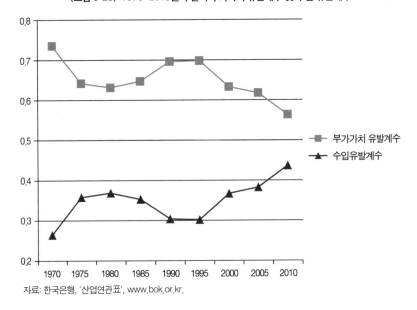

〈그림 9-28〉 1970~2010년 수출의 부가가치 유발계수 및 수입 유발계수

자료: 한국은행, '산업연관표', www.bok.or.kr.

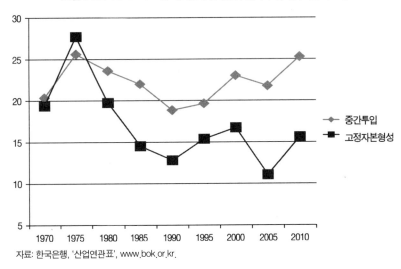

〈그림 9-29〉 1970~2010년 제조업 부문 생산수단의 수입의존도(단위: %)

자료: 한국은행, '산업연관표', www.bok.or.kr.

중간투입(원자재, 부품) 중 수입품의 비중은 1975년 25.6%에서 1990년 18.8%까지 감소했다가 그 후 증가세로 돌아서 2010년에는 25.2%까지 증가했다. 또 제조업 부문 전체의 민간 총 고정자본형성 중 수입품이 차지하는 비중 역시 1975년 27.7%에서 1990년 12.8%까지 감소했지만, 이 감소세는 1990년대 이후 중단되어 2010년 이 비중은 15.6%로 증가했다. 특히 생산수단의 수입의존도가 1995~2000년 사이와 2005~2010년 사이, 즉 두 차례의 위기를 전후해 급증한 것이 주목된다.

수출 증가를 통해 위기를 돌파하려는 전략은 1997년 위기 이후 2007~2009년 세계경제위기까지는 그런대로 주효했지만 이 전략이 앞으로도 계속 작동할지는 의문이다. 수출 증가가 여전히 생산성 향상보다는 환율이나 임금과 같은 가격 변수에 크게 의존하고 있고, 수출의존도의 절대 수준이 OECD 평균과 비교할 때 과대하게 불균형적으로 높으며, 수출이 생산과 고용 증대보다 수입 증가를 유발하고 있고, 수출이 증가됨에도 생산수단 수입의존도가 증대하고 있기 때문이다. 무엇보다 세계경제위기가 지속될 경우 수출 주도 경제성장 전략은 점점 입지가 좁아질 것이다.[13]

5. 맺음말

최근 김상조(2012), 정태인 외(2012), 장하준·정승일·이종태(2012), 이병천(2011) 같은 케인스주의·개혁주의자들은 경제민주화론(재벌개혁론, 진보적 자유주의) 대 사회적 대타협론(발전주의 복지국가론) 등으로 서로 대

---

13 세계경제위기가 지속되면서 최근 한국의 수출 증가세는 확실히 둔화되고 있다. 2013년 2월 한국의 수출은 423억 달러였는데, 이는 전월 대비 7.3%(456억 달러) 감소, 전년 동월 대비 8.6% 감소(463억 달러)한 액수다.

립하는 모습을 보이면서도 현재 한국경제의 대안을 자본주의 틀 안에서 찾는 개혁주의 입장을 취한다는 점에서는 공통적이다. 이들은 최근 한국경제의 저성장과 양극화는 자본주의 자체의 경향이 아니라 자본주의의 특정한 유형인 신자유주의 금융화의 산물이라고 주장한다. 이들은 현재 한국경제의 주요 모순을 자본-노동 간의 계급모순이 아닌 시장-국가 간의 대립으로 파악하면서, 경제민주화, 복지국가, 분배에 기초한 성장(임금 주도 성장), 고가도(high-road)에 기초한 진보적 경쟁력 강화를 공통적으로 주장한다. 예컨대, 장하준·정승일·이종태(2012)는 재벌체제는 초국적 금융자본의 공격에 맞설 수 있는 대안이며, 국민경제와 '이해당사자 자본주의'를 강화할 수 있는 기초라고 주장한다. 하지만 이 글에서 필자는 1997년 위기 이후 한국경제의 구조변화는 케인스주의·개혁주의자들이 공통적으로 주장하는 신자유주의 금융화가 아니라 마르크스가 말한 이윤율의 저하경향을 배경으로 한 "자본주의적 축적의 절대적 일반법칙"으로 가장 잘 이해될 수 있음을 보였다. 우선, 1997년 위기는 단순한 금융위기가 아니라 자본축적의 구조적 모순이 심화된 결과였는데, 이는 1997년 위기 이전 기간인 1986~1996년 이윤율의 저하에서 입증된다. 1997년 위기 이후 한국경제를 특징짓는 현상은 비금융법인 이윤의 금융 부문으로의 유출 증가 등으로 정의되는 금융화 현상이 아니라 이윤율 회복을 위한 국내외 자본의 공세와 실물 부문에서 진행되고 있는 자본의 집적·집중의 유례없는 심화다. 1997년 위기 이후 노동자계급에 대한 착취 강화와 주로 과잉 수출 형태의 세계화가 강행되고 있으며, 이는 2007~2009년 세계경제위기 이후로도 계속되고 있다. "자본주의적 축적의 절대적 일반법칙"이 1997년 위기 이후 한국에서 관철되고 있다는 사실은 한국사회 변혁에서 마르크스주의의 반자본주의 프로젝트가 여전히 현재적임을 시사한다.

참고문헌

공정거래위원회. 2011. 「보도자료: 공정위, '09년 시장구조조사 결과 공표」. 12. 9.

김상조. 2012. 『종횡무진 한국경제』. 오마이북.

김어진. 2012. 「제국주의 이론을 통해 본 한국 자본주의의 지위와 성격에 관한 연구: 한국 자본주의의 아류제국주의적 성격을 중심으로」. 경상대학교 대학원 정치경제학과 박사학위 논문.

마르크스, 카를(Karl Marx). 1991. 『자본론』 1권. 김수행 옮김. 비봉출판사.

_____. 2004. 『자본론』 3권. 김수행 옮김. 비봉출판사.

안현효·박도영·류동민. 2012. 「경제위기와 한국경제의 모순: 양극화 성장의 귀결」. 김수행·장시복 외. 『정치경제학의 대답: 세계대공황과 자본주의의 미래』. 사회평론.

유철수. 2012. 「한국의 잉여가치율 추이, 1993~2010」. ≪마르크스주의 연구≫, 9권 4호.

이병천. 2011. 「외환위기 이후 한국의 축적체제: 수출주도 수익추구 축적체제의 특성과 저진로 함정」. ≪동향과 전망≫, 81호.

이영일. 2011. 「한국 경제의 금융화에 대한 연구」. 경상대학교 대학원 정치경제학과 석사학위 논문.

장하준·정승일·이종태. 2012. 『무엇을 선택할 것인가』. 부키.

정성진. 2004. 「1997년 경제위기 이후 한국자본주의의 변화」. ≪경제와 사회≫, 64호.

_____. 2005. 『마르크스와 한국경제』. 책갈피.

_____. 2006. 「한국 자본주의 축적의 장기 추세와 위기: 1970~2003」. 『한국자본주의의 축적체제 변화: 1987~2003』. 한울.

_____. 2007. 「한국 자본주의의 잉여가치율과 이윤율: 1970~2003」. 『한국자본주의의 재생산구조 변화: 1987~2003』. 한울.

_____. 2010. 「신자유주의에 대한 개혁주의적 대안의 문제들」. ≪마르크스 21≫, 5호.

_____. 2012. 「마르크스의 세계시장공황론: 세계화와 공황의 연구 방법을 위하여」. ≪마르크스주의 연구≫, 9권 3호.

정태인 외. 2012. 『리셋 코리아』. 미래를 소유한 사람들.

조복현. 2004. 「금융주도 축적체제의 형성과 금융자본의 지배」. ≪사회경제평론≫, 23호.

표학길·정선영·조정삼. 2007. 「한국의 총고정자본형성, 순자본스톡 및 자본계수 추계: 11개 자산 72부문(1970~2005)」. ≪한국경제의 분석≫, 13권 3호.

한국개발연구원. 2011. 『시장구조조사』.

Brenner, Robert. 2006. *The Economics of Global Turbulence*. Verso.

Clarke, Simon. 1994. *Marx's Theory of Crisis*, St.Martin's Press.

Duménil, Gerard and Dominique Lévy. 2004. "The Real and Financial Components of Profitability(United States, 1952~2000)." *Review of Radical Political Economics*, Vol. 36, No. 1.

Heinrich, Michael. 2013. "Crisis Theory, the Law of the Tendency of the Profit Rate to Fall, and Marx's Studies in the 1870s." *Monthly Review*, Vol. 64, No. 11.

Lapavitsas, C. 2009. "Financialized Capitalism: Crisis and Financial Expropriation." *Historical Materialism*, Vol. 17, No. 2.

UNCTAD. 2012. *World Investment Report*.

정규직/비정규직의 분할과 단결 가능성[*]

장귀연(경상대학교 사회과학연구원)

1. 들어가며: 노동조합 활동에 대한 접근

'정규직 이기주의'라는 말은 아주 진부한 표현이다. 급진적인 노동운동 진영에서부터 청와대와 보수언론까지 이처럼 보편적으로 동의하고 스스럼없이 사용하는 표현도 드물 것이다.

물론 이 말이 쓰이는 맥락적 함의와 의도에는 큰 차이가 있다. 보수 진영이 정규직 이기주의라는 표현을 쓸 때에는 반(反)노동조합 이데올로기를 교묘하게 내포한다. 즉, 노동시장의 유연화가 반드시 필요함에도 노동조합을 결성한 정규직들이 '이기적으로' 해고를 어렵게 하고 고임금을 받아가기 때문에 고용불안과 저임금에 시달리는 '불쌍한' 비정규직들이 생성된다는 것이다. 이런 얘기는 조금만 생각해보면 어불성설임을 알 수 있다. 비정규직 사용을 원하는 것은 분명 정규직 노동자나 노동조합이 아니라 기업이다. 또 노동조합이 고용안정과 고임금을 추구하는 것은 당연한

---

[*] 이 글은 전국불안정노동철폐연대, 『비정규직 없는 세상』(메이데이, 2009)에 실린 필자의 글을 재수록한 것이다.

일로, 이를 비난하는 것은 반노동조합 선전일 따름이다.

반면, 노동운동에 관심을 갖고 있는 사람들은 조금 다른 맥락에서 정규직 이기주의를 우려한다. 10% 남짓한 조직률의 노동조합이 대부분 대기업 정규직으로 구성되어 있는 상황에서 비정규직이 널리 확산되었고 정규직과의 노동조건 격차도 매우 커졌다. 즉, 노동조합 조합원과 보통 노동자 간의 거리가 더욱 멀어진 것이다. 그러면서 노동조합은 노동자계급을 대중적으로 결속시키는 역할을 하기는커녕 오히려 노동자계급 내의 분할과 분열을 심화시키는 작용을 하게 되었다. 노동운동에 애정을 갖고 있는 사람들이 정규직 이기주의를 언급하는 것은 이런 우려되는 상황에서 계급적 연대성을 촉구하기 위해서다.

그러나 설사 이데올로기적 지반과 목적이 다르다 하더라도 양쪽 모두 정규직 이기주의라는 현실 자체에는 동의하고 있다. 즉, 주로 대기업 정규직으로 조직된 노동조합은 비정규직 노동자를 배척하고 이들에 대해 무관심하거나 또는 나아가 이들을 희생하면서 정규직 조합원의 이익을 보호하려고 한다는 것이다.

그런데 정말로 그런가? 정말로 그러하다면 도대체 왜 그런가? 현상에 대해 비난하면서 당위만 내세우는 것은 현실적으로 이를 극복하는 데 크게 도움이 되지 않는다. 왜 그러한지를 이론적·실증적으로 분석하는 것에서부터 실제적인 대안을 모색할 수 있다.

정규직 이기주의를 비판하는 담론이 무성한 것에 비해 그렇게 된 이유에 대한 분석은 비교적 드물다. 물론 여러 논의에서 전제되는 것을 추출할수는 있다. 1997년 말 경제위기에서 비롯된 '1998년 노동체제'는 노사정 간의 세력관계를 재형성했는데, 무엇보다도 강력한 구조조정 공세에 대해 노동측은 수세에 몰리게 되었다. 이런 상황에서 노동조합은 조합원이 아닌 비정규직에 대해서는 신경을 쓰거나 연대할 여지를 전혀 갖지 못한 채

정규직 조합원을 보호하기에만 급급했고, 이것이 정규직 이기주의라는 현상으로 나타나게 되었다는 것이다(임영일, 2003; 김동춘, 2006).

이론적으로 좀 더 정교한 추론은 정건화(2003)에게서 찾아볼 수 있다. 그에 따르면, 한국에서 기업 내부노동시장은 거래비용의 관점에서나 숙련의 관점에서 보면 비효율적인 것에 가까운데, 내부노동시장이 형성된 이유는 오직 노동조합 때문이라고 한다. 따라서 기업은 이 비효율성을 상쇄하기 위해 내부노동시장을 보장하지 않는 비정규직을 고용하게 되고, 반대로 숙련 등 사측을 상대할 다른 역량이 취약한 노동조합은 비정규직 고용을 묵인하고 이들을 노동조합 밖에 위치시킴으로써 자기 조합원을 보호하는 전략을 채택한다는 것이다.

이러한 추론은 이론적·현실적으로 충분히 타당성이 있지만, 동시에 단지 일면만 가리키고 있는 것이기도 하다. 이런 논리는 '노동조합의 활동이란 외부 환경 및 다른 행위자들과의 관계라는 조건에서 자기 조합원의 이익을 최대화하는 것을 계산함으로써 도출된다'라는 다원주의적 가정을 깔고 있기 때문이다. 노동조합에 관한 한 이것은 이론적으로든 현실적으로든 일부의 진실일 뿐이다. 그 이유는 다음 세 가지로 설명될 수 있다.

첫째, 노동조합의 활동을 외부 환경 조건 및 다른 행위자들(자본, 정부 등)과 맺은 관계에 따라 결정된다고 분석하는 노사관계론적 접근(Dunlop, 1958)은 잘 알려진 방법론이지만, 이 역시 특정한 하나의 시점에서 본 것이다. 물론 노동조합은 주어진 경제적 환경과 노사관계 내에서 전략적으로 행동한다. 그러나 노동조합은 이러한 외부적 조건 외에도 더 고려해야 할 것이 있는데, 그것은 내부 구성원들의 의식과 관계다. 집합적 행위주체에 접근하기 위해서는 외부의 시점에서 외적 조건을 분석할 수도 있고 내부의 시점에서 내적 관계를 분석할 수도 있다. 그런데 특히 노동조합은 후자의 측면이 매우 중요한 조직이다.

기업의 행동과 전략을 평가하는 데에는 이윤이라는 유일하고 절대적인 잣대가 존재한다. 하지만 노동조합 구성원인 노동자들의 의식과 욕구는 매우 다양하며 절대적인 잣대란 존재하지 않는다. 그러므로 노동조합이 추구해야 할 목표를 정하고 전략을 평가하는 것 자체가 내부 구성원들의 토론과 소통을 통해 이루어질 수밖에 없다(Offe and Wiesenthal, 1985). 즉, 경제상황이나 노사관계 같은 외부적 조건이 주어졌다 할지라도 내부 구성원들이 어떤 의식을 갖고 어떻게 소통하느냐에 따라 노동조합의 목표와 그에 따른 활동은 크게 달라지는 것이다.

둘째, 노동조합이 단지 자기 조합원만을 고려해서 행동하는 것은 아니다. 노동조합이 오직 자기 조합원만을 대표해야 한다는 다원주의적 관점은 단지 노동조합에 대한 특정한 일부 시각일 뿐이다(Martin, 1989). 예를 들어, 노동조합은 좌익적인 계급론적 관점에서는 전체 노동자계급을 대표해 행동해야 하고, 우익적인 관점에서는 전체 국가나 사회의 이익을 고려해야 한다. 실제로도 노동조합이 오직 자기 조합원만을 고려해 행동하지는 않는다. 다른 조직들과 달리 노동조합의 무기란 근본적으로 단결과 연대뿐이다. 하나하나로는 보잘것없는 노동자들이 단결해 행동함으로써 노동조합이라는 힘을 형성한다. 마찬가지로 개별 노동조합도 더 넓은 연대와 지지 속에서 활동할 때 더 큰 힘을 발휘할 수 있다. 따라서 노동조합은 자기 내부의 조합원뿐만 아니라 다른 노동조합이나 노동자들을 잠재적인 동맹군으로 고려하면서 행동하게 된다.

또한 노동조합의 세력을 가늠하는 가장 기본적인 지표가 조직률인 것처럼 노동조합은 노동자들의 결속을 끊임없이 확대해나갈 때 힘을 유지할 수 있다. 그렇기 때문에 설사 아직 조직되지 못한 노동자들도 잠재적인 조합원으로 고려해야 한다. 사실 이렇게 비정규직이 확산되고 있는데 소수의 정규직만으로 노동조합을 계속 꾸려나간다면 노동조합의 힘이 점점 위축될 것임은 불 보듯 뻔한 일이다. 이런 시각에서 볼 때 노동조합이 단순히 기존 조합원들만을 대표하면서 다른 노동자들에 대해서는 무신경하다는 것은 이론적으로든 현실적으로든 필연적인 것이라고 할 수 없다.

셋째, 노동조합은 단순한 이익집단과는 다르며, 노동조합 구성원들의 행동논리는 단지 이해계산적이지 않다. 자본가에 대해 노동자 개개인의 힘은 압도적으로 불리하다. 그렇기 때문에 노동조합을 결성하는 것이지만, 그것은 개인으로서는 매우 심각한 위험을 감수하는 일이다. 그러므로 개인들이 합리적 선택을 했을 때에는 결코 노동조합이 결성되고 유지될 수 없다. 따라서 클랜더맨스(Klandermans, 1986)는 노동조합 구성원들의 행동논리는 다른 이익집단과는 달리 다른 사람들이 함께할 것이라는 믿음에 의해서만 가능하다고 지적한다. 즉, 이해계산적인 합리적 선택이 아니라 같이하는 사람들에 대한 믿음에서 노동조합이 가능한 것이다.

그런 의미에서 켈리(Kelly, 1998)는 노동조합의 이해계산은 집단적 정체성에 근거한 집단적 이해계산이라고 말한다. 노동조합의 기반을 이루는 것은 '우리'라는 정체성을 공유한 공동체적 집단이다. 이해계산은 이 집단적 수준에서 이루어진다. 물론 집단적으로 이익이 되면 개인적으로도 이익을 얻는 게 보통이지만, 설사 개인적으로는 손해나 위험의 기회비용이 더 큰 것으로 계산될지라도 '우리'라고 느끼는 공동체에 이익이 될 수 있다면 기꺼이 그것을 감수할 수도 있다. 그렇지 않고 개개인이 이해계산적인 합리적 선택을 한다면 노동조합 자체가 결성·유지될 수 없다. 그런 의미에서 많은 사람들이 지적해온 바와 같이 노동조합은 이익집단적 성격뿐 아니라 공동체적 성격도 갖는다.

따라서 여기서는 정규직 이기주의, 즉 수세적인 상황에 처한 노동조합이 자기 조합원의 이해를 계산해 비정규직을 배척하고 희생한다는 가정을 전제하지 않는다. 물론 현상적으로는 그렇게 나타날 수도 있다. 그러나 외적 환경이 좋지 않다고 해서 반드시 비정규직을 배척하는 것으로 나아갈 필연성은 없다. 내부적 관계와 소통에 따라 다른 전략을 취할 수도 있는 것이다. 또한 노동조합은 오직 자기 조합원만 생각할 수가 없다. 노동조합의 힘이 유지·발전하기 위해서는 비정규직 같은 외부 노동자도 잠재적인 조합원이자 동맹자로 생각하고 고려해야 할 필요가 있다. 마지막으로, 조합원의 이익을 최대화하기 위해 비정규직을 희생시킬 수밖에 없다는 것도 당연한 사실이 아니다. 이해계산은 노동조합을 구성하는 공동체 내부에는 적용되지 않기 때문에 비정규직 노동자가 공동체의 대상으로 인식된다면 이것은 문제가 되지 않는다.

이 글은 정규직 중심의 노동조합이 실제로 비정규직을 배척하는지를 실증적으로 확인하고, 만약 실제로 그러하다면 노동조합의 활동논리에서 어떤 이유 때문에 그러한지를 분석해보고자 한다.

노동조합의 활동논리에 관해서는 켈리의 정식화가 도움이 된다. 그는 노동조합의 활동논리를 다음 여섯 단계로 규정했다. 불만 → 부당함에 대한 인식(정당성 문제) → 사회적 책임 귀결 → 집단적 정체성(우리/그들) → 집단적 이해계산 → 집단행동이다. 단순한 불만만 가지고 노동조합의 행동이 발생하는 것은 아니다. 불만스러운 조건이 나의 잘못 때문이 아니라 분명히 부당하다는 것을 인식할 때 행동으로 나아갈 수 있다. 그뿐만 아니라 이 부당성은 숙명적인 것이 아니라 사람들의 노력을 통해 수정될 수 있다는 인식을 가져야 한다. 이러한 기반에서 이 부당함을 당하고 있는 '우리' 집단과 '그들' 집단이라는 정체성의 경계가 형성된다. 이 공동체의 기반 위에서 이해계산이 이루어지고 집단행동이 발생하는 것이다.

비정규직에 관한 한 이 과정에서 특히 다음 두 가지 계기에 주목할 수 있다. 첫째는 부당함에 대한 인식의 지점이다. 비정규직 고용과 노동조건이 정당하다고 생각하는지 아니면 부당하다고 생각하는지는 큰 차이를 낳는다. 물론 이것은 비정규직 노동자 자신에게 가장 잘 인식되겠지만, 정규직 조합원이나 노동조합의 활동 역시 정당성 문제를 생각하지 않을 수 없다. 둘째는 집단적 정체성의 문제다. '우리' 집단이라는 공동체에 포함되면 설사 개별적 손해나 위험을 감수하더라도 이해계산은 이 공동체의 집단적 수준에서 이루어질 수 있다. 문제는 비정규직 노동자가 노동조합의 기반을 이루는 공동체의 대상으로 생각되는가 아닌가 하는 점이다. 비정규직 노동자가 '우리' 집단에 속하는 것으로 인식된다면 노동조합의 기반을 이루는 공동체의 대상으로서 이들과 함께 전체적인 이익을 고려하게 될 것이다. 반대로 비정규직 노동자가 '그들' 집단으로 느껴진다면 정규직 조합원과 노동조합은 이들에 대해 무관심한 것을 당연하게 생각할 뿐 아니라 나아가 이해계산의 대상으로 계산할 수도 있다.

바로 이러한 지점이 정규직과 비정규직 노동자가 분할/접합되는 지점이라고 할 수 있다. 따라서 이 글은 비정규직에 관한 정당성 계기와 집단적 정체성의 계기라는 지점에서 구성원들의 의식과 내부관계의 형성에 따라 노동조합이 비정규직 노동자에 대해 취하는 태도와 대응양식이 산출되는 과정을 분석하고자 한다.

2. 정규직 이기주의의 실태 : 비정규직에 대한 노동조합의 대응

1) 대응 유형

정규직/비정규직의 분할 지점을 살피기에 앞서 이른바 정규직 이기주의가 실제로 존재하는지를 먼저 확인할 필요가 있다. 정규직 이기주의를 언급하는 담론과 비판은 무성하지만, 그것이 무엇인지, 그리고 실제로 그러한지에 대한 실증적 확인은 없었기 때문이다.

이를 위해 민주노총 산하 조합원 500인 이상의 기업 단위 노동조합을 조사했다.[1] 여기에 해당하는 총 122개 노동조합 중 104개를 조사했고 18개 노동조합은 조사하지 못했으나 전체적인 양상을 보기에는 무리가 없으리라고 판단된다.

조사대상은 현재 한국의 노동조합 진영에서 가장 큰 영향력을 행사하는 전형적인 대기업 노동조합들이다. 기업의 지불능력이 상대적으로 가장 큰 대기업들이고 노동조합의 힘이나 노사관계도 안정되어 있는 편이다. 어느 정도 편차는 있겠으나 이들이 처한 상황적 조건은 한국사회에서 가장 좋은 축이라고 보아도 되며, 그만큼 비정규직 노동자와 연대할 여력이 있는 노동조합들이다. 이러한 노동조합들이 "정규직 조합원을 보호하기에도 힘겨워서 비정규직과 연대할 수 없다"라는 이유를 댄다면 이런 조건에 관한 한 한국에서 비정규직 노동자와 연대할 여력이 있는 노동조합은 전혀 없을 것이다.

실제로 이 노동조합들이 자기 사업장의 비정규직 노동자에 대해 어떤 태도와 대응을 취하고 있는지를 살펴보자. 지표는 두 가지로 나뉜다. 하나는 사업장 내 비정규직을 노동조합의 조합원 대상으로 포괄하는가 여부이고, 또 다른 하나는 사업장 내 비정규직의 이익을 노동조합이 대변하는가 여부다.

이를 객관적으로 증거하는 것으로 기업 노동조합의 규약과 단체협약을 살펴보았다. 우선, 포괄 여부는 ① 비정규직을 명시적으로 배제하는 규정, ② 비정규직에 대한 언급 없음, ③ 직접고용 비정규직을 조합원 대상으로 명시, ④ 간접고용 비정규직까지 조합원 대상으로 명시, 이 네 가지 경우

---

1 조사는 2008년 8~9월 동안 이루어졌다.

로 나누었다. 이 중에서 ①~②는 비정규직을 포괄하지 않는 것이고, ③~④는 비정규직을 포괄하는 것이다. 또 이익대변 여부는 단체협약 조항 중 사업장 내 비정규직에 관한 조항을 살펴보아 ① 정규직의 이익을 위해 비정규직을 희생하는 조항, ② 비정규직에 대한 언급 없음, ③ 비정규직 처우개선을 위한 추상적인 선언 조항, ④ 비정규직 처우에 대한 구체적 조항, ⑤ 비정규직의 핵심적인 이익(고용, 임금, 정규직화), 이 다섯 단계로 나누었다. ①~③까지는 비정규직의 이익을 대변하지 않는 것으로, ④~⑤는 비정규직의 이익을 대변하는 것으로 간주했다. 이렇게 사업장 내 비정규직의 포괄 여부와 이익대변 여부를 교차해 네 가지 유형을 만들었는데, 그 비율과 분포는 〈표 10-1〉, 〈표 10-2〉와 같다.

조사결과를 보면 사업장 내 비정규직을 조합원 대상으로 포괄하지도 않고 이들의 이익을 대변하지도 않는 배제 유형의 비율이 53.8%로 절반을 넘었다. 즉, 대기업 정규직 노동조합이 비정규직에 무심하다는 세간의 평가를 실증적으로 확인할 수 있다.

이에 반해 사업장 내 비정규직을 노동조합 구성원으로 받아들이고 이들의 이익을 대변하는 통합 유형은 16.3%였다. 즉, 정규직 중심인 대기업 노동조합 중에서도 이 정도는 적극적으로 비정규직과 연대하려는 의지를 보이고 있다고 보아도 무방하다.

대리 유형은 비정규직 노동자를 조합원으로 포괄하지 않으면서도 비조합원인 비정규직의 이익을 대변해 사측과 교섭하고 관철시킨 경우다. 이 유형은 20.2%를 차지해 차이가 크기는 하지만 배제 유형에 이어 두 번째로 높은 비율이다. 이것은 노동조합은 다른 어떤 부분에 대해서도 책임지지 않고 오직 조합원의 이익만 추구하면 된다는 다원주의적 노동조합관과는 상치된다는 점에서 흥미롭다. 다원주의적 노동조합관에 따르면 정규직으로 구성된 노동조합은 조합원이 아닌 비정규직의 이익을 대변할 필요가

	비포괄 77(74.0%)		포괄 27(26.0%)
대변 38(36.5%)	대리 21(20.2%)		통합 17(16.3%)
비대변 66(63.5%)	배제 56(53.8%)		포섭 10(9.6%)

〈표 10-2〉 노동조합의 비정규직 노동자 대응 유형 분포

		포괄				
		①	②	③	④	합계
대변	①	4	4	0	0	8
	②	12	20	3	5	40
	③	3	13	0	2	18
	④	4	6	2	4	16
	⑤	0	11	5	6	22
	합계	23	54	10	17	104

⑤	대리					통합
④						
③						
②	배제					포섭
①						
		①	②	③	④	

전혀 없기 때문이다. 그러나 실제로는 그렇지 않다는 것이다.

마지막으로 포섭 유형은 사업장 내 비정규직에게도 노동조합 가입을 열어놓지만 비정규직의 특수한 이해를 대변해 교섭하지 못한 경우로, 9.6%의 비율을 보였다. 이런 경우는 두 가지로 생각할 수 있다. 하나는 규정상 비정규직의 노동조합 가입을 허용했지만 실제로 비정규직 노동자가 참여하지 않은 것이다. 비정규직 조합원이 없다면 군이 교섭에서 비정규직의 이익을 중시하지 않아도 되기 때문이다. 다른 하나는 노동조합 측에

서 비정규직을 가입시키고 대변하고자 했지만 사측과의 교섭에서 밀린 것일 수도 있다. 사측은 물론 비정규직에 대한 해고의 자유와 저임금을 유지하려고 할 것이기 때문이다. 하지만 조사대상이 비교적 안정화된 세력을 가진 대기업 노동조합이라는 점을 감안할 때 공식적으로 비정규직을 받아들이기로 했음에도 비정규직 노동자가 조직되지 못하거나 그들의 이익을 대변할 교섭을 제대로 진행하지 못했다는 것은 노동조합의 의지가 통합 유형의 경우보다는 소극적일 것이라고 짐작할 수 있다.

여기서 특히 흥미로운 지점은 비정규직 노동자의 포괄 비율과 이익대변 비율 사이의 차이다. 비정규직을 같은 노동조합에 포괄하는 비율은 26.0%고 비정규직의 이익을 대변한 비율은 36.5%로 10%가 넘는 격차를 보였다. 어떻게든 비정규직의 이익을 대변해 사측과 교섭해 타결하고 있는 것에 비해 비정규직을 일부라도 조합원으로 포괄한 경우는 그보다 훨씬 적다. 즉, 노동조합은 비정규직의 노동조건을 개선하는 데에는 상대적으로 적극적인 반면, 비정규직을 조합원으로 포괄하는 것은 더 꺼리고 있는 것이다. 이러한 지표들을 살펴보면 이른바 정규직 이기주의란 흔히 생각하듯이 비정규직의 이익을 희생해 정규직의 이익을 확보하는 것이라기보다는 비정규직을 같은 노동조합의 구성원으로 여기지 않으려는 데 있다고 볼 수 있다.

2) 비정규직의 포괄

각각의 노동조합 조직은 규약 또는 규정으로 조합원 대상을 규정하고 있다. 이 조합원 대상으로 비정규직을 포괄하고 있는지 여부는 정규직 중심의 기업 노동조합이 비정규직과 연대할 의지가 있는지 여부를 가늠하는 척도가 될 수 있다.

<표 10-3> 노동조합의 비정규직 포괄 정도

구분	유형	전형적인 조항 예	사례 수	비율
① 비정규직 배제 명시	포괄 하지 않음	- 다음에 해당하는 자는 조합원이 될 수 없다 : 일용임시직(계약직, 촉탁직 등)	23	22.1%
② 비정규직에 대한 언급 없음		- ○○(기업명)의 종업원(직원, 고용된 노동자, 종사하는 자)	54	51.9%
③ 직접고용 비정규직 포괄 명시	포괄함	- 계약직(임시직, 촉탁직 등)을 포함한다	10	9.6%
④ 간접고용 비정규직 포괄 가능		- ○○(기업명) 및 관련 회사(도급, 용역계약, 사용자 관계)에 종사하는 노동자 - 정규직 및 직접고용 비정규직 노동자(임시, 일용, 계약직)와 간접고용 비정규직(하청, 용역, 파견 등)을 포함한다	17	16.3%
합계			104	100%

〈표 10-3〉에 보이는 것처럼 이것은 네 단계로 나눌 수 있다. 첫째는 비정규직을 조합원 대상에서 명시적으로 배제하는 경우다. 104개의 노동조합 중 23개, 즉 22.1%가 명시적으로 비정규직을 배제하고 있었다. 이 중 노동조합 자체의 규약에 비정규직을 제외하는 조항이 있는 경우는 별로 없고(2개 사례), 대부분 단체협약상에서 사측과 합의한 조합원 범위에서 배제되었다. 이 경우의 전형적인 형태는 조합원 제외 대상 중에 관리자나 기밀 취급자 등과 더불어 일용직·임시직·계약직·촉탁직 등의 비정규직을 집어넣는 것이다.

사업장 단위 노동조합의 규약에서 조합원 대상을 규정한 조항은 전형적으로 다음과 같은 형식을 취한다. "본 조합은 ○○(기업명)의 종업원(직원, 노동자, 고용된 자)을 대상으로 한다." 이것을 글자 그대로 해석하면, 적어도 임시직, 계약직 등의 직접고용 비정규직은 조합원 대상이 되는 셈이다. 그러나 이것이 실제로 직접고용 비정규직을 포괄한다고 해석하기는 어렵다. 관행적으로 보통 비정규직 노동자는 노동조합에 참여하지 않으며, 오히려 비정규직에 대해 관심이 없고 문제가 된 적이 없기 때문에 이러한 조항 문구가 그대로 이어지고 있는 것뿐이다. 실제로 직접고용 노동자가 노동조합에 가입하고자 했을 때 비정규직 노동자를 대상에서 배제한 조항이 없었음에도 노동조합에서 가입을 거부한 사례도 적지 않다(조사대상 노동조합 중에서는 2개 사례가 확인됨). 따라서 비정규직 포괄에 대한 언급이 없는 경우는 비정규직을 포괄하지 않는 것으로 간주했으며, 이런 경우가 104개 노동조합 중 54개(51.9%)로 다수를 차지한다.

이처럼 비정규직을 명시적으로든 암묵적으로든 노동조합의 조합원 대상으로 포괄하지 않는 비율이 74.0%라면, 명시적으로 비정규직을 포괄한다고 규정한 노동조합은 104개 중 27개 26.0%였다. 그중에서 임시직, 계약직, 촉탁직 등의 직접고용 비정규직이 가입대상임을 규약에 명백히 명시한 경우는 10개 사례였다. 또한 규약 조항상 간접고용 노동자까지 포괄 가능한 경우는 17개 사례였는데, 이런 조항은 간접고용 노동자를 "○○(기업명) 및 그와 관련된 기업(용역, 하청 계약)의 노동자"로 명시하거나 "○○과 관련된 일에 근무하는 노동자"로 규정해 규약 해석상 간접고용 노동자도 가입대상이 될 수 있도록 했다.

그러나 노동조합이 정규직을 포괄하기로 결정했다고 하더라도 실제로 비정규직 노동자가 참여하느냐는 다른 문제다. 그렇다면 비정규직에게 문을 개방한 노동조합에서 포괄대상인 비정규직 노동자들이 실제 노동조합에 조직되어 있는가?

통합 유형의 경우, 즉 비정규직 노동자를 포괄할 뿐 아니라 이익대변도 하는 경우는 17개 사례 중 2개 사례를 제외하고는 모두 규약상 가입대상인 해당 비정규직 노동자들이 그 노동조합에 같이 가입해 있었다. 그런데 반대로 포섭 유형은 10개 사례 중 단지 2개 사례만 해당 비정규직 노동자들이 실제로 가입해 있을 뿐, 대부분은 해당 비정규직 노동자들이 조직화되어 있지 않거나 또는 그 사업장의 노동조합에 가입이 가능한데도 따로 독자적인 비정규직 노동조합을 만들고 있었다.

즉, 비정규직에게도 노동조합 가입의 문을 개방했음에도 비정규직의 이익을 대변한 것으로 보이지 않는 포섭 유형이 나타나는 것은 실제로는 비정규직이 조합원으로 가입하지 않았기 때문이라는 점을 알 수 있다. 또한 이는 역으로 생각하면 노동조합이 비정규직의 이해를 대변하지 못하기 때문에 비정규직 노동자들이 노동조합 참여를 꺼리는 것이라고도 할 수 있다.

사실 비정규직 자체가 노동조합으로 조직되기에는 여러 가지 어려움이 많다. 높은 이직률, 계약 해지의 위험성, (특히 간접고용의 경우) 교섭의 실효성 등의 문제가 있는 것이다. 따라서 노동조합이 비정규직을 받아들이더라도 웬만해서 비정규직 노동자가 노동조합에 참여하기란 쉽지 않다. 반대로 노동조합의 입장에서는 비정규직을 가입시키고 나면 이 위험성에 대해 보호해야 하는 의무가 생기기 때문에 이는 단지 규약을 개방하느냐 아니냐를 넘어서는 어려운 결정일 수밖에 없다.

사업장의 기업 노동조합에 가입할 수 있지만 해당 비정규직이 그 노동조합에 가입하지 않고 따로 독자적인 비정규직 노동조합에 가입한 경우도 적지 않았는데, 특히 간접고용이고 노동과정이 완전히 상이한 경우가 그러했다. 더 구체적으로 말하면 시설관리, 청소, 경비 등의 용역 노동자들은 사업장의 노동조합이 용역 노동자에게 문을 개방한 경우에도 따로 독자적인 노동조합을 구성하는 경향이 있었다. 사실 이들 업종에는 이미 지역공공서비스노동조합, 전국시설관리노동조합, 여성노동조합 등의 조합이 구성되어 있다. 같은 사업장에서 일한다고 할지라도 기업 노동조합 구성원들과는 노동과정이나 노동조건이 판이하게 다르므로 이보다는 업종별 노동조합 조직에 가입하는 것이 어떤 면에서는 더 실효성이 있기도 하다. 그러나 다른 한편으로 이 용역 노동자들의 노동조건을 실질적으로 결정하는 것이 역시 원청 사업장이라는 점을 고려하면 간접고용까지 포괄하려는 의지를 보인 기업 노동조합이 실질적으로 이들을 포괄하지 못하고 형식적 포섭에만 그친 것은 아쉬운 부분이기도 하다.

3) 비정규직의 이익대변

〈표 10-4〉는 조사대상 노동조합이 사측과 맺은 단체협약에서 비정규직의 이익을 대변하고 있는 수준을 나타낸 것이다.

단체협약에서도 비정규직 처우에 대한 언급이 전혀 없는 경우가 40개 사례로 가장 많았고, 언급을 하더라도 추상적인 의무나 선언 수준에 머무른 것이 18개 사례였다. 8개의 노동조합은 명시적으로 정규직의 이익을 우선시하면서 비정규직을 배제하는 조항을 가진 단체협약을 체결하고 있었다. 이처럼 비정규직의 희생(7.7%), 언급 없음(38.5%), 실효성이 없는 립서비스(17.3%) 등 비정규직의 이익을 제대로 대변하지 않은 경우가 63.5% 였다.

이에 반해 사업장 내 비정규직의 이익을 구체적으로 대변하고 있는 경우는 38개로 36.5%를 차지했다. 특히 이 중에서 21개의 노동조합은 비정규직 노동자들에게 가장 중요한 고용보장과 임금 수준, 정규직 전환 등에 대해 사측과 협상해 타결하는 데까지 나아갔다.[2]

---

2 현재 사업장 내에 존재하는 비정규직의 이익을 대변하고 있는지 여부를 보는 것이므로 비정규직 사용 제한(비율 제한, 노사협의 의무, 사용기간 제한 등) 규정은 제외했다. 또 이와 관련된 것으로 전형적으로 다음과 같은 조항, "임시직(계약직·파견직 등)의 사용기간은 ○개월(○년)을 넘을 수 없으며 그 후에도 계속 근로할 경우에는 정규직으로 간주한다"라는 조항 또한 제외했다. 사실 이와 같은 조항은 상당수의 단체협약에서 나타난다. 그러나 이것은 실질적으로 기존에 일하고 있는 비정규직을 정규직으로 전환하기 위한 것이라기보다는 비정규직 고용을 제한하는 효과를 갖는 것으로 보아 정규직 전환 프로그램으로 간주하지 않았다. 즉, 정규직 전환에 해당하는 것은 사업장 내 존재하는 비정규직을 실제로 정규직으로 전환한 경우만 계산했다. 대신 정기적인 단체협약 규정이 아닌 일시적으로라도 특별협약이나 노사합의를 통해 비정

<表 10-4> 노동조합의 비정규직 이익대변 정도

구분	유형	내용	사례 수	비율
① 정규직 이익을 위해 비정규직 희생	이익 대변 없음	정규직 우선 규정	8	7.7%
② 비정규직에 관한 언급 없음			40	38.5%
③ 비정규직 처우개선 선언		법 준수, 처우개선 노력, 노동조합 활동 보장	18	17.3%
④ 비정규직 처우에 대한 구체적 조항	이익 대변	기업복지, 사회보험, 휴가, 퇴직금 등	16	15.4%
⑤ 비정규직의 핵심적 이해		고용, 임금, 정규직화	22	21.2%
합계			104	100%

　　노동조합들이 사측과 맺은 단체협약 조항 중에서 비정규직 관련한 내용을 구체적으로 살펴보면 〈표 10-5〉와 같다.

　　정규직의 이익을 대변하기 위해 비정규직의 이익을 희생하는 조항이 있는 8개 사례 중 기업복지 적용대상을 정규직으로 제한한 1개 사례를 제외하고 나머지는 모두 제조업에서 물량의 정규직 우선 분배나 인원 감축 시 비정규직 우선 감축을 규정한 것이었다. 이런 조항은 전형적으로 비정규직을 고용불안의 안전판으로 간주하는 시각을 나타낸다. 경기변동에 따른 수량적 유연화가 용이하다는 점이 바로 사측에서 비정규직을 사용하는 이유이기도 하지만 정규직 노동조합도 자기 조합원을 보호하기 위해 이에 적극적으로 동조하는 것이다. 이른바 정규직 이기주의의 통념에 비해 이런 조항을 체결한 사례가 그렇게 많은 것은 아니었다. 하지만 명시화하지는 않았더라도 경기악화로 인해 인원을 감축해야 할 경우 관행적으로 비정규직부터 정리할 터이고 정규직이 암묵적으로 비정규직을 그렇게 간주하고 있음을 엿볼 수 있는 조항이라고 할 수 있다.

　　구체적인 실행 규정이 없는 선언적 조항들은 실효성이 없는 것으로 보

　규직의 임금인상이나 정규직 전환을 관철시킨 경우는 포함했다.

단계		종류	내용	사례 수	비율
①비정규직 희생	이익 대변 하지 않음	정규직 우선	- 기업복지 적용에서 비정규직 배제 명시 - 물량의 정규직(직영) 분배 우선 - 인원 감축 시 사내하청 우선 감원	8	7.7%
③비정규직 처우에 관한 추상적 조항		법 준수	- 불법파견 금지 - 하청업체가 노동관계법 위반하지 않도록 지도하고 위반 시 제재 - 비정규법 준수	19	18.3%
		처우개선 노력	- 비정규직의 처우개선, 복지, 고용안정 등을 위해 최대한 노력한다는 선언	16	15.4%
		노동조합 활동	- 비정규직 노동자의 노동조합의 가입 및 결성을 보장하고 노동조합 활동을 이유로 한 불이익처분 금지	8	7.7%
④비정규직 처우개선	이익 대변	기업복지	- 경조금이나 행사비, 선물, 피복, 복리시설, 건강검진, 대출, 할인혜택 등에서 정규직과 동일 적용(1개 이상)	19	18.3%
		사회보험	- 비정규직에 대한 사회보험 가입	3	2.9%
		휴가, 퇴직금	- 비정규직에 보장되는 유급휴가나 퇴직금을 구체적으로 명시하거나 정규직과 동등보장	6	5.8%
		우선채용	- 정규직 결원 발생 시 비정규직(임시직, 계약직, 사내하청 등) 노동자의 우선 채용	15	14.4%
⑤비정규직의 핵심 이익		임금	- 비정규직의 임금인상률이나 액수를 구체적으로 명시하거나 최소임금 수준 규정 - 간접고용 노동자의 경우 임금 수준(정규직 인상률, 물가인상률 등)을 규정하고 그것을 용역·하청업체 계약 단가에 반영	12	11.5%
		고용보장	- 직접고용 기간제의 경우 기간만료를 이유로 계약해지 않고 자동연장 명시 - 간접고용의 경우 용역·하청 업체(신규·재) 계약 시 고용승계 의무	6	5.8%
		정규직화	- 기존 비정규직 노동자의 정규직 전환	14	13.5%

아 비정규직의 이익을 대변하는 것으로 간주하지 않았다. 즉, 비정규직 관련 법을 준수하거나 하청업체에 대해 노동 관련법을 위반하지 않도록 감독한다는 등의 조항(18.3%), 비정규직의 처우개선을 위해 노력한다는 선언(15.4%), 또는 비정규직의 노동조합 활동을 보장한다는 조항(7.7%) 등이 그것이다. 이러한 조항들을 이익대변으로 간주하지는 않았으나 이러한 조항들은 정규직 노동조합이 적어도 립 서비스 수준으로나마 비정규직 문제

에 대해 관심을 갖고 있음을 보여주고 있다. 이는 비정규직 문제가 사회적 논란이 되고 정규직 이기주의에 대한 압력이 강해지는 것에 대한 반응일 것이다. 〈표 10-4〉에서 보이는 것처럼 단체협약에서 비정규직에 대한 언급이 전혀 없이 무관심한 38.5%의 노동조합에 비하면 그나마 낫다고도 볼 수 있다. 기본적인 관심을 갖고 사회적 압력을 인식하는 것 자체가 비정규직과 연대하는 출발점일 수도 있기 때문이다.

또한 비록 비정규직의 이익을 구체적으로 대변하지 않은 립 서비스이긴 하지만 간접고용 노동자에 대한 인식에서 의미를 찾을 수도 있다. 원청인 사측에게 사내하청 및 용역 업체의 노동환경에 대한 지도·감독 의무를 지운 조항과 간접고용 노동자의 노동조합 결성 및 활동을 근거로 불이익 처분을 하지 않는다는 조항이 여기에 해당한다(이에 대해서는 법적으로 당연한 것일 뿐만 아니라 사측이 이러한 의무조항을 빠져나갈 방법은 얼마든지 있기 때문에 구체적인 이익대변을 하는 것으로 간주하지는 않았다). 이 단체협약은 분명 기업별 교섭을 통한 것이며, 형식상으로 간접고용 노동자는 이 기업의 직원도 아니고 실제로도 대부분의 노동조합은 이들을 조합원으로 포괄하고 있지 않다. 조합원에 대한 책임과 분산적 교섭을 선호하는 다원주의적 노동조합관에 따르면 기업 노동조합이 이를 다룰 이유는 없다. 그럼에도 원청의 노동조합이 이에 대해 원청 사측에 압력을 행사한다는 것은 다음과 같은 인식의 맹아를 나타낸다고 볼 수 있다. 즉, 간접고용 노동자의 노동조건 및 노동권에 관해 형식상 고용주가 아닐지라도 실제 사용주인 원청의 결정이 매우 중요하다는 점과, 또 바로 그렇기 때문에 원청 기업의 정규직 노동조합이 비록 자기 조합원이 아니더라도 노동자계급 연대의 관점에서 이 문제를 거론하고 압력을 행사할 필요성이 있다는 점을 인식하고 있다는 것이다. 이런 측면에서 볼 때 이런 조항들은 초보적인 기업별 의식을 넘어서 간접고용 비정규직에 대한 인식을 시작하고 있다고 볼 수 있다.

이제 단체협약에서 비정규직의 이익을 구체적으로 대변한 조항을 살펴보자. 다양한 기업복지 혜택을 규정하면서 비정규직에게도 정규직과 동일 적용을 명시한 조항이 있는 단체협약이 18.3%로 가장 많았다. 기업복지 혜택은 기업에 따라 다양하지만 행사비나 휴가비, 회사의 선물, 복리시설 이용 및 피복, 건강검진, 기업복지기금이나 연계를 맺은 금융기관에서의 대출 혜택, 회사 관련 제품의 할인 혜택 등을 포함한다. 이런 것은 사측으로서도 큰 부담이 아니기 때문에 단체협약에 포함되는 경우가 많은 것으로 보인다. 사소한 것처럼 보이기는 하지만 사실 노동현장에서 이처럼 곧바로 눈에 띄는 차별이 비정규직 노동자의 설움을 더할 뿐 아니라 심리적으로 정규직과 비정규직을 갈라놓는 요인이 된다는 점에서 정규직과 동등 적용을 명시한 것은 의미가 있다. 게다가 이 단체협약에서 동등대우를 적시하고 있는 비정규직의 종류는 대개 사업장의 대표적인 비정규직 형태였다. 즉, 직접고용 비정규직인 계약직이나 임시일용직이 많은 사업장에서는 그러한 유형의 비정규직으로, 간접고용 비정규직이 주를 이루는 사업장에서는 사내하청이나 용역업체의 노동자로 동등대우의 대상을 적시하고 있다. 즉, 고용형태에 따른 차별을 보이지 않았다. 이 역시 형식적인 기업별 분할 의식은 넘어선 것이라고 볼 수 있다.

이에 비해 비정규직에 대한 사회보험 가입과 유급휴가·퇴직금 적용을 규정한 항목이 있는 단체협약은 각각 2.9%와 5.8%로 상당히 낮은 수치를 보였다. 정규직과 비정규직의 차이에서 이러한 것의 적용률 격차가 가장 크다는 점을 생각하면[3] 대기업 노동조합이 이 문제에 대해 적극적이지 않

---

3 정규직은 사회보험과 퇴직금, 상여금, 유급휴가 등에 대해 90~100% 가까이 적용을 받고 있는 반면, 비정규직은 이런 항목에 대해 적용받는 비율이 20~30%대에 불과하다(김유선, 2009).

다는 것은 아쉬운 대목이다.

한편, 정규직 결원 시 사업장에서 일하고 있는 비정규직을 우선 채용하는 규정은 14.4%의 단체협약에서 존재했다. 이때 규정된 비정규직의 종류 역시 그 사업장의 대표적인 비정규직 형태와 대개 일치했다. 즉, 사업장 내에 계약직이나 임시직이 많은 경우는 그에 대한 우선채용을, 사내하청이 주인 경우는 사내하청 노동자의 우선채용을 규정하고 있었다. 비정규직 노동자의 입장에서는 일단 비정규직으로 일하다가 정규직 결원 시 정규직으로 채용될 기회를 가질 수 있기 때문에 이는 꽤 환영할 만한 조항이다. 그러므로 이러한 조항은 분명 사업장 내 비정규직의 이익을 대변한 것이라고 할 수 있다. 그러나 다른 일면 이는 비정규직 노동자의 종속성을 심화하고 집단적 행동을 가로막는 것일 수도 있다. 비정규직이 조직화하고 집단적으로 행동해 처우개선이나 정규직화를 얻어내려고 하기보다는 개인적으로 사업장 내의 관리자에게 잘 보여서 정규직으로 발돋움하려는 개별 경쟁전략을 취할 가능성이 높아지기 때문이다.

마지막으로 비정규직의 핵심적인 이익인 임금, 고용보장, 정규직화에 대해 노사합의로 규정한 적이 있는 경우는 각각 11.5%, 5.8%, 13.5%에 달했다. 문제는 이런 경우가 정기 단체협약보다 거의 일회적인 특별협약이나 노사합의로 이루어지는 일이 많다는 점이다. 따라서 기존의 비정규직 노동자들이 정규직화되거나 일시적으로 임금인상 및 고용보장이 이루어지더라도 이것이 지속화되기는 어렵다. 물론 정기 단체협약도 주기적으로 갱신이 이루어지고 그때마다 노사교섭을 해야 하지만 일단 정기 단체협약 조항으로 규정되어 있다면 매번 교섭대상이 될 수밖에 없는 데 비해, 특별협약이나 노사합의서는 그렇지 않기 때문이다. 따라서 집행부의 의지나 비정규직의 집단행동 등으로 인해 노동조합이 비정규직 문제를 매우 적극적으로 제기한다면 이런 협약이 체결될 수도 있지만, 상황이 변화하면 곧 문제시되지 않을 수도 있는 것이다. 물론 이러한 것은 비정규직의 이해관계에서 핵심적인 만큼 사측의 부담도 크기 때문에 사측이 정기 단체협약 조항으로 넣지 않으려 하는 것일 터다. 이런 한계가 있기는 하지만 비정규직의 핵심적인 이익을 노동조합이 대변해 사측과 교섭하고 타결을 이루었다는 점에서 비정규직에 대해 적극적인 관심이 있는 경우임은 틀림없다.

3. 분할의 지점: 노동과정과 대응 유형의 결정

1) 노동과정 요인

노동조합들이 비정규직을 포괄하거나 포괄하지 않는, 또는 비정규직의 이익을 대변하거나 대변하지 않는 이 유형의 차이는 어디에서 근거한 것일까? 앞서 말했듯이 조사대상은 한국의 대표적인 대기업 노동조합들로, 그만큼 외적 조건 면에서는 한국사회에서 가장 유리한 위치에 있는 곳이다. 따라서 외적 조건보다는 노동조합을 구성하는 노동자들의 의식과 내적 관계에 초점을 맞출 필요가 있다.

노동조합을 구성하는 노동자들의 의식과 관계에 영향을 미치는 중요한 요인으로는 무엇보다도 우선 노동과정을 들 수 있다. 작업장에서의 노동과정이야말로 노동자가 노동자로서의 경험을 하는 장소다. 이 노동자로서의 경험은 노동자들의 의식에 영향을 미치며, 마찬가지로 노동자로서의 정체성을 기반으로 하는 노동조합의 활동에도 영향을 미친다. 그러므로 부라보이(1999)는 노동과정을 통해 단지 경제적으로 상품만 생산되는 것이 아니라 정치적·이데올로기적 효과 또한 생산된다고 말했던 것이다.

말하자면 노동과정에서 정규직과 비정규직이 연계되어 있는 방식에 따라 정규직 조합원은 비정규직에 대한 경험을 하게 되며, 이것은 다시 비정규직에 대한 의식을 형성한다. 노동조합의 활동이 기본적으로 조합원들의 의사를 따르는 한 노동조합의 활동은 당연히 비정규직에 대한 조합원들의 의식에 영향을 받을 것이다. 다음에서는 이 과정을 확인해보기로 한다.

일단 비정규직 노동자들이 어떤 일을 하고 있는지 알아보기 위해 조사대상인 104개 사업장에서 확인된 비정규직 도입 222개 업무를 〈표 10-6〉에서 보는 것처럼 업종별·고용형태별로 분류했다. 중요한 것은 이렇게 비정규직 노동자가 일하는 업무가 정규직 노동자와 노동과정에서 어떻게 연계되어 있느냐 하는 것이다. 〈표 10-7〉은 이 노동과정에서의 정규직과 비정규직의 연계방식을 분류한 것이고, 이것을 업종별·고용형태별로 교차분석한 결과는 〈표 10-8〉에 나와 있다.

우선 〈표 10-6〉과 〈표 10-8〉에서 알 수 있는 비정규직 업무의 특성을 요약하면 다음과 같다. 첫째, 정규직과 비정규직의 업무가 업무성격에 따라 구분되는 것은 아니다. 즉, 보조적이거나 주변적인 업무가 아닌 정규직과 유사한 사업장의 핵심 업무에도 비정규직은 광범위하게 도입되어 있다. 둘째, 특히 블루칼라 직종에서는 비정규직 노동자가 정규직의 보조적인 일을 하는 경우도 있지만 대개 정규직과 거의 유사한 일을 하기 때문에 정규직이 비정규직에 대해 대체위협을 느낄 가능성이 높다. 셋째, 화이트칼라 직종에서는 정규직과 비정규직 노동자가 섞여서 함께 일하는 경우가 많은데, 이때 비정규직 노동자는 정규직을 보조하는 역할을 하거나 아니면 거의 유사한 일을 한다. 넷째, 고용형태별로 보면 블루칼라 직종에서는 간접고용 비정규직이, 화이트칼라 직종에서는 직접고용 비정규직이 압도적인 비율을 차지한다. 다섯째, 판매서비스 직종에는 전반적으로 비정규직 고용이 도입되어 있다. 여섯째, 주변 업무는 주로 간접고용형태로 거의 완전히 비정규직화되어 있다. 일곱째, 정규직과 비정규직의 작업조직이

<표 10-6> 비정규직의 업종과 고용형태

	생산·정비	사무·전문	판매·서비스	식당·청소 등	합계
직접고용	12(21.4%)	55(73.3%)	24(63.2%)	8(15.1%)	99(44.6%)
간접고용	44(78.6%)	20(26.7%)	14(36.8%)	45(84.9%)	123(55.4%)
합계	56(100%)	75(100%)	38(100%)	53(100%)	222(100%)

주: x^2=61.202 유의확률 0.000 (1% 수준에서 유의).

<표 10-7> 정규직과 비정규직 사이의 노동과정 관계

유형	정규직/비정규직 사이의 관계
동일	정규직과 비정규직이 같은 작업장에서 동일한 일을 함께 함
분리	정규직과 비정규직이 서로 분리된 작업장에서 같거나 유사한 일을 함
위계	비정규직이 정규직의 감독·지시를 받거나 정규직을 보조하는 일을 함
상이	정규직과 비정규직이 서로 완전히 다른 업무를 함

<표 10-8> 노동과정 관계에 따른 업종 및 고용형태

	업종					고용형태		
	생산·정비	사무·전문	판매·서비스	식당·청소 등	합계	직접고용	간접고용	합계
동일	18 (32.1%)	27 (36.0%)	13 (34.2%)	1 (1.9%)	59 (26.6%)	39 (66.1%)	20 (33.9%)	59 (100%)
분리	21 (37.5%)	4 (5.3%)	3 (7.9%)	3 (5.7%)	31 (14.0%)	6 (19.4%)	25 (80.6%)	31 (100%)
위계	13 (23.2%)	29 (38.7%)	9 (23.7%)	2 (3.8%)	53 (23.9%)	33 (62.3%)	20 (37.7%)	53 (100%)
상이	4 (7.1%)	15 (20.0%)	13 (34.2%)	47 (88.7%)	79 (35.6%)	21 (26.6%)	58 (73.4%)	79 (100%)
합계	56 (100%)	75 (100%)	38 (100%)	53 (100%)	222 (100%)	99 (44.6%)	123 (55.4%)	222 (100%)

주: 업종은 x^2=117.375 유의확률 .000(1% 수준에서 유의), 고용형태는 x^2=30.109 유의확률 .000(1% 수준에서 유의.

연계되어 있을 때에는 직접고용으로, 작업조직이 분리되어 있거나 완전히 상이한 작업이라면 간접고용으로 비정규직을 사용하는 경향을 보였다.

그렇다면 정규직 노동조합은 사업장 내에서 다양한 업무와 작업조직 구조를 가진 비정규직 노동자에 대해 어떤 태도를 취하고 있을까? 〈표 10-9〉, 〈표 10-10〉, 〈표 10-11〉은 노동과정 관계, 업종, 고용형태에 따른

<표 10-9> 비정규직의 노동과정 관계, 업종, 고용형태에 따른 노동조합의 대응 여부(단위: %)

	노동과정 관계				업종				고용형태		합계
	동일	분리	위계	상이	생산·정비	사무·전문	판매·서비스	주변업무	직접고용	간접고용	
공식포괄	30.5	9.7	26.4	19.0	19.6	28.0	15.8	22.6	28.3	17.9	22.5
실제 가입	30.5	3.2	9.4	8.9	8.9	18.7	21.1	7.5	**22.2**	**7.3**	14.0
이익대변	39.0	25.8	18.9	12.7	35.7	21.3	18.4	15.1	27.3	19.5	23.0

<표 10-10> 노동조합의 비정규직 가입과 이익대변 여부에 대한 이분형 로지스틱 회귀분석

변수	가입 여부				이익대변 여부			
	B	표준오차	자유도	유의확률	B	표준오차	자유도	유의확률
노동과정			3	0.013*			3	0.045*
업종			3	0.825			3	0.128
고용형태	0.865	0.512	1	0.091	0.636	0.422	1	0.132
상수	-2.673	0.542	1	0.000	-1.673	0.406	1	0.000

주: 가입 여부는 전체 유의확률 .002(1% 수준에서 유의), 이익대변 여부는 전체 유의확률 .006(1% 수준에서 유의).

<표 10-11> 정규직/비정규직의 노동과정 관계와 노동조합의 대응 유형

노동과정 대응 유형	동일	분리	위계	상이	합계
통합	13(32.5%)	1(4.2%)	2(13.3%)	1(4.0%)	17(16.3%)
포섭	5(12.5%)	1(4.2%)	1(6.7%)	3(12.0%)	10(9.6%)
대리	11(27.5%)	7(29.2%)	1(6.7%)	2(8.0%)	21(20.2%)
배제	11(27.5%)	15(62.5%)	11(73.3%)	19(76.0%)	56(53.8%)
합계	40(100%)	24(100%)	15(100%)	25(100%)	104(100%)

주: x^2 = 26.390, 유의확률 .002(1% 수준에서 유의).

비정규직의 포괄, 실제 가입, 이익대변 여부의 비율을 나타낸 것이다.

굵은 숫자로 표시한 칸은 x^2검정결과가 5% 수준에서 유의함을 표시한 것이다. 비정규직 노동자의 공식적 포괄에는 5% 수준에서 의미 있게 영향을 미친다고 볼 요인이 없었으나 실제 가입에 대해서는 노동과정 관계와 고용형태가, 이익대변에 대해서는 노동과정 관계가 유의했다.

<표 10-8>에서 본 것처럼 노동과정 관계와 업종, 고용형태는 서로 상관관계가 있다. 하지만 이 세 가지 변수 사이의 상호 영향을 통제해 이분형

로지스틱 회귀분석을 한 결과가 〈표 10-10〉에 나와 있다. 결론적으로 비정규직의 업종이나 고용형태보다는 정규직과 비정규직 간의 노동과정에서의 관계가 중요한 영향을 미친다는 것이다.

그렇다면 정규직/비정규직의 노동과정 관계에 따라 노동조합의 비정규직 대응 유형이 어떻게 달라진다는 것일까? 물론 이것은 〈표 10-9〉에서도 알 수 있는 내용이다. 공식적인 비정규직의 포괄은 노동과정이 동일할 때와 위계적일 때, 실제적인 비정규직의 가입은 노동과정이 동일할 때, 비정규직의 이익대변은 노동과정이 동일할 때와 분리되어 있을 때 평균보다 더 비율이 높았다. 즉, 노동과정이 동일할 때에는 포괄과 이익대변을 하는 통합 유형이, 노동과정이 분리되어 있을 때에는 포괄하지는 않되 이익대변은 하는 대리 유형의 비율이 높음을 알 수 있다.

그런데 비정규직 업무의 특성 자체를 파악하기 위해서는 조사대상 사업장에서 확인된 222개 비정규직 업무를 모두 살펴보는 것이 낫지만, 노동조합 대응을 분석하기 위해서는 그 사업장의 대표적인 비정규직 업무에 대해서만 살펴보는 편이 특성을 더 뚜렷하게 나타낼 수 있다. 왜냐하면 대응 유형의 지표로 삼은 노동조합의 규약 및 단체협약은 아무래도 그 사업장의 가장 대표적인 비정규직에 대해 가장 신경을 쓰고 그에 맞는 내용을 삽입했을 것이기 때문이다. 따라서 조사된 104개 사업장의 대표적인(가장 수가 많은) 비정규직 업무의 노동과정 관계와 노동조합의 대응 유형을 표시하면 〈표 10-11〉과 같다.

〈표 10-11〉에서 보면 우선, 비정규직과 정규직이 함께 어울려 같은 일을 하는 동일 노동과정 관계에서는 사업장 내 비정규직을 노동조합 내로 포괄하고 이익대변도 하는 통합 유형이 전체 평균의 두 배 이상 높았다. 포괄이나 이익대변 중 하나만 하는 포섭이나 대리 유형도 평균보다 높았다. 그만큼 배제 유형은 대폭 줄었다.

정규직과 비정규직이 같은 일을 하되 따로 떨어져 일하는 분리 노동과정 관계에서는 노동조합이 비정규직을 포괄하지는 않되 이익대변을 하는 대리 유형이 상대적으로 높은 것이 눈에 띈다. 반면, 위계와 상이의 노동과정에서는 배제 유형이 압도적이었다.

〈표 10-11〉의 x^2 검정결과는 1% 수준에서 유의했다. 즉, 사업장에서 대표적인 비정규직이 정규직과 맺고 있는 노동과정 관계에 따라 노동조합의 대응 유형이 달라진다고 보아도 무방한 것이다.

2) 노동과정과 노동자 의식

이렇게 사업장 내 정규직/비정규직 간의 노동과정 관계에 따라 노동조합이 비정규직에 대해 취하는 태도가 달라지는 것은 다른 외부적 요인보다 노동자들의 의식이 형성되는 과정으로 설명할 수 있다. 노동조합의 조합원들은 노동과정에서 어떤 관계를 맺고 있느냐에 따라 비정규직 노동자를 특정한 방식으로 경험하게 되고, 이러한 경험에 의해 비정규직에 대한 인식이 기본적으로 형성된다. 그러한 조합원들의 의식을 바탕으로 노동조합의 정체성이 적용된다. 즉, 비정규직 노동자가 공동체의 대상이 될 것인가 아니면 이해계산의 대상으로 간주될 것인가가 결정되는 것이다. 그리하여 그 결과로 노동조합이 취하는 대응이 결정되는 것이다.

우선 동일 노동과정 관계부터 이러한 과정을 살펴보자. 동일 노동과정 관계는 정규직과 비정규직이 함께 어울려 같은 일을 하는 것인데, 이 경우 서로를 동료관계로 경험하게 된다. 같은 일을 할 뿐만 아니라 일을 하는 과정에서 함께 어울리게 됨으로써 동료의식이 자연스럽게 형성되어 노동조합의 주 구성원인 정규직 노동자의 의식에서는 비정규직 또한 '우리' 집단으로 생각되기 쉽다. 그에 따라 노동조합에 대해서도 같이할 공동체의 대상으로 간주할 가능성이 높다.

또 정당성의 측면에서도 함께 어울려 같은 일을 하는데도 정규직/비정규직, 조합원/비조합원으로 나뉘어 있다면 일상적으로 부당함이 눈에 띄게 될 것이다. 직접적으로 정규직의 처우와 비교되면서 비정규직 노동자의 불만도 강해질 것이고 비정규직을 배제하는 노동조합의 정당성도 훼손될 것이다. 결국 이러한 비정규직에 대해서는 노동조합을 함께하는 통합유형의 비율이 높고 배제 유형은 현저히 낮아지는 결과를 보이게 되는 것이다.

물론 정규직 조합원이나 노동조합이 동일 노동과정의 비정규직을 이해계산의 대상으로 간주할 가능성이 없는 것은 아니다. 사실 정규직과 비정규직이 같은 일을 할 때 비정규직으로의 대체 가능성이 더 높아지기 때문에 정규직의 입장에서는 비정규직을 더 위협적으로 느낄 수 있다. 업무의 측면에서 정규직과 비정규직의 차이가 나지 않는다면 정규직이 자신의 지위를 지킬 수 있는 방법은 노동조합을 통하는 길밖에 없을 터인데, 그런 상황에서 앞서 말한 정건화(2003)의 논리대로라면 비정규직을 노동조합 밖으로 제외하고 방치하는 것이 기존 정규직 조합원의 이익을 보호하는 주요한 전략이 될 수 있는 것이다.

그럼에도 이 논리와는 다르게 적어도 동일 노동과정일 때는 비정규직에 대한 배제 유형보다 통합 유형이 더 많았다. 이는 같은 상황에서라도 조합원의 이익을 보호하기 위해 다른 전략을 선택할 수도 있다는 점을 보여준다. 즉, 비정규직을 배척하기보다 노동조합으로 함께 결속해 사측에 공동대응하는 전략도 가능한 것이다. 특별히 동일 노동과정 관계일 때 이러한 유형이 두드러진다는 것은 노동조합의 대응을 선택하는 과정에서 노동자들 간의 동료의식과 공동체적 정체성이 핵심적으로 작용했음을 시사한다.

이와 반대되는 경우가 분리 노동과정 관계다. 분리 노동과정 관계는 정규직과 비정규직이 같은 일을 하지만 따로 분리된 상태에서 일하는 것이다. 정규직 조합원의 입장에서 보면 같은 일을 하기 때문에 비정규직에 의한 대체 위험성은 높은데 노동과정에서 자연스럽게 어울리지 못하도록 분리되어 있으므로 동료의식은 그만큼 줄어든다. 따라서 그만큼 비정규직을 이해계산의 대상으로 간주할 가능성이 높다. 동일 노동과정이라면 어쨌든 매일 함께 어울리는 동료를 대상으로 노골적으로 자기 이해만 따지기가 쉽지 않겠지만, 분리되어 있는 상황에서라면 비교적 거리낌 없이 이해계산성을 드러낼 수 있는 것이다.

분리 노동과정에서는 정규직과 비정규직이 서로를 경쟁적 관계로 경험할 가능성이 많다. 사실 고전적인 의미로 노동시장이란 시장이라는 말에서 드러나듯이 원칙적으로 노동자가 다른 노동자와 고용 및 임금을 두고 경쟁하는 것이다. 이익집단으로서의 노동조합이란 이러한 노동자 간 개별적 경쟁을 지양하고 일종의 담합을 형성해 이익을 확보하고자 하는 것이다. 그러나 노동조합이 모든 노동자를 일괄적으로 포괄하지 않는 이상 경쟁구도는 집단적 차원에서 재생산될 수 있다. 즉, 노동조합은 기본적으로 사측을 상대로 조합원들의 이익을 얻어내는 것이지만, 사측(자본 측)에서 지불할 몫이 한정되어 있다고 느낄 때 외부의 다른 노동자 집단을 희생해서 조합원의 이익을 확보하려는 전략을 취할 수 있다. 이때 다른 노동자 집단은 이익분배에 대한 경쟁 집단으로 간주된다. 정규직과 비정규직의 분할도 이러한 경쟁관계를 형성하는 효과를 가지며, 특히 같은 일을 하되 분리되어 있는 상황에서라면 경쟁관계가 직접적으로 인식된다.

〈표 10-8〉에 따르면, 분리 노동과정은 생산·정비 등 블루칼라 직종에 많으며, 대부분 간접고용형태다. 이것은 경쟁의식을 더욱 강화시키는데, 이를 노골적으로 표현한 것이 앞서 단체협약을 검토하면서 보았던 제조업

생산직에서의 물량의 정규직 우선분배 원칙이다.[4] 총 물량을 정규직과 비정규직이 나누어 작업하는 형태에서는 정규직과 비정규직 사이에 경쟁관계가 가장 직접적으로 표면화된다. 물론 이 경쟁관계가 가장 갈등화되는 것은 물량부족으로 감원요인이 발생할 때의 고용 문제이겠지만, 제조업 생산직에서는 이와 더불어 임금과도 직접 연결된다. 주로 시급제이거나 시급제가 아닌 경우에도 연장근로수당이 차지하는 비율이 높기 때문이다. 즉, 노동과정의 분리는 노동자 간의 교류를 차단할 뿐 아니라 서로를 이해계산의 대상으로 간주하는 경쟁관계를 명확히 눈에 드러나게 하는 효과를 갖는다.

그런데 이 분리 노동과정에서는 비정규직의 포괄과 실제 가입 비율은 매우 낮았지만 이익대변 비율은 오히려 눈에 띄게 높았다. 이것은 어떻게 해석해야 할까? 이는 정당성의 문제와 관련된다. 노동과정이 분리되어 있다 할지라도 정규직과 비정규직이 같은 일을 하고 있기 때문이다. 같은 일을 하는데도 차별이 심하다는 것은 누가 보아도 부당하다. 이렇게 부당성이 쉽게 인식되기 때문에 노동조합도 비정규직의 이익대변을 통해 정규직과 비정규직 간의 차별을 줄이려고 하는 것이다.

하지만 비정규직을 노동조합 내로 포괄하지는 않는다. 이익대변 비율이 높은 것을 보면 이는 간접고용형태에 따른 교섭상의 어려움 때문만이 아님을 알 수 있다. 즉, 간접고용의 경우에도 노동조합은 사측과 교섭해 단체협약에서 비정규직에 대한 이익대변을 할 수 있으며 실제로도 하고 있다. 단, 조합원으로 포괄하고 싶어 하지는 않는 것인데, 비정규직을 일단 조합원으로 포괄하면 결정적인 순간에 이들을 조합원의 이익확보를 위

---

4 비정규직을 희생해 정규직의 물량 우선 확보 조항을 단체협약에서 명시하고 있는 7개 사례를 업종별로 보면, 조선 3개, 자동차부품 2개, 기계 1개, 제철 1개 등의 분포를 보였다.

한 희생물로 삼거나 이들에게 위험부담을 떠넘길 수 없기 때문이다. 이때 간접고용이라는 점, 즉 고용하는 기업이 다르다는 점은 사실상 사업장의 노동조합이 이들을 조합원으로 포괄하지 않는 데 대한 정당성의 외피로 작용한다.

결국 이때 노동조합의 전략은 다음과 같은 논리를 따르고 있다. 우선, 정규직 조합원이 일하는 작업조직의 물량을 보장받아 고용과 임금을 확보한다. 남는 물량에 대해서는 비정규직 고용을 묵인하는데, 이 비정규직은 기업이 고용과 임금의 탄력성을 확보할 수 있도록 사용된다. 이때 정규직과 비정규직은 경쟁관계가 되지만, 노동조합이라는 힘을 가지고 있는 정규직이 우위에 설 수 있고, 따라서 비정규직을 절대 노동조합 조합원으로 포괄하지 않는다. 정규직과 비정규직이 분리되어 일한다는 것은 동료의식으로 인한 공동체성을 약화시키고 간접고용형태는 비정규직을 포괄하지 않을 핑계가 된다. 단, 노동조합은 비정규직의 이익을 대리해 대변할 수는 있다. 실제로 이익을 대변할 가능성은 오히려 높은데, 어쨌든 정규직과 비정직이 유사한 일을 하는 것이므로 지나친 차별은 정당성 문제를 발생시키기 때문이다. 그러나 설사 비정규직의 이익을 일부 대변해 처우에서의 차별을 줄인다 하더라도 물량이 부족하다든지 고용이 불안정해지는 결정적 순간에는 비정규직을 희생해 조합원의 이익을 보호한다. 따라서 이러한 대리 유형은 비정규직 노동자를 노동조합의 공동체적 대상으로 생각한다기보다 오히려 이해계산의 대상으로 간주하는 대응 형태다.

지금까지 본 동일 노동과정과 분리 노동과정은 어쨌든 정규직과 비정규직이 같은 일을 하는 것이다. 그러면 정규직과 비정규직이 같은 일을 하지 않는 경우는 어떠할까? 우선, 노동과정에서 비정규직이 정규직의 업무를 보조하거나 정규직의 지시를 받아 일하는 위계적인 관계가 있다. 〈표 10-8〉에서 보다시피 위계적 노동과정은 생산·정비직이나 사무·전문직,

판매·서비스직 모두에 골고루 퍼져 있다. 그리고 또 정규직과 비정규직이 완전히 상이한 일을 할 수도 있다. 여기에는 청소, 경비, 식당, 시설관리 등 사업장의 핵심 업무가 아닌 이른바 주변 지원업무가 대표적이다. 이러한 지원업무는 거의 완전히 비정규직화되어 정규직 자체가 없다.

공간적으로 볼 때 이러한 업무를 하는 비정규직 노동자는 정규직 노동자와 같은 작업장에서 일상적으로 마주친다. 특히 비정규직 노동자가 정규직의 보조를 하거나 지시를 받아 일하는 위계적 관계는 노동과정에서 항상 교류를 하는 것이다. 그러므로 노동과정이 분리된 것보다는 동료의식을 가질 가능성이 더 높다고도 추측할 수 있다.

그런데 실제로 보면 위계적이거나 상이한 노동과정의 비정규직 노동자에 대해서는 노동조합이 배제하는 비율이 압도적으로 높았다. 즉, 이들을 조합원으로 포괄하지도 않고 이익대변하지도 않는 것이다. 그렇다면 사업장의 기업 노동조합은 이들에 대해 공동체적 정체성을 보이지 않는다고 볼 수 있다.

그렇다면 비정규직을 이해계산의 대상으로 간주하는 태도, 즉 비정규직의 이익을 희생해 정규직의 이익을 보호할 수 있다는 계산을 가지고 있는 것일까? 논리적으로 보면 그럴 수 있다. 이 경우는 고용보다는 임금의 측면에서 이해계산의 대상이 되는 것이 가능하다. 핵심적인 업무는 정규직이 하고 비정규직 노동자는 보조적이거나 주변적인 일을 담당하기 때문에 사측에서 비정규직 고용을 통해 노동력의 수량적 유연성을 확보하는 측면은 상대적으로 적다. 그러나 사측에서 노동자에게 지불할 비용이 제한적이라는 가정하에서는 비정규직에게 저임금을 지불하는 대신 정규직이 더 나은 임금 등의 노동조건을 확보할 가능성이 높아지는 것이다.

그러나 이때 정규직이 비정규직 노동자를 경험하는 방식과 우리 집단의 공동체에서 배제하는 분할 기제는 분리 노동과정일 때와는 사뭇 다르다. 위계적 노동과정에서는 비정규직이 직접적인 경쟁 집단으로 경험되지는 않는다. 물론 비정규직의 저임금을 바탕으로 정규직의 노동조건을 향상시킬 가능성이 높아진다는 점에서 논리적으로는 이익배분을 둘러싼 경쟁관계라고 할 수 있지만, 정규직 노동자의 경험과 의식상에서는 그렇지 않다는 말이다.

중요한 업무를 하는 정규직에 비해 보조적이거나 주변적인 일을 하는 비정규직에 대한 차별적 처우는 정당하게 느껴진다. 즉, 이때 노동자의 의식상에서 비정규직에 대한 차별은 이해관계가 전면적으로 드러난 것이라기보다는 정당성의 문제에서 당연시되는 것이다. 노동과정에서 경쟁이 아닌 더 낮은 위계에 존재하기 때문이다.

이를 증거하는 것은 노동과정에서 비정규직이 위계적이거나 주변적인 경우 노동조합이 비정규직을 이익대변하는 비율이 낮다는 점이다. 이 비율은 노동과정이 분리된 경우보다 훨씬 적다. 노동과정이 분리되어 있더라도 정규직과 비정규직이 같은 일을 한다면 차별적 처우가 정당화되기 어렵지만, 비정규직 노동자가 노동과정 위계상 하위에 있거나 완전히 상이한 주변적 노동을 담당하는 경우에는 차별이 정당한 것으로 생각되기 때문이라고 해석할 수 있다.

그런데 〈표 10-9〉에서 보면 위계적 노동과정인 경우는 규약상에 조합원으로 포괄하는 비율이 평균보다 높았다. 이것은 역시 〈표 10-9〉에 나타난 바 노동과정에서 정규직과 함께 일하는 위계적 관계는 주로 직접고용 비정규직으로 고용하기 때문인 것으로 보인다. 즉, 규약은 조합원 범위에 대해 직접고용이나 간접고용이라는 고용형태만 명시하기 때문이다.

그러나 동시에 정규직과 위계적인 관계를 가진 비정규직 노동자가 실제로 노동조합에 가입하는 비율은 매우 낮았다. 〈표 10-9〉에서 보다시피 동일 노동과정의 경우에는 규약상 포괄이 되면 실제로도 비정규직 노동자

〈표 10-12〉 노동과정에 따른 노동자 의식 및 노동조합 정체성, 대응 유형

노동과정 관계	조합원 의식	노동조합 정체성	노동조합 대응 유형
동일	동료의식	공동체성	통합
분리	경쟁의식	이해계산성	배제, 대리
위계·상이	분할의 정당화	공동체성 취약	배제

가 거의 전부 가입하고 있지만, 위계 노동과정의 경우에는 형식적으로 가입이 가능해도 실제로 가입하는 비정규직 노동자는 매우 소수다. 이 역시 노동자의 동료의식과 공동체적 정체성의 작용을 시사한다. 동일 노동과정에서 정규직과 같은 일을 하는 비정규직은 노동조합에 가입하는 데 거리낌이 없다. 그러나 정규직보다 낮은 위계의 비정규직은 형식적으로 노동조합 가입이 가능해도 실제 의식에서는 노동조합에 가입하기가 어렵고, 정규직 역시 그들을 노동조합을 같이할 동료로 생각하지 않고 제대로 조직하지도 않는다는 것이다. 이런 정규직의 의식은 부르디외(2005)가 말한 것처럼 자기보다 하층에 있다고 간주되는 집단과는 같이 섞이지 않으려는 구별 짓기가 노동현장에서도 나타나고 있는 것이라고 할 수 있다.

따라서 이러한 위계적 노동과정 관계에서는 노동조합 정체성에서 이해계산성이 전면적으로 드러나서 그렇다기보다는 오히려 공동체성이 약하기 때문에 비정규직 노동자를 배제하는 것이다. 이렇게 공동체성이 약한 것은 위계상에서 하위에 있거나 주변적인 노동을 하는 노동자에 대해 분할을 정당화하고 같은 공동체로 간주하고 싶어 하지 않는 구별 짓기의 의식에 기인한다.

지금까지 살펴본 노동과정과 그에 따른 노동자 의식, 노동조합의 정체성, 대응 유형을 도식적으로 정리하면 〈표 10-12〉와 같이 표현할 수 있다.

3) 기업의 노동과정 분할 전략

기업의 입장에서 보면 정규직과 비정규직이 노동조합으로 단결하는 것은 무슨 일이 있어도 막고 싶은 일일 것이다. 그런데 앞서 본 것처럼 노동과정에 따라 비정규직에 대한 조합원의 의식과 노동조합의 대응이 달라진다면 기업은 노동과정을 재편함으로써 이러한 결속을 막으려 할 수 있다. 실제로 기업이 비정규직을 사용함에 있어 처음에는 마구잡이로 비정규직을 고용했다면 이제는 정규직과 비정규직을 분할하는 기제가 점점 더 정교해지고 있다. 특히 동일 노동과정으로 정규직과 비정규직이 섞여 같은 일을 하던 것을 점점 노동과정을 분리시키거나 위계적으로 재편하는 경향을 보이는데, 이때 기업 전략은 두 가지 목표를 향하고 있다.

첫째, 노동과정을 재편함으로써 노동강도나 경쟁을 강화해 기업의 수익성을 높일 수 있다. 이것은 물론 비정규직에 한정된 것이 아니지만, 중요한 것은 이러한 재편이 비정규직의 도입 및 분할과 맞물린다는 점이다. 그럼으로써 비정규직 사용으로 인한 이익을 얻어낼 뿐 아니라 이를 정규직에 대한 압박으로도 사용한다. 둘째, 비정규직 사용을 정당화하고 노동자들의 반발을 약화시키기 위한 것이다. 특히 비정규직 문제가 사회적으로 쟁점화됨에 따라 법적 규제를 피하고 노동조합으로 단결하는 것을 막기 위해 정규직과 비정규직을 분할하는 것이 더욱 중요해졌다.

이와 관련된 전형적 사례를 몇 가지 살펴보자. 우선, 은행 부문이 있다. 기업별로 약간씩 차이는 있지만 대체로 은행에서 비정규직과 관련한 노동과정의 재편은 다음 세 단계로 구분할 수 있다. ① 비정규직의 도입(IMF 관리 체제하인 1998~1999년 즈음), ② 위계적 분리(2000년대 전반기), ③ 직군 분리 등을 통한 위계의 공고화(2006년 이후)다.

그 이전에도 비정규직이 없었던 것은 아니지만 지점장 재량에 따라 가장 바쁜 시간대나 바쁜 날에 파트타임 노동자를 한두 명 고용하는 정도였다. 그러나 IMF 경제위기로 인해 은행 부문은 급격한 구조조정을 맞았고 이것은 비정규직이 본격적으로 도입되는 결정적인 계기가 되었다. 은행의 퇴출 및 합병과 더불어 많은 인원이 감축되는 강도 높은 구조조정이 있었는데, 지나친 인원 감축으로 인력 부족이 발생하자 모자란 일손을 비정규직을 채용해 충당하기 시작했던 것이다. 당시에는 구조조정으로 인한 은행 퇴사자들이 워낙 많았으므로 업무 경험이 있는 퇴직자를 중심으로 계약직을 뽑았다. 한 보고에 따르면, 외환위기를 전후해 은행에서 퇴직한 사람들의 20% 가까운 비율이 다시 계약직으로 재취업한 것으로 조사되고 있다(우종원·김동환, 2005).

당시에는 정규직 업무와 비정규직 업무가 구분되어 있지 않았다. 비정규직 노동자는 정규직과 구분 없이 섞여서 일했으며, 정규직과 마찬가지로 부서 이동도 가능했다. 기간제 비정규직이었지만 특별한 일이 없으면 재계약이 되었기 때문에 비교적 오래 근속하는 것도 가능했다. 이때는 비정규직 노동자가 정규직과 함께 섞여서 같은 업무를 보는 동일 노동과정이었으며, 단지 처우에서만 차이가 나는 방식이었다.

이러한 방식은 2000년대 전반기를 지나면서 차츰 바뀌기 시작했다. 기업마다 시기의 차이는 있지만 비정규직의 고용과 업무에서 몇 가지 변화가 나타났다. 무엇보다도 은행 영업점의 창구조직을 변화시킨 것이 가장 눈에 띄는 변화였다. 기존의 은행창구는 직능별로 분리되어 있었는데 이러한 직무를 모두 통합시키는 대신 빠른창구와 상담창구, VIP상담창구 등으로 분리했다. 빠른창구는 입출금과 공과금 처리 및 간단한 상담을 하는 곳이고, 상담창구는 수익이 되는 금융상품을 상담하는 곳이며, VIP상담창구는 거액의 상담을 하는 곳이다. 즉, 창구를 직능이 아닌 철저하게 수익성 기준에 따라 나눈 것이다. 영업점의 공간 자체도 이에 따라 분리하고,

의자나 공간의 넓이, 다과 등 고객에게 제공되는 서비스도 차별화했다.

이에 따라 텔러(창구 직원)의 노동과정도 변했다. 직무별로 한 가지 일을 하던 것에 비해 여러 가지를 통합적으로 다루게 되면서 노동강도는 강화되는 한편 재량권은 높아지는 전형적인 노동과정의 유연화 현상이 나타났다. 그러나 여기서 주목하는 것은 이러한 작업조직의 변화와 더불어 정규직과 비정규직의 분리가 이루어지기 시작했다는 점이다. 텔러 중에서도 정규직은 상담창구로, 비정규직은 빠른창구로 배치되는 경향을 보이기 시작했다.

이것은 동일 노동과정에서 정규직과 비정규직 사이에 공간적으로나 업무적으로 분리가 이루어지기 시작했다는 것을 뜻한다. 한 영업점 안에서 일하므로 완전한 공간적 분리라고 할 수는 없지만 적어도 그 내부에서는 정규직의 상담창구와 비정규직의 빠른창구가 공간적으로 구별되어 있고 공간의 넓이나 인테리어 등도 차별화되어 있다. 이것은 고객에 대한 차별화된 서비스 때문이지만 그곳에서 일하는 노동자들 사이에 위화감을 조성할 수도 있다.

또 상담창구의 업무와 빠른창구의 업무는 숙련의 정도에서 어느 정도 차이가 난다. 복잡한 금융상품을 다루기 위해서는 은행의 상품내역을 숙지하고 있어야 한다. 즉, 어느 정도 기업 특수적인 숙련이 필요한 것이다. 따라서 상담창구와 빠른창구에 각각 정규직과 비정규직을 나누어 배치하는 것은 공간적 분리와 더불어 업무상에서 숙련된 정규직과 단순 업무를 보는 비정규직이라는 위계를 성립시킨다. 그러나 비정규직이 본격적으로 도입된 초기에는 정규직과 비정규직이 동일하게 혼성 편성되어 업무를 보았던 것에서 드러나듯이 정규직과 비정규직을 반드시 이렇게 분할할 이유는 없다. 이는 기업이 노동과정을 의도적으로 분할하면서 정규직과 비정규직에게 업무를 따로 담당하도록 한 것이다.

이렇게 했던 이유는 두 가지다. 하나는 비정규직 사용을 더 효율적으로 하기 위해서다. 앞서 말한 대로 어느 정도 기업 특수적 숙련이 필요하므로 기간제 비정규직으로서 짧은 기간 동안만 일하면 효율적이지 못하다. 따라서 비정규직을 효율적으로 쓰기 위해 쉽게 익힐 수 있는 단순 업무를 분리해 비정규직에게 맡기는 것이다.

그런데 더 큰 이유는 비정규직의 사용을 정당화하기 위한 것이다. 은행 부문은 처우에서 차이가 나는 정규직과 비정규직 노동자가 섞여 동일한 일을 하는 대표적인 사례로 자주 얘기되어왔다. 언론 등에서 비합리적인 구조조정과 비정규직 문제를 제기할 때 항상 등장했고, 노동자들의 불만도 클 수밖에 없다. 또한 이 시기는 비정규직 법이 검토되고 있을 때였는데, 정규직과 동일하게 일하는 비정규직에 대한 차별금지 조항이 법에 포함될 것이 확실시되는 상황이었다. 이 조항을 피해가기 위해서는 미리 노동과정을 재편해 정규직과 비정규직의 업무를 분리할 필요가 있었다. 결국 수익성을 위해 전체적으로 노동과정을 재편해 정규직과 비정규직의 노동과정을 분리·위계화함으로써 비정규직 사용을 정당화하려는 의도적인 전략이었던 셈이다.

이와 더불어 비정규직의 채용방식도 변화하기 시작했다. 그전에는 소개 등을 통해 지점별로 비정규직을 고용하는 방식이었으나 이 시기 동안 각 은행 본사에서는 계약직을 공개채용해 배치하기 시작했다. 비정규직 고용을 완전히 제도화하고 정착시킨 것이다.

또한 이 시기는 비정규직의 대부분을 차지하는 계약직 텔러의 정착과 더불어 그보다는 비중이 낮지만 간접고용 비정규직이 도입되기 시작한 때이기도 하다. 특히 2000년 금융감독위원회와 금융감독원이 제정한 '금융기관의 업무위탁 등에 관한 규정'은 은행 부문에서 간접고용 비정규직을 도입하는 중요한 계기가 되었다. 이후부터는 콜센터, 경비, 전산 부문 등에서 용역, 파견, 위탁, 분사 등을 통한 간접고용화가 진행되었다.

이처럼 2000년대 전반기를 거치면서 정규직과 분리된 것으로서 비정규
직 고용과 노동과정이 확립되었는데, 2006년을 기점으로 변화가 발생했
다. 은행 부문에서 비정규직에 대한 정규직화 프로그램이 시작된 것이다.
2006년 12월 우리은행이 노사합의로 계약직 3,100명을 분리직군화한 데
이어 2007~2008년에 걸쳐 은행들의 노사교섭에서는 비정규직의 무기계
약직화가 합의되었다.

그렇다면 이 세 번째 단계는 비정규직의 정규직화라고 볼 수 있을까?
고용안정의 측면에서는 나아진 것이 사실이며, 그런 의미에서는 비정규직
에게 이익을 가져다주었다. 그러나 다른 한편 기업의 입장에서 보면 이는
기업이 지금까지 진행해온 분할과 위계화라는 전략의 연장선상에서 파악
되어야 한다.

일단 이러한 프로그램이 시작된 계기는 2006년 11월 30일 통과된 비정
규직법이었다. 사용자 입장에서 문제가 되는 것은 2년 이상 근속한 기간
제 비정규직은 정규직으로 전환하고 정규직과 같은 일을 하는 비정규직에
대한 차별을 금지하는 조항이었다. 말한 대로 은행 업무는 비교적 숙련 기
간을 필요로 하는 일이어서 2년마다 계약을 해지하고 새로 뽑기에는 효율
성이 떨어진다. 또 차별금지 조항에 관해서라면 그동안 정규직과 비정규
직의 업무 분리를 진행해오긴 했으나 지점의 상황에 따라서는 아직 완전
히 분리되지 않은 곳도 있었다. 그렇기 때문에 비정규직 법 통과를 계기로
비정규직 사용에 대해 다시 재정비할 필요가 있었던 것이다.

이른바 정규직 전환 프로그램은 실제로 비정규직을 정규직화하는 것이
아니다. 무기계약이란 단순히 기간의 정함이 없다는 뜻으로 고용계약 기
간이 한정되어 있어서 그때마다 계약해지 당하지 않는다는 것을 제외하고
는 기존 비정규직의 처우와 다를 바가 없다. 분리직군이란 기존 계약직 텔

러, 콜센터 상담원 등을 특정 직무군으로 묶어서 그 내에서만 일하도록 하는 것으로, 기존 정규직의 업무나 승진체계에는 편입될 수 없다.[5] 더군다나 이러한 프로그램은 비정규직을 고용하지 않겠다는 것을 의미하는 것은 전혀 아니다. 즉, 비정규직을 계속 채용하되 법에서 제한한 2년이 되는 시점에서 선별적으로 무기계약 또는 분리직군으로 전환한다는 것이다. 그뿐만 아니라 선별 전환이기 때문에 성과경쟁이 강화된다. 사실 2000년대 중반 이후부터 은행권에서는 정규직에 대해서도 급여와 승진체계를 성과에 따라 재편하는 경향이 시작되었다. 이러한 성과경쟁체계를 비정규직에게도 적용한 것이라고 할 수 있다.

결국 기업의 노동자 분할 전략이라는 관점에서 보면 무기계약제나 분리직군제는 2000년대 이후 계속 진행되어온 과정의 연장이다. 즉, 간접고용 비정규직 - 직접고용 비정규직 - 무기계약직(또는 분리직군제 직원) - 정규직이라는 위계적 단계로 위계를 더욱 층층이 세분화하고 경쟁을 강화한 것이다.

요약하면, 은행 부문에서 처음 비정규직을 본격적으로 고용한 것은 단순히 구조조정과정에서 저임금과 수량적 유연화라는 비정규직 사용의 이점을 활용하기 위해서였다. 정규직과 비정규직은 작업조직에서 같은 일을 함께 했으며, 다만 처우가 다를 뿐이었다. 그러나 이에 대한 반발이 생겨나자 기존의 노동과정을 분할해 정규직과 비정규직을 위계적으로 분리함

5 정규직화라고 얘기할 수 있는 것은 7급 직급을 신설해 비정규직을 전환한 부산은행의 경우뿐이다. 이 경우는 기업 내부 직급 체계의 일환이므로 이 직급 사다리를 통해 승진하는 것도 가능하며, 그런 의미에서 기업 내부노동시장 체계에 포함되었다고 할 수 있다. 흥미로운 점은 여기서 이런 전환이 가능했던 것은 정규직과 비정규직의 업무 분리가 이루어지지 않았기 때문이라는 사실이다. 이미 이전부터 정규직과 비정규직의 업무 분리와 위계화가 진행된 시중 은행과 달리, 지방은행인 부산은행에서는 여전히 정규직과 비정규직이 섞여 같은 업무를 하고 있었다. 이런 노동과정은 정규직화에 상당한 정당성을 부여하고 결국 정규직화를 가능하게 만든 요인이었다.

〈표 10-13〉 은행 부문 비정규직의 작업조직 재편 및 분할 경과

시기	결과	내용	고용방식	정규직/비정규직 간 노동과정
1998~1999	비정규직의 본격적 도입	감원으로 인한 인력 부족을 비정규직으로 충당	퇴직자의 재입사, 연고채용	동일
2000~2005	비정규직 업무의 정착	작업조직 재편 및 노동과정 분할, 저숙련 업무를 비정규직에게 할당	비정규직 공개채용	위계적 분리
2006년 이후	위계의 세분화 및 경쟁 강화	무기계약 또는 분리직군 신설, 전환 가능하게 함	기간제 2년 후 선별적 전환	위계의 공고화

으로써 비정규직 고용에 대한 정당화를 시도했다. 2006년 이후 무기계약 또는 분리직군을 신설한 것도 사실은 이러한 위계적 분리의 연장선상에서 파악되어야 한다. 이 과정은 〈표 10-13〉과 같이 나타낼 수 있다.

비정규직 사용을 정당화하기 위해 노동과정을 재편한 두 번째 사례로는 대공장에서의 라인 작업조직을 들 수 있다. 자동차 및 기계부품 등 부문의 생산공장은 컨베이어 벨트로 이어지는 일괄생산라인을 가지고 있는데, 여기에 비정규직이 도입되고 재편된 과정이다.

이러한 대공장 사업장에서는 대개 노동자대투쟁 이후인 1980년대 말 투쟁적이고 강한 노동조합이 결성되었고 1990년대 초반까지 대립적인 노사관계를 보였으나 그 후 차츰 노동조합과 노사관계가 안정화되는 경로를 거쳤다. 그동안 이러한 대공장 노동조합은 임단협투쟁을 거쳐 임금인상을 얻어냈다. 그 결과 1990년대 동안 대기업 생산직 노동자는 상대적으로 고임금을 확보하게 되었으며, 이에 따라 생산직에서 중소사업장과 대기업의 임금격차가 두드러지게 되었다. 즉, 대기업 생산직 노동자가 현재와 같은 임금 수준을 얻게 된 것은 1980년대 말 이후 결성된 강력한 기업 노동조합 덕분이었다. 이에 대한 사측의 대응은 신규 인력을 비정규직으로 고용하는 것이었다. 1990년대 중엽부터는 대공장 생산직의 대규모 공개채용이 거의 없었다. 노동조합을 통해 노동자의 임금 및 기업복지 수준이 높아지

면서 이직률이 크게 떨어졌기 때문에 대규모 채용이 필요 없기도 했다. 그러나 자연감원분 등 신규 채용의 필요성은 항존했는데, 이에 대해 기업은 비정규직을 도입했던 것이다.

그러나 비정규직이 본격적으로 도입된 것은 역시 1998년 IMF체제 이후였다. 당시 경제위기를 겪으면서 기업과 노동조합 양쪽은 모두 새로운 경험을 하게 되었기 때문이다. 기업 측에서는 정리해고 등 인원 감축이 필요했으나 노동조합의 반발로 쉽지 않다는 것을 깨달았다. 따라서 저임금뿐 아니라 수량적 유연성을 확보하기 위한 방안으로 비정규직 도입이 더욱 적극적으로 추진되었다. 반면, 노동조합 측도 고용불안을 겪으면서 조합원의 고용안정을 위해 비정규직을 완충판으로 생각하게 되었다. 이때만 해도 비정규직 문제가 크게 사회적으로 쟁점화되지 않았고 비정규직 노동자들의 조직화도 없었기 때문에 노동조합은 비정규직 문제에 대한 압력을 그다지 받지 않았다. 따라서 2000년을 전후해 노사합의를 통해 비정규직을 본격적으로 도입하는 경우가 많았다.

대공장 생산직의 비정규직 형태는 사내하청업체를 통한 간접고용이다. 그러나 1990년대는 물론이고 2000년 전후로 비정규직이 본격적으로 도입된 이후에도 정규직과 비정규직은 생산라인에서 혼성 편성되어 있었다. 즉, 라인에서 각 공정을 담당하는 조와 반에 정규직 노동자와 사내하청 비정규직 노동자가 함께 섞여서 일하는 동일 노동과정이었다.

사내하청업체 소속의 간접고용 노동자가 정규직과 혼성 편성되어 일하는 것은 문제가 된다. 1998년 제정된 파견법에서는 파견 허용 업종이 26개로 제한되어 있을 뿐 아니라 특히 직접생산공정은 파견이 엄격하게 금지되어 있다. 따라서 생산직에서 간접고용은 이른바 도급만 가능하다. 도급이란 특정한 업무를 다른 업체와 계약해 넘기는 것으로, 이때 도급업체는 업무수행의 전 과정을 책임지고 원청에는 결과만 넘겨준다. 따라서 원청의 정규직 노동자와 사내하청 비정규직 노동자가 섞여서 일하는 것은 어떻게 보아도 도급이라고 볼 수 없다. 특히 라인이 이어진 일괄생산라인 작업에서는 더욱 그러하다.

2004년부터 금속연맹은 이 부분이 기업의 비정규직 사용에 있어 약점이라고 판단해 대공장 사업장에 대한 불법파견 진정을 조직적으로 계획했다. 진정을 넣은 모든 공장에서 불법파견 판정이 내려졌지만 문제는 불법파견 판정이 나왔다고 해서 불법파견된 노동자를 정규직으로 고용해야 할 의무가 없다는 것이다. 기업은 이에 대한 시정만 하면 된다. 불법파견 판정을 받은 노동자를 정규직화하는 것은 전적으로 노동조합의 투쟁과 교섭에 달려 있다. 따라서 불법파견 판정 후 각 사업장에서는 정규직 노동조합의 지원과 더불어 비정규직 노동자의 투쟁이 잇따랐다. 그러나 이러한 투쟁을 벌였음에도 결과적으로 불법파견 판정을 받은 노동자를 정규직화한 결과는 별로 많지 않았다. 무엇보다도 기업 측이 비정규직 노동자의 정규직 전환에 대해 완강하게 거부했기 때문이다.

그러나 기업은 이러한 노동과정이 법적 문제가 되고 노동자가 저항하는 빌미가 된다는 점을 깨닫고 대응책을 강구했다. 이는 사내하청 노동자를 정규직화하거나 사내하청 노동자를 쓰지 않겠다는 것이 아니라 노동과정을 재편해 불법파견 시비에 걸리지 않도록 하겠다는 것이다. 불법파견 판정을 받고 노동부에 제출한 기업의 시정계획도 이러한 내용을 담고 있다. 즉, 도급 형식을 갖추겠다는 것이다.

이를 위해 기업 측은 정규직과 비정규직의 노동과정을 분리하기 시작했다. 라인 자체를 정규직이 담당하는 라인과 사내하청 비정규직이 담당하는 라인으로 나누었고, 그것이 어려울 때에는 일괄생산라인의 공정 한쪽에 사내하청 비정규직 노동자들을 따로 조와 반으로 편성했다. 또는 가능한 경우에는 작업장 자체를 분리하기도 했다. 이러한 작업조직의 분리를 통해 노동자들이 불법파견을 쟁점화해 저항하는 것을 막고 정규직과 비정규직 노동자의 교류도 차단하는 효과를 노린 것이다.

정규직과 비정규직의 라인을 분리한 것은 직접적으로는 불법파견 시비 때문이지만 이를 통해 노동자의 노동강도를 강화하는 효과도 갖는다. 예를 들어, 노동조합이 강한 대공장에서는 컨베이어 벨트의 속도에 따른 작업 단위(이른바 짭수)를 노동조합과 합의해야 한다. 그런 합의가 필요 없는 사내하청 노동자의 노동강도를 강화함으로써 생산성을 높일 수 있으며, 이것은 정규직 노동자에 대한 압박이 되기도 한다. 또 앞으로 모듈화 등에 따라 생산라인을 교체할 필요가 있을 때에는 노동조합의 저항이 심한 정규직보다 사내하청 비정규직 노동자가 작업하던 라인부터 교체할 것으로 예상된다. 이렇게 바꿔감으로써 모듈화에 대한 정규직 노동자와 노동조합의 저항을 압박할 수 있는 것이다.

요약하면, 대공장 일괄생산라인 작업에서도 처음에는 정규직 노동자와 비정규직 노동자가 혼성 편성된 동일 노동과정 관계였는데, 그것이 분리된 것은 노동자들의 저항 때문이었다. 즉, 노동조합이 불법파견을 빌미로 이에 대한 공격을 하자 이 구실을 없애고자 한 것이다. 또한 작업조직을 분리한 후 저항이 쉽지 않은 비정규직의 작업조직부터 노동강도를 높이도록 재편함으로써 정규직 노동자와 노동조합에 대한 압박을 행사할 수도 있게 되었다.

지금까지 검토한바 노동과정 분할을 통한 기업의 전략으로 다음 두 가지 측면을 핵심적으로 강조하고자 한다. 하나는 노동과정의 분리와 위계화를 통해 정규직과 비정규직 노동자를 분할하고 노동자의 저항을 약화시킨다는 것이다. 비정규직이 처음 도입될 때 정규직과 혼성 편성되어 동일한 일을 함께 했듯이 업무의 성격상 그 자체로 정규직과 비정규직이 분할될 이유는 없다. 기업은 오히려 비정규직 사용을 정당화하기 위해 일부러

노동과정을 분리해 정규직과 분할하는 것이다. 은행 부문에서는 차별금지, 대공장 부문에서는 불법파견이라는 법적 문제가 노동과정 분리의 직접적인 계기였지만, 사실 이것이 문제시된 것 자체가 노동자들의 저항 때문이었다. 동일 노동과정 관계보다 노동과정이 분리되거나 위계적일 때 정규직과 비정규직이 결속할 가능성은 훨씬 적어진다. 이를 이용해 기업은 노동자들의 저항을 약화시키기 위해 노동과정을 재편하는 전략을 쓰는 것이다.

또 다른 하나는 이러한 노동과정 재편 전략이 단지 비정규직에 대한 것만은 아니라는 점이다. 은행 부문에서 비정규직의 노동과정을 재편하는 과정은 수익성을 중시하고 노동자 간의 성과경쟁을 강화하는 더 넓은 조직재편과정의 일환으로 이루어졌다. 또 비정규직의 고용안정이라는 명목으로 분리직군을 설정함으로써 이후 텔러나 콜센터 업무는 기업 내부노동시장 체계에서 분리시킬 수 있다. 한편, 대공장 부문에서도 노동강도 강화나 작업조직 변화에 대해 저항이 심한 정규직 노동자보다 우선 비정규직 노동자의 작업조직에 이를 도입함으로써 정규직 노동자와 노동조합에 대한 압력을 행사할 수 있게 된다. 즉, 기업의 입장에서 보면 비정규직을 고용하고 배치하는 과정과 맞물려 정규직에 대한 통제 또한 강화하는 일석이조의 효과를 갖는 것이다.

4. 단결의 가능성: 내부 압력과 대응 유형의 변화

1) 활동가 집단의 영향

사업장 내 비정규직과 정규직 조합원의 노동과정 관계에 따라 비정규직에 대한 노동조합의 대응이 달라지는 것을 보았다. 이는 기본적으로 (정규직) 조합원이 비정규직을 경험하는 방식에 따라 비정규직에 대한 인식이 형성되고, 결국 조합원의 의식에 따라 노동조합의 정체성과 대응방식이 결정되기 때문이다.

그런데 노동과정은 기본적으로 사측이 결정한다. 그러므로 앞서 본 것처럼 사측은 노동과정 재편을 정규직/비정규직의 결속을 방해하는 데 이용하기도 하는 것이다. 그렇다면 노동운동 활동가들이 정규직과 비정규직 노동자 사이에 공동체성을 형성하기 위해 할 수 있는 일은 별로 없는 것일까? 이 의문에는 이론적으로 두 가지 지점을 얘기할 수 있다.

우선, 노동조합의 구성원은 노동과정 안에서만 경험을 하고 인식을 형성하는 것이 아니라는 점이다. 물론 노동자로서의 정체성은 실제로 노동자로 일하는 노동현장에서 기본적으로 형성되며, 그러므로 작업장에서의 노동과정 경험은 중요하다. 그러나 노동자가 노동자임을 인식하는 경험은 노동과정 뿐만은 아니다. 이들이 노동조합의 조합원인 이상 노동조합 활동 자체도 노동자임을 인식한 상태에서 경험하는 것이다. 즉, 조합원은 노동과정뿐 아니라 노동조합 활동에 의한 경험을 통해서도 비정규직에 대한 인식을 형성할 수 있다.

다음으로, 노동조합 구성원들의 의식이 단일한 것은 아니며, 이들의 사고와 의식에는 편차가 있을 수밖에 없다는 점이다. 따라서 조합원들이 같은 정도로 노동조합 활동에 관심을 갖고 참여하지는 않는다. 노동조합 구성원 중에서도 노동조합의 활동에 적극 참여하고 그 지향에 영향을 미치고 싶어 하는 사람이 있는가 하면, 비교적 수동적인 태도로 노동조합 활동을 받아들이는 사람도 있다. 전자의 사람은 노동조합 내부의 활동가 집단을 형성해 노동조합의 지향성에 영향을 미치고 운영을 이끌어나가는 리더십을 구성하게 된다.

이 두 가지 전제를 합쳐 생각해보면 사업장에서 노동조합의 구성원은 노동과정뿐만 아니라 노동조합 활동 자체 또한 경험함으로써 의식을 형성하는 계기를 갖게 되며, 이 과정에서는 이 노동조합 운영에 적극적인 영향을 미치는 활동가 집단의 지향성이 중요한 역할을 한다고 생각할 수 있다.

비정규직에 관해서는 이러한 활동가 집단으로 다음 세 집단을 생각해볼 수 있다. 바로 집행부, 현장조직, 집단화된 비정규직 조직이다. 여기서는 이들이 비정규직에 대한 노동조합의 대응에 어떤 영향을 미치는지를 검토하기로 한다.

우선, 집행부가 사업장 내 비정규직을 대상으로 한 사업의 개수로 집행부의 의지와 노력 정도를 측정했다. 〈표 10-14〉는 이를 보여준다.

무엇보다도 절반가량의 집행부가 사업장 내 비정규직 노동자를 대상으로 한 아무런 사업도 하지 않고 있었다. 비정규직의 조직화나 공동행동 사업은 이후 책임이 있기 때문에 집행부가 상대적으로 꺼려할 것임은 예상할 수 있다. 그러나 비정규직 상담 및 고충처리나 비정규직 문제에 대한 교육은 집행부의 의지만으로도 집행할 수 있는 사업이다. 특히 교육 사업은 비교적 실행이 용이하면서도 비정규직에 대한 조합원의 의식을 (재)형성시킬 직접적이고도 중요한 계기이지만 이를 실행하는 집행부는 20%에도 미치지 못했다. 비정규직 대상 사업을 진행하는 집행부는 그나마 대부분 상담 및 고충처리 등은 하고 있었지만, 이처럼 가장 간단한 비정규직 사업조차도 하지 않는 비율이 45%가 넘었다.

많은 노동조합의 간부들은 비정규직과 연대하지 못하는 이유로 조합원의 정서를 구실삼곤 한다. 즉, 자신들은 비정규직과 연대하고 싶어도 평조합원의 의식이 그에 미치지 못하거나 이해계산적이기 때문에 노동조합 활동을 통해 연대하기 어렵다는 것이다. 하지만 〈표 10-14〉의 결과는 사실 노동조합 집행부가 자신의 노력으로 할 수 있는 사업조차도 안하는 경우

<표 10-14> 노동조합 집행부의 비정규직 대상 사업 개수와 비율

활동	사례수	비율(%)	번호	사업 내용	사례수	비율(%)
0개	47	45.2	1	비정규직 노동자 상담, 고충처리, 간담회 등	45	43.2
1개	29	27.9				
2개	16	15.4	2	정규직 조합원 대상으로 비정규직 문제 교육	20	19.2
3개	7	6.7	3	비정규직 노동자 조직화(또는 조직화 지원)	21	20.2
4개	5	4.8				
합계	104	100	4	비정규직 노동자/(노동조합) 공동 집단행동	16	15.4

가 많다는 사실을 보여준다.

　그런 와중에서도 <표 10-15>에서 보듯이 집행부의 비정규직 대상 사업 개수와 노동조합의 대응 유형은 뚜렷한 관계를 보였다. 통합 유형의 노동조합에서 집행부의 비정규직 대상 사업 개수는 평균 2.5개였으나, 배제 유형에서는 0.5개도 채 되지 않았다. 비정규직의 이익대변과 포괄 중 하나만 하는 대리 유형과 포섭 유형에서는 그 중간인 1개 정도였다.

　이 두 변수 사이의 인과관계가 명확한 것은 아니다. 비정규직과 통합하고 있기 때문에 비정규직 대상 사업이 많다고도 할 수 있다. 그러나 이 두 변수를 측정한 지표를 공식성과 용이성의 측면에서 보면 노동조합의 대응 유형보다는 집행부의 사업이 훨씬 행하기 쉽다. 노동조합의 대응 유형은 전체 조합원의 승인을 통과해야 하는 공식적인 규약과 단체협약을 지표로 하는 반면, 비정규직 대상 사업은 집행부의 의지와 노력만으로 어느 정도 실행할 수 있기 때문이다. 이런 측면을 생각할 때 오히려 노동조합 활동을 주도하는 집행부가 비정규직 대상 사업을 열심히 하기 때문에 그것이 전체적인 조합원들의 의식과 노동조합 정체성에도 영향을 미쳐 노동조합의 대응이 그렇게 나타났다고 해석하는 편이 더 타당한 듯하다. 즉, 다음과 같은 과정으로 해석할 수 있는 것이다. 집행부가 비정규직 대상 사업을 열심히 하기 때문에 조합원들도 그것을 노동조합 활동으로 경험·의식하면

<표 10-15> 노동조합의 비정규직 대응 유형에 따른 집행부 사업 개수

대응 유형	사업 평균	사례 수	표준편차
배제	0.48	56	0.66
대리	1.00	21	1.22
포섭	1.10	10	0.74
통합	2.53	17	1.15

주: 분산분석 F = 12.395, 유의확률 .001(1% 수준에서 유의).

서 비정규직 역시 노동조합 공동체의 대상으로 간주하게 되고, 그에 따라 전체 조합원의 승인을 거쳐야 하는 노동조합의 공식적 대응 유형에서도 비정규직과 연대하는 것으로 나타난 것이다.

이것이 시사하는 바는 현실적이다. 간부들은 조합원 의식을 탓하지만 사실은 집행부 수준에서 할 수 있는 일도 제대로 하고 있지 않은 것이다. 물론 노동조합의 공식적인 대응양식은 조합원 정서를 기반으로 할 수밖에 없다. 그러나 바로 그 조합원 정서를 바꾸는 것도 집행부의 의지로 가능한 것이다.

두 번째로, 노동조합 내부의 공식적인 집행부는 아니지만 그 지향성에 영향을 미치는 현장조직이 비정규직에 관한 대응에 어떤 영향을 주는지를 검토해보자. 〈표 10-16〉은 사업장 내 (비정규직 관련 활동을 하는) 정규직 현장조직 유무에 따른 노동조합의 대응 유형을 나타낸 것이다.

〈표 10-16〉에 따르면, 현장조직은 노동조합의 대응 유형을 결정하는 데 영향을 미치지 못하는 것으로 드러났다. 공식적으로 노동조합 사업을 관장하는 것이 아닌 현장조직으로서는 조합원의 의식을 전반적으로 형성할 수 있는 활동을 집행하기 어렵다는 한계가 있다. 대신 다른 활동가 집단에는 영향을 미칠 수 있을 것이다.

다음은 현장조직이 집행부나 비정규직 조직과 같은 다른 활동가 집단에 미치는 영향을 검증한 것이다. 〈표 10-17〉을 보면 사업장 내 현장조직

<표 10-16> 현장조직의 유무에 따른 노동조합의 대응 유형

	배제	대리	포섭	통합	합계
있음	24.6%	23.8%	50.0%	25.0%	26.9%
없음	75.4%	76.2%	50.0%	75.0%	73.1%
합계	100%	100%	100%	100%	100%

자료: x^2 = 3.002, 유의확률 .391(10% 수준에서 유의하지 않음).

<표 10-17> 현장조직 유무에 따른 집행부의 사업 개수

	집행부 사업 평균	사례 수	표준편차
있음	1.25	28	0.25
없음	0.88	76	0.12

주: 분산분석 F = 3.367, 유의확률 .069(10% 수준에서 유의하지 않음).

<표 10-18> 현장조직 유무와 비정규직 조직의 유무

현장조직 비정규직 조직	있음	없음	합계
있음	38.5%	61.5%	100%
없음	20.0%	80.0%	100%

주: x^2 = 4.223, 유의확률 .040(5% 수준에서 유의).

의 유무는 집행부 사업에 대해 5% 수준에서 유의하지 않은 것으로 드러났다. 현장조직이 집행부를 잡기도 하고 집행부에 압박을 주는 견제세력 역할을 하기도 한다는 점을 생각해보면 이것은 상당히 의외의 결과다. 비정규직 관련 활동을 하는 현장조직이라 하더라도 집행부에 대해서는 별로 압력을 행사하지 않으며, 나아가 집행부를 잡아도 막상 노동조합의 공식적 사업으로서는 비정규직 관련 사업을 별로 실시하지 않는다는 뜻으로 해석할 수 있다. 그 대신 <표 10-18>에서 보다시피 사업장 내 현장조직의 유무와 비정규직 조직의 유무는 5% 수준에서 유의하게 관련되었다. 즉, 현장조직의 비정규직 활동은 비정규직을 조직화하거나 비정규직 조직과 연대하는 측면이 강한 반면, 사업장의 정규직 중심 노동조합에는 별다른 영향을 주지 못한다는 것이다.

이것은 좀 생각해 볼 문제다. 현장조직이란 정규직 조합원 중에서 의식 수준이 높고 비정규직 문제에 적극적인 활동가들의 모임이다. 그런데 막상 자기가 속해 있는 정규직 노동조합의 사업이나 정규직 조합원의 의식 변화에 대해서는 영향력 있는 활동을 별로 하지 못하고 있는 것이다. 이보다는 비정규직 조직(활동가/노동자)과의 연대에 치우치는 경향이 있는 것으로 해석된다. 물론 비정규직을 조직화하거나 비정규직 조직에 연대하는 것은 중요하다. 그러나 어쨌든 자신이 속해 있는 노동조합과 조합원의 변화를 꾀하기보다 비정규직과의 연대에만 치중하는 것은 일종의 회피일 수도 있다. 즉, 현장조직 활동가의 입장에서는 '말이 안 통하는' 정규직 조합원들과 소통하고 그들을 변화시키는 것보다 비정규직 노동자를 조직하고 연대하는 것이 차라리 더 편하게 느껴질 수도 있는 것이다. 그러나 곧 다시 보겠지만 비정규직이 조직화된다고 해서 정규직과의 연대가 저절로 이루어지는 것은 아니며, 이는 오히려 분할을 고착화할 가능성도 있다. 집행부를 잡거나 견제세력 역할을 하는 현장조직이 실제로 집행부가 할 수 있는 사업에 별로 큰 영향을 주지 못했다는 것을 보면 현장조직이 정작 자신이 속한 정규직 중심의 노동조합 활동에 대해서는 상대적으로 방기하고 있다는 문제점을 지적할 수 있다.

마지막으로 비정규직 문제에 관해 중요한 집단은 비정규직 노동자 자신이다. 비정규직 문제의 부당성을 가장 크게 실감하는 사람은 당연히 정규직 조합원이 아니라 당사자인 비정규직 노동자일 수밖에 없다. 이러한 불만이 개별화되어 있는 데 그치지 않고 비정규직 노동자가 집단화되어 행동한다면 (사측에게뿐만 아니라) 정규직 중심의 노동조합에도 영향을 미칠 것이다. 조사된 104개 사업장에서 대표적인(가장 수가 많은) 종류의 비정규직이 집단적으로 조직화된 비율은 37.5%로, 그 방식은 〈표 10-19〉에 나와 있는 바와 같다. 또 비정규직의 집단화 여부와 방식에 따른 노동조합

	사례	비율
같은 노동조합으로 조직	19	18.3%
별개의 노동조합으로 조직	20	19.2%
비조직	65	62.5%
합계	104	100%

〈표 10-20〉 비정규직 노동자의 집단화와 노동조합 대응 유형

	배제	대리	포섭	통합	합계
집단화	41.0%	10.3%	10.3%	38.5%	100%
비집단화	61.5%	26.2%	9.2%	3.1%	100%
전체 평균	53.8%	20.2%	9.6%	16.3%	100%

주: 1) x^2 = 23.653, 유의확률 .000(1% 수준에서 유의).
　　2) 굵게 표시된 숫자는 x^2 검정이 의미 있게 해석될 수 있는 최소사례 수인 5개 이상의 사례임을 의미.

	배제	대리	포섭	통합	합계
같은 조직	10.5%	10.5%	10.5%	68.4%	100%
별개 조직	70.0%	10.0%	10.0%	10.0%	100%
비집단화	61.5%	26.2%	9.2%	3.1%	100%
전체 평균	53.8%	20.2%	9.6%	16.3%	100%

주: 1) x^2 = 50.402, 유의확률 .000(1% 수준에서 유의).
　　2) 굵게 표시된 숫자는 x^2 검정이 의미 있게 해석될 수 있는 최소사례 수인 5개 이상의 사례임을 의미.

대응 유형은 〈표 10-20〉에 나타나 있다.[6]

비정규직이 집단화되었을 때 통합 유형으로 나타나는 비율이 전체 평균보다 몇 배 높게 나온 것은 당연한 일이다. 통합 유형이라는 것 자체가 비정규직을 포괄해 조직하겠다는 의지를 표명한 것이기 때문이다. 주목할 만한 것은 비정규직이 집단화되었을 때보다 집단화되지 않았을 때 대리 유형이 더 많이 나타난다는 점이다. 비정규직이 집단적으로 조직화되면,

---

6 표를 간단히 하기 위해 비율만 표시했는데, 사실 사례 수에서는 x^2 검정이 의미 있게 해석될 수 있는 최소사례 수인 5개 사례에 못 미치는 칸이 많다. 따라서 통계적으로는 확실히 의미 있다고 말하긴 어렵다. 표에서 5개 사례 수 이상인 칸은 굵은 숫자로 표시했다.

비록 별개의 비정규직 조직으로 집단화되더라도, 기업의 (정규직) 노동조합은 압력을 받아 사측과의 교섭에서 비정규직의 이익을 대변할 수 있다. 그러나 〈표 10-20〉을 보면 그런 압력은 별로 없으며, 오히려 비정규직이 별개의 조직을 만들면 그 비정규직 노동조합에 맡겨놓고 오히려 더 무관심해지는 결과로 보인다.

앞의 표들에서 비정규직의 집단화 여부 및 방식과 노동조합의 대응 유형은 1% 수준에서 유의하게 관계가 있는 것처럼 나타났다. 하지만 다른 관계있는 변수들과의 영향을 통제한 로지스틱 회귀분석 결과는 그렇지 않았다.

〈표 10-21〉을 보면 집행부 차원의 비정규직 대상 사업 개수로 측정된 집행부의 노력과 의지는 여전히 유의미한 것으로 드러났으나 비정규직의 집단화는 유의미성이 없어졌다. 이는 비정규직의 집단화가 노동과정에 따라 영향을 받기 때문인 것으로 보인다. 즉, 비정규직 집단화는 그 자체로 노동조합의 대응에 영향을 준다고 볼 수 없으며 노동과정에 따라 집단화 여부와 방식이 달라지기 때문에 관계가 있는 것처럼 보인다는 것이다.

이 두 변수(노동과정과 비정규직 집단화)의 관계를 더 상세히 살펴보기 위해 104개 사업장 222개 비정규직 업무의 특성과 집단화 방식 사이의 관계를 분석하면 〈표 10-22〉와 같다.

물론 104개 사업장의 대표적인 비정규직뿐 아니라 소소한 업무에 종사하는 비정규직을 모두 망라한 것이기 때문에 비조직된 비율이 훨씬 더 늘어난다. 그러나 적어도 집단화된 부분의 특성만 보면 비정규직의 업무 성격에 따른 조직화 방식의 특징이 명확하게 드러난다. 비정규직 노동자가 정규직과 함께 같은 사업장의 노동조합에 가입하는 방식은 노동과정으로는 정규직과 동일한 노동과정 관계를 맺고 있을 때, 업종별로는 사무전문직이나 판매서비스직일 때, 고용형태로는 직접고용일 때 그 비율이 높았

〈표 10-21〉 노동조합의 대응 지표에 대한 이분형 로지스틱 회귀분석

변수	포괄 여부				이익대변 여부			
	B	표준오차	자유도	유의확률	B	표준오차	자유도	유의확률
노동과정			3	0.105			3	0.018*
집행부 사업	0.712	0.280	1	0.011*	1.021	0.281	1	0.000**
비정규직 집단화	1.167	0.622	1	0.061	-0.403	0.589	1	0.493
상수	-2.252	0.926	1	0.015	-4.031	1.046	1	0.000

주: 포괄 여부의 전체 유의확률은 .000(1% 수준에서 유의), 이익대변 여부의 전체 유의확률은 .000(1% 수준에서 유의).

〈표 10-22〉 222개 비정규직 업무의 집단화 방식 비율

	노동과정 관계				업종				고용형태		합계
	동일	분리	위계	상이	생산·정비	사무·전문	판매·서비스	주변업무	직접고용	간접고용	
같은 조직	29.8%	3.0%	9.4%	8.9%	8.9%	18.7%	18.4%	7.5%	21.2%	7.3%	13.5%
별개 조직	7.0%	18.2%	3.8%	16.5%	14.3%	1.3%	5.3%	26.4%	4.0%	17.1%	11.3%
비조직	63.2%	78.8%	86.8%	74.7%	76.8%	80.0%	76.3%	66.0%	74.7%	75.6%	75.2%
합계	100%	100%	100%	100%	100%	100%	100%	100%	100%	100%	100%

주: 노동과정 관계는 x^2 = 24.775 유의확률 .000(1% 수준에서 유의), 업종은 x^2 = 24.305 유의확률 .000(1% 수준에서 유의), 고용형태는 x^2 = 16.115유의확률 .000(1% 수준에서 유의).

다. 또 비정규직이 사업장에 존재하는 정규직 중심 노동조합과 별개의 독자적인 조직으로 집단화되는 경우는 정규직과 분리된 노동과정일 때, 생산·정비직이나 주변 업무일 때, 간접고용일 때 그 가능성이 높았다. 이것은 현실에서 다음 두 가지 조직화 경향을 반영한다. 즉, 대공장 생산직 사내하청 노동자는 사업장 단위로 정규직과 별개의 독자적인 사내하청 비정규직 노동조합을 만들고 있으며, 청소, 경비, 시설관리 등의 주변 업무는 이미 전국적·지역적인 업종별 조직이 존재하므로 정규직 중심의 기업 노동조합보다는 그쪽으로 가입하고 있기 때문이다.

이어서 〈표 10-23〉은 222개 업무에서 비정규직의 집단화 방식과 노동과정 관계, 노동조합 대응양식을 분류하고 그중 5개 사례 수 이상의 경우를 표시한 것이다.

〈표 10-23〉 비정규직의 집단화 방식과 노동과정 관계, 노동조합 대응 유형의 분류표

집단화 방식	노동과정 관계	노동조합 대응 유형			
		배제	대리	포섭	통합
같은 조직	동일	4	2	1	10
	분리				1
	위계			1	4
	상이	3	1	2	1
별개 조직	동일	2	1	1	
	분리	5	1		
	위계	2			
	상이	10		2	1
비조직	동일	22	9	4	1
	분리	19	5	1	1
	위계	34	3	6	3
	상이	45	6	7	1

집단화 방식	노동과정 관계	대응 유형
같은 조직	동일	통합
별개 조직	분리	배제
	상이	배제
비조직	동일	배제, 대리
	분리	배제, 대리
	위계	배제, 포섭
	상이	배제, 대리, 포섭

222개 업무에 대한 조사에서도 비정규직 노동자들이 별개의 조직으로 집단화되었을 때 정규직 중심의 기업 노동조합은 더 무관심하다는 것이 드러난다. 즉, 아예 집단화가 되지 않는 경우에는 배제 유형뿐 아니라 다른 유형의 사례도 간간이 나타나는 데 비해, 비정규직이 별개 조직으로 집단화되면 거의 다 배제 유형으로 나타난다.

이 결과만 보면 비정규직이 별개 조직으로 집단화되는 것은 정규직 중심의 노동조합에 비정규직 문제에 대한 인식과 대응이라는 측면에서 별다른 압력을 주지 않을 뿐더러 오히려 정규직과 비정규직의 분할을 고착

화하는 것처럼 보인다. 그러나 그렇다고 비정규직이 독자적인 별개 조직을 건설하는 것이 바람직하지 못한 선택이라고 할 수는 없다. 비정규직이 독자적인 조직을 만들었을 때 배제 유형이 많이 나타나는 것은, 반대로 정규직 노동조합이 비정규직에 대한 관심을 전혀 보이지 않아 어쩔 수 없이 독자적 조직으로 집단화되기 때문일 수도 있다. 어쨌든 모든 경우에서 비정규직의 배제가 압도적이기 때문에 비정규직으로서는 정규직 노동조합의 태도 변화를 기다릴 수만은 없으며, 조직화될 기회만 있다면 어떤 방식으로든 집단화하는 것이 최선의 선택이다.

하지만 적어도 일단 비정규직 독자 조직이 건설되면 정규직 노동조합은 오히려 비정규직 문제를 회피해버리는 것처럼 보이는 결과임은 사실이다. 비정규직 문제에 대한 사회적 압력이 강화되면서 정당성의 차원에서 정규직 노동조합도 사업장 내 비정규직을 위해 원하든 원하지 않든 뭔가를 해야 한다는 압박을 받게 되었다. 그런데 비정규직 독자 조직이 별개로 결성되면 거기에 맡겨놓고 손을 털어버리는 면피가 가능해지는 것이다. 따라서 정규직과 비정규직의 연대라는 측면에서 보면 비정규직이 별개의 독자적 조직으로 집단화되었다 할지라도 이후 정규직과 비정규직 간에 연대와 통합을 위한 전략이 필요하다는 점을 시사한다.

2) 연대를 위한 경로

사실 전략적 측면에서 가장 관심을 끄는 것은 비정규직 노동자에 대한 연대의 방식으로 노동조합의 대응을 변화시킬 수 있는 경로다. 이를 위해서는 활동가 집단의 의지와 관계가 중요하다. 노동조합의 대응은 전체 조합원의 승인을 받아 결정되지만 활동가 집단이 먼저 구체적인 방향과 현실적인 안을 제시해야 하기 때문이다. 물론 동일 노동과정에서처럼 정규직 조합원이 비정규직 노동자와 공동체성을 형성하기에 유리한 조건이라면 노동조합의 대응에서도 비정규직과 연대하고 통합하기가 훨씬 쉬울 것이다. 그러나 설사 그렇다 할지라도 실제로 노동조합의 대응이 결정되기 위해서는 활동가 집단이 구체적인 안을 제시해야 한다. 또 반대로 노동과정에서 비정규직 노동자에 대해 공동체성을 형성하기 어려운 조건이라 할지라도 앞서 보았듯이 집행부 등 리더십을 가진 집단의 의지를 노동조합 활동에 반영시킴으로써 이를 통해 조합원의 의식을 (재)형성할 수도 있다.

활동가 집단 간의 관계에서 노동조합의 대응을 연대와 통합의 방향으로 변화시키기 위한 경로로는 두 가지 방법이 있다.

첫 번째, 정규직 측 주도형이다. 노동조합의 일상 사업을 관장하는 집행부가 사업장 내 비정규직을 대상으로 하는 사업을 활발하게 펼치고 이에 힘입어 비정규직 노동자가 집단화되는 방식이다. 여기서 현장조직은 집행부의 사업을 도우며 비정규직 노동자의 조직화를 매개하는 방식으로 활동한다. 그리하여 조합원은 노동조합 사업을 통해 비정규직을 연대적인 방식으로 경험하고, 이러한 경험은 비정규직 역시 노동조합의 공동체 대상이라는 의식을 형성한다. 이렇게 비정규직에 대한 조합원 의식과 노동조합 정체성이 변화함에 따라 정규직과 비정규직이 단결하고 통합할 수 있다.

이러한 방식의 연대 경로는 근본적으로 비정규직에 대한 조합원의 인식 및 노동조합 정체성을 공동체적으로 변화시킬 수 있다는 점에서 장점을 갖는다. 이에 있어서는 특히 다음과 같은 점을 중시할 필요가 있다.

우선, 조합원에 대한 교육이다. 물론 집행부나 현장조직 활동가의 합의로 비정규직에 대한 활동을 노동조합 사업으로 집행하면 조합원도 어떤 방식으로든 이를 접하고 경험하게는 될 것이다. 그러나 이것이 비정규직 노동자를 대상으로 한 사업인 한 정규직 조합원에게는 그냥 스쳐지나가기 쉬운 간접적인 경험밖에 되지 않는다. 따라서 정규직 조합원을 대상으로 그보다 더 직접적이고 적극적으로 교육을 실시할 필요가 있다. 이는 단지 노동조합의 공식적인 교육시간이나 노보 등 선전물 작업을 말하는 것이 아니다. 오히려 노동조합의 일상활동을 통틀어 비정규직에 대한 교육적 관점을 적극적으로 인입하고 체계화하는 노력을 의미한다. 노동조합 내에서 이루어지는 공식·비공식적 모임 속에서 현장의 조합원이 비정규직 문제를 다양한 방식으로 다루고 토론하는 분위기를 형성해가야 한다. 예를 들어, 기업 노동조합 내에 지회나 분회의 모임이 있다면 일단 이 지회나 분회 수준에서 참여하는 조합원을 대상으로 교육적인 프로그램을 지속적으로 만들고, 이를 전체 사업장의 분위기로 확장해가는 방식을 체계적으로 생각해볼 수 있다. 노동조합의 사업은 활동가의 합의로도 실행될 수 있긴 하지만 조합원의 인식이 전반적으로 비정규직 노동자에 대한 공동체성을 형성하지 못한다면 상황이 바뀌었을 때(집행부의 교체나 외부 상황의 변화로 이해관계가 첨예해지는 등) 다시 비정규직 노동자가 내쳐지고 이해계산의 대상으로 간주될 가능성이 높기 때문이다.

다음으로는, 비정규직 노동자가 노동조합에 적극적으로 참여할 수 있는 계기와 구조를 체계적으로 마련해야 한다. 공동경험 및 연대의식을 축적하기 위해서는 정규직 조합원과 더불어 비정규직이 직접 노동조합 활동에 참여해야 한다. 이를 위해 노동조합의 내부 운영 및 활동 체계는 다음 두 가지 조건을 충족시켜야 한다. 한편으로는, 가능한 한 정규직과 비정규직이 공동으로 어울려야 한다. 사측에 의해 결정되는 노동과정에서는 정규직과 비정규직이 다양하게 분할된 관계를 맺을 수밖에 없지만 노동조합 활동에서는 그것을 상쇄할 수 있도록 동등하고 활발한 교류를 만들어내야 한다. 그러나 다른 한편으로는, 형식적 평등성만을 추구하면 수가 더 많고 참여가 용이한 정규직을 중심으로 노동조합이 운영될 수도 있다. 이렇게 되면 비정규직 노동자가 실질적으로 소외되면서 정규직과 비정규직의 공동경험과 연대의식이라는 핵심적 취지가 퇴색되어버린다. 따라서 노동조합의 내부 운영 및 활동 체계(지회나 분회 모임, 집행부나 대표 체계 등)에서 정규직과 비정규직 조합원 간의 교류가 활발하고 공동의 경험을 할 수 있도록 하되 비정규직이 소외되지 않고 적극적으로 참여·발언할 수 있는 구조를 고민할 필요가 있다.

정규직 측이 주도하는 연대 경로의 단점은 당사자인 비정규직 노동자가 주체화되지 못하고 의존성이 강화될 위험도 있다는 점이다. 비정규직 노동자가 노동조합이나 집단행동에 적극적으로 참여하는 것은 정규직보다 훨씬 큰 위험이 따르는 일이기 때문에 스스로 나서기보다는 정규직 측 활동가 집단이 알아서 문제를 해결해주기를 원할 수도 있다. 정규직 측 활동가 집단이 비교적 적극적으로 나서도 당사자인 비정규직 노동자들이 주체적으로 집단화되지 못한다면 통합 유형까지 나아가지 못하고 시혜적인 대리 유형에 머무를 가능성이 크다. 이러한 시혜-의존 관계는 노동조합 활동에서도 정규직과 비정규직의 위계적 분할을 설정하는 셈이므로 진정한 연대와 공동체적 정체성을 형성하기 어렵게 만든다.

두 번째, 반대로 비정규직 노동자가 먼저 집단화해 정규직 중심의 노동조합에 압력을 가함으로써 연대와 통합으로 나아가는 경로도 존재한다. 노동조합의 전반적인 분위기가 사업장의 비정규직 노동자를 받아들일 준비가 되지 않았다면 비정규직 노동자가 먼저 주체적으로 조직화하고 집단행동을 하는 것이다.

비정규직 노동자들은 자신들의 직접적인 집단화 및 집단행동을 통해 정규직 조합원들에게 비정규직 문제를 인식시킬 계기를 만들 수 있다. 나아가 비정규직 노동자들의 집단행동이 일정한 성과를 거두면 실제로 정규직의 이익보호를 위해 비정규직에게 위험을 떠넘기기가 어려워진다. 그렇게 되면 정규직 노동조합과 조합원들도 차라리 비정규직과 함께 노동조합을 하고 사측에 대해 공동대응하는 전략을 취하는 쪽이 낫다고 판단할 수 있다. 그러한 압력을 통해 연대와 통합으로 나아가는 것이다.

이 방식의 장점은 강한 압력을 통해 정규직 조합원 및 노동조합의 판단을 비교적 빠르게 바꿀 수 있다는 것이다. 공동체적 정체성이 미처 충분히 형성되지 않아도 이해계산의 측면을 자극할 수 있기 때문이다. 어차피 정규직의 이익을 위해 비정규직을 희생양으로 삼는 것이 불가능하다면 함께 행동하는 전략이 남는다. 일단 이러한 이해계산에 의해서라도 연대하거나 통합하다 보면 공동의 경험과 인식이 형성됨으로써 비정규직에 대한 조합원의 의식과 노동조합 정체성이 변화될 수 있다. 그리고 이와 같은 방식은 정규직 주도형과는 다르게 이미 비정규직 노동자들이 집단화되어 있으므로 비정규직이 노동조합 내에서 수동적이지 않고 적극적으로 참여할 수 있다.

하지만 이러한 방식으로 정규직 조합원 및 노동조합의 태도와 대응을 변화시키기 위해서는 비정규직의 조직화 및 집단행동 수준이 높고 일정한 성과를 거두어야 한다. 또한 잘못하면 정규직과 비정규직 간의 노노갈등으로 나아갈 위험성도 존재하는 것이 사실이다. 공동체적 정체성이 형성되지 않은 상태에서 비정규직 집단이 강한 압력을 가하면 이는 정규직 조합원의 이익을 침해하는 것으로 느껴질 수 있다. 즉, 비정규직을 희생양 삼기 어려우므로 같이 행동하는 것이 낫다는 전략적 판단을 할 수도 있는 반면, 아예 비정규직을 정규직의 이익에 대한 경쟁상대로 간주하고 경쟁과 갈등 관계로 나아갈 수도 있는 것이다. 이 갈림길을 결정하는 관건은 정규직 측 활동가 집단의 태도다. 조합원의 전반적 의식이 비정규직 노동자를 이해계산적 대상으로 간주하는 분위기라 하더라도 적어도 집행부나 현장조직과 같은 활동가 집단은 비정규직의 집단화와 집단행동을 지지할 필요가 있다. 노동조합의 리더십을 형성하는 활동가 집단이 연대적 태도를 견지하면 노노 간의 직접적인 충돌이 일어나기는 어려우며, 결국 조합원들도 비정규직 노동자와 함께하게 될 가능성이 높다. 그러나 활동가 집단이 조합원들의 분위기에 편승해 노노 간에 심각한 충돌이 발생하면 정규직과 비정규직 사이에 골이 패임으로써 이후에도 공동체적 정체성을 형성하기 어려울 수 있다.

3) 통제 효과와 노노갈등

연대의 관점에서 노동조합의 대응 유형 중 가장 바람직한 것은 사업장 내 비정규직을 노동조합에 함께 포괄하고 이익대변도 하는 통합 유형이다. 포괄이나 이익대변 중 둘 중 하나만 하는 포섭이나 대리 유형도 배제 유형보다는 더 연대적이라고 할 수 있다.

물론 배제 유형에 비해 이러한 비배제 유형이 더 나은 것은 분명한 사실이다. 그러나 그럼에도 노동조합의 이러한 대응방식의 이면에 숨겨져 있을 수도 있는 의미 또한 살펴보아야 한다. 즉, 정규직 중심의 노동조합이 비정규직의 투쟁과 주체화를 적절한 수준에서 관리·통제하기 위해 비정규직을 형식적으로 포섭하거나, 이익대변을 하거나, 심지어는 통합을 할 수도 있기 때문이다.

우선, 비정규직 노동자를 형식적으로 포괄하되 노사교섭에서 이들의 이익을 대변하지 않는 포섭 유형을 살펴보자. 이런 유형이 나타나는 것은 많은 경우 규정상에서는 비정규직을 조합원 대상으로 하지만 실제로는 비정규직 노동자가 노동조합에 거의 가입되어 있지 않을 때다. 물론 고용이 불안정한 비정규직 노동자는 가입 자격이 주어지더라도 노동조합에 잘 가입하지 않는 경향이 있다. 노동조합에 가입했다가 재계약 시 사측으로부터 불이익을 받을 수 있으며, 또 어차피 그 기업에서 계속 일할 가능성도 낮기 때문이다. 규약상 비정규직 노동자를 받아들인다고 규정되어 있더라도 집행부나 현장조직 같은 노동조합의 활동가가 조직화를 위해 노력하지 않는다면 비정규직 노동자의 노동조합 가입률은 매우 낮을 것이다.

그런데 이러한 상황이 정규직 측 활동가들의 부담을 덜기 위해 전략적으로 벌어질 때도 있다. 한편으로는 비정규직을 포괄함으로써 비정규직과의 연대를 외부에 표명하면서, 다른 한편으로는 비정규직 문제를 다루어야 할 부담을 제거하는 것이다. 비정규직 노동자가 조직화되어 있지 않으므로 쟁점화되는 요구도 없으며, 따라서 집행부는 노사교섭에서 비정규직의 이익을 반드시 대변해 관철시킬 필요가 없다. 그렇기 때문에 비정규직을 조합원 대상으로 포괄하고도 정규직 측 활동가는 어느 정도 의도적으로 조직화의 노력을 방기하고, 그 결과 비정규직 노동자를 포괄하되 이익대변은 하지 않는 형식적 포섭 유형이 나타나는 것이다.

나아가 형식적 포섭은 비정규직 노동자의 주체적인 집단화 및 집단행동을 저지하는 수단이 되기도 한다. 만약 기업 노동조합이 비정규직을 아예 조합원 대상으로 하지 않는다면 비정규직 노동자가 별도로 독자적인 조직을 만들고 집단행동을 할 수도 있을 것이다. 그러나 사업장의 기업 노동조합이 비정규직을 조합원으로 받아들이고 있다면 비정규직 노동자는 위험성이 큰 독자 조직화를 선택하기보다 기업 노동조합이 비정규직의 이익을 대변해줄 것을 기대하게 된다. 그러나 설사 비정규직 노동자를 조합원으로 받아들이더라도 노동조합 내에서 비정규직 노동자가 소수이고 집단적 세력을 형성하지 못하거나 발언권이 없다면 비정규직의 이익대변은 실제로 관철되기 어렵다.

그렇다면 반대로 비정규직 노동자를 포괄하지 않더라도 이익대변을 하는 대리 유형은 어떨까? 이 역시 비정규직 노동자의 집단화 및 집단행동,

요구 수준을 억제하는 효과를 가질 수 있다. 노동조합이 노사교섭에서 일부라도 비정규직의 이익을 대변해준다면 사업장 내 비정규직 노동자는 주체적으로 나서기보다는 정규직 노동조합이 대리해주는 데 의존하기 쉽다. 비록 정규직 노동조합의 이익대변 수준에 만족하지 않더라도 비정규직 노동자의 집단화나 집단행동에는 상당한 위험이 따르기 때문에 발언(voice)을 하지 않고 정규직 노동조합이 행하는 임의적 이익대변을 감수하는 쪽을 선택하는 것이다.

비정규직과의 연대뿐 아니라 노사관계의 부담도 짊어져야 하는 집행부는 이러한 효과를 전략적으로 이용할 수도 있다. 즉, 사업장 내 비정규직 노동자의 불만이 고조되고 집단화나 집단행동이 이루어지려 할 때 이들의 이익을 어느 정도 대변함으로써 집단행동을 억제하고 요구 수준을 통제하는 전략이다. 비정규직 노동자들이 독자적으로 집단화하면 노노갈등이 발생해 내외적 비판을 받거나(비정규직을 계속 배제할 경우) 아니면 노사관계가 악화되는(비정규직과 연대하려고 할 경우) 진퇴양난에 처할 수 있기 때문이다.

말하자면 비배제의 대응 유형은 비정규직에 대한 연대의 관점에서는 물론 긍정적이지만 비정규직 노동자에 대한 통제의 효과도 갖는다. 이것은 비정규직 집단과의 관계에서 정규직 측 활동가 집단이 의도적으로 만드는 상황일 때도 있음을 의미한다. 즉, 비판을 피하기 위해 비정규직과의 연대를 표명하되 노사관계를 악화시키지 않기 위해 비정규직 노동자의 집단행동을 억제하고 요구 수준을 통제하기 위한 전략이다.

이러한 통제 효과는 노동조합을 통해 정규직과 비정규직의 공동체성을 형성하는 데 한계를 노정한다. 포섭 유형에서는 비정규직 노동자의 미조직화가 특징적인데, 여기서는 정규직과 비정규직이 함께 노동조합을 한다는 것이 형식적일 뿐 실질적인 것은 아니므로 노동조합 활동을 통해 공동의 경험과 공동체성을 형성할 기회가 축소된다. 대리 유형에서의 비정규직 노동자의 의존성은 정규직 노동조합이 시혜를 베풀고 비정규직 노동자는 여기에 의존하는 셈이 되므로 노동자의 의식상에서 정규직과 비정규직이라는 상하 분할을 온존시키고 정당화한다. 이러한 한계를 극복하기 위해서는 비정규직 집단이 주체화되어야 한다. 비정규직 집단은 동원할 수 있는 자원의 측면에서 정규직에 비해 크게 열악한 것이 사실이다. 그러나 그러한 조건에서라도 비정규직 집단이 정규직 측의 통제를 넘어서 주체화할 방법을 모색하는 것이 필요하다.

이처럼 연대의 대응방식 뒤에 통제의 효과가 숨겨져 있듯 모든 것에는 겉모습 뒤에 이면이 존재한다. 현상적으로 드러난 모습의 이면도 살펴보아야 할 필요가 있는 것이다.

첫눈에 보기에는 연대의 관점에서 매우 부정적인 것처럼 보이는 노노갈등도 마찬가지다. 조사대상 104개 기업의 노동조합에서는 정규직과 비정규직 간의 공개적인 갈등 사건도 존재했는데, 그 양상과 사례 수는 〈표 10-24〉와 같다.[7]

공식적이거나 공개적인 사건만 지표로 삼았기 때문에 사례 수는 그렇게 많지 않지만 적어도 노노갈등이 발생한 사업장의 특성은 뚜렷하다.

갈등을 경험한 적이 있는 노동조합에서 집행부가 실시하는 비정규직 노동자 대상 사업의 개수는 1.67개로 전체 평균인 0.98개보다 확연히 높았다. 전체 조사대상 노동조합 중에서 비정규직 노동자가 집단화된 사례 수의 비율은 37.5%에 불과한데, 갈등 경험이 있는 곳은 거의 대부분 집단화된 비정규직 노동자들이 존재했다. 이와 비슷하게 현장조직이 있는 곳

---

7 물론 정규직과 비정규직의 노동자(집단) 사이에는 개인적이거나 집단적인 갈등이 잠재적으로 항존하고 있겠지만, 여기서는 그런 잠재적 갈등이 아닌 비정규직 노동자에 대한 노동조합 대응양식과 관련해 공식적이고 공개화된 사건을 지표로 했다.

<표 10-24> 정규직과 비정규직 간의 갈등적 사건 내용과 사례 수

유형	갈등적 사건 내용	사례 수
1	비정규직 노동자의 노동조합 가입 거부	5
2	비정규직 노동자를 위한 규약이나 단체협약 부결	3
3	비정규직 노동자와 정규직 조합원 사이의 집단적 충돌	4
4	기타(집단적인 불만 표시 및 공식적인 문제화)	3
합계		15

<표 10-25> 노노갈등과 내부 활동가 집단의 상황

	집행부 사업 개수 평균	비정규직 노동자 집단화 여부		현장조직 유무		합계
		있음	없음	있음	없음	
갈등 있음	1.67개	13(86.7%)	2(13.3%)	10(66.7%)	5(33.3%)	15(100%)
갈등 없음	0.87개	26(29.2%)	63(70.8%)	18(20.2%)	71(79.8%)	89(100%)
전체	0.98개	39(37.5%)	65(62.5%)	26(26.9%)	76(73.1%)	104(100%)

주: 집행부 사업 개수 평균은 F = 4.116, 유의확률 .045(5% 수준에서 유의), 비정규직 노동자 집단화 여부는
x^2 = 18.079 유의확률 .000(1% 수준에서 유의), 현장조직 유무는 x^2 = 14.072 유의확률 .000(1% 수준에
서 유의).

이 전체적으로는 3분의 1에도 많이 미치지 못하지만 갈등을 경험한 곳의 3분의 2에서는 그러한 현장조직이 있었다. 즉, 갈등을 경험한 곳은 노동조합 집행부가 비정규직 노동자 대상 사업을 열심히 하고, 비정규직 노동자가 집단화되어 있으며, 비정규직 관련 활동을 하는 현장조직이 있는 곳이라는 의미다.

결국 오히려 비정규직 문제에 관해 적극적인 사업장에서 갈등이 발생한다는 것을 알 수 있다. 노동조합 내부의 집단이 다른 내부 집단에, 그리고 전체 구성원에게 압력을 행사할 때 갈등이 발생한다. 물론 압력이 있다고 해서 모두 갈등으로 번지는 것은 아니고 가능하면 내부 갈등이 없는 것이 최선일 것이다. 그러나 압력이 없다면 갈등도 있을 수 없다.

노노갈등보다 더 부정적인 것은 무관심이다. 정규직 중심의 노동조합이 비정규직 노동자에 대해 무관심하고 어떤 활동가 집단도 적극적으로 나서지 않는 경우가 훨씬 많다. 앞서 본 것처럼 조사대상 노동조합 집행부

의 절반 가까이가 비정규직 노동자를 대상으로 한 사업을 전혀 하지 않고 있으며, 현장조직이 있어 비정규직 노동자를 위해 활동하는 곳은 3분의 1도 되지 않았다. 비정규직 노동자 스스로 집단화해 목소리를 내는 경우도 3분의 1을 조금 넘는 정도에 불과했다. 조사대상의 모든 사업장에 비정규직 노동자가 존재했지만 노동조합 활동에 적극적인 영향을 끼치는 활동가 집단은 이에 무관심한 게 다수인 것이다.

결국 노동조합의 비정규직 노동자 전략에 관한 한 노노갈등은 부정적이라기보다는 오히려 긍정적인 신호라고 볼 수 있다. 적극적인 전략과 압력이 존재한다는 뜻이기 때문이다.

5. 나가며: 전략적 함의

이 글은 첫머리에서 이른바 정규직 이기주의에 대해 언급하는 것으로 시작했다. 이것은 정규직 노동조합을 비난하기 위한 것도 아니고, 비정규 운동이 잘되기 위해서는 정규직 노동조합이 잘해야 한다고 주장하는 것도 아니다. 다만, 노동조합 운동이란 그것의 성공뿐 아니라 발생과 유지 자체가 기본적으로 노동자의 단결에 의지하고 있음을 다시 한 번 상기시키기 위한 것이었다. 정규직/비정규직의 분할이 현재 노동자의 단결을 저해하는 중요한 분할선 중 하나라면 이를 극복할 수 있는 지점을 모색하는 것은 중요한 과제다. 또 비정규운동이 단지 비정규직 노동자만의 운동이 아니라 바로 현 시대의 핵심적 과제를 상대하고 있는 노동운동의 일환이라면 정규직/비정규직의 단결을 위한 지점을 적극적으로 모색하는 것 역시 비정규운동의 몫이 될 것이다. 그러한 의미에서 지금까지 분석한 결과는 비정규운동의 전략에 대해 어떤 함의를 던져줄 수 있을까?

근본적으로 말하면 정규직과 비정규직을 단결하게 만드는 단단한 매개체는 공동체적 정체성이다. 노동조합은 분명히 이익집단이지만 노동조합이 다른 이익집단과 다른 점은 집단적 정체성을 기반으로 한 집단적 이해계산을 한다는 점이며, 그러한 공동체의 기반 위에서만 발생·유지 가능하다는 점이다.

물론 노동자들을 결속시키는 공동체적 정체성은 다양한 수준과 계기를 가질 수 있다. 아주 소박하게는 그저 같은 동료라는 공통의 경험과 정서적 유대에서 기인할 수도 있고, 가장 의식적으로는 '전 세계 노동자는 하나'라는 수준 높은 계급적 정치사상에 기반을 둘 수도 있다.

어떤 수준과 계기에서든 비정규직을 노동조합을 구성하는 공동체적 정체성 내로 끌어들일 때 노동조합을 통한 정규직 이기주의가 극복될 수 있다. 그것이 아닌 이익계산의 측면을 자극하는 압력은 일시적으로는 정규직 노동조합이 비정규직을 대변하게 할 수 있어도 이해갈등이 표면화되는 시기에는 한계를 드러낸다.

앞서 보았듯이 비정규직 고용 및 차별에 대한 정당성 문제는 비정규직의 이익대변 가능성을 높인다. 또는 비정규직 집단이나 외부 조직의 강한 압력을 통해 노동조합이 비정규직과 연대를 하도록 할 수도 있다. 또한 정당성 문제에 대한 제기와 외부의 압력이 정규직 조합원의 이익을 실현하기 위한 노동조합의 운신의 폭을 좁힐 수 있다는, 즉 이해계산적 측면을 자극함으로써 비정규직에 대한 이익대변이나 비정규직과의 연대를 할 수도 있다. 이것도 분명 의미가 있지만 이 단계는 단결을 위한 하나의 경로로 간주되어야 한다. 이 단계에서만 머물러 공동체적 정체성을 확보하는 데까지 나아가지 못한다면 경기후퇴나 고용불안 등 결정적 시기에는 다시 이해계산을 통해 비정규직을 배척할 수도 있다. 그에 비해 공동체적 정체성을 확보한다는 것은 이해계산 자체가 이 집단적 정체성 위에서 이루어진다는 것을 의미한다.

개념적으로 그러하다면 현실 실천 속에서 비정규직을 공동체적 정체성 내로 끌어들일 구체적인 방법에 대해 고민하고 그 방법을 개발할 필요가 있다. 이에 대한 구체적 방법은 아직 미흡하지만 한두 가지 예시를 할 수는 있다.

우선, 노동조합의 활동을 통해 정규직과 비정규직 간의 공동의 경험을 형성해나가야 한다. 앞선 분석에서 보았듯이 노동과정의 동일성은 노동조합이 비정규직을 배제하지 않는 것과 큰 상관이 있는데, 그것은 노동과정에서의 경험을 통해 동료적 관계와 의식이 형성되기 때문이라고밖에 설명할 수 없다. 동일한 노동과정은 이처럼 비정규직을 노동조합에 대한 공동체적 정체성으로 끌어들이는 데 유리한 조건이다.

하지만 그렇지 못할 때에는 노동조합의 활동으로 이 관계와 의식을 형성해야 한다. 노동자는 노동과정에서의 작업뿐 아니라 노동조합 활동도 경험하기 때문이다. 정규직과 비정규직의 공동 경험을 형성하기 위해서는 적극적이고 참여적인 일상 연대 활동, 그리고 정규직/비정규직이 함께 하는 집단행동의 기획 등을 핵심적으로 해나가야 한다. 이를 통해 정규직과 비정규직은 서로를 함께하는 '우리' 집단으로 경험할 수 있기 때문이며, 이는 비정규직을 공동체적 정체성 내로 끌어들이는 첫발이 될 수 있기 때문이다.

또한 제도적인 규정의 측면에서는 비정규직에 대한 포괄이 중요하다. 비정규직에 대한 기업 노동조합 대응의 두 가지 지표로 삼았던 공식적인 포괄과 이익대변 중에서는 이익대변의 비율이 훨씬 높았다. 이것은 이해할 법한 일이기도 하다. 사업장 내 비정규직을 포괄해놓고 사측과의 교섭에서 밀려 제대로 이익대변을 하지 못하면 노동조합은 난처한 입장에 처하게 되는 반면, 비정규직의 처우개선이나 노동조건을 협상해주는 이익대변은 당장 눈에 보이는 전시효과가 더 뛰어나기 때문이다. 그러나 앞서 보았듯이 비정규직을 포괄하지 않는 이익대변(대리 유형)은 오히려 이해계산의 결정적인 국면에서 비정규직을 배제할 가능성이 농후하다. 따라서 정규직과 비정규직의 단결이라는 측면에서 더 중요한 것은 비정규직의 포괄이다.

물론 비정규직을 포괄하는 것이 그 자체로 단결을 의미하는 것은 아니다. 그보다는 제도의 효과를 낼 수 있기 때문에 필요하다는 것이다. 구성원들의 의식과 선택에 의해 제도가 만들어지지만 제도가 의식을 형성하기도 하는 것처럼 일단 규정상 비정규직을 포괄하게 되면 '우리' 집단이라는 의식이 발생하고 강화될 수 있기 때문이다. 그런 측면에서 보면 1사1조직 원칙은 많은 한계를 안고 있음에도 이런 제도적 효과를 노릴 수 있는 하나의 계기라고 평가할 수도 있다.

다음으로, 노동과정 관계에 대한 분석에서는 어떤 함의를 더 얻을 수 있을까? 정규직/비정규직 간의 노동과정이 노동자의 경험과 의식을 형성함으로써 노동조합의 정규직/비정규직 간의 관계에도 큰 영향을 미친다는 사실을 앞에서 확인했다. 그리고 사측이 역으로 이를 이용해 노동과정을 분리하고 위계화한다는 사실도 확인했다. 앞서 본 대로 이것은 단지 비정규직을 대상으로 한 것일 뿐만 아니라 노동과정을 그렇게 재편함으로써 전체적으로 노동자의 저항을 약화시키고 성과경쟁 체제를 강화하기 위한 것이기도 하다.

따라서 노동조합은 노동과정 재편에 대해 적극적인 문제의식을 갖고 개입하려는 노력을 해야 한다. 물론 현재도 대규모 기업 노동조합은 노동과정 재편에 개입하고 있긴 하지만, 노동과정 재편 문제를 임금 및 고용 문제보다는 덜 중요하게 여기거나 노동과정에 개입하더라도 임금 및 고용과 연관되는 부분에 대해서만 주로 고려해온 것이 사실이다. 그러나 노동과정이 임금 및 고용 문제와 연관될 뿐만 아니라 노동자들의 분할을 촉진하고 결속을 방해함으로써 궁극적으로는 노동자 힘의 쇠퇴를 가져올 수도 있다는 측면까지 생각해서 대처해야 한다.

노동과정 관계 분석에서 얻을 수 있는 또 다른 교훈은 노동과정을 통해 노동자의 분할을 정당화하는 것의 위험성이다. 정규직과 비정규직의 노동과정 관계가 위계적이거나 상이할 때(지원업무) 비정규직을 배제할 가능성이 압도적으로 높으며, 그것은 노동자의 의식상에서 굳이 이해계산성이 드러나서라기보다는 노동자의 분할을 정당화하기 때문이라는 사실을 확인했다.

사측에서 성과경쟁 체제 강화의 일환으로 추진하는 직무평가와 직무급제 등이 노동계의 일부에서 어쩔 수 없는 것으로 받아들여지기도 한다. 특히 비정규직과 관련해서는 직무평가가 오히려 긍정적일 수 있다는 주장도 있다. 고용형태에 상관없이 직무를 평가하고 그에 따라 처우를 결정하면 적어도 비정규직에 대한 불합리한 차별은 없어질 것이라는 논리다. 그러나 직무평가야말로 노동자 간의 분할을 정당화하는 방편이다. 이른바 직무평가에 의해 더 가치 있고 더 중요한 일과 덜 중요한 일이 나눠지고 이에 따라 노동조건도 다르게 매겨진다. 사람들은 누구나 자신이 하는 일이 가치 있고 중요하기를 바란다. 이것은 인지상정이지만 그것이 작업장의 노동과정 및 노동조건과 연관될 때 하위로 평가받은 계층과 자신을 구별 짓는 구별 짓기의 의식이 나타날 수도 있다. 자신이 하는 일이 더 가치 있고 중요하다는 점에서 '저들과 다른' 집단으로 구별하면서 노동자의 분할을 정당화하는 것이다. 앞서 말했듯 노동과정은 단지 상품을 생산하기 위한 것이 아니라 정치적·이데올로기적 효과도 생산한다.

마지막으로, 노동조합의 리더십을 형성하는 활동가 집단의 활동에서도 여러 문제점을 발견할 수 있었다. 노동조합 집행부가 사업장 내 비정규직 노동자를 대상으로 한 사업을 단 하나라도 실시하는 경우가 겨우 절반을 조금 넘을 정도여서 전반적으로 집행부의 활동이 부족했다. 노동조합 간부들은 비정규직 문제에 관한 한 조합원의 정서를 탓하지만 결과적으로 집행부 자체의 사업조차도 이렇게 적었다는 것은 조합원 핑계를 댈 것 없이 간부들조차도 비정규직에 대한 의지와 노력 수준이 실제로 낮다는 사실을 보여준다. 그러나 동시에 사업 정도로 측정된 집행부의 노력은 전체 조합원의 의지를 표현하는 노동조합의 공식적 대응 유형에 매우 큰 영향을 미치는 것으로 드러났다. 즉, 노동조합의 일상적 활동을 관장함으로써 집행부는 말 그대로 조합원 정서를 재형성할 수도 있는 것이다. 집행부와 같은 노동조합 간부는 조합원 정서로 핑계를 돌릴 것이 아니라 스스로 먼저 노동조합 활동으로써 조합원의 경험과 정서를 만들어갈 수 있다는 점을 명심해야 한다.

현장조직에 관해서는 자신들이 속한 (정규직 중심) 노동조합의 변화를 꾀하려고 하기보다는 오히려 비정규직의 조직화 및 연대 활동에 치중하는 경향을 보이는 것으로 분석되었다. 물론 비정규직의 조직화 및 연대도 중요하다. 그러나 비정규직이 조직화된다고 해서 정규직과 비정규직의 단결이 성취되는 것은 아니다. 노동조합 내에서 가장 의식적인 사람들이라 할수 있는 현장조직 구성원의 입장에서는 의식이 더 후진적이고 말이 안 통하는 정규직 조합원과 노동조합을 변화시키기보다는 차라리 직접 비정규직을 조직하고 연대 활동을 벌이는 것이 더 수월하게 느껴질 수도 있다. 그러나 자신이 속한 대중조직인 노동조합의 지향성을 변화시키기 위한 적극적인 노력을 하지 않는다면 그것 또한 일종의 책임방기일 것이다.

비정규직 조직에 관해서 보면, 비정규직이 정규직 중심의 노동조합과 별개로 독자 조직화될 경우 전반적으로 사업장의 노동조합에 큰 압력을 주지 못하고 오히려 무관심과 배제의 핑계를 제공해주는 것처럼 보인다.

그렇다고 비정규직이 독자적으로 조직되어서는 안 된다는 뜻은 아니다. 왜냐하면 어쨌든 현재는 노동조합의 비정규직 배제나 비정규직의 미조직 상태가 너무 일반적이므로 이러한 상황을 타개할 어떤 방법이라도 시도해야 하기 때문이다. 그러나 적어도 이러한 분석결과가 함의하는 것은 정규직과 비정규직의 별개 조직화가 오히려 분할의 고착화로 나아갈 가능성에 대해서는 좀 더 생각해보고 우려해야 한다는 점이다. 이러한 분할의 고착화에는 비정규직 조직의 책임이 전혀 없다고 할 수는 없다. 비정규직 조직 역시 정규직 노동조합을 대할 때 공동체적 정체성이라는 관점에서 단결 전략을 적극적으로 모색하고 있지는 않기 때문이다. 그보다는 오히려 비정규직의 이익을 위해 어떻게 정규직 노동조합을 활용하고 압력을 행사할 것인가에만 치중하곤 한다. 비정규운동이 비정규직의, 비정규직에 의한, 비정규직을 위한 운동이라면 그래도 된다. 그러나 비정규운동을 현재 노동운동이 당면하고 있는 과제를 극복하고 노동조합의 기본적인 기반과 힘인 노동자 간의 단결을 성취하기 위한 운동의 일환으로 간주한다면 비정규직의 조직도 이러한 단결의 관점에서 사고하고 활동해야 할 책임에서 면제되는 것은 아닐 터이다.

참고문헌

김동춘. 2006. 「노동운동 위기에 대한 사회학적 해석」. 중앙대 사회학과 포럼 발표.

김유선. 2009. 「비정규직 규모와 실태」. 한국노동사회연구소 자료실.

부라보이, 마이클(Michael Burawoy). 1999. 『생산의 정치』. 정범진 옮김. 박종철출판사.

부르디외, 피에르(Pierre Bourdieu). 2005. 『구별짓기』. 최종철 옮김. 새물결.

우종원·김동환. 2005. 「금융근로자 전직지원체계 구축방안」. 노사정위원회 보고서.

임영일. 2003. 「신자유주의적 구조조정과 노동체제 전환」. 『신자유주의적 구조조정과 노
        동운동: 1997~2001』. 한울.

정건화. 2003. 「노동시장의 구조변동에 관한 제도경제학적 해석」. ≪경제와 사회≫, 57호.

Dunlop, John T. 1958. *Industrial Relations Systems*. Southern Illinois University Press.

Kelly, John. 1998. *Rethinking Industrial Relations: Mobilization, Collectivism and Long
        Waves*. Routledge.

Klamanders, P. 1986. "Mobilization and Participation in Trade Union Action." *Journal of
        Occupational Psychology*, 57.

Martin, Ross M. 1989. *Trade Unionism: Purposes and Forms*. Clarendon.

Offe, C. and H. Wiesenthal. 1985. "Two Logics of Collective Action." C. Offe. *Disorgan-
        ized Capitalism: Contemporary Transformation of Work and Politics*. MIT Press.

당 건설 전략

고민택(노동자혁명당 추진모임)

1. 문제설정

지금 세계는 지난 20세기 초에 이어 또 다시 세계적 차원에서 전쟁과 혁명의 시기로 점점 접어들고 있으며 야만이냐, 사회주의냐를 향해 나가고 있다. 그에 따라 이행과 혁명이 현실의 문제로 등장하고 있다. 더욱이 지금의 세계자본주의는 20세기 초와는 비교할 수 없을 정도로 글로벌화되어 있다. 따라서 20세기 초의 정세가 러시아−유럽을 중심으로 형성되었던 것에 비하면 지금의 정세는 말 그대로 전 지구적 차원에서 진행·전개되고 있다.

이러한 상황은 단지 공간만의 문제를 제기하는 것이 아니다. 이는 여기에 따르는 노동자계급의 이행 전략, 혁명 전략 역시 세계적 차원에서 새롭게 수립되어야 할 필요성과 가능성이 획기적으로 커지고 있음을 시사하는 것이다. 다시 말해 멀게는 지난 러시아 볼셰비키 혁명의 성공에 뒤이은 독일(유럽)에서의 혁명 실패 때문에, 가깝게는 이른바 현실사회주의의 붕괴와 신자유주의 세계화의 여파 때문에 노동자투쟁에서는 물론 마르크스주의 진영 사이에서도 거의 소멸하다시피 한 세계혁명에 다시 주목할 필요가 있게 된 것이다. 사실 세계혁명은 자본(주의)을 분석한 마르크스에 의해 이론적·현실적 단초가 이미 제기된 바 있다. 2008년 미국발 금융위기 이후 펼쳐지고 있는 세계자본주의 위기를 목격하는 지금 그러한 정세가 도래할 시기가 그리 멀지 않았음을 알 수 있다.

실제로 자본주의 철폐나 사회주의 건설 운동은 언제나 세계적·국제적 정세와 시야 아래 진행되어야 한다. 즉, 각국 또는 일국이 처한 구체적 상태와 조건은 세계적 관점에서 해석되고 배치해야 한다. 그 어떤 일국도 아직은 사회주의 혁명을 수행할 수 있을 정도의 조건을 갖추고 있지 않다. 그렇지만 북아프리카나 중동에서 표출되고 있는 투쟁이나 유럽에서 나타나고 있는 투쟁도, 비록 지역 사이에 엄청난 격차가 있긴 하지만, 모두 사회주의로의 연속 혁명으로 나가는 것만이 승패를 떠나 유일한 침로라는 점에서는 투쟁의 성격과 지향이 크게 다르지 않다. 각국 또는 지역이 처한 정세의 산술적 합이 세계정세를 규정하는 것이 아니라 역으로 지구적 차원에서 형성되고 있는 정세, 즉 세계공황이 각국과 지역의 정세를 규정하고 있는 것이다.

오늘의 세계(정세)가 이렇다고 할 때 혁명정당(건설) 문제를 더는 미루거나 우회할 수 없다. 세계자본주의 - 세계시장공황 - 세계혁명[1] 테제를 받아들인다면 그에 대한 대응으로서 사회주의 - 프롤레타리아 국제주의 - 혁명정당을 세계적 차원에서 노동자계급의 테제로 정식화해야 한다. 사회주의 - 프롤레타리아 국제주의 - 혁명정당 테제에서 가장 핵심적으로, 따라서 가장 실천(선행)적으로 다루어야 할 것은 혁명정당이다. 세계혁명이 세계자본주의 - 세계시장공황의 객관적·현실적 귀결점이라면 혁명정당은 사

---

1 정성진은 "마르크스 사상의 핵심은 경제학비판을 통한 '아래로부터의 사회주의' 사상의 구체화이며, 이는 '세계자본주의 - 세계시장공황 - 세계혁명' 테제로 집약"된다고 말한다. 정성진, 『세계화와 자본축적 체제의 모순』(도서출판 한울, 2012).

회주의-프롤레타리아 국제주의를 수행해 나갈 의식적·주체적 출발점이기 때문이다.

문제는 현실에서 혁명정당을 건설하는 일이 결코 간단하지 않다는 것이다. 이제까지의 역사를 보면 이론과 실천 모두에서 혁명정당이 어려운 상황에 놓여 있지 않은 적은 한 번도 없다. 알다시피 혁명정당은 이를 통해 성공한 러시아 혁명 과정에서 이미 치열한 쟁점이 되었다. 더구나 러시아에서 거둔 성공마저 얼마 지나지 않아 무산(형해화)되었을 뿐만 아니라 그 뒤로는 혁명정당이 다시 성공한 역사가 등장하지 않았다. 그런 만큼 개혁(개량)주의 정당에 대한 비판과 부정이 곧 혁명정당을 자동으로 성립시키거나 정당화해주지는 못한다.

그렇지만 혁명정당을 부정해야 할 역사나 현실 또한 나타나지 않았다. 즉, 혁명정당을 폐기하거나 대체할 수 있을 정도의 새로운 혁명 이론이나 역사적 실천이 등장한 것도 아니다. 단지 현실에서 혁명정당이 부재했을 뿐이다. 혁명정당이 부재했다는 것이 혁명정당을 부정해야 하는 이유일수는 없다. 오히려 러시아 혁명 과정과 그 이후의 역사에서 혁명정당이 부재했던 것이 프롤레타리아 정치의 공백을 낳는 주요한 원인이 되었다고 말하는 것이 훨씬 사실에 가깝다. 다시 말해 이제까지 프롤레타리아 투쟁이, 물론 부침이 있었지만, 계속해서 후퇴한 것은 혁명정당이 부재했기 때문이라고 해도 지나치지 않다. 혁명정당을 단지 러시아만의 또는 20세기 초 정세의 일회적(특수한) 산물로만 취급할 수는 없다. 혁명정당은 자본주의가 존속하는 동안에는 자본주의 사회 전체에 걸쳐 언제 어디서든 그 등장이 예고되어 있다. 볼셰비키 정당의 역사적 사례는 그 예고를 현실화시켰다는 데 커다란 의의가 있다.

한편, 볼셰비키 정당이 혁명정당이라는 것과 모든 혁명정당이 볼셰비키 정당이어야 한다는 것은 구별해야 한다. 모든 혁명정당이 볼셰비키 정당과 똑같아야 할 필요는 없으며 그건 가능하지도 않다. 볼셰비키 정당 이후로 다시 혁명정당이 등장하지 않은 주요한 이유 가운데 하나도 그나마 그 뒤에 시도된 여타의 혁명정당이 볼셰비키 정당(모델)을 단지 재현하려고 한 데서 비롯된 측면이 크다. 그렇다고 혁명정당을 회의하거나 부정하는 세력이 그 근거로 볼셰비키 모델이 더는 타당하지도 가능하지도 않다는 사실을 내세우는 것은 번지수가 완전히 틀린 것이다. 왜냐하면 그들은 혁명정당의 실패 또는 혁명정당이 부재한 원인을 그 뒤에 진행된 역사에서 찾지 않고 엉뚱하게도 볼셰비키 정당 탓으로 돌리고 있을 뿐만 아니라 더 나아가 그를 통해 혁명정당 자체를 부정하려 하기 때문이다. 문제 삼아야 할 것은 볼셰비키 정당이 아니라 볼셰비키 정당을 시공간과 무관하게 무매개(교조)적으로 적용하려고 한 태도다. 이런 맥락에서는 볼셰비키 정당은 러시아와 20세기 초 정세의 구체적 산물이라고 할 수 있다. 중요한 것은 러시아의 경험을 단지 답습하는 것을 넘어 그 경험을 거울삼아 오늘의 현실에서 필요하고 요구되는 혁명 강령과 혁명 전략을 창출하는 것이다. 또한 혁명적 과정을 통한 자본주의 철폐, 혁명당 건설을 통한 노동자계급의 조직화, 노동자계급투쟁을 중심으로 한 적대전선 형성을 회피하는 맥락에서 들고 나오는 모든 자칭 새로운 것은 새로운 것이 아니라 이미 그 허구성이 증명된 가장 낡은 것일 뿐이다.

한국은 지난 시기 동안 사회주의운동의 주변부에 위치하고 있었다. 세계 사회주의운동의 주요 변수가 되지 못하고 종속변수, 즉 부차적 지위에 머물러 있었던 것이다. 그러나 지금은 비록 핵심 지위는 아니더라도 무시할 수 있는 수준을 벗어나 유의미한 변수가 될 수 있는 위치에 이르렀다. 특히 동북아는 세계자본주의의 주요 지역으로 떠올랐을 뿐만 아니라 지정학적으로도 세계의 변화를 이끌어낼 수 있는 잠재력을 안고 있다. 한국이 동북아 지역에서 사회주의 대중화와 혁명운동을 이끄는 견인차가 되어야 하는 것은 조금도 이상하지 않다. 적어도 1987년 이후 한국사회는 여전히 대중(계급)투쟁이 사회변화를 이끄는 주요 역할을 담당(차지)하고 있다.

그럼에도 현실적으로 한국의 사회주의 역량은 아직 취약하다. 그러나 이것이 사회주의 대중화와 혁명당 건설을 미루거나 유보해야 할 이유가 될 수는 없다. 아니, 사회주의 역량이 열악한 상태에 놓여 있는 것도 바로 그동안 계속해서 이를 유보하거나 미루어왔기 때문이다. 대중투쟁이 활발하게 벌어지던 시기에 사회주의운동을 전면적으로 펼치지 못한 것이 오늘의 현실을 낳은 주요한 원인이다. 비록 조직노동자투쟁이 많이 약화되긴 했지만 새롭게 투쟁에 나설 수 있는 가능성마저 완전히 사라진 것은 아니다. 그 반면, 비정규직투쟁을 포함한 촛불투쟁, 등록금투쟁, 희망버스, 희망텐트투쟁 등 대중(계급)투쟁의 양상은 다양한 형태로 표출되고 있다. 혁명세력이 개입하고 조직할 수 있는 객관적 토대와 여건은 여전히 존재하고 있는 것이다.

한국사회주의 세력은 비록 전체 역량이 아직 취약하고 각 세력은 더욱 열악하지만 적어도 사회주의를 공공연하게 말하고 있으며, 각자의 구상과 계획은 다르지만 사회주의 당 건설을 당면과제로 삼고 있다. 이 점은 분명 이전에 비해 진전된 것이다. 이제 어떤 사회주의 세력도 자신이 처한 상태와 조건을 내세워서 당 건설 문제를 비껴갈 수는 없게 되었다. 그러나 이조차 벌써 현실에서는 또 다시 뒤처질 수 있다. 따라서 사회주의 당 건설이라는 일반적 과제를 넘어서야 한다. 다시 말해 그러한 일반적 과제가 구체적으로는 현실에서 혁명을 예비하고 혁명을 수행하려는 태세를 갖추기 위한 전제일 뿐이라는 사실을 분명히 인식해야 한다.

2. 2008년 이전의 세계

2008년 이전의 세계는 '자본주의 세계화 이외의 대안부재론', 즉 '다른 대안은 없다'와 이에 맞선 '다른 세계는 가능하다', 또는 '수천 개의 대안이 있다'로 구별되었다. 그런데 전자의 세계관은 2008년 경제위기 이후에야 비로소 그 위력을 잃기 시작했지만 후자의 세계관은 2008년 이전에 이미 활력을 잃어갔다. 그 이유는 아무리 다른 세계를 말하고 수천 개의 대안이 있다고 외쳐도 그 다른 세계란 도대체 어떤 세계인지 알 수 없었으며 막연한 수천 개의 대안이 아니라 분명하고 확실한 하나의 대안이 제시되지 않았다는 것에서 찾을 수 있다. 달리 말하면 그러한 대안을 제시할 수 있는 혁명세력(정당)이 부재했기 때문이라고 할 수 있다. 이러한 상황은 지금은 물론 앞으로도 반복될 수 있다.

그렇다고 당시 전 세계 대중을 고무시켰던 대안세계화운동과 반전대중투쟁 자체를 문제 삼을 이유는 없다. 오히려 그러한 투쟁이 벌어지게 된 정세적 맥락을 이해하려는 노력이 필요하다. 그래야만 2008년 이후 펼쳐지고 있는 정세에 올바로 대처할 수 있다. 여기서 대안세계화운동과 반전대중투쟁에 대해 살펴보는 것도 그 때문이다.

1) 대안(반)세계화운동과 반전대중투쟁

신자유주의 세계화(지구화)가 진행됨에 따라 2000년대에는 일국에서의 반신자유주의투쟁과 함께 국제적 차원에서의 반세계화운동이 주요한 투쟁 형태로 등장했다. 반세계화투쟁은 WTO 반대와 맞물려 세계사회포럼이 역할을 주도하는 형태로 진행됐으며 자본가계급의 국제회의가 열리는 주요 도시를 중심으로 형성되었다. 반세계화투쟁은 일국에서의 반신자유주의투쟁을 강화하고 일국에서의 반신자유주의투쟁이 다시 국제적 차원에서의 반세계화투쟁을 이끌어내는 상호작용을 통해 이루어졌다.

이 과정에서 등장한 것이 바로 대안세계화운동이다. 대안세계화운동은 자본이 주도하는 세계화에 맞서되 자본이 형성하는 세계화 흐름을 따라 그를 대체하는 노동자 민중의 아래에서의 세계화를 제시했다는 점에서, 또한 일국 내에서의 반신자유주의투쟁을 국제적 차원에서의 연대투쟁으로 조직하고자 했다는 점에서 나름의 긍정성을 지니고 있었다. 신자유주의 세계화가 맹위를 떨치면서 자본가계급이 "다른 대안은 없다"라고 외칠 때 세계사회포럼은 "다른 세계는 가능하다"라는 캐치프레이즈를 걸고 대안을 제시하고자 했던 것도 당시로서는 의미를 지녔다.

그러나 대안세계화운동이 아탁(attac, 시민지원을 위한 국제금융거래관세연합)과 같은 NGO(비정부기구, 시민단체)에 의해 주도되고 세계사회포럼 역시 정당을 배제한 형태로 진행된 것에서 알 수 있듯이 그들 운동은 자본주의 자체가 아닌 단지 신자유주의 또는 금융세계화만을 문제 삼았을 뿐이며 국제무역에서 나타나는 불공정·불평등 거래에 대한 문제제기에 그치는 근본적인 한계를 보였다. 이런 차원의 운동은 2008년 세계공황을 맞아 지배계급 내에서 의제로 삼았던 것처럼 체제 내적 요구에 머무를 수밖에 없다는 것이 곧바로 드러났다. "다른 세계는 가능하다"라는 캐치프레이즈도 그 다른 세계가 무엇이며 그것이 어떻게 가능한가에 대해서는 침묵하거나 모호하게 처리함으로써 감성적 호소에 머무를 수밖에 없었다.

그럼에도 그들 운동이 활기를 띨 수 있었던 것은 바로 세계적 차원에서 노동자투쟁이 활력을 갖지 못하고 일부 투쟁이 있다 하더라도 일국적·부문적 요구에 머무르고 동시에 사회주의 또는 혁명적 운동 자체가 매우 미약했던 것에 기인한다. 바로 그러한 정세적·정치적 공백을 그들 운동이 대신했던 것이다.

한편, 2000년대 대안세계화운동과 맞물려 등장한 또 하나의 현상은 반전대중투쟁이다. 미국이 이라크와 아프가니스탄을 침공한 핵심적인 이유는 두 가지다. 하나는 전 세계 노동자계급에 대해서는 물론 타국의 지배계급에 대해서조차 무력시위를 통해 미국에 거스르는 어떤 행위도 용납하지 않겠다는 것을 경고하기 위해서다. 또 하나는 더욱 실질적인 이유로, 세계 에너지 패권을 장악함으로써 이를 지렛대 삼아 세계자본주의에서 자신이 차지하는 힘과 위상을 유지·강화하기 위해서다.

그러나 미국의 무력시위는 오히려 전 세계 노동자 민중들로부터 엄청난 반발을 불러일으켰다. 이라크 침공 당시만 해도 미국은 세계 유일의 패권국으로서의 위용을 맘껏 떨치는 듯했다. 세계가 미국의 행동에 대해 숨죽이고 지켜보는 형국이 벌어졌다. 미국에 대항할 수 있는 그 어떤 국가도 존재하지 않았고, 미국은 그야말로 무소불위의 힘을 과시했다. 이때 터져 나온 것이 세계적 차원에서 형성된 반전대중투쟁이다. 모든 국가가 미국에 대해 '예스(yes)'라고 말할 때 노동자 민중이 '노(no)'라고 외친 것이다.

≪뉴욕타임스(The New York Times)≫는 당시 이를 가리켜 세계에는 두 개의 슈퍼파워가 존재하는데 하나는 미국이고 다른 하나는 반전대중투쟁이라고 할 정도였다. 반전대중투쟁은 단순히 미국에 대한 반발이나 전쟁에 반대하는 평화주의 때문에 촉발된 것이 아니다. 마치 한국에서의 촛불투쟁이 광우병에 대한 우려를 넘어 이명박 정권에 대한 강한 거부감을 포함하고 있었던 것처럼 반전대중투쟁 역시 자본의 신자유주의 세계화 공세를 배경으로 삼고 있었다. 미국은 신자유주의 세계화를 이끄는 상징적·대표적 나라였다.

반전대중투쟁은 급기야 지배계급 사이의 균열을 가져왔다. 미국에 대해 일방적인 지지를 보내고 군대를 파견했던 자국 지배계급에 대해 노동자 민중이 강력하게 항의하고 시위하는 상황에 이르자 이를 무시할 수 없는 정세가 조성되었다. 물론 그들 나라의 지배계급도 미국에 일방적으로 끌려가는 것이 결코 자신들의 이해관계에 도움이 되지 않는다는 것을 익히 알고 있었던 터다. 다만, 그 명분을 찾기가 쉽지 않은 상황이었던 것이다. 따라서 지배계급이 이를 활용한 측면이 없지 않다.

그러나 바로 이 점이 중요하다. 아래에서의 투쟁은 지배계급 사이의 균열을 가져온다는 사실이다. 지배계급이 노동자 민중에 대한 분열·분할 정책으로 노동자 민중의 단결과 투쟁을 약화시키는 것과 마찬가지로 노동자 민중 또한 자신의 투쟁을 통해 지배계급을 갈라놓을 수 있어야 한다. 설령 지배계급이 이를 활용한다고 해도 그 단계는 또 다른 투쟁과 전술로 극복해나가야 한다. 이런 과정을 거쳐 자국 지배계급을 무너뜨리는 투쟁, 권력을 장악하기 위한 아래로부터의 투쟁을 지속적으로 시도해야 한다. 그러기 위해서는 혁명세력이 존재해야 하며, 혁명세력은 대중의 투쟁을 그러한 방향으로 이끌 수 있는 전략과 전술을 구사할 수 있는 능력을 갖추어야 한다. 그러기 위해서는 특히 개량주의가 완전히 장악하지 못한 대중투쟁에 대한 개입력을 한층 끌어올려야 한다.

결론적으로 2000년대 대안세계화운동과 반전대중투쟁은 노동자투쟁과 혁명적 운동의 공백을 대신한 투쟁 형태로, 한편으로는 신자유주의와 그것의 세계화에 대항하는 세계적 흐름을 형성했다는 점에서 일정한 역할을 수행했지만, 다른 한편으로는 비록 개량주의 정치세력이 주도한 것은 아닐지라도 혁명적 대안을 형성하는 데에는 한참 미치지 못했다는 문제를 지니고 있다. 그럼에도 이와 같은 현상은 앞으로도 반복해서 일어날 수 있다. 다만, 자본주의 위기가 점점 심화되고 있으며 2008년 이후 세계적 차원에서 그전에는 볼 수 없었거나 예상하지 못했던 새로운 투쟁들이 등장하고 있음을 목격할 수 있다. 앞으로의 정세는 점점 더 역동성을 띨 것이며 무엇보다 엄청난 폭발성이 내재되어 있다. 이것이 바로 혁명적 지도력을 발휘할 수 있는 태세를 갖추는 것이 절대적으로 요구되는 이유다.

2) 혁명세력의 부재

제2차 세계대전 이후의 세계정세는 큰 틀에서 볼 때 자본과 부르주아 국가가 노동자 민중에 대해 절대적 우위를 점했던 것을 그 특징으로 한다. 자본주의 역사상 이토록 오랜 기간에 걸쳐 자본과 부르주아 지배계급이 순탄했던 적은 별로 없었다. 적어도 2008년 이전까지는 그랬다고 할 수 있다. 물론 그전에도 자본주의와 자본주의 세계체제에 아무런 문제가 없었던 것은 결코 아니다. 또한 부르주아 지배계급의 노동자 민중에 대한 통치력이 마냥 증대된 것만도 아니다. 자본과 부르주아 국가 역시 크고 작은 위기를 주기적·간헐적으로 맞이했다. 그러나 자본과 부르주아 국가가 심각한 위기에 처하는 결정적인 국면은 형성되지 않았다. 그 핵심적 이유는 제국주의 나라의 노동자투쟁이 약화됨과 함께 그들 나라의 혁명세력이 지지부진한 상태에 놓여 있었기 때문이다. 비제국주의 나라나 지역적 차원에 국한된 투쟁만으로 자본주의 세계체제를 위협하기에는 역부족일 수밖에 없었다.

거의 두 세대에 걸쳐 노동자계급은 어둡고 긴 터널 안에 갇혀 있었다. 그로 인해 마르크스주의 전통과 이론은 현실 노동계급 운동과의 연결고리가 끊겼고, 혁명의 현실성과 가능성은 거의 무망한 것으로 취급되었다. 노동자계급 중심성론이나 노동자계급의 자기해방사상은 강단에서의 현학적인 논문의 주제나 소재 정도로 전락했다. 그런 공백과 지형을 비집고 레닌주의는 말할 것도 없고 마르크스주의에 대한 수많은 갈래의 비판적·부정적 이론이 우후죽순처럼 번져갔다.

마르크스-레닌주의는 사실상 해체됐다. 마르크스-레닌주의의 정수이자 핵심인 혁명, 계급, 당, 전략/전술과 같은 실천적 분야는 말할 것도 없고 그러한 실천의 이론적·철학적 기초인 역사유물론, 유물변증법을 포함해 사회주의/공산주의로의 이행 등을 다루고 탐구하는 풍토 자체가 사라졌다. 그 자리를 이른바 거대 담론을 부정하는 의미에서 등장한 미시 담론이 대신 차지했다. 미시 담론은 예컨대 인간을 사회적 관계의 총체로 보지 않았다. 또한 사회를 총체성 차원에서 보지 않음으로써 사회 속에서 벌어지는 다양한 현상 사이에 맺어지는 관계성과 유기성은 사라졌으며 대신에 그것들은 그저 고립분산적이고 원자적으로 존재하는 우연적·우발적 현상으로 받아들여졌다. 미시 담론은 자본과 부르주아 국가가 강제하고 억압하는 현실에 눈감았다. 이로 인해 당연히 적대관계와 적대전선 자체가 희미해지거나 아예 사라졌다.

그 반작용도 심각하기는 별로 다르지 않았다. 마르크스-레닌주의는 제대로 된 의미에서 거의 발전하지 않았다. 혁명 이론과 전술은 거의 100년 수준으로 그대로 머물러 있었다. 사실 발전시키기는커녕 어떤 면에서는 이를 방어하기에도 급급해했다. 그조차 각각 제 논에 물대기 식을 넘지 못했다. 대부분의 글에서 자신의 주장과 창조적인 제안은 거의 보이지 않았다. 글의 대부분은 인용으로 채워졌다. 마르크스 자신이 정작 자신은 마르크스주의자가 아니라고 했던 바의 참뜻은 거의 퇴색했다.

마르크스-레닌주의에서의 이탈과 마르크스-레닌주의에 대한 교조는 일종의 쌍생아처럼 서로 닮았으며, 서로가 서로를 필요로 했다. 그 근원은 노동자투쟁이 약화된 데 있다. 아니다. 그 또한 결과일 뿐이다. 원인을 노동자계급에게 돌릴 수는 없다. 사실 노동자계급은 어떤 형태로든 투쟁을 멈춘 적이 없다. 가시적이든 아니든, 크든 작든, 폭발적이든 그렇지 못하든 투쟁은 끊임없이 있어왔다. 구슬이 서 말이라도 꿰어야 보배이듯이 노동자투쟁을 꿸 수 있는 조직과 노동자투쟁을 진전시킬 수 있는 전략과 전술, 노동자투쟁의 방향과 목표를 제시하는 강령이 없었던 게 진짜 문제다. 한마디로 혁명세력의 부재가 문제의 근원이다.

3. 한국에서의 당 건설 운동(노선) 평가

한국사회주의 세력은 자신들이 가장 먼저 조직하고 나아가 사회주의운 동과 사회주의 당 건설의 주체로 세워냈어야 할 현장조직 또는 현장(좌파) 활동가와 정치적으로 결합하는 데 역사적으로 성공하지 못했다. 개량주의 세력과 그들 정치가 민주노조운동과 노동자계급투쟁에 넓게 퍼지게 된 것 이나 바로 그것의 이면인 사회주의운동이 성장하지 못한 결정적인 이유도 거기에 있다. 지금의 현실은 그저 어떻게 하다 보니까 그냥 지금과 같은 상태에 도달한 것이 결코 아니다. 그 모두가 지난 운동의 역사적 결과다.

그렇기 때문에 그러한 결과를 낳기까지의 역사적 과정을 어떻게 분석· 평가할 것인가는 매우 중요한 문제다. 이 점은 과거형이 아니다. 지금도 그에 따른 입장과 태도가 여전히 이어지고 있는 현재진행형이다. 여기서 는 한국에서의 당 건설 운동(노선)에 대한 평가를 '사회주의노동자정당 건 설 공동실천위원회'(이하 사노위) 운동을 중심으로 크게 세 시기로 구분해 살펴볼 것이다. 그 이유는 사노위운동에 대한 각자의 평가가 어떠냐는 것 과는 무관하게 객관적으로는 사노위운동이 사회주의 세력 사이에서 당 건 설 운동을 공개적으로 진행시킨 경험을 지니고 있기 때문이다.

1) 사노위 결성 이전

사노위가 결성되기 이전 시기에 당 건설 운동과 관련해 형성된 쟁점은 크게 세 가지로 나누어 살펴볼 수 있다. 첫째는 민주노동당에 대한 태도를 둘러싸고 벌어진 쟁점이다. 둘째는 현장조직 또는 현장(좌파) 활동가의 조직화 방안을 두고 나타난 쟁점이다. 셋째는 사노위 결성 제안에 대한 태도를 놓고 형성된 쟁점이다.

첫 번째 쟁점은 어쨌든 민주노동당이 1987년 이후 형성된 노동자대중 투쟁의 역사와 그 성과 위에서 건설되었으며 민주노총(조직노동자)의 배타적 지지를 받고 있다는 사실에서 비롯되었다. 이 때문에 사회주의 세력도 민주노동당에서 자유로울 수 없었으며 모두 일정한 압박을 받을 수밖에 없었다. 이런 상황에서 사회주의 세력은 민주노동당 안에 들어가서 활동해야 한다는 입장과 바깥에서 독자적인 조직건설을 시도해야 한다는 입장으로 갈렸다. 그런데 두 입장 모두 역사적·결과적으로 자신이 옳았다는 것을 증명할 수 있을 만큼의 성과를 만들지는 못했다. 민주노동당 바깥에서 조직건설을 시도해야 한다는 세력은 지금까지도 여전히 당 건설을 못하고 있으며, 그 반대의 경우도 의미 있는 성과를 만들지 못했다. 그러나 결과를 떠나 그 과정을 보자면 두 입장 모두 개량주의 세력(지도부)에 맞서 전면적인 정치투쟁을 벌이지 못했으며, 이것이 갖는 중요성도, 이것이 어떻게 이루어져야 하는가에 대해서도 제대로 이해하지 못했다. 사회주의 세력은 독자적 또는 단일 세력으로서의 위상을 갖고 개량주의 세력과 함께 공동전선을 펼칠 수 있을 만큼의 조건을 창출하지 못했다. 또한 가지고 있는 역량에 비해 그에 걸맞은 정도의 정치력을 발휘하지도 못했다.

두 번째 쟁점과 관련해서는 크게 당 건설을 중심(우위)에 두고 그들과의 정치적 관계를 맺어가야 한다는 입장과 현장조직 자체의 정치활동을 더욱 강화시켜야 한다는 입장으로 그 차이가 노정됐다. 그런데 이 쟁점은 조직노선상으로는 결국 사노위를 결성해 현실에서 전자의 입장으로 수렴됨으로써 일단락되었다.

그렇지만 그 과정에서 형성된 정치적 쟁점마저 해소된 것은 아니다. 당 건설을 동의하는 세력 사이에서도 여전히 토대구축론이나 대기주의가 사라지지 않고 있는 것도 이와 관련이 있다. 당 건설 이전이든 그 이후로든 현장 활동가를 먼저 조직해야 한다는 것은 변하지 않는 상수다. 문제는 언제나 조직해야 한다는 당위가 아니라 무엇을 가지고 어떻게 조직해야 하는가 하는 것이다. 바로 이 지점에서 선 당 건설(운동)인가, 선 토대구축인가로 의견이 대립된다. 이를 달리 표현하면 위로부터의 당 건설인가, 아래로부터의 당 건설인가의 대립이라고 할 수 있다. 그런데 알다시피 아래로부터의 사회주의와 위로부터의 당 건설이야말로 마르크스-레닌주의의 요체다. 이러한 관점은 사회주의 세력이라면 대체로 인정하고 있는 바다. 그런데도 여전히 이러한 문제가 쟁점이 되고 있는 이유로는 크게 두 가지를 들 수 있다. 하나는, 근본적인 문제로, 정치(활동)에 대한 잘못된 이해 때문이다. 선 토대구축을 말하는 세력은 노동자 정치가 작업장에서 발현되고 실현되는 것으로 본다. 그러다 보니 그들의 정치활동은 경제주의, 노동자주의로 기울게 된다. 이것이 현장의 전투적 조합주의와 결합되면서 작업장에서 노동자 정치를 발현·실현시키기는커녕 오히려 노동자 정치를 축소·왜곡시키는 결과를 낳고 있다. 또 하나는 조직이 처한 물적 토대가 매우 취약하기 때문이다. 어느 조직도 독자의 힘으로는 전국적 차원에서의 정치활동을 펼치지 못하고 있다. 그러다 보니 자신이 위치한 환경에서 먼저 규정을 당하고 있다. 이는 조직을 정치활동을 위한 수단으로 보지 않고 반대로 조직의 프리즘을 통해 정치활동을 대하는 것으로, 주객이 완전히 전도된 것이다.

세 번째 쟁점은 크게 세 가지 차원에서 벌어졌다. 하나는 노동자연대 '다함께'와 부딪친 문제로 단일정당인가, 공동전선적 당인가라는 형태로 나타났고, 다음으로는 노동해방실천연대(이하 해방연대)가 제기하고 나선

민주노동자투쟁위원회(이하 민투위)에 대한 태도 문제로 불거졌으며, 마지막으로는 각각 조금씩 다르지만 그 나머지 정파는 대체적으로 시기상조를 들고 나왔다. 물론 사노위는 최종적으로는 사노준(사회주의노동자정당 건설 준비모임), 사노련(사회주의노동자연합), 노투련(노동자투쟁연합) 세 정파와 동의하는 개별 활동가로 출범했지만 이들 사이에서 형성된 쟁점도 적지 않았다. 그러나 어쨌든 그런 과정을 거쳐 결국 사노위를 같이 출범시켰기 때문에 여기서는 이 문제를 다루지 않겠다. 또한 사노련은 마지막 단계에서 사노위에서 이탈한 부위가 생겼지만 이 부분도 넘어가겠다.

'다함께'는 단일정당 건설에 대해 크게 두 가지 점을 들어 난색을 표했다. 먼저 단일정당을 건설할 경우 단일강령을 만들어야 하는데 그럴 수 있는 가능성이 매우 낮을 수밖에 없다는 점과, 다음으로는 역사적으로 형성된 이질적인 조직문화를 극복하기가 쉽지 않다는 점을 강조했다. 그러나 이는 사회주의 세력 사이의 당 건설 문제를 단지 미루는 것일 뿐이며, 그 실상은 사회주의 세력 사이의 당 건설 시도가 아닌 자신들만의 유일조직에 대한 집착이라고 밖에는 달리 보기 어렵다. 또한 조직마다 문화가 다른 현실도 결국 당 건설을 통해 극복하고 해소해나가는 길 말고는 다른 방법이 있을 수 없다.

해방연대가 들고 나온 민투위에 대한 문제제기를 보면 서로 문제를 제기하고 토론하는 것이야 얼마든지 가능하고 필요하지만 그것을 당 건설을 함께할 수 있는 절대적 전제조건으로까지 내세우는 것은 지나친 비약이다. 물론 설령 이 문제가 해방연대의 뜻대로 이루어졌다고 하더라도 그들이 사노위를 함께했을 것이라는 보장은 없다. 민투위 문제에서 막혀 그 뒤로는 논의를 이어가는 것이 불가능해졌기 때문이다. 그러나 당시에도 해방연대를 제외한 나머지 조직은 거의 대부분 그 문제를 그토록 중시하는 해방연대를 이해할 수 없다는 입장을 보였다. 또한 그 뒤 사노위에서도 다른 것은 몰라도 그 점 때문에 특별히 문제가 될 만한 일은 생기지 않았다.

당 건설 운동을 직접적 목표로 하는 것은 시기상조라고 말하는 것은 한편으로는 위에서 말한 토대구축론과 일맥상통한다. 시기상조를 주장하는 세력이 공통적으로 보인 태도는 거대한 대중투쟁을 경유하지 않고는 당 건설은 불가능하며 따라서 시도해서는 안 된다는 것이었다. 한마디로 이는 자신들의 준비와 태세 부족을 피해가기 위한 논리에 불과하다. 그 숱한 대중투쟁이 약화된 결정적 원인의 하나가 당의 부재 때문임에도 원인과 결과를 뒤바꾸는 것이다. 오죽하면 2012년 들어 일련의 현장 활동가들이 스스로 당 건설을 주창하고 나섰겠는가?

2) 사노위 제안 시기

사노위 시기[2] 동안의 당 건설 운동은 크게 사노위 내에서 벌어진 쟁점과 사노위와 나머지 세력 사이에서 형성된 쟁점으로 나누어 살펴볼 수 있다. 그런데 사노위 내에서 벌어진 쟁점은 당 건설 노선을 둘러싸고 벌어진 문제는 아니었다. 사노위를 유지하고 있는 부위나 정치적 해산을 선언한 부위 모두 사노위운동, 즉 사노위를 통한 당 건설 시도 자체를 부정하지는 않는다. 큰 틀에서 여전히 그것의 올바름을 말하고 있다. 다른 한편으로 사노위와 나머지 세력 사이에서 형성된 쟁점은 이미 사노위를 시도하기까지의 과정에서 드러난 것으로 앞에서 말한 대로다. 그 뒤로는 나머지 세력도 오히려 사노위운동이 사회주의운동과 당 건설 문제에서 의미 있는 진전을 이루어내기를 대체적으로 기대했다. 그랬다가 사노위에서 일이 벌어

---

2 여기서 사노위 시기는 사노위 출범에서부터 사노위운동에 대한 정치적 해산을 선언하기까지의 기간을 일컫는다. 사노위는 지금도 존재하지만 그 뒤에 진행된 부분은 여기서는 무관하다.

지고 나서 당 건설 노선에 대한 쟁점이 다시 점화되었다.

여기서는 사노위운동의 정치적 해산을 선언한 입장(따라서 현존하는 사노위와는 무관)에서 사노위운동에 대해 이미 평가[3]한 내용에 기초해 그중 필요한 부분을 핵심적으로만 살펴보기로 하겠다.

사노위운동이 실패로 드러나자 사노위 바깥에서는 사노위 실패의 원인을 두고 대체적으로 크게 세 가지 반응이 표출됐다. 세 가지 반응 모두에서 공통적인 사항은 그러한 결과가 이미 사전에 예고된 것으로 간주하고 있다는 것이다. 이를 하나씩 살펴보면 다음과 같다.

첫째는 사노위운동이 실패한 원인을 정파 자체가 갖는 속성에서 찾는 평가다. 한번 정파는 영원한 정파라는 것을 강하게 암시하는 것이다. 이에 대한 응답은 다음과 같다.

(가칭)노동자혁명당추진모임(이하 노혁추)[4]은 사노위 결성 시에는 물론 그 뒤에도 분명 경향적으로 존재했던 특정 정치적 경향(정파)이 다시 모인 것이 아니다. 따라서 잔류 사노위 내부에서나 또는 일부 바깥에서 노혁추를 구사노련의 연장으로 보는 것은 그들의 자유일 수는 있으나 그것은 사실이 아니다. 노혁추는 오직 사노위 결성과 그 속에서의 정치활동을 통해 새롭게 공동의 정치적 기반을 형성한 바로 그 결과로 다시 탄생한 새로운 주체다. 이 점에서만큼은 잔류 사노위도 비록 구 정파별 수의 불균형에도 불구하고 어느 정도 그와 같다고 할 수 있다. 다만, 잔류 사노위가 구사노준의 연속이

---

3 사노위의 정치적 해산을 선언한 주체는 『당 건설 투쟁 어떻게 할 것인가?』라는 책자를 통해 평가서를 제출한 바 있다.
4 사노위의 정치적 해산을 선언한 주체는 초기에 '사노위 정치적 해산 선언자 모임'을 거쳐 그중 극히 일부를 뺀 대부분이 같은 명칭으로 활동하기 시작했으며, 그 뒤 총회 소집을 거쳐 '노동자 혁명당 추진모임'으로 정식으로 활동하기 시작해 오늘에까지 이르고 있다.

될지, 어떤 변화가 생길지는 좀 더 지켜봐야 할 것 같다.

어쨌든 사노위 해산이 비록 겉으로 드러난 양상만 보면 마치 사노위 결성 이전에 존재했던 정파 구도로 회귀한 것처럼 보일 수 있다. 그러나 그 실상은 위에서 말한 바대로 이전에 존재했던 정파 구도가 약화되고 새로운 정치 주체가 등장한 것이라고 해야 맞다. 사실 이 점은 분리되기 이전 구사노련의 사노위로의 합류과정에서 이미 일차 일어난 바 있다. 그러나 그때만 해도 아직 정파 구도가 더 강하게 남아 있었다. 그랬다가 이번 경우에 이르러 한층 더 실질적인 변화가 일어난 것이다. 노혁추는 이런 과정이 앞으로도 계속해서 일어나야 한다고 생각하며 노혁추 또한 그런 역할을 앞장서서 해나갈 생각이다. 물론 그러한 변화가 당 건설을 향한 의미 있는 진전을 이끌어내는 것과 맞물려야 한다는 것은 당연하다.[5]

이상이 말하고 있는 것은 사노위 안에서 화학적 변화가 일어났다는 것이다. 정파는 결코 떨쳐버릴 수 없는 숙명적인 족쇄가 아니라는 것이다. 정파의 구성원이 오직 정치적 입장에 따라 움직일 경우 충분히 서로 섞일 수 있으며 변화·재편이 가능하다는 것이다.

둘째는 사노위 실패를 곧 사노위를 통한 당 건설 노선 자체가 낳은 실패로 보는 것이다. 즉, 사노위와 같은 당 건설 노선은 틀렸다는 것을 강하게 내비치고 있다. 이에 대한 응답은 다음과 같다.

우리는 기조에 있어서는 그때의 입장에 여전히 서 있다. 그 기조의 핵심은 다름 아닌 직접적 당 건설을 위해 모든 사회주의 세력이 나서서 실질적인 정치 일정을 제출한 가운데 '주체들 사이에서 강령/전술/조직 문제를 둘러

---

5 『당 건설 투쟁 어떻게 할 것인가?』(2011), 46~47쪽.

싼 투쟁을 통한 당 건설'이라는 '계획으로서의 전술'을 채택해야 한다는 것이다. 즉, 시간(정치 일정)도 계획 안에 포함시키고자 했던 것이다. 그렇지 않다면 당 건설이 또 다시 막연해지거나 자칫 또 하나의 정파로 고착될 가능성을 경계하고자 했던 것이다.

어떤 시도도 그 속에는 성공과 실패의 계기가 있기 마련이다. 사노위가 무조건 성공을 예정하지 않았던 것만큼이나 역시 불가피한 실패를 처음부터 예정하지도 않았다. 사노위는 불완전하고 불안정한 상태에서 시작했지만 성공할 수도 실패할 수도 있는 가능성을 모두 안고 출발했다. 사노위 유지/지속의 실패를 사노위를 통한 당 건설 자체의 실패로 평가하는 것은 결과에만 따른 결과적·운명적 평가일 뿐이다.[6]

그러나 사노위 실패로 인해 사노위와 같은 방식을 통한 당 건설은 다시 시도하기가 어려운 지형이 형성된 것은 사실이다. 그러나 이(점에서)는 사노위의 책임이 아니다. 한국사회주의 세력 전체의 조직 역량이 취약한 데서 발생하는 물리적인 문제이지, 결코 당 건설 노선 또는 정치적인 것과는 직접적인 관련이 없다. 바로 이 같은 이유로 사노위 이전으로 돌아간대도 사노위를 통한 당 건설을 다시 시도하겠다고 말할 수 있는 것이다. 사노위 실패는 사노위 안에서 벌어진 정치활동에서 발생한 것일 뿐, 당 건설 노선에 책임이 있지는 않다. 최종적으로 표현된 강령상의 차이도 실은 결정적으로 유일한 원인이지는 않았다. 조직문화의 차이가 드러난 건 사실이지만 이는 절대적 개념이 아니며 그 또한 정치 위에서 작동하는 것은 아니라는 것이 오히려 더 확실히 확인되었다.

셋째는 사노위 실패가 마치 자신들의 올바름을 역으로 증명하는 것처

---

6 『당 건설 투쟁 어떻게 할 것인가?』(2011), 51쪽.

럼 바라보는 태도에 대한 응답이다.

사실 사노위를 제안할 당시에는 물론 현재까지도 한국에서 사회주의노동
자당 건설을 어떻게 하자는 제안을 적극적이고 능동적으로 하는 세력(정파)
은 여전히 보이지 않고 있다. 더 냉정히 말하면 그들은 실패할 기회조차 스
스로 만들지 못하고 있다. 우리의 실패가, 말한 듯이 아직 현재진행형이지
만, 그들의 정당함이나 올바름을 증명하는 것일 수는 없다. 정치적 냉소주
의는 가장 나쁜 태도다. 사노위 시도와 경험은 사노위 성원만의 전유물이
아니다. 사노위 실패가 곧 당 건설 운동 자체의 실패가 아니듯이 사노위 실
패가 그 성원들만의 문제로 치부되어서도 안 된다.[7]

자신의 올바름은 자신 스스로의 기획과 활동을 통해 입증해야 한다. 또
한 사노위를 결성한 주체들이 사노위를 통한 당 건설 시도가 유일한 방안
이라고 말하고 있는 것도 아니다. 사노위운동이 말하고 시도했던 핵심적
인 문제는 지금은 당 건설을 시도해야 할 때이며 그것이 사회주의자가 해
야 할 최고의 정치라는 것이다.

3) 사노위 이후

여기서 사노위 이후란 위에서 말하고 있는 사노위운동 전체와는 직접
적인 관련이 없다. 단지 시기적 구분으로서의 역할만이 있을 뿐이다. 사노
위 이후로는, 특히 2012년 이전까지는 사회주의 세력 사이에서 당 건설을
둘러싼 특별한 쟁점은 별도로 형성되지 않았다. 사노위 이전에 비해 당 건

---

7 『당 건설 투쟁 어떻게 할 것인가?』(2011), 51쪽.

설 문제는 더 수그러들었다. 오히려 민주노동당 분당 이후 다시 민주대연합과 진보대연합을 둘러싸고 진보정당 문제가 전면에 등장했다. 물론 그 여파가 사회주의 세력에도 닥쳐왔다. 그러다가 2012년 들어 한편에서는 통진당 사태가 벌어지고 다른 한편에서는 현장 활동가들 사이에서 당 건설 문제가 다루어지기 시작했다. 동시에 2012년 양대 선거에 대한 대응을 놓고 선거와 당 건설 문제를 어떻게 결합시킬 것에 대해서도 움직임이 일어났다.

여기서는 시기적으로는 2012년 이전까지, 내용적으로는 주로 노혁추가 당 건설(노선)과 관련해 어떤 입장을 가졌는가를 중심으로 서술하고자 한다. 이 시기에 노혁추는 사노위 이후 지형에서 당 건설에 대한 입장을 새롭게[8] 정리했다. 나머지 조직들은 그전 시기에 취했던 태도에서 크게 달라진 것이 없었다. 또한 2012년 이후 현재까지에 대해서는 다음 절에서 다룰 예정이다.

(가칭)노동자혁명당 추진모임은 미래는 물론 현재도, 즉 당 창당을 선포하는 그때까지 당 건설 추진체로서의 역할을 하고자 한다. 당 건설 추진체가 의미하는 바는 다음과 같다.

가장 결정적이고 중요한 의미는 이런 것이다. 아직 당이 아니라는 것을 이유로 우리의 정치적 내용을 우회하거나 삭감하지 않겠다는 것이다. 당이 아직 건설되지 않았다고 해서 우리의 정치활동을 느슨하게 하거나 미루지 않겠다는 것이다. 다시 말해 정치적 입장과 내용을 밝히는 것에 있어서든 정치활동을 펼치는 데 있어서든 창당을 선포하기 전과 후에 따라 근본적으

---

8 이에 대해서도 앞에 말한 『당 건설 투쟁 어떻게 할 것인가?』라는 책에서 다루고 있다. 그중 핵심적인 부분을 발췌 인용했음을 말해둔다.

로 달라질 것이 없다. 아니, 다르지 않아야 한다는 것이 우리의 주장이다.

지금 여기에서 안 되는 것이 당이 건설되면 가능한 그런 것은 기본적으로 존재하지 않는다. 지금이든 창당 이후든 당시의 역량과 정세에 따라 구체적 대응이 다를 뿐이지, 정치의 원천 자체가 바뀔 수는 없는 것이다. 우리 자신을 포함해서 대부분의 사회주의 세력이 이제까지 아직 당이 건설되지 않았다는 것을 이유로 많은 부분을 당 건설 이후로 유예하거나 미루는 것을 불가피하거나 당연한 것으로 여겨왔다. 바로 이러한 태도가 당 건설을 어렵게 하고 현재의 협소한 활동을 정당화하는 근거로 작용했다. 이 점을 극복하는 것이, 당 건설투쟁에서, 다른 무엇에 앞서 가장 우선적인 관건이다.

그럼에도 우리가 지금 당장 창당을 선포하지 않고 조직의 위상을 '당 건설 추진체'라고 말하는 것은 당을 선포할 수 있는 어떤 객관적 정답이 따로 있어서가 아니다. 우리가 우리 조직의 위상을 당의 전 단계로 위치 짓는 것이 누구처럼 '선진노동자 사이에서의 권위 확보'가 아직 이루어지지 않았다는 것 때문이 아니다. 물론 우리도 우리가 아직 거기에 훨씬 미치지 못하고 있다는 것을 알고 있다. 문제는 어떻게 하는 것이 선진노동자 사이에서의 권위를 확보하는 것에 이르는 올바르고 빠른 길인가에 대한 판단이 다른 것이다.

또한 다른 사회주의 세력과 함께 공동으로 당 건설을 하기 위해서도 아니다. 물론 그렇다고 우리가 다른 사회주의 세력과는 당 건설을 같이 하지 않겠다는 의미는 아니다. 언제 어떻게 등장하고 가능하게 될지는 아직 알 수 없지만 우리의 활동과 투쟁은 언제나 모든 사회주의 세력과 함께할 수 있는 가능성을 열어두고 있다. 우리는 우리 자신의 정체성을 먼저 분명히 세우는 것이 다른 사회주의 세력과의 관계를 형성하기 위한 기본 전제가 되어야 한다고 판단할 뿐이다.

나아가 우리는 우리 자신의 활동을 강화하는 것을 통해 당 건설을 이루려고도 하지 않는다. 어떤 조직이든 자기 활동을 강화하고 그 성과로 조직화를 하고자 하는 것은 너무나 당연한 것이다. 그러나 이것과 노건투가 말하는 것과는 전혀 다른 맥락이다. 노건투는 다른 사회주의 세력과의 연합이나 통합을 통한 당 건설을 하지 않겠다고 선언했다. 즉, 자기 복제를 통해 당 건설을 하겠다는 것이다. 중요한 것은 어떤 과정을 통한 연합이나 통합이냐는 것이 문제일 뿐, 그 자체를 부정하거나 포기하는 것은 우리의 당 건설 노선과는 다른 것이다. 우리 역시 사회주의 세력 사이의 연합이나 통합을 지금 당장 당 건설의 주요 경로로 상정하고 있지 않다. 그러나 그것은 현재의 조건 때문에 그런 것이지, 노건투와 같은 맥락에서 그러한 것이 아니다.

따라서 지금 우리가 우리의 조직 위상을 '당 건설 추진체'로 설정하고 있는 실천적 의미는 다음과 같이 설명된다. 이미 말했다시피 우리는 우리 자신의 활동을 실제 당과 다름없이 해나가겠지만, 선진노동자와의 관계를 형성해나가는 것에 있어서든 다른 사회주의 세력과의 협력과 합력을 높여나가는 것에 있어서든 여지와 가능성이 아직은 남아 있다고 판단하고 있으며, 동시에 이는 무엇보다 우리 자신의 태세와 준비를 갖추는 데 좀 더 시간이 필요하다는 맥락에서다.

다음으로 우리는 당 건설 지형이 사노위 이전과 지금은 달라졌다는 판단을 하고 있다. 직접적 당 건설을 시도·추진해야 한다는 점은 여전히 같지만 그 경로는 수정되어야 한다는 것이 우리의 판단이다.

사노위 이전만 하더라도 대부분의 사회주의 세력이 아직 자신의 강령을 분명한 형태로 갖추고 있지 않았다. 그뿐만 아니라 사회주의 세력 사이에서 조직과 전술에서 어떤 공통점 또는 차이점이 있는지에 대해서도 각자의 주관적 입장에 따라 매우 자의적이거나 임의적인 판단을 했던 것이 사실이다. 따라서 그 시점에서는 공동의 강령 건설과 공동의 실천을 매개할 수 있는 최적의 경로를 찾는 것이 당연했다. 바로 사노위가 취한 공동실천위원회 경로가 그것이다.

그러나 이제는 사노위 과정을 이미 거쳤으며, 사노위에 참여하지 않은 세력들은 여전히 변화가 없거나 직접적 당 건설을 위한 적극적·능동적 의지를 보이지 않고 있다. 따라서 이들을 대상으로 사노위와 같은 공동실천위원회를 모색한다는 것 자체가 의미 없거나 불가능하다. 다른 한편으로는 적어도 당 건설을 어떤 수준에서든 말하는 조직은 이미 자신의 강령을 갖추고 있다. 따라서 이제는 각자가 갖고 있는 강령을 전제로 해서 활동을 펼쳐나가는 정치 환경이 조성되었다. 말하자면 사회주의 세력 사이의 '선 강령 건설, 후 대중화'를 시도하는 경로는 좋든 싫든 어려워졌다. 이제는 각 세력이 자신의 강령을 갖고 활동하는 것을 통해 대중적 검증을 거쳐야 하는 지형이 발생했다.

그럼에도 우리는 각자 강령에 따른 실천을 통해 대중적 검증을 거치는 과정이 사노위 이전과는 그 양상이 달라져야 한다고 판단한다. 즉, 서클 수준의 조직을 유지하거나 자기 서클을 강화하기 위한 것을 중심에 두는 같은 방식은 지양되어야 한다. 오직 당 건설을 위해 자기 조직을 재편해나가겠다는 의지와 전망을 갖고 대중적 검증을 받고자 해야 한다. 선진노동자와의 관계를 형성하기 위해 취했던 기존 인맥적 관계를 과감히 철회하고 정치적 관계로 상승시키기 위한 과정으로 재설정해야 한다. 그렇지 않고 여전히 기존 관계를 유지하려는 자체를 우선시하는 방식과 태도를 버리지 않는다면 그것은 전체 사회주의 역량을 강화하는 데 역행하는 일이다.

마찬가지로 한 조직 내부에서도 이 같은 원칙은 똑같이 적용되어야 한다. 사실 현존하는 사회주의 세력 내부 성원 사이의 정치적 통일성은 대단히 취약하다. 현존하는 서클이 자기 서클을 건설했던 경로 자체는 대부분 매우 느슨한 정치적 조직화로 시작했으며 무엇보다 조직 내부의 정치토론이 미약했거나 정치토론 자체를 경시하는 풍조가 없지 않았다. 이 점에서는 사회주의 세력이 진보정당들보다 낫다고 할 수 없다. 아무리 국가탄압을 고려한다고 해도 변명의 여지가 없다. 사회주의 세력 내부 성원 사이의, 또는 사회주의 세력 사이의 정치토론이 활발히 이루어지지 않고는, 더 나아가 그것들이 대중에게 읽혀지지 않고서는 대중적 검증을 거친다는 것 자체가 성립되지 않는다.

우리는 바로 이 점을 최우선해서 가장 염두에 두고 활동하고자 한다. 또 하나의 서클을 만드는 것은 우리 자신에게나, 전체 사회주의 세력에게 당면한 과제에 비춰서나, 한국을 포함한 전 세계 차원에서 계급투쟁이 전개되고 있는 양상에 비춰서도 전혀 맞지 않다. 객관을 주관에 맞출 수는 없다. 어렵고 힘들더라도 주체의 태세와 준비를 객관적 정세와 상황에 맞게 재편해야 한다. 우리는 바로 이 과정을 앞서 실천하고 추진하고자 한다. 어느 정파에 속해 있든 관계없이 우리의 활동을 통해 그들을 일상적으로 자극하고 정치적으로 긴장시켜 나가고자 한다. 투쟁하는 노동자계급이 지금 당장 부딪치고 있는 문제 한복판을 치고 들어가 그들과 함께 뒹굴면서 그들이 우리가 되고 우리가 그들이 되도록 하고자 한다.[9]

이상에 기초해 노혁추는 조직을 정식 출범(2010년 10월)시키면서 당 건설 기조와 방향으로 다음과 정리했다(다만 당시 상황에서는 내외적 조건으로 볼 때 당 건설을 위한 직접적이고 구체적인 전술까지 확정하기 어렵다는 판단 아래 기조와 방향을 제시하는 것으로 대신했다. 그러나 다음 절에서 보겠지만 2012년 이후 벌어진 정세 아래에서 노혁추의 이 같은 기조와 방향은 바로 시험대에 오르게 된다).

---

9 『당 건설 투쟁 어떻게 할 것인가?』(2011), 46~47쪽.

당 건설투쟁의 기조

당 건설투쟁의 핵심 기조는 개량주의 세력과 노동자운동의 기존 지도부, 즉 노조 관료층에 기반을 둔 개량주의 진보정당과의 정치투쟁, 특히 진보정당과의 지도력 다툼을 근간으로 삼아야 한다. 당 건설은 정세와 직접적으로 연동해서 시도해야 한다. 정세와 무관하거나 동떨어진 상태에서 당 건설을 주장하는 것은 대중의 결합을 이끌어낼 수 없음은 물론 스스로의 동력조차도 만들 수 없다. 민주노동당 창당 이후는 물론 최근까지도 사회주의 세력은 진보정당 세력, 그들 지도력과의 직접적인 정치투쟁을 펼치는 것을 중심에 두고 활동하지 않았다. 단지 이를 무시하거나 폄하하는 태도를 보였다. 그 이면에서 노동조합운동의 배후 세력으로서의 활동에 머물렀다. 그 결과는 대중을 조직하지도, 스스로의 정체성을 확보하지도 못한 채 소정파로 전락하는 것으로 드러났다.

지금 한국의 계급투쟁 정세와 정치지형은 거대한 변화를 앞두고 있다. 지난 1987년과 같은, 그러나 그때와는 질적으로 다른 정세의 역동성과 휘발성이 자라고 있다. 민주화는 더는 대중의 직접적 요구도 주요한 관심사도 아니다. 민주는 오직 대중이 처한 사회·경제적 고통을 해결해나가는 데 필요한 하나의 과정이며, 나아가 자본주의가 당면한 위기 자체를 해소하지 않고는 민주란 불가능하다는 인식이 노동자계급(프롤레타리아트) 사이에 빠르게 퍼져나가고 있다. 사회주의 세력, 혁명세력이 등장함으로써 그들이 역할을 할 수 있는 정세와 지형이 이미 다가와 있으며 이러한 정세는 점점 더 강화되고 있다. 그러나 진보대통합, 심지어 민주대연합과 같은 퇴행이 노동자계급의 앞을 가로막고 있다. 더불어 사회주의, 혁명세력의 존재와 활동은 대중과의 직접적인 접점이나 접면을 아직 형성하지 못하고 있다. 이 때문에 계급투쟁과 대중의 분노가 앞으로 나가지 못하고 옆으로 걷고 있다. 그러나 촛불투쟁, 희망버스투쟁, (반값)등록금투쟁, 월가점거

운동의 한국 상륙에서 보듯이 계급투쟁의 양상과 경로가 과거와 확연히 달라지고 있다. 사실 쌍용자동차투쟁, 현대차비정규직투쟁도 전통적인 민주노조운동과는 다른 맥락에서 일어난 것이며, 청소노동자투쟁에 대한 대중의 관심도 새롭게 나타난 바 있다. 정리해고·비정규직 철폐투쟁의 기운이 민주노총을 중심으로 한 조직노동자가 아니라 광의의 노동자계급 또는 프롤레타리아층에서 직접 올라오고 있다. 민주노조운동이 퇴락한 것과는 달리 잠재적 사회주의자, 적어도 현 자본주의와 부르주아 정치체제 및 질서에서 이탈하고자 하는 사람은 점점 더 늘어간다.

혁명당 건설은 개량주의 세력과 전면적인 정치투쟁을 벌이는 것 속에서, 기존 노동자운동을 전투적으로 재편하는 과정을 통해서, 새롭게 등장하고 있는 프롤레타리아의 투쟁을 조직할 수 있는 태세를 갖추는 것에서 시작해야 한다. 지금 여기서 그것들을 현실화하기 위한 정치활동과 조직활동을 노혁추가 나서서 직접적으로 행하는 것이 노혁추가 가져야 할 당건설투쟁의 기조다. 지금은 사회주의 정파들 사이에서 또 다시 공동실천위원회를 시도할 수 있는 지형이 이미 아니다. 현실조건을 이유로 직접적당 건설을 유보한 채 서클(내향)적 활동으로 되돌아가서도 안 된다. 노동자계급을 조직한다는 이유로 실천은 노동조합 쟁점에 머물고 사회주의에 대해서는 선전으로 대체하는 활동방식을 계속할 수는 없다. 혁명적 원칙과 혁명적 정치를 펼쳐나가는 것을 통해 대중과 소통하고 대중을 조직하는 것으로 곧장 달려나가야 한다.

당 건설투쟁의 방향

현 계급투쟁 정세와 정치지형은 그 어느 때보다 혁명세력이 진출하는 데 유리한 환경을 조성해주고 있다. 문제는 이 같은 기회를 활용할 수 있을 정도로 혁명세력이 준비와 태세를 갖추고 있지 못하다는 사실이다. 이

딜레마를 깨야 하는 것이 혁명세력에게 주어진 과제다. 당 건설투쟁의 방향도 바로 이 같은 딜레마를 극복하는 것에 맞추어야 한다.

그러기 위해서는 무엇보다 먼저 우리 자신부터 당 건설을 추동할 수 있는 동력과 조건을 창출·확보하는 데 주력해야 한다. 내적 준비와 태세를 갖추지 못한 채 계급투쟁을 이끈다는 논리는 성립하지 않는다. 혁명적 원칙을 바로 세우고, 계급투쟁에 뛰어들 수 있는 무기를 벼려야 한다. 혁명 강령과 혁명 이론을 거머쥐어야 한다. 나아가 혁명적 실천을 전국적 차원에서 펼쳐나갈 수 있는 최소한의 조건과 기반을 갖춰야 한다. 이는 단지 일반적·추상적 이야기가 아니다. 오히려 역사적으로 한 번도 제대로 시도한 바가 없다. 우리 스스로가 혁명 정치로 무장하는 것이야말로 현 시기 가장 긴박하고 절실하며, 가장 구체적·실질적으로 필요한 일이다.

그러나 그 또한 구체적 정세에 조응하면서 이뤄나가야 한다. 계급투쟁 정세나 정치지형과 동떨어져 별도로 준비할 수 없다. 특히 현 시점에서는 진보정당과의 전면적인 정치투쟁에 사활을 걸어야 한다. 단순히 진보정당의 행태를 비판하고 폭로하는 차원을 넘어 그들이 갖고 있는 지도력을 실질적으로 무력화시키기 위한 정치투쟁을 구체적으로 진행해야 한다. 나아가 기존 노동자운동을 전투적으로 재편시켜나가기 위한 실천과 새롭게 등장하는 프롤레타리아 투쟁을 더욱 강화하기 위한 방안과 방식을 개척해나가야 한다. 물론 이것들 모두 각각의 것이 아니다. 상호 긴밀히 연결되어 있으며 유기적 관계를 이루고 있다. 당 건설 운동과 혁명 강령 정립 운동을 전면화·대중화하는 활동을 한편으로 하고, 전체 계급투쟁 정세와 정치지형에 대한 실천적·능동적·선제적 개입 활동을 또 한편으로 펼쳐나가야 한다.

4. 전면적으로 다시 등장한 당 건설 문제

말했듯이 현실에서 사노위 실패 이후 사회주의 세력 사이에서 당 건설 문제는 공동의 관심에서 멀어졌다. 여전히 현존하는 사노위와 노혁추 정도가 당 건설 문제를 붙잡고 있는 정도였다. 물론 해방연대도 사회주의 당 건설을 말하고는 있지만 원칙적 차원을 넘어 당 건설을 위한 구체적이고 직접적인 활동을 하고 있다고는 보기 어렵다. 그러다가 사회주의 세력에게 다시 당 건설 문제를 고민하도록 하는 환경이 바깥에서 주어졌다. 그 결정적 동력을 제공을 한 것은 바로 통진당 사태다. 또 하나는 그와 함께 현장 활동가들에게서 당 건설 움직임이 일어난 것도 적지 않은 근거로 작용했다.

이에 따라 사회주의 세력 사이에서도 당 건설 문제가 다시 현실의 문제로 등장했다. 그러나 사회주의 세력의 입장에서는 현 상황이 한편으로는 새롭게 도전할 수 있는 기회가 될 수도 있지만, 스스로의 정치활동을 통해 만들어낸 것이 아니라는 점에서, 다른 한편으로는 새로운 어려움 또는 더 큰 어려움을 맞을 수도 있다는 점에서 위기이기도 하다. 통진당 사태를 맞아, 그리고 2012년 총선과 대선을 경유하면서 현재까지 사회주의 세력은 주어진 정세를 충분히 활용하지 못하고 있다. 즉, 능동적으로 나서서 상황을 주도하지 못하고 수동적으로 정세를 따라가는 데 머무르고 있다.

여기서는 노혁추가 통진당 사태, 현장 활동가들의 당 건설 움직임 등장, 2012년 대선 속에서 가졌던 입장과 태도를 밝히고 그에 기초해 앞으로 당 건설 문제를 어떻게 대응·대처해나가고자 하는가를 살펴보려 한다.

1) 노혁추의 당 건설을 위한 공동전선 제안

노혁추는 통진당 사태가 벌어지고 현장 활동가들이 당 건설을 위해 제안한 '변혁적 현장실천과 노동자계급정당 건설을 위한 추진모임'(이하 변혁모임)이 등장한 뒤인 2012년 7월, 당 건설을 위한 공동전선을 형성할 것을 제안했다. 노혁추가 이러한 제안을 하기까지는 조직 내에서 열띤 논쟁이 일었다. 그중 핵심적인 논쟁은, 이러한 제안이 혁명정당 건설(노선)을 포기 또는 변경하는 것이거나 그러한 결과를 낳을 수 있다는 제기를 둘러싸고 벌어졌다. 그런데 이 같은 논리(맥락)가 노혁추 내부에서만 있었던 것은 아니다. 사회주의 세력 사이에서도 비슷한 판단과 입장을 적지 않게 가지고 있었다.

그럼에도 노혁추가 제안을 했던 것은 당시의 정세에서, 물론 그 정세는 현재도 이어지고 있지만, 사회주의와 혁명세력이 일차적으로 취해야 할 정치적 태도는 통진당 사태로 인해 무너진 노동자계급의 독자적 정치세력화를 다시 세우는 활동을 가장 우선적으로 해야 한다는 판단 때문이었다. 노혁추는 이 점을 당시 제안문에서 다음과 같이 밝혔다.

> 새롭게 노동자 독자 정치세력화를 다시 세우기 위해, 새로운 노동자계급 독자 정당 건설을 위해 **모두가 나서야 할 때**입니다. 자본가 정당과 손잡기 위해 팔아넘긴 노동자계급의 정치적 독립을 회복하는 것, 빼앗긴 계급적 독자성을 수복하는 것은 지금 누구도 부정할 수 없는 **계급의 일반 과제**입니다. 노동자운동 내에서 자본가 정치세력과의 계급협조 고리를 끊어내고 노동자계급의 독자 정치를 바로 세우고자 하는 세력, 개인들이라면 누구든 비껴가선 안 되는, 누구도 자기 과제로 떠안아야만 하는 그러한 **당면한 계급적 과제**인 것입니다(강조는 필자).

이러한 내용은 다음과 같은 세 가지 문제의식을 포함한다.

첫째, 당 건설은 진공(추상, 원칙) 속에서가 아니라 구체적인 정세(노동자계급의 상태) 속에서 이루어져야 한다는 맥락이다. 통진당 사태로 인해 진보정당(세력)만 무너진 것이 아니라 '노동자계급의 독자적인 정치세력화'라는 계급의 일반 과제마저 함께 무너진 것이다. 혁명세력이라도 이 같은 정세를 비껴갈 수는 없다. 아니, 바로 혁명세력이라면 가장 앞장서서 이러한 정세를 자기 과제로 떠안아야 한다. 혁명정당 건설은 당면한 계급의 일반 과제와 무관하게 이루어지는 독립적 사업일 수 없다. 특히 개량주의 정당(세력)이 처한 현실이 이미 주류 세력이 된 서구의 사정과는 다른 한국의 현실에서는 적어도 '노동자계급의 독자적인 정치세력화'라는 계급의 일반 과제를 방어하고 지지하는 데 혁명세력이 함께 복무해야 한다. 물론 한국에서도, 나아가 세계적으로도 '노동자계급의 독자적인 정치세력화'(노동자 독자 정당)의 실제(실체)는 곧 혁명정당이어야 한다. 노동자계급 독자 정당과 혁명정당을 분리하지 말아야 한다. 그 둘 사이에 만리장성을 쌓아서는 안 된다.

둘째, 따라서 혁명정당 건설은 바로 '노동자계급의 독자적인 정치세력화'라는 계급의 일반 과제가 무너진 것을 다시 일으켜 세우는 것에서부터 시도되어야 한다는 맥락이다. 만약 정세가 굳이 그것이 필요치 않은 혁명정세라면 얘기는 달라진다. 그럴 경우 곧바로 혁명정당으로 달려 나갈 수 있으며 그래야만 한다.[10] 이 점과 관련해 노혁추는 역시 제안문에서 "무엇

---

10 물론 그렇다고 해서 그 혁명정당이 실제로 계급투쟁(혁명)을 성공시킬 수 있다는 보장은 없다. 그건 전혀 별개의 문제다. 러시아 볼셰비키조차도 15년에 걸친 활동과 투쟁 속에서 적어도 선진노동자의 지지를 받았음에도 1917년 이전은 말할 것도 없고 1917년 4월부터 10월 혁명이 승리하기까지 무수한 어려움과 위기를 겪어야만 했다. 혁명정당이 아니었다면 승리는 아마 어려웠겠지만, 혁명정당이어서 승리한 것이 아니라 바로 그 혁명정당(볼셰비키 정당)이 투쟁을 승리로 이끌었던 것이다.

보다 이 공동전선은 단지 대적투쟁을 위한 '공동투쟁체'를 넘어 '노동자 독자 정당 건설을 위한 공동전선'인 만큼 그 안에서 새롭게 건설하고자 하는 당의 정체성을 세우기 위한 정치투쟁을 벌여나가는 '공적 기구'가 되어야 할 것"을 주장했다. 또한 그 연속선에서 노혁추는 공동전선 내에서 정치투쟁을 벌이는 과정에서 건설해야 할 당이 혁명정당이어야 한다는 입장을 제출·주장할 것임을 공개적으로 표명했다. 이런 전제에서 노혁추가 '당 건설을 위한 공동전선(전술)'을 제안한 것은 노혁추의 당 건설 노선을 변경(포기)하기는커녕 오히려 그것을 구체화·현실화하기 위한 것이자 "추상에서 구체로의 상승"이라고 노혁추는 밝혔다. 동시에 정세와 무관하게 중장기적으로 우리 조직의 외연을 확장해 당 건설 토대를 구축하겠다는, 또는 전국전선보다는 자신들 영역에서 쪽수를 늘리고 토대를 차분히 구축해서 당을 건설하겠다는 식의 대기주의·종파주의에 반대하는 당 건설 노선임을 강조했다.

셋째, 혁명정당이 정세와 무관하게 언제나 직업적 혁명가들로만 이루어진 폐쇄적이고 정태적인 조직일 수 없으며 그래서는 안 된다는 맥락이다. 그것은 혁명정당을 신비화·이데올로기화하는 것으로 혁명정당(당 개념)[11]에 대한 왜곡이다. 이는 전위정당에 대해서도 마찬가지다. 당은 무오

---

11 당 개념의 핵심을 이루는 당과 계급의 관계에서, '당은 계급을 대표하는 것이 아니라 계급의 일부'라는 것이 의미하는 바가 무엇이며 그것이 이루어지는 구체적인 과정은 어떠해야 하는가에 대해서는 더 많은 연구와 실천이 필요하다. 이 부분은 개량주의 정당과 혁명정당을 가르는 결정적 분수령일 뿐만 아니라 포스트마르크스주의에서 말하는 당 형태 위기론도 이와 관련되어 있다. 마르크스-레닌주의, 특히 레닌주의가 계속해서 도전과 위기를 맞고 있는 것도 러시아의 경험을 넘어설 수 있는 이론화와 그에 따른 실천적 적용(에 따른 작용과 반작용)이 나타나지 않는 데서 비롯된다. 필자는 잠정적으로 당의 코뮌화가 필요하다고 보고 있다. 그것은 '선 정치혁명 후 사회혁명'이 아니라 정치혁명과 사회혁명의 동시 진행이 필요(불가피)하다는 점 때문이다. 그러기 위해서는 당과 코뮌이 대립되는 것이 아니라 서로를 필요로 할 수밖에 없다. 그런데 그것은 당과 코뮌이 각각 따로 존재하면서 사후적·과정적으로 관계를 맺어가는 방식으로서가 아니라 당의 코뮌화를 통해 이루어져야 한다고 본다. 다만, 이를 위해서도 당 건설이

류집단도, 선지자들만의 집합체도 아니다. 그런 것은 세상에 존재할 수 없으며, 존재한 적도 없다. 특히 100년 전과는 비교할 수도 없을 만큼 사회전 분야가 비약적·획기적으로 달라진 조건에서는 혁명정당이라도 기본적으로는 훨씬 더 개방적이고 동태적으로 운영되고 활동해야 한다. 이런 태세는 당 건설 과정에서부터 가져가야 한다. 혁명정당 건설이 혁명적 시기에나 가능하다고 보면서 그때까지 내향적으로 활동하는 것은 감나무에서 감이 떨어지기를 기다리는 것과 다를 바 없다. 적어도 노동자 독자 정당이 새롭게 필요하다고 느끼는 더 많은 노동자 속으로 들어가 그들과의 정치적 관계를 향상·상승하기 위한 활동을 펼쳐야 한다. 그 어떤 것도 사전에 예정되어 있거나 결정되어 있지 않다. 그것은 운명론, 숙명론일 뿐이다. 더구나 지금은 민주노동당을 건설하던 시기와는 달리 진보정당 15년의 역사와 그의 최종적 파산 위에서 노동자계급의 독자적 정치세력화를 말하는 것이기 때문에 논쟁구도가 개량주의 대 혁명주의 사이에서 형성될 수 있는 가능성이 훨씬 높아졌다.

2) 변혁모임에 대한 노혁추의 태도와 활동

변혁모임에 대해 사회주의 정파나 활동가들이 모두 선뜻 동의하거나 참여하지는 않았다. 그 이유는 크게 변혁모임의 명칭에서도 알 수 있듯 변혁모임이 사회주의 정당(전위정당, 혁명정당) 건설과는 무관하고, 당 건설은 여전히 시기상조이며, 변혁모임이 사실은 특정 정파의 영향력 아래 있거나 그럴 가능성이 높다고 판단(규정)했기 때문이다. 그러나 이 같은 판단이나 규정을 내리기 전에 살펴보아야 할 것이 있다. 하나는 이러한 세

우선되어야 한다.

가지 이유가 설령 맞거나 사실에 가깝다고 치더라도 객관적으로 변혁모임은 1987년 이후 처음으로 어쨌든 현장 활동가들이 당 건설 문제를 직접 들고 나왔다는 점에서 그 자체만으로도 충분히 의미가 있다는 점이다. 또 하나는 만약 변혁모임에 어떤 문제가 있다고 하더라도, 그 책임이 변혁모임에 있지도 않지만, 그로부터 사회주의 세력이 자유로울 수 없다는 점이다. 사실 정확히 말하면 변혁모임은 사회주의 세력의 당 건설 운동이 계속해서 실패하고 여전히 지지부진한 상태를 면하지 못하고 있기 때문에 등장한 것이다.

노혁추는, 위 공동전선 제안에서 이미 기본적인 태도가 드러나고 있듯이, 변혁모임에 참여해 그 속에서 정치활동을 펼쳐나갔다. 특히 노혁추의 입장에서는 변혁모임이라는 형식이 당 건설을 위한 일종의 공동전선(비록 노혁추가 제안한 공동전선의 대상이 모두 참여하지 않았다는 점에서 부분적·제한적이기는 하지만)이었다. 따라서 노혁추는 변혁모임에 참여하면서도 공동전선의 폭을 넓히려는 활동을 함께 병행했다. 이를 위한 하나의 방안으로 대선 공동대응을 변혁모임 안팎에 제안했다.[12] 물론 대선 공동대응을 제안한 주된 목적은 당 건설이 아니라 노동자 사이에서 야권연대와 정권교체에 대한 지지몰이에 반대하는 정세 구심을 형성하고자 하는 것이었다. 당은 오히려 대선 이후에나 본격적으로 가동될 수밖에 없다는 판단을 하고 있었다.

---

12 변혁모임은 2012년 10월 13일 전국활동가대회에서 대선방침을 결정했다. 그 결과로 아는 바와 같이 '노동자대통령선거투쟁본부'(이하 선투본)라는 이름으로 대선을 치렀다. 그런데 당시 변혁모임에 참가하고 있던 사회주의 정파 중에는 대선투쟁에 반대하며 참여하지 않은 조직도 있었다. 반대로 아직 변혁모임에 참여하고 있지는 않았지만 대선투쟁은 같이한 부위도 있었다. 바로 이런 현실을 반영해 노혁추는 당 건설과 대선은 (형식적으로) 분리해서 진행시켜야 한다는 입장이었으며, 대체적으로도 이미 그러한 판단과 입장을 공유하고 있었다. 그러나 현실에서 선투본과 변혁모임이 거의 일치하게 됨으로써 대선 투표일을 앞두고 선투본은 대선 이후에 당 건설을 위한 일 주체로 나서겠다고 밝혔다.

변혁모임이 대선 대응 외에 당 건설과 관련해 부딪친 문제는 당 건설 일정(내용적으로는 3절에서 말한 바와 같은 맥락이 다시 재현된 것임)을 정하는 문제였다. 논의 끝에 변혁모임은 "2013년 당 건설을 목표로 한다"라고 결정했다. 반면에 변혁모임이 노동자계급정당의 기조를 "① 자본주의체제 변혁, ② 노동자계급 중심성, ③ 현장실천과 대중투쟁을 통한 노동자 민중 권력 쟁취, ④ 반제국주의투쟁과 국제연대, ⑤ 민주주의 정당과 실천하는 당원"으로 정하는 데에서는 별다른 쟁점이 없었다. 노혁추도 이러한 두 가지 결정을 내리는 데 기꺼이 함께했다. 두 가지 사안 모두 노혁추의 입장과 큰 틀에서 일치했기 때문이다.

3) 당 건설을 둘러싼 지형

기존 진보정당은 현재 통합진보당, 진보정의당, 진보신당[13]으로 나뉘어 있다. 그러나 통진당을 빼고 나머지 두 정당은 아직 완성된 형태가 아니다. 모두 재창당을 말하고 있다. 이들 진보정당 바깥에서는 크게 두 가지 움직임으로 당 건설 문제가 논의 · 진행되고 있다. 하나는 변혁모임이고 또 하나는 "노동포럼, 노동자정당추진회의, 노동자연대 '다함께',[14] 혁신네

---

13 진보신당은 '진보정치재건의 4대 원칙'으로 "△ 자본주의 극복, 사회주의의 이상과 원칙 계승하는 이념의 재정립, △ 보수야당과 구별되는 진보정당의 독자적 성장발전 노선, △ 대중정당, 현실정당 재정립, △ 패권주의 일소와 민주적 절차 확립"을 결정했다. 하나 덧붙이면 진보신당 내에는 현재 변혁모임에 참여하고 있는 부위도 있어 이들의 움직임이 당 건설 과정에서 어떤 역할을 할지가 주목된다.

14 '다함께' 지도부에 속한 김인식은 ≪레프트21≫을 통해 "새로운 노동 중심의 진보정당이라는 구상은 통합진보당 분당 이후 발생한 스탈린주의와 개혁주의의 분화에서 개혁주의의 정치공간을 메우려는 시도"라며 "부르주아 양당이 제도권 정치를 좌지우지하는 한국 정치 맥락에서 이런 프로젝트는 여전히 필요"하다고 하는 한편, "사회주의자들은 좌파적 개혁주의 건설 움직임에 뛰어들어야 하지만 동시에 근본적 사회변혁 조직 건설을 중단하지 말아야" 하며 "노동자 운동과 자본의 결정적 대결의 필요성을 이해하는 근본적 사회변혁 운동가들이 독립적으로 조

트워크가 새로운 노동 중심의 진보정당 건설을 위한 구체적 노력을 시작하기로 의견을 모은"[15] 흐름이다. 이 외에 변혁모임에 참여하고 있지 않은 사회주의 정파가 각자 존재하고 있다. 한 가지 주목할 것은 민주노총이 정하게 될 정치방침 또는 노동자계급의 독자적 정치세력화에 대한 태도다. 민주노총은 현재 이에 대한 입장이 없는 상태다. 다만, 민주노총이 기존과 같이 특정 정당에 대한 비판적 지지 방침을 결정하기는 쉽지 않은 지형이다. 앞에서 말한 두 가지 흐름 중 후자의 흐름은 기존 진보정당 바깥에 위치하고 있다는 점을 제외하면 내용적·맥락적으로는 기존 진보정당의 연속에 있는 것으로, 변혁모임과는 완전히 질과 성격이 다른 것이다.

당 건설을 둘러싼 지형이 이와 같이 형성되고 있다고 할 때 기존 진보정당이 다시 통진당/비통진당(또는 비통진당1, 비통진당2 ……)으로 재편되고 이와는 다르게 변혁모임을 매개로 한 정당 또는 정치세력이 새롭게 하나의 단위로 형성될 수 있을 것인지의 문제가 남아 있으며, 나머지 사회주의 정파가 각자 존재하는 새로운 지형이 펼쳐질 전망이다. 이 같은 경우에 의미 있는 주요 변수는 역시 변혁모임이다. 변혁모임이 어떻게 되느냐에 따라 사회주의 당 건설에 대한 전망 자체는 물론 이를 통해 노동자계급의 정

직될 필요가 있다"라고 말하고 있다. 필자의 판단으로 이로써 '다함께'는 적어도 당 건설 문제에서는 사회주의 세력과 확실히 단절했다고 본다.

15 2012년 11월에 노동정치연석회의가 구성됐다. 여기에는 노동포럼, 노동자정당추진회의, 노동자연대 '다함께', 혁신네트워크, 전태일노동대학, 노동자교육기관, 사회진보연대가 참여했다. 그 결과로 이러한 흐름이 형성됐다. 그런데 ≪레디앙≫의 보도에 따르면, 노동정치연석회의에서는 "△ 새로운 노동 중심의 진보정당을 건설하기 위한 구체적 노력을 시작한다. △ 이 구체적 노력에 적극적으로 나서기로 한 그룹은 추진회의, 노동포럼, 다함께이며 혁신네트워크와 노동자교육기관은 내부 논의를 더 진행한 후 참여 여부를 최종결정한다. △ 구체적 추진은 지역과 현장에서 시작하며, 중앙조직의 결성은 지금 당장 하지 않는다. △ 다만, 이러한 운동에 힘을 붙이기 위해 중앙차원에서 새로운 노동정치를 위한 운동을 시작했다는 공동선언을 연명으로 발표한다. △ (새로운 노동 중심의 진보정당 건설을 위한) 지역추진모임은 추진회의, 노동포럼, 다함께 등의 조직이 상호 결합해 추진될 수 있도록 한다. △ 지역추진모임이 구체적으로 추진되고 안정화되어가면서 중앙조직을 결성한다"라는 데 대한 합의가 이루어졌다고 한다.

치가 새로운 단계를 맞이할 수 있을 것인지가 판가름 날 것으로 예상된다.

4) 당 건설에서 노혁추의 입장과 역할

노혁추는 아직까지는[16] 변혁모임을 통해 노동자 독자 정당(노혁추 입장에서는 혁명정당)을 건설하기 위한 노력과 시도를 다하고자 한다. 이를 위해 노혁추는 다음과 같은 역할을 담당하려고 한다.

첫째, 건설할 노동자 독자 정당이 다름 아닌 혁명정당이 되도록 하는 데 일차적인 역할을 하고자 한다. 이를 위해 혁명정당에 대한 개념과 정치활동의 상과 그 과정을 더욱 진전시키고자 한다. 이 점과 관련해 노혁추는 노동자혁명당을 단지 추상이나 개념으로만 말하고 있지 않다. 아니, 지금은 그러한 개념이나 추상을 둘러싼 논쟁이 유익하다고 보지 않는다. 대중은, 비록 그들이 개념이나 추상에 대한 이해는 낮을 수 있지만, 오히려 현실 정세에서 시시각각 어떤 정치적 결단해야 하는 상황이 다가오고 있다는 것을 피부로 느끼고 있다. 정파든 활동가든 바로 대중의 그와 같은 상태와 처지에 조응·부응해야 한다. 정파나 활동가가 모든 정답을 손에 쥐고 있지는 않다. 노혁추는 그런 것은 가능하지도 않다고 인식하고 있다. 다시 말하면 혁명정당에 대한 어떤 이데아를 설정해놓고 스스로 그에 대한 포로가 되지 말아야 한다. 또한 정치활동과 관련해서도 그동안 정파나 활동가들이 대중을 향한 직접정치, 공개정치를 전면적·본격적으로 하지

---

16 여기서 '아직까지는'이라고 단서를 붙이는 것은 변혁모임이 노혁추의 의도와 무관한, 즉 노혁추로서는 동의하기 어려운 상황이 발생할 경우 다시 판단하는 것이 불가피하다는 점 때문이다. 그 경우는 크게 두 가지 측면에서 나타날 수 있다. 하나는 혁명정당을 지속적으로 논의·제기할 수 있는 구조가 상실되는 경우다. 또 하나는 변혁모임 안에서 선진활동가를 조직해 당면 노동자투쟁에 개입하기가 어려워지는 경우다. 이 점은 노혁추의 기본 원칙이다.

않은 것이 문제였으며 대중은 언제나 투쟁의 최전선에 내몰려 있기 때문에 그들의 행위나 사고(질문)야말로 하나같이 구체적이며 근본적일 수밖에 없어 오히려 정파나 활동가 자신이 거기에 답할 준비가 되어 있지 않다고 비난한다. 따라서 정파나 활동가가 정파 내부 정치 또는 활동가 사이의 경쟁에 훨씬 익숙한 현실을 극복하지 않고는 자신은 물론 대중을 정치적으로 성장시킬 수 없다는 인식 아래 바로 이를 정치활동 속에서 극복해나가야 한다.

둘째, 진정한 의미에서 당 건설과 현실 계급투쟁을 유기적이고 입체적으로 결합시켜나가는 활동을 다하고자 한다. 그러기 위해서는 당이 투쟁의 주체로 나서야 한다. 기존과 같은 배후 정치의 악습에서 벗어나야 한다. 존재하는 투쟁, 주어진 투쟁만 쫓아다니는 것이 아니라 자신의 힘으로 투쟁을 창출할 수 있어야 한다. 희망버스투쟁이 하나의 참고(사례)가 될 수 있다. 당이 모든 것을 다 해야 한다는 것이 아니다. 당이 해야만 하는 활동을 해야 한다는 것이다. 당이 아니면 하기 어려운 투쟁과 활동을 찾아내고 기획하고 실천해야 한다. 그러지 않으려면 당이 왜 필요한가? 당은 노동조합의 서기가 아니라 인민의 호민관이 되어야 한다.

셋째, 무엇보다 당의 지도력을 건설하는 데 일정한 역할을 하고자 한다. 당의 존재 이유는 지도하기 위함이다. 지도하지 못하는 당은 쓸모가 없다. 지도할 수 있어야 존속이 가능하며 성장할 수 있다. 더 정확하게 말하면 계급에 대한 당의 지도가 이루어지지 않는다면 그 당은 있으나마나 할 뿐이다. 하지만 그렇다고 당의 역할이 달라져야 하는 것은 아니다. 이 둘을 혼동하는 데서 지도에 대한 동요가 발생하며 끝내는 당 자체에 대한 동요로까지 이어진다. 지도와 피지도는 대립하지 않는다. 지도와 민주주의는 동전의 양면과 같다.

5. 맺으며

대중의 상태가 아직 혁명정당을 말하거나 건설할 수 있는 단계가 아니라고 말하는 것은 틀렸다. 현재의 단면만 잘라놓고 보면 그러한 진단이나 판단을 할 수 있다고 본다. 따라서 이 자체를 두고 논쟁할 이유는 없다. 그러나 그런 것이 아니라 자신들이 준비되지 않았거나 부족하기 때문에, 아니면 혁명정당 자체를 부정하기 때문에 대중을 핑계 삼는 것이라면 동의할 수 없다. 대중의 의식과 실천을 단계적·진화적으로 진전시키려 하거나 그렇게만 진전시킬 수 있다고 여긴다면 그것은 틀린 생각이다. 선전과 선동 사이에, 전략과 전술 사이에, 원칙과 현실 사이에 만리장성을 쌓아서는 안 된다. 그럴 경우 아무리 혁명적 언사를 쏟아 붓더라도 개량주의 정당과 실천에서는 달라질 것이 없다. 투쟁을 강조하는 것만으로는 턱없이 부족하다. 오히려 투쟁은 역량에 따라 유연하게 하더라도 정치는 명확하게 해야 한다. 그 반대로는 대중을 진전시키기 어렵다. 개량주의 정당이 정치와 경제를 분리하는 것만큼이나 투쟁과 정치를 분리하는 것도 심각하기는 마찬가지다. 혁명정당을 말한다고 해서 지금 당장 혁명을 하자거나 지금 정세가 혁명적 정세라고 말하는 것은 아니다. 인내심을 갖고 끈질기게 일상적인 정치투쟁을 벌여나가야 한다. 문제는 바로 그 일상적 정치활동과 지향하는 정치 사이에 만리장성을 쌓아서는 안 된다는 것이다. 오히려 혁명, 사회주의 등을 현재의 대중투쟁이나 현재의 정세와 어떻게 연결·결합시킬 것인가를 논의해야 한다. 그럴 수 있는 방안을 적극적·능동적·구체적으로 찾아야 한다. 자연스럽게, 저절로 이루어지는 역사는 없다.

혁명정당이라도 그것은 그 자체가 목적이 아니라 수단이다. 다만, 있어도 좋고 없어도 좋은, 즉 취사선택할 수 있는 그러한 수단은 아니다. 반드시 갖춰야 할, 끝내 도달해야 할 필수불가결한 수단이다. 나아가 당은 단지 조직의 문제만은 아니다. 당은 그 속에 이미 강령, 조직, 전술을 내포하고 있다는 의미에서 정치의 종합이자 집합이다. 프롤레타리아 운동과 투쟁에서 당 건설은 하나의 중대한 결절점이다. 프롤레타리아 운동은 당 건설 이전을 그 전사로 한다. 그때까지의 운동이 오직 당 건설을 위한 역사로 기록되는 것도 그 때문이다. 그만큼 프롤레타리아 운동에서 당 건설은 사활적인 지위를 갖는다. 이에 대해서는 그 어떤 작은 의구심이나 조금의 회의도 허용되어서는 안 된다. 물론 당 없는 투쟁은 가능하다. 심지어 당 없는 혁명조차도 가능하다. 프롤레타리아 운동과 당이 반드시 조응하거나 비례하는 것은 아니다. 언제나 현실이 앞서기 때문이다. 당이 당면한 문제를 언제나 해결할 수 있는 만능열쇠 같은 역할을 할 수 있거나 해야 하는 것은 아니다. 때때로 당은 당면한 과제를 잘못된 방향으로 이끌 수 있으며 망치게까지 할 수도 있다. 실제로도 그러한 역사가 더 많이 차지하고 있다. 그러나 이 모든 것을 다 합해도 그것이 당을 부정해야 하는 이유가 될 수는 없다. 이것이 당의 부재를 계속해서 방치해도 된다는 근거가 되지는 않는다. 당 자체는 수단이지만 당이 건설되기 전에는 당 건설이 최고의 목적이 되어야 한다.

물론 사회주의 세력은 혁명정당 건설이 단선적으로 순탄하게 이루어질 것이라고는 전혀 기대하지 않는다. 혁명정당 건설을 위해서는 사회주의 세력 자신의 연속적인 재편이 계속해서 일어나야 한다. 재편을 위해 때로는 통합도 필요하다. 아직은 그 어떤 세력도 자기 혼자의 힘으로 재편을 강제할 수 없기 때문이기도 하다. 통합된 상태를 유지·강화하면서 재편을 이룬다면 최선이겠지만 통합된 상태 자체를 유지하기 위해 재편을 미룬다면 그 순간 그 조직은 동아리 또는 패거리로 전락한다. 재편은 어디까지나 당 건설을 위해 거쳐가는 과정이자 수단이다. 재편 자체가 목적은 아니다. 물론 설령 당이 건설된다 해도 그 속에서 크고 작은 재편이 지속적으로 이루어져야 하며 그럴 수밖에 없다는 것은 당연하다. 그러나 지금 말하는 재편이란 그런 일상적 의미에서의 재편을 말하는 것이 아니다. 당 건설에 도달하기까지 목적의식적으로 핵심적 과정과 경로로 삼아야 한다는 차원에서의 재편을 말하는 것이다. 이를 위해서는 사회주의 세력 모두가 재편의 주체로 나서야 하며 동시에 스스로 재편의 대상이라는 것을 받아들여야 한다. 그러려면 스스로 먼저 재편의 주체로 나서야 한다. 즉, 당 건설 주체로 자임해야 하는 것이다. 그것이 곧 자신이 재편의 대상임을 스스로 인정하는 가장 강력한 실천이다.

반자본주의 대중화 전략을 위한 지역운동과 정치개혁 방안

배성인(한신대학교)

1. 머리말

지난 2012년의 총선과 대선은 의회정치의 위기를 그대로 드러내는 정치적 학습현장이었다. 이른바 안철수 현상을 통해 대중은 정치적 변화를 요구했으며, 시대적 변화에 걸맞게 민주당에 대한 지지를 철회했다. 하지만 통진당 사태로 인해 다수의 유권자들은 불가피하게 민주당을 다시 선택했으며, 그로 인해 특정 세대의 계급투표가 박근혜의 당선으로 이어졌다. 이와 함께 노동세력의 취약함과 젊은 세대의 탈계급을 확인함으로써 좌파진영의 전망을 어둡게 만들었다.

현재 한국사회는 통진당 사태로 인해 진보정치가 몰락하고 안철수 현상으로 보수세력이 분열되는 정치상황에 직면하고 있다. 따라서 의회정치의 위기는 혹자의 표현대로 '여의도 게토화'라는 현실로 표면화되었고, 대통령도 무시하는 '여의도'에 대해 노동자 민중도 '의도적 무시'를 연출하고 있다.

지난 18대 대선이 정말 비극적인 것은 통진당 사태로 바닥을 친 이른바 좌파진영에게 나머지 '진보적' 정치세력이 이명박도 모자라 박근혜까지

악마화하면서 진보정당운동의 역사를 송두리째 비판적 지지로 날려버리는 '희극적' 행태를 보였기 때문이다. 이들은 현재의 반동적인 자본주의체제를 더 비참하게 만드는 데 동참했고, 그로 인해 좌파는 그 흔적을 찾아보기 어려울 정도로 초토화되었다. 누가 좌파의 이름을 불러주기 이전에는 결코 '하나의 몸짓' 조차 찾아보기 어려워진 것이다.

그래서 주변의 만류에도 일부 좌파 조직은 연합을 통해 노동자 대통령 후보를 내세움으로써 혼탁한 부르주아 선거판에 뛰어들었다. 처음부터 예견된 결과였고 좌파의 무능함이 일찍이 드러났기에 조심스러웠지만, 좌파로서는 전열을 가다듬고 새롭게 재구성해서 출발할 수 있는 땅을 고르는 정지작업 같은 것이 필요했다. 사회주의 정치의 복원과 노동자 민중의 직접 행동을 통한 혁명적 탈바꿈이라는 원칙이 불가능한 현실에 직면했기 때문이다.

마르크스주의로 대표되는 한국의 좌파들에게 '선거활용론'을 둘러싼 해묵은 논쟁은 지금도 되풀이되고 있지만 진보정치와 진보정당이 무너지고 민주노조운동이 파국을 맞이한 현재 좌파의 선택폭은 매우 제한적이다. 그것은 항상 그러했듯이 출구가 보이지 않는 뫼비우스의 띠처럼 현장투쟁과 조직을 강화하는 것뿐이기 때문이다.

그러나 이러한 방식의 투쟁과 운동은 노동자계급이 계급정치의 주체로 형성되는 주요한 계기가 될 수 있지만 독자적인 노동자 정치를 확립하는 데에는 한계가 명확하다. 그렇다고 대선이라는 단기간을 통해 노동현장이 정치의 주체로 세워지는 것도 아니다. 현장의 노동자투쟁은 생존권과 민주적 권리가 무엇보다 최우선적 목표이므로, 선거에서 노동자 대통령 후보에 대해 정치적 동의를 하거나 정치적 주체성을 보이는 것과는 별개의 문제인 것이다.

좌파가 부르주아 정치의 향연인 선거에 참여하고 개입하는 것은 진영 내부에서 서로의 정치적 입장과 태도를 확인하고 관계를 새롭게 모색하면서 노동자운동의 독자성을 확보하고 나아가 사회주의에 대한 전망을 대중과 함께 공유하면서 이를 민주적으로 돌파하고자 하는 의지의 일환이다.

어떤 선거도 전쟁이 되어서는 안 되고, 선악의 이분법으로 보거나 상대방을 섬멸해야 할 대상으로 보는 관점은 기각되어야 한다고 하지만 현실은 그렇지 않다. 박근혜를 선택한 유권자나 그렇지 않은 유권자 모두 국민의 범주에 속하지만 국민을 위한 나라는 존재하기 어렵다. 대중은 투표 결과에 따라 한쪽에서는 그 결과를 절망과 동일시하고 다른 쪽에서는 혁명과 동일시하는 환상에 빠지기도 한다. 그래서 부르주아 선거는 혁명에 대한 대중의 기대감을 비웃는 메타포다. 지난 18대 대선에서도 선거혁명은 고사하고 선거를 통한 정권교체가 어렵다는 사실과 함께 정권교체로 모든 것이 해결될 것이라는 정치적 환상, 그리고 그러한 환상을 품은 이들의 계급적 기반이 다 드러났을 뿐이다.

현재의 의회정치는 거의 유일한 지배 이익대표, 분배, 갈등 해결 체제인데, 이것만으로는 자본주의 국가라는 형식을 넘어설 수 없다. 여전히 노동자 민중은 '인민주권'의 행사에서 소외되고 있으며, 한국의 민주주의는 지속적으로 엘리트 민주주의를 재생산하고 있다. 이것은 마르크스가 강조한 자본주의 국가가 단순히 타도해야 할 허상이나 이데올로기가 아니라, 아감벤(Giorgio Agamben)이 지적한 것처럼 국가는 정치, 종교, 사법, 경제로 숨을 쉬는 예외적인 생명이자 니코스 풀란차스(Nicos Poulantzas)가 정식화한 것처럼 국가는 계급과 계급 분파 사이의 세력관계이기 때문이다.

한국의 좌파에게 의회와 선거는 대통령 직선제라는 보통선거권의 쟁취로 특징지어지는 민주화 국면이 열리면서 당면한 대표적인 정치실천적 딜레마다. 체제 변혁의 길이 요원하기만 한 현실조건 속에서 노동자 민중이 지속적으로 제도정치로부터 소외되는 현상을 극복하기가 매우 어려워진 것이다.

물론 지난 2000년 민주노동당 창당 이후 시민운동 진영과 노동운동 진영의 일부가 정당에 들어가고 그들에 의해 일부 노동의제가 정책적으로 관철되기도 하지만, 근본적인 한계 역시 재생산되고 있다. 그것은 의지의 문제가 아니라 구조적 문제가 핵심이기 때문이다. 자본의 압도적인 힘을 이길 수 있는 정치력은 결국 자본의 지배를 용인하는 범위 내에서 극히 제한적일 수밖에 없다. 이것은 곧 의회정치의 한계를 말해주는 것이다.

마르크스가 『루이 보나파르트의 브뤼메르 18일』에서 주장한 것처럼 노동자계급은 대의제 민주주의인 부르주아 지배에 의한 압제와 착취로부터 고통을 당하고 대의제 민주주의 자체의 미숙함 때문에 이중적 고통을 받는다고 했다. 그렇다면 대의제 민주주의를 성숙시키는 방안과 부르주아 지배에서 해방될 수 있는 방안을 모색해야 하는 과제가 눈앞에 놓여 있는 셈이다.

대의제 민주주의를 성숙하게 발전시키는 것은 선거제도를 비롯한 정치 개혁이 선행되어 제도정치의 공공성을 강화한다는 것을 의미하고, 노동자계급의 해방은 특히 학벌주의를 재생산하는 교육 문제가 노동자 민중의 자생성과 결합하지 않고서는 불가능하다는 것을 말해주는 것이다. 이는 지역에서의 민주주의운동이 그 단초를 제공해주고 있다.[1]

따라서 중앙정치를 바꾸지는 못해도 법 제도의 개혁을 통해 좌파가 진입할 수 있는 공간을 최대한 확장하려는 노력이 필요하다. 또한 지방자치 시대에 지역 권력을 장악할 수 있다는 자신감 또는 지역 권력부터 장악해야 한다는 절박함이 필요하다. 정치가 있는 지역운동, 좌파 정치의 시각으로 이를 바라보고 개선하는 지역운동이 필요한 것이다.

---

1 하지만 본 연구에서는 논의의 맥락상 교육문제는 다음 기회에 다루고자 한다.

이제부터 본격적으로 자본주의의 한계를 넘어서는 대안적 사고와 대중적 전략을 모색해야 한다. 결국 체제 변혁은 노동자 민중의 자생성과 독자성이 지역운동과 결합되지 않고서는 어렵다. 하지만 이러한 결합도 법 제도적 개혁이 뒷받침되어야 가능할 것이다. 이러한 측면에서 정치개혁과 지역운동을 매개로 하는 반자본주의 대중화 전략은 새로운 모색은 아니지만 매우 의미 있는 일이라 하겠다.

2. 노동사회 패러다임의 위기

노동사회는 패러다임의 위기에 처해 있으며 이제는 새로운 패러다임으로 전환해야 한다는 주장은 이미 오래 전에 일반화되었다. 하지만 '노동사회 종말론'이나 '탈노동 패러다임'에 대한 주장이 통일적이지 않아서 단선적으로 접근하기에는 곤란하다.

마르크스주의에서 각 철학적 노동개념 및 자본주의적 지배에서의 노동의 역할에 대한 논의는 통일적이지 않을 뿐만 아니라 적대적이기까지 하다(김원태, 2009; 194). 또한 현대자본주의에서 여전히 노동이 지배적인 구성원리인지, 아니면 부차화되고 있는지에 대해서도 입장이 다양하다. 그에 따라 대안사회의 구축전략도 노동을 통해 가능성을 찾기도 하고 노동에서의 해방을 통해 그 가능성을 찾는 방식으로 나눠진다.

홀거 하이데(Holger Heide)에 따르면, 노동사회는 보상을 위해 필요불가결한 (재)분배 메커니즘이 나누어줄 것이 있는 동안에만 가능하므로 이미 한계점에 도달했다. 자연 소모에 대한 제한이 필요해지고 지금까지 아웃사이더에 머물렀던 다수를 추가적으로 통합하는 일이 필요해짐에 따라 구 패러다임의 관점에서는 체제에 대한 충성을 앞으로도 계속 확보하는 일이

해결하기 어려운 문제가 된 것이다. 그러면서 그는 노동의 양도 줄고(실업), 질적으로도 필요 없는 것들의 생산에 관련된 부분이 대부분이므로(생태파괴), 이런 위기를 벗어나기 위해 자본이 주목하는 분야는 극소전자기술과 유전공학이라고 강조했다(홀거, 2000: 205).[2] 앞으로 소수의 취업자들이 다수의 실업자를 먹여 살려야 하는데 그러자면 사회적 통제의 필요성이 획기적으로 증대된다는 것이다. 이른바 하이퍼통제의 시대가 시작되고 있는 것이다.

울리히 벡(Ulrich Beck) 역시 기술공학과 생태학의 측면에서 볼 때 노동사회가 한계에 도달하고 있음은 명확하다고 강조하고 있다. 즉, 노동사회가 종언을 고한 것이다. 노동사회의 종언, 다시 말해 기술적으로 진전된 노동생산성과 아울러 생태적 파멸의 잠재력이 의식화되는 데에서 유래하는 퇴락 및 공황의 분위기는 자율 활동에 기반을 둔 정치적 사회에 대한 각성으로 전환된다(벡, 1999: 47).

제레미 리프킨(Jeremy Rifkin) 또한 기술혁신으로 인한 생산의 자동화가 확대되어 이에 대한 미래학자들의 장밋빛 예찬이 계속됨에도 실업은 더욱 증가하고 있다고 강조하고 있다. 기술 향상과 생산성의 증가가 전통적인 일자리를 파괴하기는 하지만 동시에 이에 상응하는 새로운 일자리를 창출한다는 구시대의 논리는 더는 받아들여지지 않으며(리프킨, 2005: 18), 오히려 노동력과 시간을 절감하는 새로운 기술들이 생산성을 엄청나게 높였지만 이로 인해 많은 노동자가 파트타임이라는 한계영역으로 몰리거나 해고되어 결국 소득 및 소비자 수요의 감소와 경제성장의 저하로 이어지는 구조적 한계가 발생한다는 것이다. 따라서 노동의 종말은 디스토피아적인

---

2 위의 두 영역은 사회적(또한 자연적) 통제를 향상시켜주는 기술들이다. 아울러 그 자체적으로 일자리를 창출할 수도 있다.

현실과 전망의 표현에 가깝다.

이들의 '노동사회 위기론' 및 '노동종말론'은 동일한 입장은 아니지만, 그 원인이 과학기술의 발달에 있으며 이로 인한 '고용'과 '생태'의 두 가지 위기로 인해 더욱 가속화하고 있다는 것이 공통적인 핵심이다.

이들의 대안 역시 동일하지 않지만 공통적인 점은 자본주의 사회에서 개별화된 인간관계를 오래전 상실된 '공동체적인 삶'으로 복원해야 한다는 것이다. 그래서 이들은 노동자들이 자본에 저항하되 더불어 소통하고 연대해나가야 한다고 강조하고 있다.

하이데는 노동하는 인간은 자본과 권력에 불복종하고 인간의 길, 생명의 길이라는 대안을 실험하고 확장해야 한다고 강조하는데, 이러한 과정이 저항의 변증법이며 새로운 대안사회로 가는 첫 걸음이라는 것이다. 벡의 '시민노동' 모델은 공동체의 존속을 위해 가정이나 시민단체에서 공공성격의 노동에 종사하자는 게 핵심이다. 또한 리프킨에 따르면, 제3부문은 공동체 유지와 재건에 필요한 서비스를 제공하고 봉사정신, 형제애적 연대 등을 강조함으로써 새로운 사회를 향한 대전환을 가능케 한다.

하지만 이들의 대안은 현실적인 실현 가능성에서 보면 적절하기도 하지만 의아스럽기도 하다. 세계적 차원으로 일반화하기는 어려워 보이며, 사민주의 실패의 전철을 밟을 가능성도 존재한다. 다만, 한국의 현실과 조건에 비춰보면 사회적 경제를 강조하는 리프킨의 대안은 부분적으로 시사하는 바가 크다.

따라서 노동사회 패러다임의 위기를 마르크스주의적 관점에서 바라볼 필요가 있다. 일자리의 감소가 자본주의의 구조 속에 내재해 있다는 점은 이미 마르크스가 지적했던 바다. 자동화, 기술혁신 등은 기본적으로 자본이 효율적인 착취를 위해 나아가는 자본운동의 결과물이다. 따라서 ① 자본축적의 일반적 법칙과 생산의 사회화, ② 자본의 유기적 구성의 고도화와 이윤율 저하 경향 등 마르크스의 자본주의 '경제학 비판'의 문제의식하에서 자본축적의 역사와 현재의 자본주의 및 자동화 문제 등을 바라보고 자본주의의 미래를 가늠할 필요가 있다.

즉, 자본축적이란 새로운 자본을 기존의 자본에 추가하는 것을 말하며, 잉여가치를 자본으로 전환하는 것을 의미한다. 오늘날 자본은 직접적인 생산과정뿐만 아니라 모든 삶의 영역을 지배하고 그것을 자본주의적 양상으로 통합하는 권력이 되었다.

또한 자본의 축적은 자본의 유기적 구성의 고도화를 수반한다. 자본은 임금을 삭감하거나 노동자를 해고함으로써 '노동을 절약'한다. 자본의 축적은 고용된 노동자의 증가보다는 오히려 과잉화된 노동인구의 증가, 즉 실업의 증가를 야기하는 것이다. 이것이 자본주의적 축적의 일반적 법칙이다.

한편, 정보혁명은 생산의 새로운 양상을 보여주는데, 이는 생산 자체가 개별 자본의 영역을 벗어나 사회 전체로 확장되는 경향을 낳는다. 또한 정보혁명으로 인해 자본의 유기적 구성이 고도화되어 임금으로 지출되는 비율이 작아지고 실업률은 지금보다 훨씬 더 커질 수밖에 없다. 게다가 정보혁명과 자동기술화의 성과가 신자유주의 구조조정을 통해 자본에게 집중되고 다수 민중을 배제하는 위험사회의 방향으로 치닫고 있다는 점은 매우 심각한 문제가 되었다.

결국 신자유주의 세계화에 대한 대안사회의 전망을 제시하는 문제는 사회공공성(공공적·민중적 삶의 권리)을 기반으로 요구와 정책을 분명히 하고 자본과 국가에 대한 소유와 통제를 강화하는 것과 반(비)자본주의적 형태의 새로운 삶의 기반을 구축하는 문제로 접근해야 한다. 그런데 신자유주의가 자신 외에 선택할 수 있는 '대안이 없다(There is no alternative)'는 이데올로기적 환상을 설득력 있게 전파함으로써 그에 근거한 물질화된 현실을 만들었고, 그로 인해 대안의 결핍을 제도 외부에서 찾으려는 시도가 증가하고 있지만, 제도정치의 변화 없이 대안사회 건설이 과연 가능할지 의문이다.[3]

에티엔 발리바르(Étienne Balibar)의 표현을 빌리자면 바깥의 정치와 제도정치를 양립 불가능한 대립물로 간주하지 않고 양자 사이의 ─ 목적론 없는 제도와 운동의 ─ 변증법적 관계에 주목하자는 것이다. 양자 사이의 긴장과 갈등 또는 상호 견인관계야말로 진정한 정치이기 때문이다.

3. 21세기 사회변혁 전략의 전제와 쟁점

1) 두 가지 주체적 조건

21세기 한국사회 변혁의 객관적 조건은 점차 무르익고 있으나 아직 그 주체적 조건은 기반조차 형성되지 못하고 있다. 보수적 민주화로 이행된 1987년 체제가 진보정당의 등장과 함께 종말을 고하고 새로운 체제로 이행하려고 하였지만, 진보대통합에서 통진당 사태에 이르기까지의 일련의

---

3 알랭 바디우, 자크 랑시에르, 조르조 아감벤, 슬라보예 지젝 같은 현대의 좌파 이론가들은 각자 나름의 방식으로 해방의 정치를 추구하며, 이러한 정치를 제도정치 외부에서 찾고 있다. 이들은 현재의 자유민주주의체제를 민주주의를 억압하거나 배제하는 지배체제라고 간주하기 때문에 자유민주주의체제 외부에 존재하는 진정한 정치의 장소를 발견하고 그곳에서 그 체제를 넘어설 수 있는 길을 모색하는 것이 필요하다고 본다. 이러한 모색은 현재의 사회 불평등 심화, 인권과 시민권의 축소, 비정규직 문제, 실업 문제, 이주자 문제 등과 같은 많은 문제점이 신자유주의 정치의 구조 또는 토대에서 비롯된 근본적인 문제점이기 때문에 불가피한 것으로 보인다. 하지만 '외부의 정치'는 그 의도와 달리 자유민주주의 정치가 지배의 체제로 기능하는 것을 이론적·실천적으로 정당화하는 문제가 있다. 그리고 현재의 지배정치가 불가역적인 정치체제가 아니며 역사적 한계를 지닌 체제이기 때문에 끊임없이 변화하고 언젠가는 극복되고 대체될 수밖에 없는 체제라는 것을 간과하고 있다.

흐름 속에서 혁명의 동력은 실종되었다. 비록 개별화되고 파편화되었지만 대중의 잠재적 역량은 증대하고 있는데 반해, 그들을 견인할 만한 정치적 역량은 바닥으로 떨어진 역설이 펼쳐지고 있는 것이다.

이와 함께 땅에 떨어진 민주노조운동의 위기하에서 일부 대공장 정규직 노동자들과 비정규직 노동자들 간의 물질적 격차와 심리적 갈등은 화해 불가능한 상황에 이를 정도로 심화되었다.[4] 이 문제를 우선적으로 해결하지 않고서는 당 운동, 노동운동, 사회운동 등 어떠한 운동도 쉽지는 않을 것이다. 이제 노동운동은 하나의 추억과 기억 속에 남아 우리 주위를 맴도는 행성과 같은 존재가 되었다.

게다가 신자유주의의 전면화는 시민사회의 위축과 민주주의의 위기를 초래했으며, 이는 사회 공공성 해체를 가져왔다. 특히 통진당 사태로 말미암아 좌파가 고립분산된 상황에서 시민운동만으로 추진되는 시민사회의 공론장만으로는 사회적 공공성과 민주적 공론장의 확대재생산에 기여할 수 없다. 침체일로에 있는 노동운동의 혁신과 좌파운동의 사회주의 전망은 노동력과 주체성의 재생산 공간인 지역사회에 대한 적극 참여와 개입으로 만들어갈 수 있다. 그리고 이때 가장 중요한 과제로 사회 공공성 투쟁이 제시된다.

따라서 한국사회의 변혁을 위해서는 우선 두 가지 주체적 조건이 충족되어야 한다. 첫째, 당 운동은 추상적 입장정치에서 구체적 현실정치의 차원으로 상승해 대안정치의 담론과 모델 창출 및 이행 전략을 가시적으로 구체화해야 한다. 둘째, 사회운동, 노동운동, 지역운동 등은 문제제기형 이슈투쟁 중심의 선도성을 넘어 대중적 주체와 조우해 지역 단위의 일상

---

4 바야흐로 비정규 노동자가 노동운동의 새로운 주체로 서는 시대가 되었고, 정규직 노동자와의 갈등은 화해와 치유가 불가능할 정도로 악화되었다.

생활 속에 착근해야 하며, 대중 스스로가 새로운 삶의 양식을 실험하면서 사회변혁의 새로운 주체로 거듭나도록 촉진해야 한다. 당 운동은 좌파운동의 분열과 고립을 넘어 현실정치로 진입하기 위한 조건이며, 사회운동은 현실정치로 진입하는 좌파운동이 관념적 선도성을 넘어 자기조직적인 대중운동으로 전화하기 위한 조건이다.

이 두 가지 조건은 양자택일일 수도 환원적일 수도 없는, 동시에 충족해야 하는 필요조건이다. 그간 한국의 좌파운동은 이 두 가지 필요조건 중 어느 하나도 제대로 충족하지 못했기에 사회변혁의 동력을 형성하지 못했다. 이제 21세기 사회변혁의 객관적 조건이 성숙하는 변화된 정세를 맞이해 새롭게 태동할 좌파운동은 이 두 가지 필요조건을 충족하기 위해 모든 노력을 집중해야 한다.

좌파운동이 대중에 착근하기 위해서는 좌파정당이 허브 역할을 맡는 가운데 정당운동에 대해 상대적 자립성을 지닌 노동자들의 현장투쟁은 물론 사회운동과 학술·문화운동 및 지역운동과 생활운동이 활성화되어야 하고, 이들 운동 간의 전국적인 연계망이 구축되어야 한다. 이를 통해 좌파운동의 성과를 정치적으로는 좌파정당으로 모으는 가운데에서도 좌파운동을 대중에 착근시키고 좌파운동의 외연을 확장해나가는 다양한 사회운동들을 활성화할 수 있다(김세균, 2012: 349). 또한 좌파는 당 운동과 사회운동을 연결하는 블록 형성을 위한 노력을 새로운 당 운동 건설을 위한 노력과 병행해야 하는데, 이들 운동은 사회주의 운동을 대중적으로 확산하는 데 그 핵심이 있는 것이다.

21세기 사회변혁은 하향식 운동이 아니라 새로운 상향식 운동에 의해서만 이루어질 수 있으며, 하향식 운동은 상향식 운동과 긴밀하게 결합할 때라야 제 기능을 다할 수 있다. 기본적으로 대중운동일 수밖에 없는 상향운동은 투쟁의 주체가 자기 자신을 변화시키고 조직화하는 자기조직적인 운동이므로 누군가에 의해 대리되는 것이 아니라 투쟁 당사자들이 변혁의 주체로 자기조직화하는 과정을 최우선 목표로 삼아 진행되어야 한다.

2) 당 운동

역사적으로 그러했듯이 한국사회에서도 진보정당운동은 두 가지 방향으로 분화되어 전개되어왔다. 합법적 선거주의 정당운동과 선거에 불참하는 비합법·비제도적 투쟁정당운동이 그것이다. 대중의 심리를 반공주의 이데올로기가 장악하고 있고 법제적으로는 국가보안법이 건재한 한국사회에서 전자의 운동은 개량적 사민주의에 머물기 십상이다. 지난 10여 년간의 민주노동당 역사가 이를 웅변하고 있다. 이 때문에 사민주의에 반대하는 좌파운동 세력에게 가능한 당 운동은 후자일 수밖에 없었다.

하지만 후자 형태의 노동자계급정당(또는 사회주의노동자정당)은 한국사회의 이데올로기적·법제적 악조건으로 인해 현실적인 대중정당으로 발전하기 어렵다. 만일 노동자계급정당이 목표로 하는 것이 고전적 의미에서 기동전에 의한 위로부터의 변혁이라면 특이한 정세가 도래할 경우 후자의 선택도 나름대로 현실성을 가질 수 있을 것이다. 그러나 오늘날 필요한 변혁이 자기조직적인 대중운동에 기반을 둔 아래로부터의 변혁이라면 기동전에서 빛을 볼 수 있는 고전적인 비합법·비제도적 투쟁정당의 역할은 매우 제한적일 수밖에 없다.

따라서 오늘날 노동자계급정당운동은 비합법·비제도 투쟁정당의 특수한 위상에서 벗어나 광범위한 대중과 일상적인 접속을 통해 대중정당으로 발전해 나가면서도 이와 동시에 개량적 사민주의를 넘어서 자본주의 극복의 전략적 로드맵을 공개하고 아래로부터 자기조직적인 대중운동을 촉진해야 하는 어려운 난제에 직면하고 있다. 18대 대선 이후 새롭게 논의되고 있는 노동자계급정당 논의과정에서 진지하고 현실적으로 검토되어야 할 쟁점이 바로 이 지점이다.

새로운 당건설이나 당 운동이 통진당의 쇄신이나 진보정의당의 새로운 창당을 통해서가 아니라 이들 정당을 대체하는 새로운 좌파정당의 건설을 통해서 나타나야 한다. 이들은 반자본주의 내지는 사회주의적 이상과 가치의 실현을 강령상으로도 실천적으로도 폐기하면서 더는 좌파가 아니게 되었다.

기존의 민주노동당이나 현재의 통진당, 진보정의당이 보여 왔던 합법주의/의회주의의 한계를 넘어 비합법·비제도 투쟁을 중심에 두는 당을 창당한다고 해도 선거에 참여하지 않을 경우 불법화된 당이 현실적으로 힘을 갖고 존속하기 어려울 것이다. 게다가 이와 같은 비합법투쟁정당이 힘겹게 존속한다 해도 오늘날과 같이 사회운동과 현장에서 좌파가 다양한 방식으로 활동하고 있는 상황에서 이들이 고전적인 의미의 지도력을 가질 수 있을지는 의문이다. 나아가 아래로부터의 자기조직적인 대중운동이 발전하는 데 이와 같은 고전적 의미의 지도력이 과연 필요한지도 의문이다. 이러한 문제제기는 오늘날 노동자계급정당이 과거와는 다른 새로운 위상과 역할을 가져야 할 것이라는 시사점을 제공한다.

제도적 투쟁과 비제도적 투쟁 그리고 의회적 길과 비의회적 길은 선택의 문제가 아니다. 지금은 아래로부터의 반자본의 물적 토대를 갖추는 데 비례한 진보정치의 의회적 개입과 비의회적 대중행동의 변혁적 흐름을 형성하는 입체적 개념을 갖는 것이 중요하다. 또한 대중운동-당 운동-전선운동 수준에서 종합적인 플랜을 형성하는 것이야말로 어느 때보다 중요한 일이 되었다. 어느 일면만을 강조한다고 해서 현재 이루어나갈 수 있는 것은 없다.

그러므로 새로운 당 운동은 첫째, 합법주의/의회주의의 한계를 넘어서 변혁적 지향과 전략 로드맵을 명시하고 주요 과제를 실천하면서도 선거에 참여하는 정당운동이어야 한다. 이를 위해서는 비록 사문화되었더라도 국가보안법과 이데올로기적 장애를 통과해야 할 것이다.

둘째, 변혁적 강령과 전략 로드맵을 발전시키면서도 대중운동을 위/밖에서 지도하기보다는 대중운동의 유기적 부분으로 활동하며 대중운동을 내부로부터 촉진하려는 당 운동이어야 한다. 따라서 자본주의에 저항하는 전국적인 전선운동을 촉진하고 그 유기적 일부가 되는 당 운동이 되어야 한다. 공동행동, 공동전선은 불가피하며 필요한 덕목이다. 형식에 얽매이지 말고 콘텐츠를 생산하는 방식의 연대체가 필요하다. 또한 과거의 공투본 형식에서 벗어나 전체 부문운동을 하나로 모을 수 있는 포괄적·전국적 수준의 연대체 또는 네트워크를 건설해야 한다. 물론 공동행동과 공동전선은 필요조건이지 충분조건일 수 없다.

셋째, 사회운동 및 노동운동 좌파, 여타의 자기조직적인 지역적 대중운동과 코뮌운동 등과의 적극적인 소통과 교환을 통해 변혁운동 전체의 새로운 질적 상승을 꾀하는 것을 목적으로 하는 비정형 네트워크 운동을 추진하는 당 운동이어야 한다.

넷째, 투쟁하는 노동자들이 주축이 되고 비정규직 노동자들에게 깊이 뿌리 내리는 노동자정치세력화에 기초해서 좌파 세력들을 결집해서 적-녹-보라 연대를 실천하는 당 운동이어야 한다.

다섯째, 정치적 입장을 천명하는 것도 중요하지만 구체적인 대중행동 계획을 중심으로 타 운동 단위와 논의하고 소통하고 연대하며 대중적 저항주체형성을 목표로 중층적인 전략을 구사하는 당 운동이어야 한다.

여섯째, 지역에 기반을 두고 실천하는 당 운동이어야 한다. 따라서 당 운동은 노동자 민중의 삶의 현장에서 대중적인 공론장을 형성하는 것에서부터 시작해야 한다.

3) 사회운동

　그동안 한국의 사회운동은 사회적 의제를 제기하고 그 의제에 대한 헤게모니를 확보하면서 대중의 인식을 전환하는 데 커다란 역할을 담당했다. 하지만 사회운동이 이제는 선도성을 넘어 대중운동과의 결합을 구체적으로 도모하지 않는 한 생명력을 확보하는 데 어려움에 봉착했다는 것은 어제오늘의 얘기가 아니다. 최근 지역운동이 대두되거나 당사자 주체와의 만남과 소통을 강조하는 것은 이러한 이유에서일 것이다. 특히 대안적 대중권력의 형성이나 모델의 실체를 만들어가는 것도 이제 개별 사회운동의 힘만으로는 가능하지 않게 되었다.

　현재 사회운동의 담론은 민주화·개혁에서 사회공공성으로 변화하고 대체되고 있지만 여전히 신자유주의의 지배담론과 전략의 그늘이 짙게 드리워져 있다. 이는 전면화된 신자유주의에 맞서 싸울 역량이 매우 미흡하기 때문이다. 이데올로기로서 신자유주의의 강력한 힘은 내면화된 대중의 욕망을 표면화하면서 자신들의 직접적인 이해관계에 관심을 갖게 만들었다. 일반 대중이나 다수의 노동자 모두 자신들에게 직접적인 이해관계가 있는 사회적 이슈에만 관심을 기울이면서 자기 스스로 문제를 해결하거나 책임을 지려는 신자유주의형 인간이 된 것이다. 이는 좌파도 예외가 아니어서 좌파 역시 대중과 동일한 인간형을 보여주고 있다. 그러니 이들은 상대방에 대해 관심을 갖기는커녕 중장기적으로 자신에게 영향을 미치는 이슈에 대해서도 무관심하거나 둔감해졌다.

　이런 상황에서 전선유지와 연대운동을 통한 급진적 운동은 '시민권'을 유지하고는 있지만 독자적 대중운동을 형성한다는 것은 매우 어려워졌다. 따라서 정치운동이 사회운동의 질적 발전과 상승을 도모하거나 추동하는 방식으로 전개되기보다는 정치운동에 사회운동이 종속되거나 그 안에서 실종되는 효과를 낳고 있다.

또한 희망버스를 계기로 대중의 자발적 연대가 새로운 운동방식으로 의미를 더해가고 있지만 이를 통한 의식의 성장과 사회의 변화는 더디며, 계기적으로도 사안적으로도 일시적이다. 자발적 연대가 조직적 연대와 결합하지 않고서는 대중 스스로의 자율과 참여, 저항과 실천은 당분간 미미한 수준에서 나타날 수밖에 없다.

대중의식과 흐름의 보수성은 그 강도를 더해가고 있으며 이를 변화시킬 메커니즘이나 운동이 부재한 상황은 사회운동의 토대를 잠식하고 있다. 결국 사회운동이 새로운 방식으로 전환되지 않으면 안 된다.

사회운동과 노동현장 좌파는 대중에 기반을 둔 새로운 운동, 분야별로 자기 대중을 조직하는 새로운 운동으로 전환해야 한다. 그동안 사회운동의 주된 관행이었던 것처럼 단체 이름을 내걸고 활동가 몇 명을 파견해서 진행하는 연대운동은 이제 지양하고, 회원과 일반 대중이 직접 참여할 수 있는 새로운 대중운동으로 전환해야 한다. 이를 위해서는 연대 사업 단위를 대폭 줄이고 제대로 된 몇 가지 실질적인 대중적 의제 사업에 집중할 수 있도록 사업계획을 재편해야 한다.

이제는 사회화에 대한 새로운 전망과 새로운 국면을 가시화해야 한다. 반자본-사회화 프레임으로 좌파를 대중 앞에 드러내야 한다. 즉, 자본주의의 극복은 자율적인 공간에서만 가능한 것이 아니라 사회적 공공성을 확장하는 투쟁을 통해 가능하다. 사회적 공공성은 생산양식의 사회화에 대한 복잡하고 다양한 자원이 연합을 이루는 것을 의미할 뿐만 아니라 국가-자본이 지배하는 약육강식의 경쟁체제에서 노동자-민중의 삶의 자율적인 권리를 지켜나가는 문화적 공동체의 생태원리를 의미한다. 따라서 개인들의 자율적 삶과 사회적 공공성을 확산하기 위한 경로로서 문화적·생태적 실천은 신자유주의가 주도하는 사회공공성 파괴 시나리오에 저항하는 강력한 힘을 가질 것이다(이동연, 2007: 185).

현재 발생하고 있는 대부분의 사안은 신자유주의를 넘어서는 권력과 체제대안을 고민하지 않고서는 해결할 수 없다. 개별영역 차원에서만 접근해서는 해결의 실마리를 찾기 힘든 의제가 이미 등장했다. 비정규 문제, 사회양극화, 그리고 북핵문제를 비롯한 정치·군사적 의제 등이 그러하다. 이런 사안들은 자본주의의 문제를 인식시킬 수 있는 좌파의 프레임이 없으므로 대중은 이를 부분적으로 인식하거나 파편화해서 이해하고 있다.

따라서 통합적이고 대안적인 담론이나 의제를 구성하고 사회의제에 일상적으로 개입해야 하며, 나아가 대중적 소통과 만남의 장을 창출해야 한다. 또한 대안적 권력이나 모델의 형성을 통해 실체적인 힘을 만들어야 한다. 그리고 지속적인 사회운동의 재생산을 이루어낼 수 있는 인프라 및 소통기제를 확보해야 할 것이다.

결국 새로운 사회운동이란 반자본적 지향을 분명히 하고, 노동자운동의 사회운동적 개조가 필요하며, 대안세계화를 이념으로 한 대안운동의 형성과 지역운동에 대한 새로운 천착이라는 주장을 다시 강조할 수밖에 없다.

4. 지역운동의 새로운 모색

1) 지역운동에 대해

한국사회에서 자본주의를 넘어서는 사회주의운동과 전망이 힘을 모으지 못하는 것은 분단구조 및 이로 인한 사회주의에 대한 개념적 오해 때문이다. 한국전쟁이라는 역사적 경험과 북한이라는 존재, 국가보안법 등의 법 제도 등이 현실적 제약으로 작용한 것이다.

따라서 국가를 변혁하거나 진보 진영을 재구축하자는 거대한 공동체에 대한 담론이 여전히 팽배하지만, 한편으로는 이와는 다른 새로운 공동체를 구축하려는 시도도 지속되고 있다. 특히 신자유주의체제를 뛰어넘는 대안적 삶에 대한 관심이 높아지면서 우리 사회에서도 협동조합이나 공동체에 대한 논의가 활발히 일고 있다.

그런데 이러한 논의와 운동이 모든 문제를 해결하는 만능보검인양 과잉 상태를 보이고 있다. 특히 협동조합의 경우 2012년 12월 「협동조합기본법」이 시행되면서 2013년 3월 현재 650여 개나 만들어졌다고 한다. 협동조합의 기본 원칙이 자립과 자조이고 공동의 필요와 욕구를 충족하기 위해 자발적으로 모인 사람들의 공동소유와 민주적 운영원리를 기반으로 하고 있다는 점을 고려한다면 협동조합이 유행처럼 번지는 현실은 심각한 문제가 아닐 수 없다. 물론 사람들의 삶이 다양하기 때문에 협동조합과 사회적 경제의 현 실태도 다양하게 나타날 수밖에 없지만 그 자체를 절대시하는 과도함은 경계되어야 한다.

지역은 한국 사회운동에서 불모의 지대이자 공간이다. 한국사회에서 지역운동은 전노협운동으로 대표되는 현장운동의 연장선으로서의 지역운동 말고는 거의 없었다. 또한 빈민지역을 중심으로 한 다양한 활동과 철거민운동으로 대표되는 주민운동을 제외하고는 역사성을 지닌 지역운동을 찾아보기 어렵다. 지역운동은 중앙운동의 하위개념이자 수직적으로 배열되는 운동이다. 아니면 자본주의하에서 섬처럼 독립적인 공동체운동의 성격을 띠고 있기도 하다.

그런데 최근 지역이 운동 진영 내에서 인기 브랜드가 되었다. 지역운동이 차지해온 기간의 역사에 비추어보면 이는 매우 고무적인 현상이다. 이미 일부 운동단체와 진보정당은 자신의 정치활동의 기초단위이자 대중과의 밀착된 조직활동을 전개하기 위해 지역에 대한 다양한 프로그램을 기획하고 실천하며 모색하고 있다.

지역은 노동조합운동과 사회운동이 결합되는 공간이자 새로운 운동의 제의 개발을 위한 중요한 근거점이다. 중앙운동의 수직적 배치로서의 지역운동이 아니라 수평적이고 자율적인 운동으로서의 또 다른 중심으로 지역운동의 관점이 새롭게 정립되고 있다.

자본과 권력에 의존하지 않고 종속되지 않은 자유로운 삶, 이것이 진정 자립의 길이요, 인간적인 길이다. 따라서 단결과 연대, 소통과 공감이 필요하다. 그리하여 동료, 친구, 이웃과 소통 및 공감이 잘 될수록, 단결과 연대가 공고해질수록 해방의 가능성이 커진다. 특히 타자의 고통에 대해 단순한 연민이나 동정이 아니라 공감과 동참이 이뤄질 때, 그리하여 자기 책임성과 상호 연대성을 회복할 때 새로운 변화는 비로소 가능해진다(강수돌·하이데, 2009: 207~209).

노동자 민중이 자본에서 자유로우려면 아래로부터의 민주주의를 확산하려는 노력이 지속되어야 한다. 좌파의 대안은 중앙정치의 공공성과 아래로부터의 민주주의, 사회적 공공성 강화와 개개인의 삶의 질 향상이 선순환 구조를 이룰 수 있게 긴밀히 맞물리는 지점으로 초점을 이동시킬 때 유의미할 수 있다.

다양한 지역적 투쟁에서 진지를 구축하는 것이 역설적으로 노동을 강화하는 과정임을 주장하고 실천으로 보여주어야 한다. 선험적으로 주어지는 노동계급의 혁명성이 아니라 실천을 통해 구성되는 노동자운동의 힘이 사회주의 정치의 관건인 것이다.

일반 대중이 스스로를 조직화하고 스스로의 요구를 정식화할 수 있을 때에만 기득권 세력의 저항에 맞설 수 있다는 평범한 사실을 실천하면 긍정적인 성과를 만들어낼 수 있을 것이다. 노동자계급정당은 이미 존재하는 주체가 아니다. 실천의 과정에서 이에 동의하고 함께 투쟁했던 사람들 사이의 토론과 합의를 통해 만들어져야 한다.

2) 자기조직적인 대중운동으로서의 지역운동

그동안 대중운동은 노동조합이나 농민단체의 생존투쟁을 중심으로 조직되고 진행되어왔기에 조합주의와 경제주의적 투쟁에서 한 걸음도 벗어나기 어려웠다. 나아가 이들의 투쟁이 성공적일수록 자본-국가의 포획망에 종속되는 결과를 가져왔을 뿐이다. 그것은 더 많은 임금과 더 많은 상품소비가 가능해졌기 때문이다. 이에 반해 새로운 대중운동은 임금과 상품소비를 요구하는 투쟁이 아니라 오히려 이로부터 벗어나 비자본주의적인 교환과 소비에 입각한 호혜적인 생활양식, 주체화 양식을 구성해가는 코뮌적 운동이다.

즉, 자본주의에 대항하는 새로운 삶의 양식은 자본 밖에서 살아가는 생산-소비의 공동체적 삶의 공간을 창출하는 것에서 시작되고, 여기서 이념적 기초를 제공하는 것은 적-녹-보라의 연대이며, 그들의 삶의 대안적 공간이 코뮌인 것이다.

일상생활에서부터 자본과 국가에 대한 의존도에서 벗어나 자립과 자율과 자치의 역능을 키울 수 있을 때라야 조합주의와 경제주의를 벗어나 생산양식과 사회 구성체 전반을 극복할 수 있는 정치적 역능이 생성될 수 있다. 이 때문에 지역코뮌운동은 아래로부터의 변혁적 대중운동이 지속적으로 성장할 수 있는 원천이라고 할 수 있다.

하지만 역사적으로 볼 때 사회주의운동, 공산주의운동은 대체로 아래로부터의 지역코뮌의 생성 및 촉진과는 무관하게 강력한 당 운동을 기반으로 한 위로부터의 변혁에 집중해온 경향이 컸다. 소련을 위시한 동구 사회주의 진영 전체가 전체주의적이고 관료주의적인 국가사회주의로, 결국은 국가자본주의의 변종으로 귀결되었던 것도 이처럼 대중의 자기조직적 역능을 억압하거나 배제해온 운동 전략에서 기인한다고 할 수 있다. 오늘날 새롭게 논의되는 노동자계급정당운동이 간과해서는 안 될 부분이 바로 이 지점이다.

물론 자기조직적인 대중운동은 자발성에 기초한 만큼 연결성이 부족하고 자족적으로 고립되기 쉽다는 단점이 있기에 전통적으로 속전속결 형태의 기동전을 요하는 급작스러운 변혁기에는 무시되기 십상이었다. 하지만 바로 이런 간과가 변혁이 실패한 주원인이었다는 역사적 교훈에 입각해서 본다면 오늘날 노동자계급정당운동은 아래로부터의 자기조직적인 대중운동을 어떻게 촉진하고 또 이와 어떻게 긴밀하게 결합해갈 것인가를 고민하지 않으면 안 될 것이다.

지역 정치조직은 고군분투했으나 지역 내 노동자 대중과 결합하거나 주민들에게 뿌리내리지 못했으며, 대중운동의 새로운 흐름을 형성하지도 못했다. 또한 다양한 부문운동 단위와의 연대도 매우 미흡하다. 지역 정당 활동은 대부분 당내활동에 머물렀으며 이조차도 허약했다. 따라서 당연히 주민운동, 지역시민사회운동과도 연대하지 못했다. 이는 당이나 노조나 모두 지역운동의 네트워크를 어떻게 형성해나갈 것인지에 대한 프로그램이 없기 때문이다(정경섭, 2013: 49).

따라서 지역에서의 정당운동은 자신들의 노선과 방향, 노동중심성에 대한 입장을 명확히 정립해야 한다. 그렇지 않고서는 당과 노조의 관계를 복원하기 어려울 것이다. 이러한 선결과제를 우선적으로 해결한 후 노동조합 및 지역단체와 민중의 집이든 공동체운동이든 지역운동을 진행할 수 있을 것이다.

지역의 공동체운동은 노동자 조직, 정치조직, 협동조합, 문화예술단체,

교육단체 등의 네트워킹 구조여야 한다. 또한 개인과 개인, 개인과 조직, 조직과 조직을 연결하는 메커니즘을 갖춰야 하며 결과적으로 사회주의운동의 주요한 센터가 되어야 한다(정경섭, 2013: 35).

또한 지역의 공동체운동은 노동자가 자신의 필요를 충족시키기 위해 풀뿌리 지역 차원의 지식과 자원을 모아 조금씩 확대해나가는 공간이어야 한다. 다만, 풀뿌리 민주주의 역시 개발주의와 신자유주의의 계속된 침탈로 지역사회가 파괴된 상황에서 대안이 되기에는 한계가 있음을 주지할 필요가 있다.

무엇보다 지역운동은 현장에서 대중과 직접 만나기 때문에 이념적으로 좀 더 급진적일 필요가 있다. 즉, 이념적인 공동체, 정치가 있는 지역운동, 노동조합과 함께하는 지역운동이 되어야 한다. 주변에 널려 있는 문화센터와 차별성을 가지려면 이념적 공동체를 지향하면서 각 프로그램 사이에 반(비)자본주의적 이념이 관통되어야 한다.

경기도 화성의 산안마을과 전부 부안의 변산공동체처럼 공동생산 공동분배의 사회주의적 협동의 원리를 실천하고 탈자본주의 대안사회의 가능성을 보여주어야 한다. 이와 함께 공동체의 유지와 발전을 위한 다른 공동체와의 연대와 관계 맺음 역시 중요한 과제다. 또한 국가권력에 저항하는 대안사회운동과 연대할 필요도 있다(권오범, 2013: 66~67).

이러한 연대인 '어소시에이션의 어소시에이션', '협동조합 간의 협동'은 생협운동과 공동체운동이 직면한 자본주의적 경쟁의 압력을 완화하고 사회변동으로의 긍정적 기여를 위한 중요한 진지가 될 것이다(권오범, 2013: 73). 즉, 안토니오 그람시(Antonio Gramsci)의 말대로 지역운동은 노동자계급이 자본주의체제의 계급지배를 와해시키려고 벌이는 장기적인 진지전인 것이다.

3) 노동조합과 지역적 실천

　민주노조운동은 기업별 노조의 한계를 극복하기 위해서 산별노조를 건설해야 할 뿐만 아니라 수평적·실질적 연대를 현실화하는 방도로 지역을 근간으로 삼아야 한다고 강조하고 있다. 부문영역별로 개별화되고 독립적인 사회운동의 통합성과 대중적 결합을 위해 지역차원에서의 새로운 통합적 사회운동이 모색되고 있는 것이다.

　중요한 것은 산별노조 경로 논쟁과 관계없이 노동운동은 지역을 기반으로 진행되어야 한다는 것이다. 즉, 지역 노동시장정책뿐만 아니라 사회공공성, 보편적 복지 및 집합적 소비 영역의 창출 등 노조가 지향할 수 있는 다양한 의제는 추상적인 공간(space)이 아닌 구체적인 장소(place)에서 현실화될 수밖에 없다.

　하지만 현재의 노조는 이러한 의제를 지역적 차원에서 구체화할 만한 역량을 가지고 있지 못하다. 대공장 정규직 노동자는 실리주의, 조합주의 경향이 강해지면서 다른 대다수 노동자와 분리되고 있다. 이른바 계급적 대표성을 상실하고 있다. 현재의 민주노조운동은 부르주아 중앙정치와 매우 유사한 특징을 보이고 있는데, 단편적으로 보면 서울 중심의 관료화된 집단적 이기주의 운동에 지나지 않는 것이다.

　따라서 지역운동은 위기에 처한 노동조합에게 매우 중요한 의미를 함축하고 있다. 신자유주의는 공장 안에서의 전략뿐 아니라 공장 밖 사회의 전 영역을 공격하고 있다. 이에 대응하기 위해서는 임금, 고용 등의 경제적 요구만으로 부족하다. 대중은 공장 안에서는 노동자이지만 공장 밖에서는 지역주민이자 소비자, 생활인이다.

　그러므로 이러한 상태를 극복하기 위해서는 공장 안에 갇힌 경제적 요구를 넘어서야 한다. 또한 기업 울타리에 갇히지 말고 사회적 연대를 실현해야 하며, 기업별 노조에 머물지 않는 연대적 조직을 지향해야 한다. 비정규직 문제의 해결이 공장 내에서만 이루어질 수 없는 현실과 지방자치의 확대 그리고 생태문제에 대한 긴급한 대처 등으로 말미암아 노동운동이 지역사회에 급진적으로 개입할 필요가 생긴 것이다.

노동자들은 기본적으로 지역의 생활조건과 긴밀하게 결합된 상태에서 살아가고 있으며 그 과정에서 생활의 다양한 이해를 추구한다. 생활공간에서 발생하는 다양한 갈등과 조화의 주체가 바로 노동자이고, 자신의 생활공간에서 지역주의를 만들고 유지하거나 강화해나가는 주체 또한 노동자다. 사회운동은 이러한 노동자의 지역 중심적 생활세계를 해방해나가는 과정이 되어야 한다.

노동자의 지역주의는 코뮌적 공동체 자치를 실현하는 과정으로서의 지역주의여야 할 뿐만 아니라 생활공간의 계급적 성격에 조응할 수 있어야 한다. 국가와 자본이 추구하는 생활세계의 식민화 과정을 넘어서는 지역 중심의 운동이어야 한다는 의미다.

그래서 지역에서는 노동자의 나눔과 연대를 실현하면서 지역사회의 여러 부문을 사회화하고 공유하는 일이 중요하다. 또한 노동자들의 자립 및 자치의 관계를 형성하는 일도 긴요한 과제다. 이를 통해 궁극적으로 지역의 공간 재구성에 대한 실천으로 나아가야 한다. 구조변화는 필수적이며, 이를 위해서는 정치와 산업·경제적 구상이 함께 어우러져야 한다. 직접민주주의를 통한 직접 지배, 즉 자치를 실현하고 산업경제에서는 생산토대를 구축해야 하는 것이다(이종탁, 2011: 97~98).

특히 도시화를 통해 제도적으로 재구성되는 집합적 소비의 영역을 둘러싼 자본과 노동의 대립이 본격적으로 이루어지고 있는 지역사회에서 개별화된 시민권만으로는 자본의 압력을 극복하기 어렵다. 따라서 노동조합이야 말로 집합적 소비영역을 잠식해오는 자본에 효과적으로 대응할 수 있는 가장 큰 지역사회조직이다.

이런 측면에서 노동조합이 지역에서 중점을 두어야 할 운동은 사회공공성 투쟁이 되어야 한다. 주택, 교육, 의료 등에 파고드는 시장논리의 확산은 지역사회에서 불평등을 확산시키는 것은 물론, 노동력 재생산의 차이에 따라 지역을 구획해나가야 한다. 사회공공성 투쟁은 집합적 소비영역의 확장을 통해 시장논리를 제어해 나가는 운동이며, 이러한 과정은 특정한 지역을 기반으로 하여 추진될 수밖에 없다. 다양한 공공적 의제를 제기하는 과정은 지역적으로 산개해 있는 미조직 중소영세노동자를 조직화하는 것은 물론, 지역 내에 존재하는 수많은 중간계급의 지지를 확보해내는 유망한 과정이다(김현우 외, 2006: 116).

물론, 노동조합과 지역사회의 공간적 불일치 문제가 빈번하게 발생하곤 한다. 하지만 이 문제는 네트워크식 결합을 통해서 해결할 수 있다(심광현, 2006: 177). 이러한 네트워크에서 필수적인 것은 민주노총의 지역본부나 산별노조의 지부, 지회 그리고 대규모 노조인 전교조, 공무원노조 등의 지부, 지회, 분회 등의 유기적 결합이다. 또한 진보정당의 지역위원회와 당원협의회 그리고 사회운동 내의 다양한 조직들 및 전문가집단들과 네트워크 형태를 갖추어야 한다.

한편, 노동조합에게 지역운동의 중요한 의미는 정규직 노동자와 비정규직 노동자간의 간극을 최대한 줄힐 수 있는 계기적 변화를 마련할 수 있다는 데 있다. 지역운동은 협동조합형 코뮌이나 공동체형 코뮌 형태를 가지고 생활밀착형 운동을 전개하기 때문에 정규직 노동자나 비정규직 노동자 모두 개인적 수준에서 연대와 상호 이해를 바탕으로 협력적 관계로 발전할 것이다.

무엇보다 지역운동은 바닥에 떨어진 민주노조운동을 회복하는 계기로서 작용할 것이다. 지역운동이 활성화되면 지역을 거점으로 하는 노동운동이 자연스럽게 발전할 것이고, 지역의제를 다루기 위해 지속적으로 지역주민들 및 여러 단체와의 만남을 통해서 서로 논의하고 민주적으로 결정하는 구조를 형성하기 때문에 결국 지역에서의 노조나 노동운동은 지역주민들로부터의 동의와 지지를 획득하게 될 것이다.

따라서 전국적 수준의 노동운동이 네트워크화되어 있는 지역운동을 매개로 재생할 가능성이 엿보인다. 이를 바탕으로 노동운동이나 노동자정치가 독자성 또는 자주성을 확보하게 됨으로써 국가나 자본의 이해에 포섭되거나 침윤되지 않을 것이고 나아가 정치적으로도 제반 의제에서 정치적 대안을 제시할 수 있는 정치적 능력을 확보하게 될 것이다(노중기, 2005: 102).

노동조합은 자기 요구를 사회적 차원으로 드러내고 실현하는 방식으로 운동 양식을 바꾸어야 하며, 고립된 개인들이 소통하고 새로운 관계를 맺을 수 있도록 구체적으로 시도해야 한다. 그것은 노동자 민중 스스로가 주체가 되어 스스로 선택하고 결정할 때에만 진정한 가치가 있다. 해방은 자기결정이며, 자기선택을 동반해야 한다. 그래야 '자유로운 개인의 연합'이 만들어질 수 있고, 그럼으로써 일상에서 자본과의 적대로부터 벗어난 새로운 삶의 양식을 만들게 된다(이종탁, 2011: 92~93).

결국 노동조합이 지역적 실천모델을 개발하고 지역정치·지역코뮌을 현실화하는 작업은 매우 중요하다. 의제운동과 지역운동의 결합은 기존 노조운동에 덧붙여 새로운 대중조직운동의 건설과 맞물리는 문제다. 생활근거를 중심으로 자본적 삶이 아닌 대안적 삶을 형성하는 것, 교육·보육·의료 등의 생활영역에서 대중의 자율적이고 진보적인 삶과 연대가 이루어지는 것, 대중 스스로 조직하고 그 속에서 활동가가 나오고 그 과정에서 삶과 운동이 한 단계 상승되는 것, 이것이 목표이자 문제의식이다. 물론 이 과정에서 지방정부, 지방의회 등 제도적인 부분에 대한 개입이 나타나는 것도 중요한 부분을 차지할 수 있을 것이다.

4) 지방자치선거가 혁명의 시작이다

지역 중심의 운동 중에서 가장 대표적인 수단은 풀뿌리 민주주의를 실현하는 수단이 되는 지자체 선거투쟁이다. 자치는 말 그대로 스스로가 스스로를 통치하는 것인데, 지방자치는 오히려 밑으로부터의 민주주의를 지배하고 통치하는 전략으로 전락했다. 지배권력의 네트워크가 지방으로 확장되어 주민들을 자신의 편으로 끌어들이고 있으며 정당을 매개로 주민들의 일상적인 생활을 지배하고 있다.

지역에서 일상적으로 노동자 민중과 관계가 형성되고 이를 통해 참여와 자치의 풀뿌리 민주주의가 확장되면 노동자들은 얼마든지 지방선거에 개입할 수 있다. 지방자치 역시 대의제 형식을 띠고 있기 때문에 당연히 그 한계는 명확하다. 하지만 이러한 한계는 지역에서 만들어진 네트워크와 관계를 통해 견제와 견인이 가능할 것이다.

지역에서의 급진적 실천이 이루어지려면 그 선결과제로서 지역자치가 회복되어야 한다. 머레이 북친(Murray Bookchin)이 강조한 것처럼 도시와 지역에 뿌리를 둔 새로운 정치가 무기력한 의회주의의 대안이자 실행가능한 대안이다. 지역에서의 급진적인 자치운동은 국가의 복제품으로 전락한 지자체 제도를 변혁하는 것이다. 그것은 지역을 새로운 시민적 공공의 장으로 만듦으로써 지차체 중심의 경제시스템을 갖추어 중앙집권적 국민국가와 집중화된 거대기업의 권력에 맞서게 된다(북친, 2012: 90~93).

이렇게 지방으로부터 출발해서 중앙 정부를 포위하고 무력화하는 변혁 시나리오가 필요하다. 하지만 지역운동만으로는 사회 변혁으로 이행하는 데 한계가 있다. 국가와 제도는 쌍방향적으로 움직이는 메커니즘을 지니고 있기 때문에 중앙정치에서 비례대표제, 정치자금법, 지방자치법 등의 제도적인 개혁을 통해 기존의 부르주아 정치를 분열시키는 방식을 병행하면 더욱 효과적일 것이다. 한국의 정치구조는 중앙집권적이기 때문에 구조화된 권력구조를 해체하거나 분산하지 않으면 지역운동 역시 한계에 갇힐 수밖에 없다.

한국의 지역정치는 생활정치의 공간이 되어야 하는데, 중앙의 기득권 정당들이 장악하면서 부패·독선·전횡·무능으로 점철되어왔다. 동네 정치가 바뀌어야 정치가 바뀌는 것이며, 참다운 동네 정치의 실현이야말로 정치의 본령인 것이다.

아직도 많은 대중이 사회주의보다는 생협운동과 공동체운동을 자본주의의 대안으로 더 진지하게 여기고 있다는 사실을 중시할 필요가 있다. 따라서 생협운동과 공동체운동처럼 아래로부터의 대안사회운동·대안공동체운동과 연대, 협동, 공진화할 수 있는 방안을 모색해야 한다. 이때 좌파운동은 코뮌의 맹아적 형태를 만드는 정치 캠페인 및 전국적 생산－소비 협동조합의 네트워크를 구축하는 작업과 함께 국가의 공공성을 새로운 보편가치로 재구성해가는 투쟁을 병행해야 한다(박영균, 2009). 노동의 삶을 벗어난 향유의 삶을 사회적 권리로 획득하는, 제헌을 포함해 다양한 법 제도적 권리에 대한 근본적 패러다임의 전환에 기초한 투쟁을 모색해야 하는 것이다.

5. 지역운동에 조응하는 정치개혁 과제

1) 의회제의 한계와 정치개혁의 필요성

대의제 민주주의의 가장 큰 문제는 인민들이 직접 정치적 결정을 할 수가 없어서 소수의 권력자나 자본가 또는 대표자의 사적 이익이 정책 결정에 반영될 가능성이 매우 높다는 점이다(Hirst, 1990: 25~26). 또한 정당이 정치를 독점해서 선거가 단순히 관직을 획득하는 이들과 이들이 만드는 정책을 공식적으로 정당화하는 기능만을 하게 된다는 점이다(Hirst, 1990: 4~5).

이처럼 대의제의 심각한 문제점은 좌파들의 정치공간을 협소하게 만들었으며, 선거를 둘러싼 논쟁으로 시간을 소비하기도 했다. 하지만 선거에 반드시 개입할 필요가 없듯이 선거를 반드시 보이콧하는 것도 지양해야 한다. 그것은 이제 국가를 정면으로 돌파하는 것도 어렵고, 국가를 우회하는 전략이 적절하지 않다는 것을 보편적으로 인식했기 때문이다. 그래서 지역운동과 정치개혁을 병행하는 것이 불가피한 과제가 되었다.

특히 이명박 정권의 등장은 시장의 과잉에 의한 사적 영역의 범람을 가져와 민주주의를 공적 장치가 아닌 특수한 이해관계를 집행하는 장치로 전락시켰다. 부르주아 정치사회는 원칙적으로 그 사회 구성원의 이해관계를 수렴해서 정책화하는 공적 공간이다. 하지만 현실에서는 권력의 공적 기능을 사적 소유로 위치 짓는 한편 개인적 조직적 관계를 맺고 규정짓는 부르주아지들의 제한적 공간으로 탈바꿈시켰다.

부르주아 정치사회를 공적 공간으로 확보하려면 여전히 보통선거를 통해 뒷받침되는 의회제를 계급투쟁의 관점에서 적절히 활용하는 지혜가 필요하다. 제도정치의 공공성은 권력을 사유화한 정치문화와 그것이 가능하도록 작동시키는 사회구조가 그 핵심 원인이지만 법 제도의 개혁을 통해서도 이를 확보할 수 있다.

물론 이는 주체적 조건으로 노동자계급의 독자적 정당이 존재하고 이 정당이 내세우는 사회·경제적 변혁의 강령 및 전망이 노동자계급 및 인민의 이해와 일치했을 때 성공을 거둘 수 있을 것이다. 따라서 부르주아 정치의 작동 메커니즘에 일대 변화를 줌으로써 좌파의 정치공간을 확보하려는 노력이 필요하다.

한국사회의 좌파정치와 대중운동은 제도화된 참여의 채널을 보장받지 못한 채 운동의 형태로만 존재하고 있으며, 정당체제와 민주주의를 항시적으로 불안정하게 하는 요인으로 작용하고 있다. 그러므로 대중정치와 제도정치의 건강한 긴장관계를 확보할 수 있는 방향에서 정치개혁의 대안이 도출되어야 한다.

그렇다고 모든 것이 제도의 문제로 환원되는 정치는 바람직하지 않다. 정치는 매우 실천적인 공간이기 때문에 제도의 문제로 다룰 수 없는 비공식적 영역들이 훨씬 더 큰 세계이기 때문이다. 순수 제도론의 관점에서 보자면 대통령 중심제보다 의원 내각제가 더 민주적이고, 단순다수제 선거보다 비례대표제가, 양당제보다 다당제가 훨씬 더 민주적이다. 하지만 단순한 제도적 변화는 반자본주의 전략이 아니지만, 대중들의 정치적 변화에 대한 욕망을 자극하는 매우 대중적인 전략이기 때문에 그 실현 가능성은 상대적으로 높은 편이다.

제도가 정치투쟁에 영향을 미치는 것은 의심의 여지가 없다. 제도는 사회경제적 구조에 대해 일종의 자율성을 지니고 있으며, 그러한 자율성은 정치투쟁에서 독자적인 요인으로서 작용한다. 선거제도와 같은 기술적 절차는 정당을 비롯한 정치제도에 일정한 형태를 가지게 하며, 이 제도 자체가 투쟁에 영향을 미치고 정치투쟁을 확대 또는 축소한다. 이러한 기술적 절차는 정치투쟁의 다른 요인에 비해 한정되어 있으나 때로는 큰 영향력을 가진다.

2) 정치개혁 방안

지난 2012년 총·대선 결과, 가장 커다란 정당정치의 특징은 미국식 양당제로 구조화되었다는 것이다. 즉, 새누리당과 민주통합당이라는 두 개의 보수정당과 통합진보당이라는 자유주의적 좌파 정당이 구조화되는 계기가 마련된 것이다. 그리고 남은 것은 패권주의밖에 없다.[5] 통합과 패권만 남고 민주주의는 사라진 것이다.

기존의 보수화된 노조들이 비정규직을 조직화하지도 못하는 상황에서는, 미조직 상태에서 그저 생존만 도모하게 되어 있는 비정규직 노동자로서는 현상을 비관해도 차라리 과거로 그 시선을 돌리기가 더 쉽습니다. 정규직 얻기가 수월하고 해마다 임금이 조금씩 올랐던 과거, 초고속 성장 시대, 박정희 시대······. 그렇게 해서 '유신 공주'를 머지않아 대통령으로 뽑을 수도 있는 무산자군(群)이 만들어져 갑니다. 그 어떤 전위조직도 무산자들에게 미래에 대한 진보적인, 사회주의 지향적인 비전을 전해주지 못한다면 무산자들의 시선은 과거로 돌려집니다. 이건 일종의 계급투쟁의 법칙인데, 이 법칙이야말로 현 상황에서 재확인되고 맙니다(박노자, 2012).

---

5 친박 대 비박, 친노 대 비노, 당권파 대 비당권파, 그리고 지역 패권주의를 생산하고 강화한 중앙패권주의 등이 여기에 해당한다. 특히 지역 패권주의에 대한 이해가 필요하다. 산업화과정에서 우리가 채택한 체제가 중앙집권체제다. 이 체제 때문에 지역주의가 지역 패권주의가 됐다. 지금의 지역 패권주의는 영호남 출신의 서울 사람들이 영호남을 볼모 또는 들러리로 내몰면서 사회를 운영하는 체제다.

박노자의 예견을 확인이라도 하듯이 지난 18대 대선에서의 박근혜 당선은 수많은 대중을 이반하게 하거나 탈계급화하게 했다. 하지만 이러한 결과는 오히려 대중이 국가나 정치의 공적 성격을 인식하게 만드는 효과도 있기 때문에 그리 비관적이지만은 않다.

정당정치를 특징으로 하는 부르주아 정치에 좌파가 참여한다고 해서 그 정치가 새로운 정치로 전환되는 것은 아니다. 그러려면 오랜 시일이 필요하다. 오히려 좌파가 낡은 정치의 부속물로 전락하기가 더 쉽다. 우리는 이를 지난 10여 년의 진보정당의 역사를 통해 몸으로 체험했다. 새로운 정치는 정당정치 바깥에 있는 정치를 암시하는데 좌파가 부르주아 정치에 뛰어들면 새 정치의 의미가 퇴색되는 것이다. 정당정치는 전혀 새로운 정치를 만들어낸다기보다 지금 있는 정치역량을 통해 국민의 이해관계를 재현하는 장치이기 때문에 언제나 낡은 정치일 수밖에 없다.

그럼에도 제도정치의 개혁이 무엇보다 필요한 것은 재분배가 필요한 곳이 너무 많기 때문이다. 부르주아 민주주의 내에서도 제도의 차이에 따라 참여나 분배는 크게 차이가 난다. 그런데 한국의 제도는 현실적으로 바꾸기가 매우 어렵다. 이는 선거제도와 사회구조가 상호작용하기 때문이며, 기득권을 갖고 있는 양대 정당이 쉽게 포기하지 않기 때문이다. 게다가 빈곤층은 정치체제의 변화가 없는 재분배가 진정하게 실현될 것으로 믿지 않는다.

따라서 좌파에게 정치개혁은 현재의 낡은 정당정치를 어떻게 돌파할 것인지가 관건이다. 제도개혁 방안의 핵심 과제로는, 정치제도와 조직을 탈권위주의화하고 최대한 개방적으로 만들어서 좌파에게 진입장벽을 낮춰야 하며, 다양한 영역과 지역에서의 직접민주주의를 활성화해야 한다. 이는 현재의 대의제가 권력의 남용을 가져와 민중들의 삶을 피폐하게 만들기 때문에 이를 민중적 통제하고 소환할 수 있도록 직접민주주의를 강화하자는 것이다.

우리는 흔히 대의제의 한계를 극복하기 위한 직접민주주의 제도로 주민소환제, 주민투표, 주민발의 등을 가장 일반적으로 들고 있다. 이들 제도 중 주민소환제는 지역현안 문제를 해결하는데 있어서 핵심적인 제도적 장치임에는 틀림없다. 하지만 현재의 법 규정으로는 주민소환제가 제 기능을 발휘하기 어렵다. 이는 애초에 소환투표제가 작동할 수 없도록 만든 구조적인 문제에 기인한다. 지방자치단체장이 지방자치법에 따라 막강한 권력을 행사하다 보니 현안 문제의 공론화가 어렵고, 설사 공론화가 되어도 단체장의 눈치를 보기 때문에 주민들이 자신들의 의지를 꺾게 하는 정치적 부담으로 작용한다. 또한 불법적 투표방해 행위까지 자행되고 단체장의 투표참여＝소환찬성이라는 등식으로 주민들을 호도하면서 비밀투표의 원칙마저 결여되는 것이다.

현재까지 실시한 두 차례의 주민투표를 보면 제도적 개선이 절실한 상황임을 알 수 있다. 2007년 12월 12일 경기도 하남시에서 지역 단체장이 주민들의 동의를 얻지 않고 광역 화장장시설 유치를 발표했다는 이유로 주민소환 투표가 실시되었으나, 투표율이 31.3%에 그쳐 법률로 정한 33.3%에 미달됨으로써 무산되었다. 또한 해군기지 건설과 관련해 제주특별자치도 지사에 대한 주민소환 투표가 2009년 8월 6일에 실시되었으나 역시 투표율이 11%에 그쳐 무산되었다.

이렇게 투표율이 33.3%가 되어야 투표함을 개봉할 수 있도록 규정한 것은 현재 우리나라의 투표율이 낮다는 실정을 고려할 때 주민소환제의 성사를 가로막는 주요 요인으로 작용한다. 따라서 주민소환제의 법정투표율을 30% 이하로 낮추고 주민고발을 당한 당사자인 지자체 단체장은 관련된 정치행위와 발언을 자제하도록 법적으로 규제하는 것이 현실적인 대안이라고 볼 수 있다.

둘째, 정당 국고보조금을 폐지하는 것이다.[6] 현행 정치자금법 제25조 제1항은 "국고보조금의 계상을 최근 실시한 선거의 선거권자 총 수에 보조금 계상단가를 곱한 금액을 기준으로 하고, 계상단가는 전국소비자물가 변동률을 적용해 유동적으로 결정한다"라고 규정하고 있을 뿐이다.

그런데 국고보조금은 구간별로 20석 이상 교섭단체와 비교섭단체 간, 그리고 비교섭단체 중에서도 5~19석, 5석 미만 간에 금액이 크게 갈린다.

또한 국고보조금은 국민의 세금을 재원으로 한다. 따라서 정당의 수입 중 국고보조금이 차지하는 비율이 높을 경우 정당에 대한 부정적 인식이 확산될 수 있다. 더욱이 자신이 지지하지 않는 정당에 국고보조금이 과다하게 배분될 때 그러한 부정적 인식은 정당 불신과 혐오로까지 심화될 수 있다.

한국은 비례성의 원칙에 입각해 교섭단체, 의석수, 득표율 순으로 국고보조금을 지급하고 있기 때문에 국고보조금 지급의 본래 의미도 왜곡될 뿐만 아니라 평등의 원칙에도 위배된다.

문제는 각 정당이 국고보조금에 의존해서 정당을 운영하고 선거를 치르다 보니 당원을 확대하고 후원자들을 늘려서 당비와 후원금을 늘리려는 노력을 거의 하지 않는다는 것이다. 또한 대통령 선거의 득표율이 전혀 반영되지 않고 원내 다수당 위주로 배분하기 때문에 소수 신생정당에는 크게 불리한 제도다. 지출과 관련해서도 정책개발비 전용 문제에 더해 기본

---

6 국고보조금은 정치자금법 제27조에 근거해 첫째, 원내교섭단체를 구성한 정당에 대해 총액의 100분의 50을 정당별로 균등하게 분할해 지급한다. 둘째, 5석 이상 20석 미만의 의석을 가진 정당에 대해 총책의 100분의 5씩 지급한다. 셋째, 의석이 없거나 5석 미만의 의석을 가진 정당 가운데 100분의 2 이상 득표한 정당 등에 100분의 2씩 지급한다. 넷째, 이렇게 지급하고 남은 금액 중 100분의 50을 다시 의석을 가진 정당들에게 의석수 비율에 따라 배분하는 방식이다. 그리고 나머지 절반은 의석을 가진 정당에 대해 최근 실시한 국회의원 선거에서의 득표수 비율에 따라 배분·지급한다. 그 외에 여성의 정치진출을 촉진하는 차원에서 지역구에 3% 이상 여성을 내보낸 경우에는 여성추천보조금도 지급하고 있다.

경비 지출이 과도하고 불투명하고 자의적으로 집행되는 경우가 많다. 이 때문에 진성당원제를 통한 자립화와 더더욱 멀어지고 있다. 물론 선관위의 사후관리 역시 부실하다.

그래서 일부에서는 유럽식 국고보조금 모델을 도입하자는 요구를 하고 있다. 국고보조금을 통한 정당 지원은 유럽 국가들을 중심으로 그 제도적 장점을 인정받고 있다. 현재 스웨덴, 덴마크, 노르웨이 등 사민주의적 복지국가 모델에 속하는 북유럽 정당의 경우 공적자금 의존도가 높은 반면, 영국, 미국 등 자유주의적 전통이 강한 국가에서는 사적자금 의존도가 높은 편이다. 사적자금 의존도가 높으면 당연히 정당활동과 경쟁의 공공성이 침해되고 사적 이익이 정당과 선출자의 행위를 규정하기 때문에 국고보조금 제도가 그 대안으로 떠오르고 있는 것이다.

물론 헝가리, 포르투갈처럼 평등원칙에 입각해 의석수와 득표율을 연동해서 국고보조금을 지급하는 모델을 도입하자는 목소리도 있다. 이들 모델은 의석수와 관계없이 득표율에 따라 소수당에게도 보조금이 지급되기 때문에 소수당의 생존에 유리한 제도다. 또한 독일의 경우처럼 절대적 상한선(absolute maximum)과 상대적 상한선(relative maximum)을 정해놓고 국고보조금을 지급하자는 안도 제시되고 있다(김종갑·김미숙, 2012; 유진숙, 2012).

이들 방안이 그 나름대로 의미 있는 대안일 수도 있지만 국고보조금의 핵심은 정당이 화폐권력에 종속된다는 가장 큰 문제점에서 벗어날 수 없다는 것이다. 또한 유럽식 모델의 제도적 장점인 평등한 기회와 공정성, 소외계층의 정치과정 참여, 소수정당 보호, 높은 선거비용의 압력 약화로 인한 후보자 간 경쟁 촉진 등이 한국의 정치문화와 정당정치에 적합한지도 고려해야 한다.

셋째, 비례대표제를 도입하는 것이다. 비례대표제는 네덜란드나 브라질처럼 100% 정당명부제로 운영하는 방식이 있고, 독일의 경우처럼 정당 지지율을 의석수에 반영하는 독일식 정당명부제[7]가 있다.

비례대표제의 장점은 지역색을 약화하고, 지역이해가 지나치게 강조되던 폐해를 완화하며, 자연히 지역감정 완화에도 기여할 수 있다는 것이다. 또한 이를 통해 현재의 지역주의 구조에서 배태된 양당제도의 독점적 지위가 상실될 수도 있다.

한국 실정에 어느 모델이 적합한지는 면밀한 검토가 필요하겠지만, 개인적인 견해로는 독일식보다는 브라질식 비례대표제가 지역문제 해결에 더 효과적일 수 있다고 본다. 전 국민을 대상으로 하는 비례대표제가 확대되면 더 이상 특정한 소수의 이익집단에게 민감하기보다는 대다수 일반 시민들의 목소리에 더욱 민감해질 수밖에 없다. 그야말로 어느 정당이 더 시민들이 원하는, 즉 공익과 가까운 정책을 입안하느냐에 따라 더 많은 의석을 얻을 것이기 때문이다.

특히 당 차원에서 작성한 정당명부에 오른 비례대표 후보자들이 불특정 다수의 시민들과 후원－수혜 관계를 맺는 것이 불가능하기 때문에 고비용의 선거구조가 상당 부분 해소될 수 있다. 비례대표제는 천문학적인 비용을 절감하는 효과도 있는 것이다.

무엇보다 비례대표제를 도입하면 한국의 진보정당이 의회에 진출할 수 있는 기회가 상대적으로 늘어날 것이다. 이는 진보정당이 의회에서의 입법활동을 통해 증세 및 복지재정의 확대를 관철하는 데 일익을 담당할 수 있다는 의미에서 대단히 고무적인 일이다.

---

7 독일식 정당명부 비례대표제도는 예를 들어 총 의석이 100석인데 A정당이 정당투표 15%를 받고 지역구 10명이 당선되었을 때 정당투표 결과를 반영해 정당명부에서 5번까지를 당선으로 인정해 그 정당의 지지율을 총 의석수에 반영하는 제도다. 반대로 지역구 15명이 당선되고 정당득표를 10%만 한 경우에는 지역구 15명만 당선으로 인정하는 투표제도다.

넷째, 정당등록에 관한 정당법을 전면개정해서 정당등록을 간소화해야 한다. 정당 설립이 허가제도 아니고 신고제인 나라에서 지지율이 낮다는 이유로 정당을 등록취소하는 규정은 선진국에서는 거의 찾아보기 어렵다. 이는 군소정당에 차별을 가하는 독소조항인 것이다. 또한 왜 '지지율 2%'가 기준이 되어야 하는지에 대한 구체적인 근거도 없다. 등록취소 이후 재창당은 말 그대로 정당을 새로 창당하는 것이므로 처음부터 모든 절차를 다시 밟아야 한다. 즉, 당원명부를 재작성해야 하는 번거로움도 군소정당을 힘들게 한다.

다섯째, 선거기탁금제도를 폐지하고 완전공영제를 실시해야 한다. 기탁금 제도는 1972년 유신체제가 시작되면서 도입되었는데, 이는 국회의원에 입후보하는 사람은 일정한 금액을 국가에 납부해야 후보등록을 할 수 있도록 만든 제도다.

이 제도는 도입 당시부터 위헌의 소지가 있어 문제가 되어왔다. 1989년 9월 헌법재판소에서는 이 제도의 명문규정인 국회의원선거법 제33조, 제34조가 헌법에 명시된 평등권, 참정권 등에 위배된다고 해서 위헌판결을 내렸다. 이에 따라 이 제도를 없애지는 않았으나 현재 대통령선거에서는 3억 원, 국회의원선거는 1,500만 원, 시·도의회의원선거는 300만 원, 시·도지사선거(교육감선거 포함)는 5,000만 원, 자치구·시·군의 장 선거는 1,000만 원, 자치구·시·군의원선거는 200만 원을 내도록 하고 있다. 또한 예비후보등록 신청 시 해당 선거 기탁금의 20%에 해당하는 금액을 예비후보자 기탁금으로 납부해야 한다.

국회의원 선거의 경우 지역구를 폐지하고 전면 비례대표제를 실시하면 이 조항에 해당되지 않기 때문에 비용절감 효과는 대단히 크다. 설령 지역구를 폐지하지 않는다 해도 그 효과는 배가될 것이다.

중앙선거관리위원회는 선거기탁금제가 후보자의 난립과 선거과열을 방지하고 입후보의 성실성을 담보하기 위해 필요하다고 강조하고 있다. 성실성이 담보되지 않은 후보가 선거 분위기를 망쳐놓거나 선거관리비용이나 업무를 증가시킬 수 있다는 것이다.

하지만 후보가 많은 것 자체가 크게 폐해가 되지는 않는다. 유권자 입장에서는 선택지가 늘어나는 장점이 있고, 선거관리 입장에서는 투표용지를 더 많이 인쇄하는 것 말고는 문제가 없기 때문이다. 그러니 후보자가 난립하는 것은 문제가 아니다. 성실성이 담보되지 않는 후보가 나오더라도 집단지성으로 해결할 수 있기 때문에 역시 커다란 문제는 아니다.

한국의 경우 후보자나 정당의 경제력을 무시하고 모든 후보자가 일괄적으로 선거기탁금으로 내야 하기 때문에 경제적으로 넉넉하지 못한 정당이나 후보자들은 이에 큰 부담을 느낄 뿐만 아니라, 선거자금으로 사용할 수 있는 돈 자체도 줄어들게 된다.

정치적 기반이 없고 인지도가 낮은 후보자와 정당은 선거유세나 공보물, 광고 등을 통해 유권자들과 더 많이 접촉해야 득표가 늘어난다. 하지만 자금이 부족한 후보는 이런 기회를 제대로 활용하지 못해 표를 확장하는 데 한계가 있다. 이는 새로운 정치 신인이나 정치집단의 성장을 가로막는 하나의 요인이 된다. 그래서 한국은 다른 나라에 비해 좌파정당이나 실험적인 정당이 출연하기 어렵다.

또한 기탁금 반환 기준도 높다. 선거법에는 "유효투표총수에서 15% 이상을 득표한 경우에는 기탁금 전액", "유효투표총수에서 10% 이상~15% 미만을 득표하면 기탁금의 절반"을 반환한다고 명시되어 있다. 즉, 득표율이 10% 미만이면 기탁금을 돌려받을 수 없다. 비례대표의 경우는 후보자 중 한 명이라도 당선되면 나머지 후보도 선거기탁금을 돌려받을 수 있다.

현실적으로 정치적 조직이 제대로 갖추어져 있지 않은 군소정당의 후보나 무소속 후보는 기탁금 반환 기준 이상으로 득표하기가 쉽지 않다. 19

대 총선 후 선관위에 지역구 후보자 선거비용 보전 청구를 한 사람은 전체 출마자 927명 중 절반 수준인 574명이다. 한편 비례대표에서 당선자를 낸 정당은 전체 20곳 중 새누리당과 민주통합당 등 4곳에 지나지 않는다.

따라서 완전한 선거공영제를 실시함으로써 재력이 없어 선거에 입후보하지 못하는 유능한 사람에게도 입후보할 수 있는 기회를 제공하는 한편, 선거운동의 과열방지와 후보자 간 선거운동의 기회균등을 통해 선거의 공정성을 확보해야 한다. 그렇게 함으로써 비정규 노동자, 청년 실업자 등 배제된 자들에게 정치의 문턱을 낮추어 정치에 입문할 수 있도록 해야 할 것이다.

6. 맺음말

노동운동, 정당운동, 사회운동의 기본 단위가 지역이라는 사실을 인지하게 된 것은 그리 오래되지 않았다. 대중이 선거혁명을 통해 삶의 양식을 바꾼다는 것이 불가능하다는 것을 인식하는 한편, 노동자들이 자신들의 일터이자 삶터로서 지역이 매우 소중한 공간임을 깨달았기 때문이다.

노동자들이 혁명을 통해 그토록 원했던 것이 만인의 투표권이었지만 인민의 투표로 결정된 의회는 인민을 대변하지 못했고, 인민의 은총을 받은 대통령이 행사했던 권한은 오로지 절대권력이었다. 이것이 노동자들이 피를 흘리며 원했던 민주주의는 아닐 것이다.

특히 좌파에게는 선택의 폭이 너무 협소해 대중적인 사회주의운동의 필요성이 더욱 절실해졌다. 그래서 최근 들어 지역으로 눈을 돌린 것인데, 그렇다고 중앙정치를 포기하고 피해갈 수는 없다.

선거와 의회를 둘러싼 소모적이고 불필요한 논쟁을 더는 지속할 수는 없다. 의회주의에 소극적인 정통주의나 매우 적극적인 개량주의 모두 정치적 무능함이 드러났기 때문이다. 따라서 노동자계급의 정치세력화나 계급정당 건설은 한쪽으로 경도되지 않으면서 국가권력을 정면 돌파하고 단위현장과 지역의 계급적 정치활동으로 만들어가야 한다.

중앙정치의 법 제도 개혁은 좌파의 진입장벽과 활동공간을 넓히는 데 효과적이지만 이러한 개혁이 지역운동과 결합하지 못하면 새로운 체제로의 이행은 요원할 것이다. 이제는 노동자 민중이 직접 정치의 전면에 나서서 자본가들로 하여금 파업하게 만들고 사장 없이 자신들의 힘만으로 조업을 재개해야 한다. 또한 동네에서는 유통업 사보타지에 맞서 주민 자치 조직이 생필품 공급을 책임지는 민중권력 시대를 만들어야 한다.

이를 위해서는 지역주민의 공동학습과 상호신뢰, 자발적 협력이 요구되며, 이를 통해 지역주민의 인적·물적 네트워크를 형성함으로써 새로운 대안적 권력 형태를 획득해나가야 할 것이다.

참고문헌

강수돌·홀거 하이데(Holger Heide). 2009. 『자본을 넘어, 노동을 넘어』. 강수돌 옮김. 이후.

권오범. 2013. 「한국 생협운동과 공동체 운동의 평가와 전망」. 메이데이. ≪진보평론≫, 55호(2013년 봄호).

김세균. 2012. 「세계자본주의 위기와 한국 진보정치」. 경상대학교 사회과학연구원 엮음. ≪마르크스주의 연구≫, 9권,3호.

김원태. 2009. 「마르크스 노동패러다임의 재구성」. 경상대학교 사회과학연구원. ≪마르크스주의 연구≫, 15호(제6권 3호).

김종갑·김미숙. 2012. 「독일사례를 통해 본 정당 국고보조금제도의 개선과제」. 국회입법조사처. ≪이슈와 논점≫, 제474호(2012. 6. 19).

김현우·이상훈·장원봉. 2006. 『지역사회와 노동운동의 개입전략』. 한국노동사회연구소.

노중기. 2005. 「노동운동의 정치적 과제와 발전 전망」. 문화과학사. ≪문화/과학≫, 44호(2005년 겨울호).

리프킨, 제레미(Jeremy Rifkin). 2005. 『노동의 종말』. 이영호 옮김. 민음사.

마르크스, 칼(Karl Marx). 2012. 『루이 보나파르트의 브뤼메르 18일』. 최형익 옮김. 비르투.

박노자. 2012. 「양대 보수정당＋온건좌파 구조화」. ≪레디앙≫, from http://www.redian. org/news/articleView.html?idxno=24540(2012년 4월 24일 검색).

박영균. 2009. 「자본의 지구화와 인권 패러다임의 전환」. 메이데이. ≪진보평론≫, 42호(2009년 겨울호).

배성인. 2012. 「19대 총선과 좌파의 진로」. 타흐리르. ≪진보전략≫, 창간기획호.

벡, 울리히(Ulrich Beck). 1999. 『아름답고 새로운 노동세계』. 홍윤기 옮김. 생각의 나무.

북친, 머레이(Murray Bookchin). 2012. 『머레이 북친의 사회적 생태론과 코뮌주의』. 서유석 옮김. 메이데이.

심광현. 2006. 「문화사회적 사회구성체론을 위한 시론」. 문화과학사. ≪문화/과학≫, 46호(2006년 여름호).

유진숙. 2012. 「국고보조금제도형성과 담론: 독일사례를 중심으로」. 한국국제정치학회 엮음. ≪국제정치논총≫, 제52집 1호.

이동연. 2007. 「'역사적 문화운동'에서 배우기: 문화사회로의 이행을 위한 인식적 지도 그리기」. 맑스코뮤날레 조직위원회 엮음. 『21세기 자본주의와 대안적 세계화』. 문화

과학사.

이종탁. 2011. 「지역, 동네에서 자유로운 공동체를 꿈꾸자」. 산업노동정책연구소. ≪산업과 노동≫, 여름호.

임예인. 2012. "19대 총선에 독일식 선거제도를 도입했다면", from http://slownews.kr/2387 (2012년 5월 3일 검색).

정경섭. 2013. 「노동조합, 진보정당, 그리고 풀뿌리 운동의 결합: 민중의 집」. 메이데이. ≪진보평론≫, 55호(2013년 봄호).

최장집. 1993. 『한국민주주의의 이론』. 한길사.

풀란차스, 니코스(Nicos Poulantzas). 1994. 『국가, 권력, 사회주의』. 박병영 옮김. 백의.

하이데, 홀거(Holger Heide). 2000. 『노동사회 벗어나기』. 강수돌 옮김. 박종철 출판사.

Hirst, P. Q., 1990. *Representative Democracy and Its Limits*. Cambridge. Polity Press.

사회운동의 새로운 주체형성을 위한 전략
조직문화/운동문화의 혁신과 대중화 방안

이원재(문화연대)

1. 사회운동의 위기와 주체의 문제

지난 10여 년 동안 한국 사회운동의 보편적인 화두는 '사회운동의 위기'
였다. 한국의 사회운동은 2000년대에 접어들면서 이미 급진성과 계급성,
그리고 대중성에서 한계를 드러냈다. 1980년대 민주화투쟁의 가장 큰 성
과였던 노동조합을 포함한 대중운동조직의 보수화, 사회운동의 변함없는
근원지였던 학생운동의 몰락, 신자유주의 세계화를 비롯해 다각적으로 진
행된 통치구조의 변화 등이 사회운동의 환경과 조건을 전면적으로 약화시
켰기 때문이다.

그럼에도 1990년대 말부터 본격화된 시민운동의 흐름은 한국 사회운동
의 위기를 상당 시간 유예하는 효과를 낳았다. 2000년대 초반부터 시민운
동은 한국사회의 주요 의제를 주도하며 사회변화를 이끌었고 사회운동을
둘러싼 합리화, 제도화, 대중화 등이 동시에 진행되었다. 시민운동은 민주
화투쟁이나 기존의 사회변혁운동과는 또 다른 측면에서 광범위한 시민사
회 지형을 형성했고, 이는 '시민 없는 시민운동'이라는 위기담론 속에서도
사회운동의 새로운 의제와 에너지를 지속적으로 제시했다.

시민운동의 성장과 함께 한국 사회운동은 2000년대를 경유하며 다양한 주체, 조직, 의제, 방법, 비전 등을 경험했다. 하지만 2008년 집권에 성공한 이명박 정부와 보수성향의 신자유주의자들은 노골적인 공격성을 드러내며 사회운동의 토대 자체를 허물기 시작했다. 한국의 사회운동은 2008년 광우병 촛불시위, 4대강 반대운동, 언론장악 저지투쟁, 용산참사 진상규명투쟁, 비정규직 노동자투쟁, 희망의 버스 운동 등 격렬한 저항과 대규모 투쟁을 전개했으나 뚜렷한 전환점을 형성하지 못했고 사회운동의 위기는 더욱 심화되었다.

이명박 정부를 경유하며 한국 사회운동은 제도적 뒷받침이 없는 시민운동이 얼마나 허약한지, 시대적 변화에 조응하지 못하는 변혁운동이 얼마나 비현실적인지, 급진성과 계급성이 생략된 대안운동이 얼마나 빠르게 지배구조 내부로 흡수되는지 등을 절감해야 했다. 한국 사회운동 주체들의 기대와는 달리 한국의 민주주의와 시민사회는 매우 취약했고, 신자유주의자들의 파상공세에 대응할 수 있는 운동 주체는 턱없이 부족했으며, 대중은 변화된 통치질서에 빠르게 적응했다.

2013년 현재, 박근혜 정부의 등장은 이명박 정부에 대한 심판과 또 한 번의 민주화를 기대하며 버텨왔던 사회운동 주체들에게 큰 절망감으로 작동하고 있다. 물론 박근혜 정부의 탄생과는 다른 차원에서 이미 2012년에 진행된 제18대 대통령 선거와 제19대 국회의원 선거는 사회운동 주체들에게 심각한 좌절감 그 자체였다. 이명박 정부의 거센 탄압, 그리고 이에 대한 끊임없는 사회적 저항에도 한국 사회운동은 지난 5년 동안 사회운동의 새로운 전망과 가능성을 형성하는 데 많은 부분 실패했기 때문이다. 오히려 한국 사회운동은 권력 교체기라는 역사적인 시간 앞에서 별다른 전략과 실천을 전개해보지도 못한 채 제도정치의 구경꾼으로 전락했고, 다수의 대중으로부터 노골적으로 배제되었다. 새로운 권력 교체기라는 중요한 정치현장에서 사회운동 주체들은 기존 진보정치의 자기 분열과 몰락, 새로운 정치운동 의제와 세력의 부재, 신자유주의와 수구보수주의의 거센 반작용, 대중의 사라진 관심과 지지 등 한국 사회운동의 위기를 총체적이고 구체적으로 확인해야 했다.

2. 새로운 주체형성을 위한 지형

한국 사회운동의 위기를 이야기할 때 언제나 등장하는 화두가 바로 '새로운 주체'의 문제다. 사회운동이라는 것이 결국 사람이 하는 것이라면 결국 사회운동의 위기는 주체형성의 위기를 의미하는 것이고, 이는 다시 주체의 재생산과 같은 대중화·조직화의 문제설정으로 이어진다.

지난 10여 년 동안 한국 사회운동 진영 내에서 운동의 위기가 지속적인 화두가 된 것은 바로 새로운 운동의 징후, 새로운 운동 주체의 형성과 조직화가 드러나지 않았기 때문이다. 흔히 '1987년 체제'라는 문제설정이 한국 사회운동의 화두로 떠오르게 된 것도 이와 무관하지 않다. 1980년대 민주화투쟁 이후 한국 사회운동은 민주화의 성과를 함께 누려왔고 과거의 투쟁을 둘러싼 추억을 기념했지만 새로운 운동의 주체를 형성하고 조직하는 데에는 실패했다.

사회운동의 대중화에 기여했던 시민운동은 지배권력의 통치질서에서 자유롭지 못한 채 보수화되거나 지배권력의 관리체계 내에서 기능화된 전문집단으로 포섭되었다. 사회변혁의 최전선이 될 것으로 기대되었던 노동조합과 대중조직은 각자의 영역에서 임금노동과 생존을 위한 배타적 조직으로 관료화되었다. 반체제적 급진성과 계급성을 주장했던 변혁조직은 시대적 흐름에서 이탈된 채 대중운동에 주도적으로 개입하기보다는 대중의 취향을 쫓아가는 처지에 이르렀다. 1990년대 말부터 2000년대 초반에 걸쳐 형성되었던 급진적이고 자율적인 활동가 조직은 대부분 경제적 자립과 생존에 실패하며 흔적도 없이 사라지거나 기존 조직의 구성원으로 흡수되었다. 그리고 1980년대 민주화투쟁에서부터 2000년대 시민사회운동에 이르기까지 사회운동을 기획하고 주도했던 지식인과 전문가 조직은 사회구조의 다각화 속에서 집단적 운동성과 권위를 상실한 채 이론과 실천 사이의 간극만을 확인해주고 있다.

물론 지난 10여 년 동안 한국 사회운동의 새로운 주체를 둘러싼 노력과 성과가 전혀 없었던 것은 아니다.

먼저, 시민운동은 사회운동의 대상과 주체에 놀라운 다양성을 불어 넣었다. 인권, 문화/예술, 정보통신, 미디어, 언론, 장애인, 빈곤, 청소년, 동성애, 환경, 여성, 평화, 교육, 노동 등 수많은 분야로 확장된 시민운동은 새로운 사회적 문제에 주목하고 개입하며 다양한 의제와 주체를 형성해왔다. 또한 시민운동은 의제와 주체의 다양성뿐만 아니라 사회운동의 제도적 개입, 구체적 실천을 위한 다양한 경로와 방법론을 발굴해왔으며, 이 과정에서 사회운동의 새로운 주체가 다양하게 등장했다.

둘째, 비정규직 철폐투쟁을 비롯해 노동운동의 중장기투쟁 현장이 사회운동의 새로운 거점으로 형성되었으며, 이 과정에서 사회운동의 새로운 주체와 연대운동, 그리고 네트워크 등이 형성되었다. 최근 한국사회의 노동운동현장은 조직화되고 안정화된 대규모 노동조합이 아니라 비정규직, 이주노동자 등 새로운 노동운동 주체가 사회적 연대운동을 통해 주도해왔다. 비정규직 없는 세상 만들기 네트워크, 희망의 버스 운동, 쌍용자동차 해고노동자와 함께하는 희망지킴이, 콜트콜텍 기타노동자와 함께하는 공동행동, 기륭전자 비정규직 여성노동자투쟁, 정리해고·비정규직·노조탄압 없는 세상을 향한 공동투쟁단 등 새로운 현장 노동자 주체의 부상과 다양한 형식의 사회적 연대운동이 구체적으로 진행되고 있다.

셋째, 소셜 네트워크 서비스(SNS)의 발달과 2008년 광우병 촛불시위를 계기로 촛불시민, 인터넷 카페 동호회, 지역 풀뿌리 커뮤니티 등 기존 사회운동조직과는 다른 성격의 개인적이고 일상적인 시민들의 사회운동 참여가 확산되었다. 기존 인터넷은 물론 트위터, 페이스북 등 소셜 네트워크 서비스를 통해 사회운동 주체의 의사소통 구조가 크게 변화했고, 이는 '나는 꼼수다', '정봉주와 미래권력들', '삼국카페(소울드레서, 쌍화차코코아, 화장발)' 등을 비롯해 다양한 시민 커뮤니티와 연결되면서 기존 조직운동과는 다른 새로운 사회운동 주체를 등장시키는 한편 변화된 대중운동의 형식을 등장시켰다.

넷째, 자본주의의 위기가 심화되면서 대안운동의 영역과 주체 역시 크게 확산되고 있다. 현대자본주의의 축적된 위기는 국가와 시장, 그리고 시민사회 전반에 걸쳐 다양한 문제를 야기하고 있다. 청년 실업, 고령화, 환경 및 생태 위기, 공동체의 소멸, 새로운 질병, 오염된 먹거리 등 심화되고 구조화된 사회위기는 지배권력 스스로 신자유주의 정책을 수정하는 것은 물론 '자본주의 4.0'과 같은 새로운 패러다임과 혁신을 강조할 정도로 심각하다. 그리고 이는 사회적 기업, 협동조합, 마을 만들기, 도시농업, 커뮤니티 아트, 적정기술, 도시재생, 복지정책 등 사회 전 분야에 걸쳐 문제해결을 위한 대안을 필요로 한다. 그리고 이 과정에서 현대자본주의의 모순과 폭력으로부터 대안을 모색하는 다양한 주체가 일상 속에서 지역 커뮤니티를 거점으로 확산되고 있다.

3. 사회변동과 주체형성을 둘러싼 다양한 접근

사회운동의 새로운 주체형성을 모색하기 위한 이론적 접근 역시 지속적으로 진행되어왔다. 사회운동의 주체 단절을 둘러싼 위기의식 속에서 진행된 고민은 사회변동과 주체형성 이론에 대한 연구, 대중에 대한 새로운 분석과 운동 전략, 청년세대를 비롯한 새로운 세대 및 다음 세대에 대한 분석과 연계 전략 등으로 진행되었다. 이는 다양한 이론(가)과의 통섭을 통해 전개되었는데 이를 위해 마르크스에서부터 스피노자, 푸코, 칸트, 라캉, 알튀세르, 지젝, 들뢰즈 등 다양한 이론(가)에 기반을 둔 새로운 사회적 사건과 운동주체들에 대한 분석이 시도되었다.

예를 들어, 푸코-마르크스-칸트-벤야민-인지과학의 성과 속에서 21세기 주체형성론을 제안하고 있는 심광현의 경우 "총체적 혁명은 생산양식 전체, 즉 축적양식만이 아닌 통치양식(권력의 테크놀로지와 자기의 테크놀로지)의 전면적 변화를 동시에 요구"한다며, "낡은 휴머니즘적 주체이론이 해체되었음에도 새로운 통치양식을 위한 변혁주체의 형성이론은 재구성되지 못했다"라고 현실을 진단한다.

알튀세르의 이데올로기론은 프롤레타리아 이데올로기의 형성 메커니즘을 규명하는 데까지는 나아가지 못했고, 푸코에게서는 지배권력과 탈지배적 권력을 개념적으로 구분하기가 쉽지 않다. 들뢰즈의 경우에도 대안적 권력이라는 개념 자체가 들어설 자리를 찾기가 어렵다. 그럼에도 불구하고 푸코의 '통치 = 권력의 테크놀로지 + 자기의 테크놀로지'라는 문제틀은 두 테크놀로지의 결합으로서의 통치양식이라는 문제설정을 가능하게 하며, 근대에 들어 서로 분리되었던 윤리와 정치를 다시 결합하려는 문제틀을 함축한다. 해방적 통치양식으로의 이행이라는 현실적 과제는 이러한 문제설정을 통해 출구를 찾을 수 있을 것이다. …… 통치양식의 발명이라는 문제설정이 자유주의적인 자기배려라는 협소한 차원을 넘어서기 위해서는 마르크스-알튀세르의 '코뮌국가'라는 개념의 변증법적 절합이라는 절차를 통과해야 한다.[1]

정정훈은 주체형성이론을 역사적으로 재평가하면서 알튀세르의 이데올로기 이론과 들뢰즈, 가타리의 욕망이론을 기반으로 스피노자적 계기에 의한 새로운 이론적 절합의 가능성을 모색한다.

근대적 인간주의로 회귀하지 않으면서 해방적 실천을 수행하는 집단적 주체는 어떻게 구축될 수 있는가? 알튀세르의 이데올로기론은 대항이데올로기의 물질성-장치라는 문제설정이 부재한 결과 저항적 주체화 메커니즘의 이론화에 실패했다. 반면, 들뢰즈, 가타리의 욕망/배치 개념은 인간주의로 돌아가지 않고도 세계변혁의 담지자로서 주체가 출현하게 되는 가능성을 보여준다. 하지만 특정한 욕망을 생산하는 특정한 배치를 바꿀 수 있는 혁명적 욕망은 도대체 어떤 배치에서 생산되는가라는 순환론적 질문 앞에서는 무력하다. …… 우리는 욕망의 존재론이 아니라 욕망의 인식론을 만나게 된다. 욕망이 쾌감과 같은 부분적 기쁨에 고착하지 않고 신체 전체의 능력을 증대시키는 활동을 위해 가동되려면 상상적 '인식'으로부터 벗어나야 한다. 여기서 알튀세르의 이데올로기론이 재평가되는데, 즉 이데올로기론과 욕망이론의 절합은, 주체성의 전화를 위한 존재론적 토대에 대한 규명과 욕망의 인식론에 대한 해명의 절합을 통해 가능하다.[2]

---

1 심광현, 「'통치양식'의 문제설정과 새로운 주체이론의 탐색: 푸코-맑스-칸트-벤야민-인지과학의 '변증법적 절합」, ≪문화/과학≫, 65호(문화과학사, 2011), 15~67쪽.
2 정정훈, 「해방적 주체화의 존재론적 토대와 욕망의 인식론적 전화-또는 욕망과 이데올로기의 절합이라는 기획에서 스피노자적 계기에 대해」, ≪문화/과학≫, 65호(문화과학사, 2011),

한편 김세균은 "한국의 정치지형을 보수주의, 자유주의, 사회주의 진영으로 나누며 자본주의 극복을 위해서는 사회주의 세력의 역량강화가 필요하다"면서, 사회운동의 새로운 주체형성과 관련해 "진보적 흐름의 실현 여부는 결국 청년세대가 어떻게 나오느냐에 달렸다"라고 제시한다.

> 한국의 정치세력은 자본주의(기본 모순), 다른 한편으로는 신자유주의(주요 모순)에 대한 태도에 따라 구분할 수 있으며, 자본주의 철폐를 주장하지 않아도 신자유주의만큼은 반대하는 혁신자유주의 세력과도 연대를 하되 신자유주의반대 정치연합전선에서 헤게모니적 세력으로 등장하기 위해 역량을 강화하는 것이 진보진영의 과제다. …… 진보정치운동의 성공 여부는 비정규직 청년노동자층, 특히 여성 비정규직 청년노동자층이 얼마나 진보운동의 주체로 등장할 것인가에 달려 있다. 문제는 오늘 청년층이 '경제주의적'으로 정향되어 무한경쟁과 적자생존을 강요하는 신자유주의적 논리를 체현하고 있다는 것인데, 청년들 다수가 비정규직 노동자와 실업자로 내몰려 사회 하위계층으로 편입되고 있기 때문에 그들의 재정치화는 불가피하다.[3]

자율주의의 관점에서 주체 문제를 지속적으로 제기해온 조정환의 경우 '인지자본주의'라는 화두를 통해 사회변동과 주체를 분석한다. 조정환은 자본의 착취범위가 1980년대에 시작된 정보화를 계기로 예술노동이나 감정노동, 교육노동, 연구노동 같은 광범위한 영역의 인지적 비물질노동으로 확장되어왔는데, 이 과정은 사실상 "과학기술의 도움으로 생물권과 생태체계를 전 지구적이고 보편적인 차원에서 보유-보존할 수 있게 하는"

69~88쪽.

3 김세균, 「한국의 정치지형과 청년세대」, 《문화/과학》, 63호(문화과학사, 2010), 47~65쪽.

자본주의적 생태혁명의 첫 단계임을 확인할 수 있다고 제시한다. 조정환은 인지자본주의를 통해 자본의 착취와 수탈의 메커니즘 변화방식을 분석하면서 동시에 '인지노동'을 통해 주체의 문제에 접근한다.

현재의 시점에서 다시 생각해보면 정보화는 산업혁명의 연속이면서 동시에 자본의 탈산업적 재구성을 가져오는 것이었다. 요컨대 그것은 자본의 인지적 재구성을 개시하는 것이었다. 그리고 자본의 인지화는 산업혁명이라기보다 오히려 생태혁명이라 부르는 것이 적절할 변화의 새로운 국면을 개시한다. …… 국가도 이제 하나의 인지기업으로서 다중의 생산활동을 포획하는 정치적 다이어그램으로 기능한다. 그것은 어떤 콘텐츠도 생산하지 않으면서 그 콘텐츠의 흐름을 관리하고 포획하는 장치가 된다. 이윤의 지대되기와 강탈로서의 축적의 대두는 전쟁의 시대를 개시한다. 제국주의 전쟁이 지대의 이윤되기 과정에서 발생했다면 테러에 대한 전쟁은 이윤의 지대되기 과정에서 발생한다. 착취지형의 이러한 변화는 우리의 새로운 사유, 새로운 운동이 유효하기 위해서는 반드시 고려하지 않으면 안 될 실천의 조건이다.[4]

푸코의 통치성 개념에 기반을 둔 현대사회의 자기계발 구조에 대해 심층적으로 분석하면서 주체의 문제를 연구하고 있는 서동진은 "지난 시기의 민주화 과정은 신자유주의적 기획과 평행의 관계를 이루고 있었기 때문에 신자유주의가 민주주의와 정치의 소멸을 야기했으므로 재민주화 또는 정치를 복원해야 한다는 식의 신자유주의 비판에 내재된 한계"를 본격

---

4 조정환, 「인지자본주의에서 가치화와 착취의 문제: 자율주의의 관점」, ≪문화/과학≫, 64호(문화과학사, 2010), 19~48쪽.

적으로 제기한다.

　자기계발하는 주체의 '자아'란 경제적 삶을 비롯한 다양한 사회적 실천 속
에 존재하는 주체성과 관련이 있을 수밖에 없다. 다시 말해 '전 지구화' 또는
'지식기반경제'라고 칭해지는 새로운 경제체제로의 이행과 자기계발 담론은
잇닿아 있다. 나아가 자기계발 담론에서 표상하는 '자기'와 일터, 학교, 지역
사회 등 다른 사회적 삶의 장에서의 사회적 주체(노동자, 학생, 시민 등) 사
이에도 이와 같은 관계를 찾아볼 수 있다. 이를 우리는 편의적으로 크게 세
가지 묶음으로 나누어 살펴볼 수 있을 것이다. 그것은 먼저 정치적인 지배
의 대상으로 사회적 삶을 구하기 위한 실천으로서의 통치가 어떻게 종래의
'개발국가 국민'이라는 주체의 논리로부터 벗어나 '시민주체'라는 것을 주조
하게 되었는지, 다음으로 일터에서의 경제적 삶을 재조직하는 과정에서 등
장한 노동주체, 줄여 말해 '유연한 노동주체'를 어떻게 조형했는지, 마지막
으로 개인들이 일상적인 삶에서 자기계발 문화를 소비함으로써 어떻게 자
아를 관리하고 계발하는 행위를 하고 있는지에 각기 해당될 것이다.[5]

　이 외에도 많은 연구자, 이론가, 활동가를 통해 사회변동과 주체형성에
대한 다양한 이론적 접근이 시도되었다. 그리고 각각의 접근은 하나의 완
결된 이론이나 해법을 제시하지는 못할지라도 새로운 사회운동 주체의 형
성을 위한 다양한 상상과 접근을 가능하게 해주고 있다.
　하지만 사회운동 주체의 형성을 둘러싼 다양한 이론적 접근에도 현실
에서 새로운 주체를 기획하고 형성하는 것은 너무나도 어려운 일이다. 이

5　서동진, 「자기계발하는 주체의 해부학 혹은 그로부터 무엇을 배울 것인가」, ≪문화/과학≫, 61
　호(문화과학사, 2010), 37~54쪽.

론과 실천의 간극만큼이나 주체와 주체 사이의 소통과 연대 역시 커다란 간극을 보이고 있으며, 나아가 사회운동의 새로운 주체를 형성하기 위한 거대한 흐름과 구체적인 실천을 주조하는 일은 아직도 많은 어려움에 직면하고 있다.

4. 사회운동의 새로운 주체형성을 위한 준거점

그렇다면 사회운동의 새로운 주체형성을 위해 우리는 무엇을 해야 할까? 하루가 다르게 변화하고 있는 현대사회 속에서 노동착취는 물론이고 감수성과 상상력까지도 상품화하고 거래하는 현대자본주의에서 사회운동의 새로운 주체는 어떻게 형성되고 대중적으로 조직화될 수 있을까? 아마도 이에 대한 정답을 가지고 있는 사람은 없을 것이다. 수많은 상상력과 실천, 그리고 시행착오의 반복 속에서 우리는 새로운 사회운동의 주체들이 탄생하고, 만나고, 연대하고, 또 다시 새로운 주체로 공진화하기를 지향할 뿐이다. 이를 위한 몇 가지 준거점을 다음과 같이 제안해본다.

1) 생존하기: 반자본주의·비자본주의적인 삶의 실체 만들기

아직까지 자본주의가 존재하는 이유는 자본주의를 거부하거나 새로운 삶의 양식을 구축한 사람들보다 자본주의에 머물고 있는 사람들이 절대적으로 많기 때문이다. 그 상황이 어떠하든 사람들은 자본주의의 세계 안에서 구체적으로 생존하고 있다. 반면, 마르크스주의자들을 비롯해 수많은 사회운동 주체들은 반자본주의·비자본주의 주체로 생존하는 것 자체에 대해 현실적으로 접근하거나 구체적으로 언급하지 않는다.

운동이라는 것이 가장 존재적이며 실체적인 과정임에도 지금까지 사회운동은 거대한 명제와 명분, 그리고 비전에 비해 구체적인 실존의 방법론에 대해서는 매우 무기력했다. 자신의 정체성이 무엇이든 사회운동 주체들 스스로가 반자본주의·비자본주의적 실존을 하지 못하는 상황에서 사회운동 주체의 형성 및 대중화는 불가능하며, 그것은 현실에서 당위성을 뛰어넘는 생존의 문제와 직결되어 있다.

오히려 현대사회에서는 구조화된 자본주의의 위기가 심화되면서 대중은 생존의 문제를 전면화하고 있다. 한국사회 역시 크게 다르지 않다. 박근혜 정부를 비롯해 보수주의자들마저 복지정책에 목소리를 높여할 정도로 대다수의 국민이 하루하루의 생존을 위해 싸우고 있다. 현대자본주의사회는 표면적으로는 성장했으나 어린이에서부터 노인에 이르기까지 삶을 둘러싼 경제적·문화적·정치적 위기는 더욱 심화되었다. 그리고 그 위기의 강도만큼이나 사람들은 생존을 둘러싼 다양한 문제를 강요받고 있다. 출산에서부터 시작해 육아, 교육, 취업, 주거, 연애, 결혼, 건강, 노후 등에 이르기까지 생애주기를 둘러싼 불안한 생존경쟁이 더욱 심화되었기 때문이다.

하지만 사회운동은 반자본주의·비자본주의적 태도를 강조하면서도 실제로는 생존할 수 있는 방법에 대해서는 말하지 않는다. 철학에서부터 인문학, 사회과학, 경제학, 그리고 정신분석학에 이르기까지 현실사회를 분석하고 비판하지만 정작 개별 주체가 생존하는 법에 대해서는 언제나 침묵한다. 반자본주의·비자본주의적으로 생존하는 법을 모색하지 않는데 새로운 사회운동 주체가 형성되고 확산된다는 것은 참으로 비현실적인 이야기다. 도대체 구체적인 생존전략이 없는 집단이 어떻게 새로운 주체를 형성하고 기존 질서를 대체할 수 있단 말인가?

새로운 사회운동 주체의 형성과 대중화는 바로 생존이라는 문제설정에서부터 시작되어야 한다. 생애주기를 둘러싼 태어날 때부터 죽을 때까지의 자본주의를 거부하고 새로운 삶의 태도와 양식을 일상 속에서 실험할 수 있는 정신적·물질적 생존환경을 구성하는 것 자체가 바로 사회운동 주체를 형성하는 과정이다. 그러한 삶의 형태가 좀 더 다양하고 폭넓고 수월하고 지속적으로 공유되는 것이 바로 새로운 사회운동 주체의 대중화다.

대의와 명분, 의리와 희생 등으로 주체가 형성되기에는 현실의 생존게임이 너무나 치열하다. 반자본주의적이고 비자본주의적인 주체의 형성을 원한다면 그러한 삶의 질감으로 생존할 수 있는 구체적인 경로와 환경, 그리고 문화를 만들어야 한다.

2) 일상의 재구성: 공급된 삶과의 단절

현대자본주의는 인간의 삶을 둘러싼 모든 것이 상품의 형태로 공급될 수 있는 생활체계를 지향해왔다. 인류가 기술발전과 산업화를 통해 먹고 자고 입는 것의 대량생산을 성취했다면, 현대자본주의는 이제 탄생의 순간에서부터 사랑, 우울증, 죽음, 기억에 이르기까지 삶의 모든 것을 상품으로 공급한다. 자본주의는 다양한 언어와 개념으로 설명될 수 있겠지만 그중 하나는 '공급형(공급받는) 삶의 구조를 일상적으로 강요하는 사회'다.

자본주의는 생활생산, 생활창작, 생활노동 등을 인간으로부터 꾸준하게 격려해왔으며 이를 끊임없이 상품으로 개발하고 공급해왔다. 여기서 공급형 삶의 구조는 단순히 상품화된 자본주의를 의미하는 것이 아니라 인간 삶의 존재와 구성 자체가 스스로의 필요나 욕망, 그리고 의지가 아닌 이미 구조화된 공급체계에 의해 결정된다는 것을 의미한다. 현대자본주의는 발달된 기술을 통해 사람들로 하여금 공급형 삶의 구조를 편리함으로 오인하게 하지만, 실제로 공급형 삶의 구조는 개인의 삶은 물론 인간과 자연, 인간과 인간 사이의 관계를 재구성하거나 소멸시킨다.

예를 들어, 아파트와 같이 주거에 대한 상품화된 공급구조는 삶의 거점은 물론 생태계와 도시(마을) 자체를 파괴한다. 최첨단 기술로 포장된 주택 개발과 대형 아파트의 공급은 도시인에게 삶의 편리함과 안전함을 선물하는 것처럼 보이지만, 실제로 대다수의 도시인은 강요된 주거 공급체계로 인해 결국 삶을 둘러싼 총체적 위기에 빠진다. 자본주의의 공급형 주거구조는 도시인에게 경제적으로는 하우스 푸어 또는 도시빈민의 삶을, 생태적으로는 대규모 환경파괴와 오염을, 문화적으로는 공동체의 해체와 관계의 소멸이라는 악순환을 선물한다. 그리고 아파트가 고급화될수록 자신의 삶의 공간에 대한 기술로부터 철저하게 배제된 채 주거를 둘러싼 모든 생활생산을 상품화된 공급체계에 의존하게 된다.

이는 주거만이 아니라 음식, 의류, 연애, 교육, 여가 등 삶의 모든 영역에서 동일하게 적용된다. 인간은 공급된 삶의 구조에 익숙해질수록 자신의 삶의 질감이나 사회적 관계로부터 멀어진다. 그리고 자본주의는 과잉공급체계를 통해 이러한 삶을 지속적으로 양산하고 반복시킨다. 과잉공급은 공급형 삶의 구조에서 일시적인 현상이 아니라 일반적이고 보편적인 구조다.

반자본주의적이고 비자본주의적인 삶의 양식은 공급형 삶의 구조로부터 단절하는 것과 밀접하게 연결되어 있다. 우리가 자본주의에서 살고 있다는 것은 아침에 눈을 뜨는 순간부터 우리의 일상을 둘러싼 모든 생활체계가 이미 공급형 삶의 구조를 강요받고 있다는 것을 의미한다. 그리고 이러한 공급형 삶의 구조에서 능동적으로 벗어나서 내 삶을 새롭게 디자인하고 삶을 둘러싼 수많은 생활생산과 생활창작을 직접 실행하는 과정이야말로 반자본주의적이고 비자본주의적인 주체로 거듭나는 출발점이다. 생활생산을 시작하는 것은 결코 상품구매를 줄이는 소비패턴의 변화에 머물지 않는다. 공급형 삶의 구조에서 자기주도적인 삶의 구조로 전환한다는 것은 삶의 가치체계와 관계구조 자체를 새롭게 문제설정하고 재구성하는 과정이다. 자본주의의 구조에 균열을 내고 대안적 삶의 생태계를 조직하는 방법이다.

기존의 사회운동은 많은 측면에서 자본주의 공급형 삶의 구조를 답습해온 것이 사실이다. 사회운동의 거시적인 지향과는 무관하게 사회운동의 일상 자체가 편리함, 효율성, 생산성 등의 논리구조 속에서 철저하게 공급형 삶의 구조에 안주하거나 의존해왔기 때문이다. 또한 좀 더 본질적으로는 사회운동의 지향성과 구현방식조차도 새로운 삶의 방식을 또 다시 일방적으로 공급하려는 잘못된 경로를 설정했다.

새로운 사회운동 주체의 형성과 대중화는 이제 공급된 삶이 아닌 자율적이고 자기조직(자신의 일상을 자율적으로 조직)하는 원리 속에서 만들어져야 한다. 자본주의의 공급된 삶의 구조를 본질적으로 벗어나기 위해서는 생활생산과 자율노동에 기반을 둔 사회 주체가 끊임없이 탄생하고 연대하며 생존해야 한다.

3) 자율시간의 확장과 문화사회

자본주의의 공급된 삶으로부터 벗어나기 위해서는 자율시간을 확장하는 전략이 필요하다. 자율시간이 확장된다는 것은 임금노동 중심의 노동사회에서 탈피해 스스로의 시공간을 기획하고 조직하는 문화사회로 이행하는 것을 의미한다.

앞서 언급한 바와 같이 자본주의의 특징 중 하나인 '공급받는 삶'은 일상의 대부분을 상품을 통한 공급체계로 유지하며, 개개인은 공급된 삶을 통해 확보된 시공간을 임금노동에 재투입하는 과정을 반복한다. 여기서 임금노동이 자본주의의 일상에서 중요한 구성요소가 되는 원리는 크게 두 가지인데, 하나는 자신의 임금노동이 타인의 공급받는 삶을 유지하기 위한 상품생산(공급)에 투여된다는 점이고, 다른 하나는 임금노동이라는 가장 효율화(극대화)된 노동구조를 위해 임금노동이 아닌 대부분의 일상이 부차적으로 취급(가치절하)되어 최소화된 공급만으로 삶이 유지된다는 사실이다.

이는 노동사회의 정체성과 밀접하게 연결되는데, 노동사회는 일상의 질감이나 관계가 오히려 불편한 사회다. 결국 일상의 절대시간은 가장 전문화되고 효율화된 공급형 노동(임금노동)에 집적되고, 잔여적인 일상 역시 또 다른 공급(타인의 임금노동을 통한 공급)을 통해 유지될 뿐이다. 현대 도시인이 취미, 놀이, 여가 등의 시공간조차 대량화·표준화된 상품소비를 통해 유지할 수밖에 없는 이유가 여기에 있다. 궁극적으로 이러한 공급형 삶의 축적, 임금노동으로 꽉 채워진 일상은 현대 도시인에게서 삶의 기본적인 행위조차 제거하는(상품 서비스로 대체하는) 결과를 낳기 때문이다. 현대 도시인이 노는 법, 요리하는 법, 대화하는 법, 연애하는 법 등 삶의 기초적인 구성요소와 방법조차 상품화된 서비스를 통해 채워가야 하는 시대가 도래한 것은 바로 공급형 삶의 축적, 과잉된 노동사회(에 의한 삶의 파편화)의 결과물이다.

이런 맥락에서 자율시간을 확장하기 위한 실천은 단순히 개인적인 시간, 쉴 시간을 확보하는 차원의 문제가 아니다. 자율시간의 확장은 공급형 삶의 궤도에 적극적으로 균열을 내는 행위이며, 노동사회에서 문화사회로 이행하는 소중한 첫 걸음이다. 자율시간이 많아진다는 것은 스스로 자신의 삶을 기획하고, 생활노동을 실천하며, 삶의 관계를 복원한다는 의미다. 즉, 자율시간이 많아진다는 것은 삶을 둘러싼 감수성, 성찰, 상상력, 질감 등이 높아진다는 것을 의미한다. 결국 삶의 밀도와 질이 높아지는 것이다.

자신의 삶 구석구석을 스스로의 촉감으로 채워나가는 과정이야말로 그 어떤 문화상품의 공급으로도 대체될 수 없는 문화적 삶이다. 그리고 이러한 과정이 삶의 곳곳에서 실천되고 확산되는 것이야말로 상품소비와 노동사회로 구조화된 자본주의에 대한 가장 급진적이고 실체적인 저항이자 대안이다.

자율시간의 확장은 자본주의의 착취와 수탈의 시간을 줄이고 새로운 대안을 상상하고 실천하는 시간이 늘어나는 과정이자, 자본주의의 순응하는 주체의 탄생을 줄이고 대안을 상상하고 실천하는 주체가 늘어나는 과정이다.

4) 커뮤니티: 지역화 전략과 문화적 관계의 복원

사회운동의 새로운 주체를 형성하고 지속하는 전략에서 커뮤니티가 차지하는 비중은 매우 크다. 사회운동의 위기는 결국 기존 사회운동 커뮤니티의 변화와 소멸은 빠르게 확산되고 새로운 사회운동 커뮤니티의 등장은 드물거나 느리기 때문에 발생한다. 과거 사회운동은 강력한 조직 이데올로기, 의식화된 공동체 문화, 대학사회와 같은 독립적인 커뮤니티 등을 통해 새로운 주체를 발굴하고 재생산해왔다. 과거 사회운동 커뮤니티는 민주화투쟁과 같은 대의적인 명분과 목적을 구심점으로 이를 위한 개인의 희생과 헌신을 기반으로 해서 다양한 조직을 구성해 활동했다.

하지만 사회변동과 시대변화 속에서 커뮤니티의 구성과 운영을 둘러싼 많은 조건과 가치가 달라졌다. 중요한 것은 사회운동 커뮤니티의 관계가 과거와 달리 사회 내의 다른 커뮤니티에 비해서도 그 밀도와 만족감조차 현격하게 낮아지고 있다는 사실이다. 과거 사회운동 커뮤니티는 다른 커뮤니티에 비해 관계의 밀도는 물론이고 커뮤니티를 통한 다양한 문제해결

능력을 내재하고 있었다. 사회문제를 해결하기 위한 공동의 목적뿐만 아니라 일상의 많은 영역을 소통하고 해결하는 밀도 높은 커뮤니티의 구조를 가지고 있었던 것이다. 과거 사회운동 커뮤니티는 경제적인 생존에서부터 삶의 미래에 대한 전망에 이르기까지 일상을 공유하고 관계를 형성하며 집단적 정체성을 드러내는 등 자신들의 문화를 포괄하고 있었다.

하지만 최근 사회운동의 커뮤니티는 사회적 명분과 당위성, 개별화된 사건과 장소성을 뛰어넘는 일상의 관계성을 확보하지 못하고 있다. 과거 사회운동 커뮤니티의 한계와 문제점에 대해서는 많은 비판과 성찰이 있었지만 새로운 커뮤니티를 구성하고 운영하기 위한 원리에 대한 상상력과 실천은 많이 부족하다. 목적의식적이고 획일화된 조직문화, 권위적이고 위계화된 조직 운영체계, 남성 중심의 가부장제 문화, 자기실천적이지 못한 생활문화 등 과거 조직문화에 대한 경계는 높아졌지만 새로운 커뮤니티를 활성화하기 위한 구체성은 충분하게 실험되지 못하고 있다. 그 결과 우정이 없는 연대, 일상이 없는 커뮤니티가 반복되면서 사회운동 주체의 커뮤니티가 많은 부분 약화하고 외면받게 되었다. 정치적 투쟁, 사회 현안에 대한 연대만이 강조되는 파편화된 커뮤니티 질서 속에서 사회운동 커뮤니티는 일 중심의 생활구조, 삶의 질감이 없는 소통구조, 직접민주주의보다는 대의민주주의에 기반을 둔 커뮤니티 운영 등으로 문화적 관계 자체가 소멸되는 경험을 반복하고 있다.

사회운동의 새로운 주체를 발굴하고 사회운동 주체의 커뮤니티가 활성화되기 위한 중요한 전략 중 하나는 지역화다. 지역화에 기반을 둔 사회운동 커뮤니티를 적극적으로 구축하는 것은 향후 사회운동의 새로운 주체를 형성하고 대중화하는 데 중요한 전환점이 될 수 있다. 물론 여기서 말하고자 하는 지역화는 단순하게 물리적 공간을 의미하는 1차원적인 개념이 아니다. 전체가 아닌 부분으로서의 분절되고 파편화된 지역을 의미하는 것은 더더욱 아니다. 지역화는 신자유주의 세계화가 지향해온 자본주의의 내재적 가치와 원리에 대한 적극적인 저항과 대안으로서의 개념이자 전략이다.

자본주의는 물론 몰락한 현실사회주의에 이르기까지 기존의 사회체제들은 공통적으로 하향식이었고 중앙집중형이었으며 표준화(보편적 모델)를 강요하는 구조였다. 그리고 이는 인간과 자연의 내재적 특성인 다양성과 관계성을 손쉽게 파괴해왔다. 이에 대한 가장 대표적인 사례가 바로 초국적 자본이 주도해온 무역과 금융의 세계화, 표준화 경로다. 자본주의체제 아래 무역과 금융의 지구적 확장은 언제나 규제완화를 강요했고, 오직 시장확장과 이윤확대를 위해 진행된 규제완화 조치들은 지역과 주체의 특성을 고려하지 않은 채 삶의 표준화를 강요했다. 그 결과 현재 우리는 지구적 차원의 불평등, 환경오염, 문화적 관계의 소멸, 커뮤니티의 해체 등과 마주하고 있다.

이런 맥락에서 지구화 시대의 새로운 지역화 전략은 무역과 금융 중심의 세계화와는 달리 빈곤, 실업, 환경 문제, 이주, 전쟁, 생태위기 등에 대한 새로운 대안을 제시한다. 지역화는 다양성을 존중하고, 서로 다른 생태계와 기후 및 문화를 보호하며, 문화적 관계를 통한 커뮤니티의 복원을 모색하고, 자기실천적인 생활문화를 지향한다. 따라서 지역화의 원리에 기반을 둔 커뮤니티 전략은 사회운동의 새로운 주체를 형성하고 주체 사이의 문화적 관계를 복원하면서 이를 기반으로 다양한 커뮤니티를 구축하는 경로를 제시한다. 지역화와 커뮤니티에 기반을 둔 운동은 공급형 삶, 공급형 사회운동과는 다르게 자신의 삶의 구체성에 기반을 둔 운동, 다양한 운동주체의 관계성에 기반을 둔 운동질서를 상상하게 한다.

지역화에 기반을 둔 커뮤니티 운동이 단기적으로는 매우 느리고 미시적이며 부차적인 과정으로 느껴질지도 모르지만, 이는 생활체계에 구체적

으로 접속한 자기실천적인 운동을 통해 더욱 견고하고 다원적이며 지속가
능한 운동구조를 만들어낼 것이다.

5) 교육: 감수성과 지식문화 생태계

주체형성에서 빠질 수 없는 것은 바로 교육의 문제다. 교육은 사회운동
의 새로운 주체를 형성하고 대중화하고 지속하기 위한 중요한 구성요소이
자 과정이다. 사회운동 커뮤니티 내부의 교육, 사회운동의 사회적 공유 및
확산을 위한 교육 등 다양한 사회적 층위에서 교육은 중요한 기능을 할 것
이다.

하지만 지금까지 사회운동 주체들이 반복해온 교육질서는 많은 면에서
지식권력 중심의 엘리트 문화에서 벗어나지 못했으며, 근대적이고 계몽적
인 교육문화 속에서 또 다른 형태의 권위주의와 공급형 교육체계를 반복
해왔다. 사회운동 주체의 진보적이지 못한 교육문화는 새로운 대중과의
만남을 가로막는 중요한 원인 중 하나였으며, 사회운동 주체 스스로에게
도 자기실천적인 삶과 운동을 저해하는 걸림돌이 되기도 했다.

반면, 집단지성, 지식순환, 창의교육, 학습공동체, 빅데이터 등이 사회
적 화두로 부상하는 것처럼 교육과 정보를 둘러싼 철학, 원리, 그리고 방
법론이 크게 변화하고 있다. 과학기술의 발달, 정보전달 방식의 변화, 교
육경로와 방법론의 혁신 등은 교육자와 피교육자, 지식을 둘러싼 생태계
자체를 새롭게 설정하고 있다. 그리고 과거와 달리 이러한 환경을 조성하
고 현실화할 수 있는 다양한 사회적 장치와 자원이 이미 사회 전반에 걸쳐
광범위하게 존재한다.

이러한 맥락에서 사회운동의 새로운 주체를 형성하기 위해서는 사회운
동의 교육전략을 둘러싼 혁신적인 접근이 필요하다. 엘리트교육 문화, 지

식권력과 분과학문 중심의 계몽적인 학습체계 등에서 벗어나 사회운동의 지향 자체가 교육 내용과 방법론 모두에 반영될 수 있는 새로운 모델을 상상하고 실천해야 할 것이다.

예를 들어, 최근 논의되고 있는 학습협동조합, 지식순환협동조합, 자율대학 등의 움직임은 이러한 흐름을 잘 반영하고 있는 사례다. 이러한 사례들은 기존과 같은 소수의 지식인, 지식인(교육자) 중심의 강의형 학습법이나 체험과 감수성이 부재한 머리교육 중심에서 벗어나 다양한 집단지성, 지식순환, 감수성 교육, 통섭적 커리큘럼, 현장과 자기실천적인 학습경로 등을 새롭게 상상하고 실현하려 노력하고 있기 때문이다.

이러한 다양하고 실험적인 교육문화 운동, 대안적이고 혁신적인 지식문화 생태계의 조성은 사회운동의 새로운 주체를 형성하는 가장 중요한 과정이 될 것이다. 또한 기존 지식권력 중심의 운동질서가 드러낸 한계를 극복하고 사회운동 담론과 교육에 대한 좀 더 풍부하고 자기실천적인 사례를 만들어가는 과정이 될 것이다.

소 개 및 연 혁

맑스코뮤날레는 '맑스+코뮤니스트+비엔날레'의 합성어로서, 맑스의 사상과 코뮤니즘 운동의 발전을 위해 활동하는 각 분야의 연구자와 활동가 단체들이 공동으로 학술문화제를 개최하여 진보좌파 이론과 운동의 상호 소통과 발전을 위해 2003년 5월 출범한 한국 최대의 진보좌파 학술문화 행사 조직이다. 맑스코뮤날레는 2003년 제1회 학술문화제 '지구화 시대 맑스의 현재성' 이후, '맑스, 왜 희망인가?'(2005년 제2회), '21세기 자본주의와 대안적 세계화'(2007년 제3회), '맑스주의와 정치'(2009년 제4회), '현대자본주의와 생명'(2011년 제5회)을 슬로건으로 2년마다 학술문화제를 개최해왔으며, 제6회 학술문화제 '세계자본주의의 위기와 좌파의 대안'은 2013년 5월 10~12일 개최된다. 맑스코뮤날레는 2년마다 학술문화제를 개최하는 것을 주요 사업으로 하면서도, 동시에 이 학술문화제에서 발표된 주요 논문들을 단행본으로 출판해왔으며, 이와 함께 분기별로 포럼을 개최하여 진보좌파의 이론 및 운동 관련 주요 쟁점을 토론하는 장을 제공해왔고, 진보좌파 학술문화를 장려하기 위해 '유인호학술상'을 주관, 운영하고 있다. 맑스코뮤날레는 단일 정치조직이 아니라 반신자유주의, 반자본주의, 맑스주의 이념을 공유하는 다양한 단체와 독립적 개인들의 학술문화 영역에서의 공동전선으로서, 2013년 1월 현재 30여 개의 연구자 단체, NGO 및 정치조직과 250여 명의 개인회원이 참여하고 있다.

한울아카데미 1552

세계자본주의의 위기와 좌파의 대안

ⓒ 맑스코뮤날레 집행위원회, 2013

엮은이 ㅣ 맑스코뮤날레 집행위원회
펴낸이 ㅣ 김종수
펴낸곳 ㅣ 도서출판 한울
편집책임 ㅣ 김경아
편집 ㅣ 이황재

초판 1쇄 인쇄 ㅣ 2013년 4월 30일
초판 1쇄 발행 ㅣ 2013년 5월 10일

주소 ㅣ 413-756 경기도 파주시 파주출판도시 광인사길 153(문발동 507-14) 한울시소빌딩 3층
전화 ㅣ 031-955-0655
팩스 ㅣ 031-955-0656
홈페이지 ㅣ www.hanulbooks.co.kr
등록번호 ㅣ 제406-2003-000051호

Printed in Korea.
ISBN 978-89-460-5552-0 93330

* 책값은 겉표지에 표시되어 있습니다.